女七明守貳信氣 嫂 [illegible]

男明顯守爻信[illegible] [illegible]

男思社年貳信守貳 白丁

男明奉守貳信[illegible] 白丁 [illegible]

[illegible]

敦煌社會歷史文獻釋録第一編

策劃、主編：郝春文

英藏敦煌社會歷史文獻釋録

第十四卷

郝春文、游自勇、宋雪春、李芳瑶、侯愛梅、王秀林、杜立暉、董大學、張鵬　編著

陳于柱、聶志軍、韓鋒、武紹衛　助編

社會科學文獻出版社
SOCIAL SCIENCES ACADEMIC PRESS (CHINA)

本書第十四卷　係

國家社會科學基金重大項目（10&ZD080）

上海市哲學社會科學規劃重大課題（2005DLA001）

國家社會科學基金一般項目（04BZS004）

國家古籍整理出版專項經費資助項目

敦煌社會歷史文獻釋録

凡例

一　本書係大型文獻圖集《英藏敦煌文獻》的文字釋録本。其收録範圍、選擇内容均與上書相同。但增收該書漏收的部分佛教典籍以外文獻；對於該書未收的佛經題記，因其具有世俗文書性質，亦予增收；對於該書所收的部分佛經，本書則予以剔除。凡屬增收、剔除之文書，均作説明。

二　本書的編排順序係依收藏單位的館藏編號順序排列。每號文書按正背次序排列，背面以『背』（V）表示。文書正背之區分均依文書原編號。發現原來正背標錯的情況，亦不改動，但在校記中加以説明。

三　凡一號中有多件文書者，即依次以件爲單位進行録校。在每件文書標題前標明其出處和原編號碼。

四　每件文書均包括標題、釋文兩項基本内容；如有必要和可能，在釋文後加説明、校記和有關研究文獻等内容。

五　文書的擬題以向讀者提供盡量多的學術信息爲原則，凡原題和前人的擬題符合以上原則者，即行採用；不符者則重新擬題。

六　凡確知爲同一文書而斷裂爲兩件以上者，在校記中加以説明；若能直接綴合，釋文部分將逕録綴合後的釋文。

七　本書之敦煌文獻釋文一律使用通行繁體字釋録。釋文的格式採用兩種辦法，對有必要保存原格式的文書，以忠實原件、反映文書的原貌爲原則，按原件格式釋録；没有必要保存原格式的文獻，則採用自然行釋録。原件中之逆書（自左向右書寫），亦不改動；一件文書寫於另一件文書行間者，分别釋録，但加以説明。保存原格式的文書，原文一行排不下時，移行時比文書原格式低二格，以示區别。

八　釋文的文字均以原件爲據，適當吸收前人的研究成果。如已發表的釋文有誤，則逕行改正，並酌情出校。

九　同一文書有兩種以上寫本者，釋録到哪一號，即以該號中之文書爲底本，以其他寫本爲參校本；有傳世本者，則以寫本爲底本，以傳世本爲參校本。

一〇　底本與參校本内容有出入，凡底本中之文字文義可通者，均以底本爲準，而將參校本中之異文附於校記，以備參考。若底本有誤，則保留原文，在錯誤文字下用（　）注出正字；如底本有脱文，可據他本和上下文義補足，但需將所補之字置於〔　〕内；改、補理由均見校記。

一一　原件殘缺，依殘缺位置用（前缺）（中缺）（後缺）表示。因殘缺造成缺字者，用□

表示，不能確知缺幾個字的，上缺用□表示，中缺用□表示，下缺用□表示，一般佔三格，但有時爲了保持原文格式，可適當延長，視具體情況而定。

一二　凡缺字可據别本或上下文義補足時，將所補之字置於□内，並在校記中説明理由；原文殘損，但據殘筆劃和上下文可推知爲某字者，逕補；無法擬補者，從缺字例；字跡清晰，但不識者照描，在該字下注以『（？）』，以示存疑；字跡模糊，無法辨識者，亦用□表示。

一三　原書寫者未書完或未書全者，用『（以下原缺文）』表示。

一四　原件中的俗體、異體字，凡可確定者，一律改爲通行繁體字；有些因特殊情況需要保留者，用（　）將正字注於該字之下。

一五　原件中的筆誤和筆劃增減，逕行改正；出入較大的保留，用（　）在該字之下注出正字，並在校記中説明理由。

一六　原件中的同音假借字照録，但用（　）在該字之下注出本字。

一七　原件有倒字符號者，逕改；有廢字符號者，不録；有重疊符號者，直接補足重疊文字；均不出校。有塗改、修改符號者，只録修改後的文字；不能確定哪幾個字是修改後應保留的，兩存之。有塗抹符號者，能確定確爲作廢者，不録；不能確定已塗抹的文字，則照録。原寫於行外的補字，逕行補入行内；不能確定補於何處者，仍照原樣録於夾行中。

一八　原件中的衍文，均保留原狀，但在校記中注明某字或某字至某字衍，並説明理由。

一九　文書中的朱書和印跡，均在説明中注明。

二〇　本書收録與涉及的敦煌文獻，在標明其出處時，使用學界通用的略寫中文詞和縮寫英文詞，即：

『斯』：倫敦英國國家圖書館藏敦煌文獻斯坦因（Stein）編號

『北敦』（BD）：北京中國國家圖書館藏敦煌文獻編號

『Ch BM』：倫敦英國國家博物館藏敦煌絹紙畫編號

『Ch IOL』：倫敦英國印度事務部圖書館藏敦煌文獻編號

『S. P』：倫敦英國國家圖書館藏敦煌文獻木刻本斯坦因（Stein）編號

『伯』：巴黎法國國立圖書館藏敦煌文獻伯希和（Pelliot）編號

『Дх』：聖彼得堡俄羅斯聯邦科學院東方文獻研究所藏敦煌文獻編號

『Φ.』：聖彼得堡俄羅斯聯邦科學院東方文獻研究所藏敦煌文獻弗魯格（Флуг）編號

目録

斯二七一一　寫經人名

釋文

金光明寺寫經人：戒然、弘恩、榮照、張悟真、法貞、賢賢、寺加、金鹽、道政、法緣。俗人：陰暠、郭英秀、索挻興〔一〕、索琁〔二〕、索滔、王英、張善、張潤子。

（中空約四行）

離名、董法建、義真、惠照、辯空、法持、道岸、道秀、超岸、曇惠、利俗、淨真〔三〕、李岷〔四〕、張寬、李清清、盧談〔五〕、陳璀、張潤子、張崟、寶器、張重潤、翟丘、張獻、高子豐、左安〔六〕、宗廣、王進昌、孔爽、薛謙、李顒、張英環、安國興〔七〕、張善、范椿、索奉禄。

説明

此件首尾完整，所列僧俗人名分爲兩組，第一組原題爲『金光明寺寫經人』。第二組中之『張潤子』『張善』兩人名右側有勾勒符號『ㄱ』，且在第一組曾經出現，另有數人與斯二七二九『辰年（公元七八八年）三月算使論悉諾囉接謨勘牌子歷（附辰年至申年注記）』中之僧名相同，但均屬其他寺院。所以，第二組人名雖亦有可能是寫經人，似不屬金光明寺，故暫命名爲『寫經人名』。此件之時代大約在公元九世紀初葉（參見藤枝晃《吐蕃支配期の敦煌》，《東方學報》三一册，二七五頁）。

校記

〔一〕『捝興』，《吐蕃支配期の敦煌》釋作『庭照』，誤。
〔二〕『琁』，《吐蕃支配期の敦煌》釋作『璡』，誤。
〔三〕『真』，《吐蕃支配期の敦煌》釋作『信』，誤。
〔四〕『岷』，《吐蕃支配期の敦煌》釋作『峨』。
〔五〕『談』，《吐蕃支配期の敦煌》釋作『琰』，誤。
〔六〕『左』，《吐蕃支配期の敦煌》釋作『立』，誤。
〔七〕『興』，《吐蕃支配期の敦煌》釋作『照』，誤。

參考文獻

《東方學報》三一册，一九六一年，二七五頁（録）；《敦煌寶藏》一三册，臺北：新文豐出版公司，一九八二年，四五〇頁（圖）；《英藏敦煌文獻》四卷，成都：四川人民出版社，一九九一年，二〇七頁（圖）。

斯二七一二　沙州諸寺付抄經歷

釋文

大乘寺：付《大般若經》，從第一袟至第卅袟[一]。付明順[二]。

永安寺：付《中阿含》，六袟，六十一卷，一袟未。《增壹阿含》，四袟，卌卷[三]，并袟。付道凝。

蓮臺寺[四]：付《薪（新）譯大方廣花嚴經》[五]，八袟，七十五卷。付惠空[六]。

靈修寺：付《大般若經》，廿七袟[七]。付明性。

報恩寺：付《放光般若》，二袟。《大般若》，三袟[八]。《大品般若》，三袟[九]，廿九卷[一〇]。《小品般》[一一]，一袟，八卷。《正法花經》，十卷，一袟。《文珠（殊）師利問經》[一二]，一袟。《大般泥洹》[一三]，六卷，一袟。《佛本行》，七卷，一袟。《寶如來三昧經》[一四]，八卷，一袟。《虛空藏所問經》，八卷。《大雲經》，十卷，一袟。《道行般》[一五]，十卷，一袟。《大菩薩藏經》，二袟。

安國寺：付《無盡意經》，十卷，一袟。《大悲經》，十卷，一袟。《法集》等經，十卷，一袟。《菩薩本經》〔一六〕，九卷〔一七〕，一袟〔一八〕。《菩薩見實三昧》〔一九〕，十四卷，一袟。《大集賢護經》，十一卷〔二〇〕，一袟。《大法炬陀羅尼》，十卷，一袟。《五千五百佛名經》，七卷，一袟。《持人菩薩所問經》，十二卷〔二一〕，一袟。《大悲分陀利經》〔二二〕，七卷〔二三〕，一袟。《光讚般若》，十五卷〔二四〕，一袟。《菩薩善戒經》，九卷，一袟。《央掘磨經》，十卷，一袟。《禪秘要經》，十卷，一袟。《大樹緊那羅王經》，十卷〔二五〕，一袟〔二六〕。付法昂〔二七〕。《菩薩瓔珞》。《禪秘要》。《大樹緊那羅》。

龍興寺：《大槃（般）涅般（槃）經》〔二八〕，四袟〔二九〕。《花嚴經》，五袟〔三〇〕。《雜阿含》，四袟。《增一阿含》，一〔三一〕。《長阿含》，二袟〔三二〕。《菩薩本業經》，一袟，六卷。《佛本行集經》，十卷。《大方等念佛三昧經》，十卷。《無垢施菩薩經》，五卷。《解深密經》，五卷。《大方便佛報恩》。《念佛三昧》，五卷。《大法炬陀羅尼》，十卷。《佛名經》，十二卷。《賢劫經》，十三卷。《菩薩瓔珞經》，五卷。《大悲分陀利經》，八卷。《開解梵志》，十一卷。《阿蘭若集經》〔三三〕，十一卷。《大方廣善住意經》，七卷。《賢劫經》，十三卷。《華嚴經》，第五袟。《諸佛要集》，廿卷〔三四〕。《摩訶般若經抄》，五卷。《華嚴經》〔三五〕。《摩訶般若》。廢紙付藏處〔三六〕。《華嚴經》。《諸佛要集》，十卷。卷卷卷〔三七〕

説明

此件首尾完整，字體大小不一，墨色濃淡不等，爲吐蕃時期各寺付抄經的記録，一些經名未抄全，係抄寫者有意省略。背面所抄内容與正面性質相同。藤枝晃認爲此件記録的是出於寫經目的向外出借經文的情況，按照交付的順序分次寫入，一些經名右上角的勾勒符號可以理解爲歸還的標記，時間不超過公元八一〇年（參見藤枝晃《吐蕃支配期の敦煌》，《東方學報》三一册，二七一至二七二頁）。

校記

〔一〕第一個『袟』，《敦煌佛教經録輯校》釋作『帙』，雖義可通而字誤，以下同，不另出校；『卅』，《敦煌佛教經録輯校》釋作『三十』。

〔二〕『順』，《敦煌佛教經録輯校》未能釋讀。

〔三〕『卌』，《敦煌佛教經録輯校》釋作『四十』。

〔四〕『臺』，底本作『薹』，按此寺應爲敦煌之『蓮臺寺』，此字應係涉上文『蓮』而成之類化俗字，故據文義逕釋，《吐蕃支配期の敦煌》《敦煌佛教經録輯校》均逕釋作『臺』。

〔五〕『薪』，當作『新』，《敦煌佛教經録輯校》據歷代經録校改，『薪』爲『新』之借字，《吐蕃支配期の敦煌》逕釋作『新』；『廣』，《敦煌佛教經録輯校》據歷代經録校補作『廣佛』。

〔六〕『空』，《敦煌佛教經録輯校》釋作『定』，校改作『空』。

〔七〕『廿』，《敦煌佛教經録輯校》釋作『二十』。

〔八〕『三』，《敦煌佛教經録輯校》釋作『二』，誤。

〔九〕『三』，《敦煌佛教經録輯校》釋作『二』，誤。

〔一〇〕『廿』，《敦煌佛教經録輯校》釋作『二十』；『卷』，《吐蕃支配期の敦煌》認爲其下有字。

〔一一〕『般』，《敦煌佛教經録輯校》據歷代經録校補作『般若』。

〔一二〕『珠』，當作『殊』，《敦煌佛教經録輯校》據歷代經録校改，『珠』爲『殊』之借字，《吐蕃支配期の敦煌》逕釋作『殊』。

〔一三〕『洹』，《敦煌佛教經録輯校》釋作『洹經』，按底本實無『經』字。

〔一四〕『昧』，《吐蕃支配期の敦煌》釋作『味』，誤。

〔一五〕『般』，《敦煌佛教經録輯校》釋作『般若』，按底本實無『若』字。

〔一六〕『菩』，《吐蕃支配期の敦煌》釋作『蓋』，誤，《敦煌佛教經録輯校》未能釋讀；『薩本』，《吐蕃支配期の敦煌》《敦煌佛教經録輯校》均未能釋讀；『經』，《敦煌佛教經録輯校》未能釋讀。

〔一七〕『九』，《吐蕃支配期の敦煌》疑作『二』，《敦煌佛教經録輯校》未能釋讀；『卷』，《敦煌佛教經録輯校》未能釋讀。

〔一八〕『一』，《吐蕃支配期の敦煌》《敦煌佛教經録輯校》均未能釋讀；『袟』，《敦煌佛教經録輯校》未能釋讀。

〔一九〕『實』，《吐蕃支配期の敦煌》釋作『寶』，誤；『昧』，《敦煌佛教經録輯校》釋作『昧經』，按底本實無『經』字。

〔二〇〕『一』，《吐蕃支配期の敦煌》漏録，《敦煌佛教經録輯校》未能釋讀。

〔二一〕『十二』，《吐蕃支配期の敦煌》《敦煌佛教經録輯校》均未能釋讀。

〔二二〕『陀』，《吐蕃支配期の敦煌》釋作『施』，誤。

〔二三〕『七』，《敦煌佛教經録輯校》未能釋讀。

〔二四〕「五」，《敦煌佛教經録輯校》釋作「三」，誤。

〔二五〕「十」，《吐蕃支配期の敦煌》未能釋讀，《敦煌佛教經録輯校》認爲下有字；「卷」，《吐蕃支配期の敦煌》未能釋讀。

〔二六〕「一袟」，《吐蕃支配期の敦煌》未能釋讀。

〔二七〕「付」，《吐蕃支配期の敦煌》疑作「拾」，誤，《敦煌佛教經録輯校》未能釋讀；「法昂」，《吐蕃支配期の敦煌》《敦煌佛教經録輯校》均未能釋讀。

〔二八〕「槃」，當作「般」，據文義改，《吐蕃支配期の敦煌》逕釋作「般」，《敦煌佛教經録輯校》未能釋讀；「涅」，《敦煌佛教經録輯校》未能釋讀；「般」，當作「槃」，據文義改，《吐蕃支配期の敦煌》逕釋作「槃」，《敦煌佛教經録輯校》未能釋讀。

〔二九〕「四」，《敦煌佛教經録輯校》未能釋讀；「袟」，《吐蕃支配期の敦煌》《敦煌佛教經録輯校》均未能釋讀。

〔三〇〕「五」，底本原作「四」，後改作「五」，《吐蕃支配期の敦煌》釋作「四」。

〔三一〕「一」，《敦煌佛教經録輯校》未能釋讀。

〔三二〕「二」，《吐蕃支配期の敦煌》釋作「一」，誤。

〔三三〕「蘭」，《吐蕃支配期の敦煌》釋作「首」，誤，《敦煌佛教經録輯校》未能釋讀；「若」，《吐蕃支配期の敦煌》《敦煌佛教經録輯校》均未能釋讀。

〔三四〕「廿」，《吐蕃支配期の敦煌》釋作「十」，誤，《敦煌佛教經録輯校》釋作「二十」。

〔三五〕「經」，《敦煌佛教經録輯校》釋作「譯」，誤。

〔三六〕「處」，《吐蕃支配期の敦煌》釋作「家」，誤。

〔三七〕「卷卷卷」，應爲後人隨手所寫，與此件無關，其中最後一個「卷」，底本爲重文符號，《吐蕃支配期の敦煌》釋作

『二』，誤。

參考文獻

《東方學報》三一册，一九六一年，二七一至二七三頁（録）；《敦煌寶藏》一二三册，臺北：新文豐出版公司，一九八二年，四五一頁（圖）；《英藏敦煌文獻》四卷，成都：四川人民出版社，一九九一年，二〇七頁（圖）；《敦煌佛教經録輯校》，南京：江蘇古籍出版社，一九九七年，七八二至七八七頁（録）。

斯二七一二背　沙州諸寺付抄經歷

釋文

《增一阿含》，十卷。《善見律》，九卷。追〔一〕。《中阿含》，第六、第一各十卷〔二〕。追〔三〕。

龍興：常典〔四〕：《大莊嚴論》，十五卷。淨通：《十住毗婆沙》，第一，七卷。《阿毗達磨大毗婆沙》〔五〕，第十八，十卷。付戒朗。《順正論》，第四袟〔六〕，第七。滿。《分别功德論》，九卷。

（中空二行）

金光明：《十住毗婆沙》，第二袟，七卷。《成實論》，第二袟，十卷。《攝大乘論》，七卷，一袟。《攝大乘本論澤（釋）》〔七〕。《僧祇律》〔八〕，第四袟。《阿毗達磨大毗婆沙論》，第七，十卷，一袟。《阿毗達磨順正里（理）論》〔九〕，第袟〔一〇〕，十卷。付金粟。《阿毗達磨》第十六，十卷〔一一〕。《阿毗達磨順理論》〔一二〕，十卷。《阿毗達磨俱舍論》，十卷。未入。

永安：《阿毗達磨大毗婆沙》，第十二袟、第九袟。付曇隱。第六袟〔一三〕、第七袟。付隱。《舍利弗阿曇》〔一四〕，第二，七卷。《阿毗達磨毗婆沙》，十卷。

（中空二行）

大雲寺：《阿毗達磨毗婆沙》，第十〔一五〕、第十五。付法進。《阿毗達磨》，第十八。追〔一六〕。第十九。《攝大乘》，無性菩薩釋，九卷〔一七〕。《般燈論》〔一八〕，第一袟，八卷。付進。《阿毗曇八揵》〔一九〕，第二〔二〇〕，九卷〔二一〕。《舍利弗》，第三，七卷〔二二〕。《品類足》，第一。《阿毗達磨》，第七。《大智度》，第二、第三，各十卷〔二三〕。《阿毗達磨顯宗》，第二，十卷。《大智度》，第六，十卷。《阿毗達磨俱舍論》，第袟〔二四〕，十卷。

興善寺：《十住斷結結（經）》〔二五〕，十卷〔二六〕。《觀佛三昧經》〔二七〕，十卷。《薪（新）道行般若》〔二八〕，六卷。《道神足經》〔二九〕，八卷。《大願經》〔三〇〕，十二卷。《阿毗達磨》，第十四。《阿毗曇》，第二。法智〔三一〕。《阿毗曇》，第四，各十卷〔三二〕。

說明

此件尾部完整，爲吐蕃時期寺院經藏流通的記録，一些經名未抄全，係抄寫者有意省略。此件之性質與正面相同，抄寫時間不超過公元八一〇年（參見藤枝晃《吐蕃支配期の敦煌》，《東方學報》三一冊，二七一至二七三頁）。

校記

〔一〕「追」，《吐蕃支配期の敦煌》釋作「進」。

〔二〕「第」，《吐蕃支配期の敦煌》未能釋讀；「一各」，《吐蕃支配期の敦煌》漏録，《敦煌佛教經録輯校》未能釋讀；「十卷」，《敦煌佛教經録輯校》未能釋讀。

〔三〕「追」，《吐蕃支配期の敦煌》釋作「進」，《敦煌佛教經録輯校》未能釋讀。底本此行末有一「富」字，應爲删除未盡之字，未録。

〔四〕「典」，《敦煌佛教經録輯校》釋作「興」，誤。

〔五〕「達磨」，《吐蕃支配期の敦煌》釋作「磨達」，並認爲此處有誤，按底本原作「磨達」，右側有淡墨倒乙符號。

〔六〕「四」，《敦煌佛教經録輯校》未能釋讀；「袟」，《敦煌佛教經録輯校》釋作「帙」，雖義可通而字誤，以下同，不另出校。

〔七〕「澤」，當作「釋」，據文義改，《吐蕃支配期の敦煌》《敦煌佛教經録輯校》均逕釋作「釋」。

〔八〕「祇」，《吐蕃支配期の敦煌》《敦煌佛教經録輯校》均釋作「祗」。

〔九〕「里」，當作「理」，《敦煌佛教經録輯校》據歷代經録校改，「里」爲「理」之借字，《吐蕃支配期の敦煌》逕釋作「理」。

〔一〇〕「第」，據文義後有脱文。

〔一一〕「十」，《敦煌佛教經録輯校》釋作「十八」，誤。

〔一二〕「順」，《敦煌佛教經録輯校》校補作「順正」。

〔一三〕「六」，《敦煌佛教經録輯校》釋作「一」，誤。

〔一四〕「阿」，《敦煌佛教經録輯校》校補作「阿毗」。

〔一五〕「十」，《吐蕃支配期の敦煌》《敦煌佛教經録輯校》均釋作「十一」，當係將下文之點勘符號看成「一」。

〔一六〕「追」，《吐蕃支配期の敦煌》釋作「進」，《敦煌佛教經録輯校》均釋作「已」。

〔一七〕「九」，《吐蕃支配期の敦煌》釋作「六」，誤。

〔一八〕「般」，《敦煌佛教經録輯校》校補作「般若」。

〔一九〕「阿」，《吐蕃支配期の敦煌》漏録；「曇」，原卷此字上有墨跡，當係沾染，非校改，《吐蕃支配期の敦煌》未能釋讀；「揵」，《吐蕃支配期の敦煌》釋作「進」，誤。

〔二〇〕「第二」，《吐蕃支配期の敦煌》未能釋讀。

〔二一〕「九」，《吐蕃支配期の敦煌》釋作「記」，誤；「卷」，《吐蕃支配期の敦煌》釋作「卷一」，當係將下文《舍利弗》之點勘符號看成「一」。

〔二二〕「七」，《敦煌佛教經録輯校》釋作「九」，誤。

〔二三〕「十」，《吐蕃支配期の敦煌》《敦煌佛教經録輯校》均釋作「一」，誤。

〔二四〕「第」，據文義後當有脱文。

〔二五〕「住斷」，《吐蕃支配期の敦煌》釋作「往新」，誤；第一個「結」，《吐蕃支配期の敦煌》漏録；第二個「結」，當作「經」，《敦煌佛教經録輯校》據歷代經録校改，《吐蕃支配期の敦煌》逕釋作「經」。

〔二六〕「十卷」，《吐蕃支配期の敦煌》釋作「卷一」，誤。

〔二七〕「觀」，《吐蕃支配期の敦煌》未能釋讀；「佛」，《吐蕃支配期の敦煌》釋作「仙」，誤；「味」，《吐蕃支配期の敦煌》釋作「味」，誤。

〔二八〕「薪」，當作「新」，據文義改，「薪」爲「新」之借字，《吐蕃支配期の敦煌》未能釋讀，《敦煌佛教經録輯校》逕釋作「新」。

〔二九〕「道」，《吐蕃支配期の敦煌》未能釋讀，《敦煌佛教經録輯校》漏録。

〔三〇〕「大」，《吐蕃支配期の敦煌》未能釋讀，《敦煌佛教經録輯校》釋作「不」，誤；「願」，《吐蕃支配期の敦煌》未能釋讀，《敦煌佛教經録輯校》釋作「退」，誤，其後有塗改之「願」字，《吐蕃支配期の敦煌》釋作「撰」，《敦煌佛教經録輯校》釋作「轉」，均誤。

〔三一〕「法」，《吐蕃支配期の敦煌》釋作「淵」，誤。

〔三二〕此句後有倒書「《十住斷結經》，卅卷」，已塗抹，應不録，《敦煌佛教經録輯校》釋作「《十住斷結經》，三十卷」，置於「法智」之前。

參考文獻

《東方學報》三一册，一九六一年，二七二頁（録）；《敦煌寶藏》二二册，臺北：新文豐出版公司，一九八二年，四五一頁（圖）；《英藏敦煌文獻》四卷，成都：四川人民出版社，一九九一年，二〇八頁（圖）；《敦煌佛教經録輯校》，南京：江蘇古籍出版社，一九九七年，七八七至七九一頁（録）。

斯二七一三　勸善文

釋文

咸亨元年，揚州僧珍寶向山採藥。見一人，身長三丈五尺，面闊九寸〔一〕，如金佛，救衆生，珍寶即藏。語寶言：『我是定光佛菩薩，故來救衆生。今年太山崩壞〔二〕，須鬼兵萬萬九千。須告衆無福人，但看三月四月五月，風從太山來，即得病，二日即死。若寫一通，免一身；寫二通，免一家；寫三通，免一村。我是定光佛菩薩，故來化衆生。傳流者，壽命一百年；不信者，滅門；寫者，過一難。若不信者，但看定光佛菩薩指爲定〔三〕。』

爲不得〔四〕。

咸亨元年，揚州僧珍寶向山採藥。見一人，身長三丈五尺，面闊九寸，如金佛，救衆生，珍寶即藏。語寶言：『我是定光佛菩薩，故來救衆生。今年太山崩壞，須鬼兵萬萬九千，須告衆無福人，但看三月四月五月，風從太山來，即得病，二日即死。若寫一通，免一身；寫二通，免一家；寫三通，免一村。我是定光佛菩薩，故來化衆生。傳流者，壽命一百年；不信者，滅門；寫者，過一難。若不信者，但看定光佛菩薩指爲定。』

咸亨元年，揚州僧珍寶向山採藥。見一人，身長三丈五尺，面闊九寸，如金佛，救衆生，珍寶即藏。語寶言：『我是定光佛菩薩，故來救衆生。今年太山崩壞，須鬼兵萬萬九千，須告衆無福人，但看三月四月五月，風從太山來，即得病，二日即死。若寫一通，免一身；寫二通，免一家；寫三通，免一村。我是定光佛菩薩，故來化衆生。傳流者，壽命一百年；不信者，滅門；寫者，過一難。若不信者，但看定光佛菩薩指爲定。』

説明

此件首尾完整，相同内容連抄三遍。咸亨元年即公元六七〇年。《敦煌遺書總目索引》擬名爲『定光佛預言』，《敦煌學海探珠》定名爲『普勸事佛文』。從其内容來看，與《勸善經》類似，是以預言災害將至的形式，勸他人抄寫此文弭災，不過《勸善經》是要求信衆念阿彌陀佛，而此文來救衆生的則是定光佛菩薩。《勸善經》又題『勸善文』，則此件亦可擬題爲『勸善文』。

校記

〔一〕『闊』，《敦煌遺書總目索引新編》釋作『寛』，誤。
〔二〕『太』，《敦煌遺書總目索引新編》校改作『泰』，按『太』同『泰』，不必校改。以下同，不另出校。
〔三〕『看』，《敦煌遺書總目索引新編》漏録；『佛』，《敦煌遺書總目索引新編》漏録。
〔四〕此三字與正文無關，應爲雜寫。

參考文獻

《敦煌學海探珠》（下），臺北：商務印書館，一九七九年，三三五至三三六頁（録）；《敦煌寶藏》一二册，臺北：新文豐出版公司，一九八二年，四五二頁（圖）；《敦煌遺書總目索引》，北京：中華書局，一九八三年，一六四頁（録）；《英藏敦煌文獻》四卷，成都：四川人民出版社，一九九一年，二〇八頁（圖）；《敦煌遺書總目索引新編》，北京：中華書局，二〇〇〇年，八三至八四頁（録）；《英國收藏敦煌漢藏文獻研究：紀念敦煌文獻發現一百周年》，北京：中國社會科學出版社，二〇〇〇年，一二七頁。

斯二七一四　佛説天公經一卷題記

釋文

□□書記〔一〕。

説明

此件《英藏敦煌文獻》未收，現予增收。《中國古代寫本識語集録》認爲此件約寫於十世紀。

校記

〔一〕『書記』，《中國古代寫本識語集録》據殘筆劃校補。

參考文獻

《鳴沙餘韻》，東京：岩波書店，一九三三年，七〇至七二頁（圖）；《敦煌寶藏》二二册，臺北：新文豐出版公司，一九八二年，四五三頁（圖）；《中國古代寫本識語集録》，東京大學東洋文化研究所，一九九〇年，五一八至五一九頁（録）。

斯二七一六　大悲曼荼羅法

釋文

大悲慢（曼）荼羅法〔一〕

凡作壇法法門時〔二〕，謹案梵本云：此國土無有作曼荼羅地，如彼天竺皆取上勝福德之地以爲壇場。婆羅門國别有擇地之法，不能廣説。且論漢地。第一，山居閑静之處，掘地一肘，去其石礫及瓦器惡物，然始平治，以瞿摩夷和香塗地。其壇縱廣壹丈陸尺，或云捌肘，小者四肘，其壇面分爲五分。

中心分縱廣三肘，亦分三分。中心二肘，畫作寶輪一百八輻〔三〕。輪心畫蓮花，大小一肘，具三十二葉。輪周圍畫炎光□晃曜〔四〕。一一葉上畫一如意寶珠，四方各一珠，光明晃曜。於壇心蓮花上安千眼觀世音菩薩像〔五〕。

第二綜（院）闊一肘〔六〕，四角各畫開敷蓮一花一〔七〕。其花上各畫寶須彌坐三層，於東北角須彌座上畫大自在天〔八〕，東南角須彌座上畫大威德神，西南角須彌座上畫大梵天王，西北角須彌座上畫天帝釋。四面各畫寶蓮花，釁各畫四。

第三院闊二肘，其地作青色，金繩解（界）道[九]。

第四院闊一肘，四面分爲二十八隔。一一隔中畫開敷蓮花一，一一蓮花上畫金剛杵、寶戟印、鉞斧印、寶劍印等。各畫一天衣及光明晃曜。當南門隔内畫琰摩天神，西門隔内畫水神，北門隔内畫俱毗囉神，東門隔内畫童子神。四角各畫一四天王神，并畫眷屬，各居本位。

第五院闊一肘，四面各畫種種寶樹、花果樹等。四角各畫一須彌山。四門各畫四大海水。其壇地内外皆作青色。西南角地開，呪師出入壇門。壇心至（置）經案一[一〇]，案上至（置）《千手〔千〕眼經》一部[一一]。壇上四面各置旃壇（檀）香水四盞[一二]，壇上安水瓶二十五枚[一三]，各盛香水，瓶口上插蓮花及柳枝。要花藥二十般，燈盞二十八枚，種種雜香日別。造香鮮飲食二十五分，要種種果子安置壇中。已上物色皆用寶器盛之。其燈安置壇外，食飯亦然。呪師依壇西門，面東座（坐）[一四]，誦呪。逐日六時入壇第三院，當門立，作前第十二印，各誦印呪七遍。諸雜繙玄（懸）廿五行[一五]，蘇（酥）[一六]、麨、飯

（以下原缺文）

説明

此件正面起首題『大悲慢（曼）荼羅法』，訖『已上物色皆用寶器盛之』；背面起『其燈安置壇外』，訖『蘇（酥）、麨、飯』。從内容上看，背面應是接續正面抄寫，但原未抄畢。李小榮認爲此件與斯二四九八《大悲壇法别行本》類似，均屬千手觀音的修行密法（參見《論密教中的千手觀音——以敦煌文獻爲中心》，《文史》二〇〇三年二輯，一六〇頁）。

此件《英藏敦煌文獻》未收，因其具有佛教行事文的性質，故予增收。

校記

〔一〕『慢』，當作『曼』，《論密教中的千手觀音——以敦煌文獻爲中心》據文義校改，『慢』爲『曼』之借字。

〔二〕『凡』，《論密教中的千手觀音——以敦煌文獻爲中心》釋作『九』，誤。

〔三〕『百』，據殘筆劃及斯二四九八《大悲壇法别行本》補。

〔四〕『□』，據下文或可補作『明』。

〔五〕『心』，據文義補。

〔六〕『綄』，當作『院』，據斯二四九八《大悲壇法别行本》改。

〔七〕第一個『一』，據文義係衍文，當删。

〔八〕『彌』，據殘筆劃及文義補。

〔九〕『解』，當作『界』，據文義改，『解』爲『界』之借字。

〔一〇〕『至』，當作『置』，據斯二四九八《大悲壇法别行本》改，『至』爲『置』之借字。以下同，不另出校。

〔一一〕第二個「千」，據文義補。

〔一二〕「壇」，當作「檀」，據斯二四九八《大悲壇法别行本》改，「壇」爲「檀」之借字。

〔一三〕「枚」，底本原作「牧」，按寫本中「枚」「牧」形近易混，故據文義逕釋。以下同，不另出校。

〔一四〕「座」，當作「坐」，據文義改，「座」爲「坐」之借字。

〔一五〕「玄」，當作「懸」，據斯二四九八《大悲壇法别行本》改，「玄」爲「懸」之借字。

〔一六〕「蘇」，當作「酥」，據文義改，「蘇」爲「酥」之借字。

參考文獻

《敦煌寶藏》二〇册，臺北：新文豐出版公司，一九八一年，二四三至二四四頁（圖）；《敦煌寶藏》二二册，臺北：新文豐出版公司，一九八二年，四六五頁（圖）；《文史》二〇〇三年二輯，一六〇頁；《英藏敦煌社會歷史文獻釋録》一二卷，北京：社會科學文獻出版社，二〇一五年，二二七至二三一頁（録）。

斯二七一七背　一　齋儀抄（亡婦、逆修、慶新宅、慶幡等）

釋文

（前缺）

映[一]，婦禮播於六姻；淑質霜明，女範傳於九族。不謂金娥　光沈[二]。罷鸞鏡於莊（妝）臺[三]，遺鳳釵於綺帳。

逆修

加以信珠久淨[四]，心鏡先明。知絶（泡）幻之不堅[五]，悟浮生而難駐。每驚二鼠，恆懼四蛇。是知紅顔易念念之間，白髮變須臾之際。惠心内朗，壇會外施。今生植來世之勝因，即日種後身之福利。故能先開淨土[六]，預掃天門，抽減淨財[七]，爰修某七。

淨人[八]

謙恭立性[九]，謹敬爲心。驅馳不失於四時辰（晨）昏[一〇]，唯諾無虧於禮節[一一]。自可克終百福，奉事三尊。奈何九横來侵，一期終七。日月流速[一二]，居諸不停，存没殊途〔一三〕，於茲某日〔一四〕。

某經乃一四句偈〔一五〕，能爲六道之師〔一六〕；八萬法門，悉稱諸佛之母。的心頂載〔一七〕，罪滅福生〔一八〕；啓意受持，六根清淨。

慶新宅〔一九〕

翔（詳）夫一乘一念〔二〇〕，達（一）如以照娑婆〔二一〕；一智二嚴，立二端而顯真俗；三車三寶〔二二〕，開三藏以證三空〔二三〕；四念四勤，獲四果而弘四德〔二四〕；五根五力〔二五〕，淨五眼以照五明〔二六〕；六識六賊，藉六度而平六道；七覺七分〔二七〕，轉七到（倒）以成七尊〔二八〕；八正八邪，端八風而歸八解；九橫九纏〔二九〕，列九品而明九因〔三〇〕；十惡十善，遵十地而興十號。

然今齋主〔三一〕，可謂清白遠著〔三二〕，志德遐聞〔三三〕。雅量與江海俱深〔三四〕，勁節共青松等峻〔三五〕。三珠合彩〔三六〕，藻瓊雪而不逾〔三七〕；八桂芬芳〔三八〕，霑玉霜而莫變〔三九〕。故於是日，大啓良緣，敬設清齋，慶茲住宅〔四〇〕。斯乃雕文剋（刻）鏤〔四一〕，綺飾分明；既若豎（瑞）應飛來〔四二〕，又似龍神涌現〔四三〕。丹窗紺瓦〔四四〕，暉映紫霄；寶柱金門，含風吐日。斜昂嶷崱〔四五〕，寫龍甲之參差〔四六〕；環栱聯綿〔四七〕，狀虹霓之出没〔四八〕。重簷軒剪，化鸞鳳之翔空；井厠垂連（蓮）〔四九〕，類天花之競落。於是闢金地云云〔五〇〕。

持此設齋功德，焚香轉念勝因。先用莊（嚴）齋主〔五一〕，惟願邪摩（魔）惡鬼〔五二〕，併（屏）跡人寰〔五三〕；魑魅妖精，潛藏地穴；役（疫）毒休行〔五四〕，吉祥咸集；年無九横〔五五〕，月去三災；大小清宜〔五六〕，尊卑納慶；門來善序（瑞）〔五七〕，宅納吉祥；風送寶〔衣〕〔五八〕，雨林（霖）天服〔五九〕；倉盈金粟〔六〇〕，庫積珍珠；宅富人興，永安千載。

又願上方天主，雨寶尼之珠；下界地祇〔六一〕，涌蓮花〔之〕藏〔六二〕；白桂滿室，秪（抵）荊鵠而不窮〔六三〕；紫金盈階，布祇園而匪盡；保齡遐算，共春鶴而俱翔；顯職重名，與臺鼎而參列。

宅主知五藴〔之〕皆空〔六四〕，悟百年之飄忽。根境兩寂〔六五〕，視萬像若空花；物我雙亡，觀十方而（如）水月〔六六〕。是以虔誠勝福，鋭相芳園〔六七〕，不悋珠珍〔六八〕，式崇壇會。

施主自云：久居俠（狹）責（仄）〔六九〕，移就出寬，因此修營稱心。

是以契陰陽而會合，克八卦以相扶，龜易占而吉祥，五兆卜而應瑞〔七〇〕。其宅乃四方平正，八表堪居。離、坎分南北之堂，震、兑列東西之位。左青右白，能引乾坤之規；前朱後玄，雅合陰陽之氣。故能羅嚴佛像，列席新庭，爐焚六銖，廚榮（營）百味〔七一〕。

惟願業障報障，與秋葉而爭飄；定根惠根〔七二〕，共春萌而競茂；善聲善嚮〔七三〕，常遊六趣之中；淨業淨因，恆居五藴之境。

其幡乃梵天綵（採）様〔七四〕，垂四股而空飛；兜率裁成，分二肱而雲繞。丹身素項，銀水動而白蓮開；青臂金蹄，朱影朗而雪花現。遂乃十地菩薩，行行降於排空；四大聖王，對對親爲衛護。藥師願下，神幡引地獄重關；彌陀會前，寶幢豎天堂户[illegible]。所以造之者增福無量，禮之者滅罪恆沙。

説明

此卷首缺尾全，首部中間稍有破損，其内容抄於《十地疏》之卷背，包括『齋儀抄』、『珠英集』、『齋文抄』兩通、『請僧説法文抄』四通、『習字』、『押衙爲亡考百日設齋文抄』、『失名文抄』、『雜抄』等。上述各件的字體大小和筆墨濃淡均不同，係不同時間不同的人利用《十地疏》卷背空白所書。此件首缺尾全，其内容爲齋儀抄，存亡婦、逆修、慶新宅、慶幡等。斯一五二三『齋儀抄（逆修等）』所存部分與此件相同。

以上釋文以斯二七一七背爲底本，用斯一五二三背（稱其爲甲本）參校，因本書第七卷曾以此件作爲校本釋録該件，爲避免重複，此件只校改錯誤和校補缺文，異文不再一一出校。

校記

〔一〕『映』，據殘筆劃及伯二二三七背《亡婦》補。

〔二〕底本『金娥』與『光沈』間留有大約四字空白，據伯二二三七背《亡婦》，此句應作『不謂金娥魄散，璧月光沈』，疑抄寫者所據之文本此處有殘缺，故留數字空白以待據他本補入。

〔三〕『於』，據殘筆劃及伯二二三七背《亡婦》補；『莊』，當作『妝』，據文義改，『莊』爲『妝』之借字。

〔四〕甲本始於此句。

〔五〕『絶』，當作『泡』，據甲本改；『堅』，《敦煌願文集》釋作『返』，誤。

〔六〕『先』，據甲本補。

〔七〕『滅』，底本作『搣』，係涉上文『抽』字而成之類化俗字，《敦煌願文集》釋作『搣』，校改作『滅』。

〔八〕『淨』，甲本同，《敦煌願文集》未能釋讀，並據甲本校補；『人』，甲本同，《敦煌願文集》未能釋讀，並據甲本校補作『安』，誤。

〔九〕『謙恭』，甲本同，《敦煌願文集》未能釋讀，並據甲本校補。

〔一〇〕『於』，據殘筆劃及甲本補；『四時』，甲本無，據文義係衍文，當删；『辰』，當作『晨』，據文義改，『辰』爲『晨』之借字。

〔一一〕『唯』，《敦煌願文集》認爲底本作『惟』，並據甲本校改作『唯』，誤。

〔一二〕『日月流』，《敦煌願文集》未能釋讀。

〔一三〕甲本止於此句。

〔一四〕『日』，《敦煌願文集》未能釋讀，並據文義校補作『七』。

〔一五〕『一四句偈』，《敦煌願文集》未能釋讀。

〔一六〕『六』，《敦煌願文集》釋作『冥』，誤。

〔一七〕『的』，《敦煌願文集》釋作『明』，誤；『頂載』，《敦煌願文集》釋作『預義』，誤。

〔一八〕『罪滅福生』，《敦煌願文集》未能釋讀。

〔一九〕『慶』，《敦煌願文集》釋作『□□慶』；『宅』，《敦煌願文集》釋作『年人』，誤。

〔二〇〕『翔』，當作『詳』，據文義改，『翔』爲『詳』之借字，《敦煌願文集》釋作『歡』，誤；『夫』，《敦煌願文集》

釋作『天上』，誤；第一個『二』，《敦煌願文集》認爲底本無，並據文義校補，按底本實有此字。

〔二一〕『達』，《敦煌願文集》釋作『適』，誤；『二』，據文義補；『如』，《敦煌願文集》未能釋讀；『以』，《敦煌願文集》未能釋讀，並據文義校補作『而』。

〔二二〕『車』，《敦煌願文集》釋作『朝』，誤。

〔二三〕『藏』，《敦煌願文集》未能釋讀；『以』，《敦煌願文集》未能釋讀，並據文義校補作『而』；『證』，《敦煌願文集》釋作『證心』，按底本實無『心』字；第二個『三』，《敦煌願文集》釋作『二』，校改作『三』，誤。

〔二四〕第二個『四』，《敦煌願文集》認爲底本脱，並據文義校補，按底本此字補於行間。

〔二五〕『五根』，《敦煌願文集》釋作『並賴』，誤。

〔二六〕『淨』，《敦煌願文集》釋作『用』，誤；第一個『五』，《敦煌願文集》未能釋讀，並據文義校補；『眼』，《敦煌願文集》未能釋讀；『以』，《敦煌願文集》未能釋讀，並據文義校補作『而』；『照』，《敦煌願文集》未能釋讀。

〔二七〕『覺』，《敦煌願文集》未能釋讀；『分』，《敦煌願文集》未能釋讀。

〔二八〕『到』，當作『倒』，據文義改，『到』爲『倒』之借字，《敦煌願文集》未能釋讀；『以』，《敦煌願文集》未能釋讀，並據文義校補作『而』；『成』，《敦煌願文集》未能釋讀。

〔二九〕『纏』，《敦煌願文集》釋作『壞』，誤。

〔三〇〕『品』，《敦煌願文集》未能釋讀；『而』，《敦煌願文集》未能釋讀，並據文義校補；『明』，《敦煌願文集》未能釋讀；第二個『九』，《敦煌願文集》未能釋讀，並據文義校補。

〔三一〕『然今齋主』，《敦煌願文集》未能釋讀。

〔三二〕『可謂清白』，《敦煌願文集》未能釋讀；『遠』，《敦煌願文集》釋作『□□遠』。

〔三三〕『聞』，《敦煌願文集》釋作『明』，誤。

〔三四〕『俱』，《敦煌願文集》釋作『而共』，誤。

〔三五〕『勁』，《敦煌願文集》未能釋讀；『共青松等』，《敦煌願文集》未能釋讀。

〔三六〕『三』，《敦煌願文集》釋作『二』，誤；『合』，《敦煌願文集》釋作『含』，誤。

〔三七〕『藻』，《敦煌願文集》釋作『簇』，誤。

〔三八〕『桂芬』，《敦煌願文集》未能釋讀；『芳』，《敦煌願文集》釋作『間』，誤。

〔三九〕『霑玉』，《敦煌願文集》釋作『芳雪』，誤；『霜』，《敦煌願文集》未能釋讀；『而』，《敦煌願文集》未能釋讀，並據文義校補；『變』，《敦煌願文集》釋作『爰』，誤。

〔四〇〕『慶兹住宅』，《敦煌願文集》未能釋讀。

〔四一〕『剋』，當作『刻』，《敦煌願文集》據文義校改，『剋』爲『刻』之借字。

〔四二〕『豎』，當作『瑞』，據伯二八五七《建佛堂門樓文》改，《敦煌願文集》釋作『堅』，誤；『飛』，《敦煌願文集》釋作『悉』。

〔四三〕『又似龍神涌』，《敦煌願文集》釋作『丈（仗）仰□』。

〔四四〕『瓦』，底本似『凡』，按寫本中『瓦』『凡』形近易混，故據文義逕釋。

〔四五〕『嶷』，《敦煌願文集》未能釋讀。

〔四六〕『參差』，《敦煌願文集》釋作『差參』，按底本『差參』右側有倒乙符號。

〔四七〕『栱』，《敦煌願文集》釋作『供』，誤。

〔四八〕『没』，《敦煌願文集》釋作『水』，誤。

〔四九〕『井』，《敦煌願文集》釋作『弁』，誤；『連』，當作『蓮』，據文義改，『連』爲『蓮』之借字。

〔五〇〕「闢」，《敦煌願文集》釋作「蠲」，校改作「燭」，誤。

〔五一〕「嚴」，《敦煌願文集》據文義校補。

〔五二〕「摩」，當作「魔」，《敦煌願文集》據文義校改，「摩」爲「魔」之借字。

〔五三〕「併」，當作「屏」，《敦煌願文集》據文義校改，「併」爲「屏」之借字。

〔五四〕「役」，當作「疫」，《敦煌願文集》據文義校改，「役」爲「疫」之借字。

〔五五〕「無」，《敦煌願文集》釋作「元」，校改作「無」，誤。

〔五六〕「小」，《敦煌願文集》釋作「衆」，誤。

〔五七〕「序」，當作「瑞」，據斯六四一七《願文》改，《敦煌願文集》校改作「述」。

〔五八〕「送」，《敦煌願文集》釋作「邃」，誤；「衣」，據斯一一三五六《都渠泊使願文》補。

〔五九〕「雨」，《敦煌願文集》釋作「和」，誤；「林」，當作「霖」，據斯一一三五六《都渠泊使願文》改，「林」爲「霖」之借字。

〔六〇〕「粟」，《敦煌願文集》釋作「絲」，誤。

〔六一〕「界」，《敦煌願文集》釋作「方」，誤；「祇」，底本作「秖」，按寫本中「示」「禾」形近易混，故據文義逕釋，《敦煌願文集》釋作「秖」，校改作「祇」。

〔六二〕「之」，《敦煌願文集》據文義校補。

〔六三〕「秖」，當作「抵」，據文義改，《敦煌願文集》校改作「枝」。

〔六四〕「之」，《敦煌願文集》據文義校補。

〔六五〕「兩」，《敦煌願文集》釋作「雨」，校改作「兩」，誤。

〔六六〕「而」，當作「如」，《敦煌願文集》據文義校改，「而」爲「如」之借字。

〔六七〕『鋭』，《敦煌願文集》校改作『悦』。

〔六八〕『珠珍』，《敦煌願文集》釋作『珍珠』，誤。

〔六九〕『俠』，當作『狹』，據文義改，『俠』爲『狹』之借字，《敦煌願文集》釋作『僕』，誤；『責』，當作『仄』，據文義改，『責』爲『仄』之借字。

〔七〇〕『瑞』，《敦煌願文集》釋作『端』，誤。

〔七一〕『榮』，當作『營』，《敦煌願文集》據文義校改，『榮』爲『營』之借字。

〔七二〕『惠』，《敦煌願文集》校改作『慧』，按『惠』通『慧』，不煩校改。

〔七三〕『嚮』，《敦煌願文集》校改作『響』，按『嚮』通『響』，不煩校改。

〔七四〕『綵』，當作『採』，據文義改，『綵』爲『採』之借字。

參考文獻

《敦煌寶藏》一一册，臺北：新文豐出版公司，一九八一年，三五八頁（圖）；《敦煌寶藏》一二一册，一九八二年，四七一至四七二頁（圖）；《北京師範學院學報》一九九〇年三期，九一至九七頁；《英藏敦煌文獻》三卷，成都：四川人民出版社，一九九〇年，九一頁（圖）；《英藏敦煌文獻》四卷，一九九一年，二〇九至二一〇頁（圖）；《英藏敦煌文獻》一一卷，成都：四川人民出版社，一九九四年，四九頁（圖）；《英藏敦煌文獻》一三卷，成都：四川人民出版社，一九九五年，二三八頁（圖）；《敦煌願文集》，長沙：岳麓書社，一九九五年，六五五至六五八、七一一至七一二、七一六至七一七頁（録）；《法藏敦煌西域文獻》九册，上海古籍出版社，一九九九年，三一八頁（圖）；《法藏敦煌西域文獻》一九册，上海古籍出版社，二〇〇一年，一四四頁（圖）；《英藏敦煌社會歷史文獻釋録》七卷，北京：社會科學文獻出版社，二〇一〇年，二三六至二三八頁（録）。

釋文

帝京篇一首　五言

神皋唯帝里，壯麗擬仙居。珠闕臨清渭，銀臺人（入）翠虛[一]。新豐喬樹蜜（密）[二]，長樂遠鍾疏[三]。三市年華泛，千門麗日初。浮雲驌馬[四]，流水鳳皇車。薄晚章臺路，繽紛軒冕度。緹綺（騎）鳴鑾[五]，仙管吟芳樹。花鳥曲江前，風光昭綺筵。迴治袖[六]，飛鶴繞驕弦。獨有揚雄宅，蕭然草《太玄》。

通事舍人吴興沈佺期十首

駕幸香山寺應　制一首　七言

南山弈弈通丹禁，北闕峨峨連翠雲。嶺上樓臺十地起[七]，城中鍾鼓四天聞。旃檀曉閣金與（輿）度[八]，鸚鵡晴林採（綵）旄分[九]。長願醍醐參聖酒[一〇]，身（聲）身（聲）歌賦幸金[一一]。

〔古〕〔鏡〕[一二]

鑿井遘古墳，墳櫬淪没[一三]。誰家青銅鏡，送此長彼（夜）月[一四]。長夜何冥冥，千歲光不教（竭）[一五]。玉匣歷窮泉，金龍潛幽窟。鞶組已銷散，錦衣亦虧闕。莓苔翳清池，蝦蟆蝕明月。埋落今如此，煙心未當歇[一六]。願垂拂拭恩，爲君鑑雲髮。

朝鏡一首

靡靡日摇蕙，騷騷風灑蓮。時芳固相奪，俗態豈恆堅？恍惚夜川裏，蹉跎朝鏡前。紅顔與壯志，太息此流年。

辛丑歲十月　上幸長安時雲卿從在西嶽作一首　五言

西鎮何穹崇，壯裁（哉）信靈造[一七]。諸嶺皆峻秀，中峰特美好[一八]。傍見巨掌存，勢如拓東倒。頗聞首陽去，闓坼此何（河）道[一九]。磅薄壓洪源[二〇]，巍峨戴清昊。雲泉紛亂暴（瀑）[二一]，天磴（磴）屺横抱[二二]。子先呼其巔，宫女世（不）老[二三]。下有府君廟，歷載傳灑掃。皇明應天遊，十月戒酆鎬。微末忝閑從，兼得事蘋藻。宿心愛此山，意欲拾靈草。陰壑已冰閉[二四]，雲竇絶探討。芬月期再來，迴策思方浩。

古新（離）别一首[二五]

白水東悠悠，中有西行舟。舟行有返棹，水去無還流。秦（奈）何生别者[二六]，戚戚懷遠遊。遠遊誰當情（惜）[二七]，所悲會難收。自君閒芳躧，青陽四五遒。皓月抽（掩）蘭室[二八]，光風虛蕙樓。相思無明晦，長歎累冬秋。離居久遲暮，高駕何淹留。

古意一首 七言

盧家小婦鬱金堂，海燕雙棲〔玳〕瑁梁〔二九〕。九月寒砧催下葉，十年征戍憶遼陽。白狼何（河）北軍書斷〔三〇〕，丹鳳城南秋夜長。誰忍含愁獨不見，使妾明月對流黄。

古意一首 雜言

八月涼風動高閣，千金麗人卷綃幕。已憐池上歇芳菲，今（不）願君恩復摇落〔三一〕。世〔上〕榮枯如轉蓬〔三二〕，旦時阡陌暮雲中。飛燕恃寵昭陽殿，班姬飲恨長信宫。長信宫，昭陽殿，春來歌舞妾自知，秋至簾櫳君不見。古時羸（嬴）女厭世〔紛〕〔三三〕，學鳳吹簫乘綵雲。含情轉睞向仙吏（史）〔三四〕，千歲童顏持贈君。

邙山一首 七言

北邙山上列墳塋，萬古千〔秋〕對洛城〔三五〕。城中日夕歌鍾起〔三六〕，山上唯聞松柏聲。

長門怨一首

月皎風泠泠〔三七〕，長門次掖庭。玉階聞墜葉，羅幌見飛螢。君恩若流水，妾怨似繁星。黄金盡詞賦，白（？）髮空帷屏〔三八〕。

〔鳳〕〔笙〕〔曲〕〔三九〕

憶昔王子晉，鳳笙遊雲空。揮手弄白日，安能戀青宫。豈舞（無）嬋娟子〔四〇〕，結念羅帷中。憐壽不貴色，身世兩無窮。

前通事舍〔人〕李適三首〔四一〕

汾陰后土祠作一首　五言

昔予讀書史，遍睹漢世君。武皇實稽古，建兹百代勳。號令垂懋典，舊經備闕文。南巡歷九疑（嶷）〔四二〕，〔舳〕艫被江濆〔四三〕。勒兵十八萬，旌騎何紛紛。朅來茂陵下，英威不復聞。我〔行〕歲方晏〔四四〕，極望山河分。神光終宜（冥）漠〔四五〕，鼎氣獨氛氲。攬涕沺睢上〔四六〕，登高見彼汾。雄圖今安在，飛飛有白雲。

答宋之問入崖口五渡一首　五言

聞君訪遠山，躋險造幽絶。眇然青雲意，觀奇彌年月。登嶺亦泝溪〔四七〕，孤舟事沿越。崿嶂傳綵翠，崖磴生攲缺〔四八〕。石林上攢叢，金澗下明滅。捫壁窺丹井，梯苔瞰乳穴。忽枉巖中贈，對翫未嘗輟。殷勤獨往事，委曲練藥説。迨予名山期，從爾泛海澨。歲晏秉宿心，期（斯）言非徒設〔四九〕。

送友人向恬（括）州一首〔五〇〕　五言

委迤吴山雲〔五一〕，演漾洞庭水。青佩（楓）既愁人〔五二〕，白頻（蘋）亦靡靡〔五三〕。送君出京國，孤舟眇江汜。浮陽怨芳歲，況乃别行子。括蒼漲海壖，斯路天臺〔五四〕。我有巖中念，遥寄四明裏。

左補闕清河崔湜九首

責躬詩一首 五言

嘗聞古人説，正直神不欺。忠義恆獨守，堅貞每自持。效官已十載，理劇猶未朞〔五五〕。獄聽除苛慘，形（刑）章息滯疑〔五六〕。豈得保世業，諒以答明時。顧無白玉玷，忽負蒼蠅詩。扃固（錮）非所恥〔五七〕，幽冤誰爲辭。楚囚應積〔五八〕，秦繫亦銜悲。永夜振衣坐，故人不在兹。流靈自蕪漫，芳草獨葳蕤。日月行無舍，平生志莫追。山林如道喪，州縣豈心期。助思紛何在，清神悵不怡。自憐暗成事，感歎興此詞。

登總持寺浮圖一首 五言

宿雨清龍界，晨暉滿鳳城。升攀重閣迥，憑覽四郊明。井邑周秦地，河山今古情。紆餘二水合，寥落五陵平。處處風煙起，欣欣草樹榮。故人不可見，冠蓋滿東京。

暮秋書懷一首 五言

首夏別京輔，杪秋滯三河。沈沈蓬萊閣，日夕鄉思多。霜剪涼堦蕙，風捎幽渚荷。歲芳坐淪歌（歇）〔五九〕，感此戒（式）微歌〔六〇〕。

雜詩一首

鵲巢惡木巔，常宭一枝息。寧知椅（倚）梧鳳〔六一〕，亦欲此棲宿。喈喈多好音，矯矯奮輕翼。上林豈不茂，胡爲戀幽仄。處陋仍莫保，居華固陵逼。下流不可居，斯言可佩服。

九龍潭作一首 五言

弱齡聞兹山，夢寐嘗所適。迨此躋覽〔六二〕，依然是疇昔。結侶尋絶徑，周流觀奇跡。兹逢世所希〔六三〕，環合佨（抱）穹壁〔六四〕。上有龍泉涌，百丈瀑射〔六五〕。伏溜轉陰溝，盤渦（渦）沸嵌石〔六六〕。逶迤環汀嶼，熠爚（爚）洞金碧〔六七〕。石蔓下離褸，雲蘿上綿冪。翫極不云厭，俳佪忽晉夕〔六八〕。清籟充絲篁，茂草代茵席。泠然聞鳳吹，髣髴覿雲籍。顧謂攜手人，誰爲挂冠客？

酬杜麟臺春思一首　五言

春還上林苑，花滿洛陽城。鴛衾夜凝思，龍鏡曉含情。憶蔓（夢）殘燈落〔六九〕，離魂暗鳥驚。可憐朝與暮，樓上獨盈盈。

同李員外春怨一首

落日啼連夜，孤燈坐著明。卷簾雙燕出，披幌百花驚。隴外寒應晚，機中織未成。管弦愁不記，荘梳嬾無情〔七〇〕。去歲聞西伐，今年首北征。容顔離别盡，流恨滿長城。

班婕好（妤）一首〔七一〕　五言

不分君恩斷，新荘視鏡中〔七二〕。容華尚春日，嬌愛已秋風。枕席臨燈曉，帷屏向月空。年年後庭樹，榮落在深宫。

塞垣行一首　五言

疾風度溟海，萬里揚沙礫。仰望不見天，昏昏竟朝夕。是時軍兩進，東拒復西敵。蔽山張旗鼓，聞（間）道潛鋒鏑〔七三〕。精騎突曉圍，奇兵襲暗（？）壁。十月塞寒總，四山冱陰積〔七四〕。雨雪應（雁）南飛〔七五〕，風塵景西迫。昔我事論詩，未嘗怠經籍。一朝棄筆硯，十載操矛戟。客邀黃河誓，須勒燕山石。可嗟牧羊臣，海上久爲客。

右補闕彭城劉知幾三首

次河神廟虞參軍船先發　余阻風不進寒夜旅泊一首

朝謁馮夷詞（祠）〔七六〕，夕投孟津渚。風長川淼漫，河闊舟容與。迴首望歸途，連山曖相拒。落帆遵迴岸，輟榜依孤嶼。復值驚彼（波）息〔七七〕，戒徒候前侶。川路雖未遥，心期頓爲阻。沈沈落日暮，切切涼飆舉。白露濕寒葭，蒼煙晦平楚。啼猨響巖谷，唳鶴聞河溆。此時懷故人，依然愴行旅。何當欣既覯，鬱陶共君叙。

讀《漢書》作一首

漢王有天下，欻起布衣中。奮飛出草潭，嘯咤馭群雄。淮陰既附鳳，黥彭亦攀龍。一朝逢運會，南面皆王公。魚得自忘筌，鳥盡必藏弓。咄嗟罹鼎俎，赤族無遺蹤。智裁（哉）張子房〔七八〕，處世獨爲工。功成薄愛（受）賞〔七九〕，高舉追赤松。知正（止）信無辱〔八〇〕，身安道亦隆。悠悠〔千〕載後〔八一〕，擊抃仰遺風〔八二〕。

詠史一首

汎汎水中蓱，離離岸傍草。逐浪高復下，從風起還倒。人生不若兹，處世安可保？蘧瑗仕衛國，屈伸隨世道。方朔隱漢朝，昜農以爲寶。飲啄得其性，從容成壽考。南國有狂生，形容獨枯槁。作賦刺椒蘭，投江溺流潦。達人無不可，委軍（運）推蒼昊〔八三〕。何爲明白（自）銷〔八四〕，取譏於楚老。

右臺殿中侍御史内供奉瑯琊王無競八首

詠漢武帝一首　五言

漢家中葉盛，六世有雄才。廄馬三十萬〔八五〕，國容何壯裁（哉）〔八六〕。東歷琅邪郡，北上單于臺。好仙復寵戰，莫救茂陵隈。

別潤州李司馬一首　五言

〔北〕〔使〕〔長〕〔城〕〔八七〕

秦世築長城，長城無極已。暴師四十萬，興功九千里〔八八〕。死人如亂麻，白骨相撐委。彈（殫）弊未云語〔八九〕，窮毒豈知止。胡塵未北滅，楚兵遂東起〔九〇〕。六國復嚻〔嚻〕〔九一〕，兩龍鬬鬅鬅。卯金竟握讖，反璧俄淪祀（圮）〔九二〕。仁義寢邦國，狙暴行終始。

駕幸長安奉使先往檢察一首　五言

一旦咸陽宫，翻爲漢朝市。

奉使至京邑，戒塗歷險夷。首旬發定鼎，再信過灞池。何（河）山壯關輔〔九三〕，金火遆（遞）雄雌〔九四〕。文物淪霸運，靈符啓聖期。宸扆闊臨御，巡幸順謳思。城闕生光彩，草樹含榮滋。緹綺（騎）紛沓襲〔九五〕，翠旗曳葳蕤。童幼問明主，耆老感盛儀。輪袂交隱隱，廛陌滿熙熙。微臣昧所識，觀俗書此詞。

滅胡一首 五言

漢軍屢北喪，胡馬遂南驅。羽書夜驚（警）急〔九六〕，邊柝亂傳呼。關軍卻不進，關城勢已孤。黃雲塞沙落，白刃斷交衢。朔霧圍未解，鑿山泉尚枯。伏波塞後援，都尉失前途。亭障多墮毀，金鏃無金（全）軀〔九七〕。獨有山東客，上書圖滅胡。

君子有所思行一首 五言

北上登渭原，南下望咸陽。秦帝昔所據，按劍朝侯王。踐山劃郊郭，濬流固墉隍。左右羅將相，甲館臨康莊。曲臺連閣道，錦幕接洞房。荆國微（徵）豔色〔九八〕，邯鄲選名倡。一彈人（入）雲漢〔九九〕，再歌斷君腸。自矜青春日，玉顔恪容光〔一〇〇〕。安知緑苔滿，羅袖坐霑霜。聲侈遽衰歇，盛愛且離傷。豈唯毒身世，朝國亦淪亡。物（惡）盈道先忌〔一〇一〕，履謙福允臧。獨有東陵子，種瓜青門旁。

銅爵妓一首 五言

北登錭（銅）爵上〔一〇二〕，西望青松郭。繐帷空蒼蒼，陵田紛漠漠。平生事已變，歌吹宛猶昨。長袖拂玉塵（塵）〔一〇三〕，遺情結羅幕。妾怨在朝露，君恩豈中薄。高臺奏曲終，潺湲淚橫落。

鳳臺曲一首　五言

鳳臺何逶迤，羸（嬴）女管參差〔一〇四〕。一旦綵雲至，身去還無時。遺曲此臺上，世人多學吹。〔二〕〔吹〕一落淚〔一〇五〕，至今憐玉姿〔一〇六〕。

珠英集第五

太子文學扶風馬吉甫三首

秋晴過李三山池　五言

山遊未狎〔一〇七〕，朝隱遂爲群。地僻煙霞異，心閑出處分。褰開弄晴景，披拂喜朝聞。野興浮黄菊，林棲卧白雲。窺臨苔壁古，歌嘯竹亭曛。迴想幽巖路，知予復解紛。

秋夜懷友一首

故人在天末，空庭明月時。白雲勞悟（寤）寐〔一〇八〕，芳樹歇華滋。蟋蟀鳴秋草，蜘蛛弄曉絲。菊花應可汎，留興待〔一〇九〕。

同獨孤九秋閨一首

閨樹紅滋變，庭蕪白（以下原缺文）

説明

此件首尾完整，但原未抄完，卷中『世』字缺筆，偶有墨筆勾勒符號。存《珠英集》（又稱《珠英學士集》）第四、第五兩卷的部分内容，包括無名氏詩一首、沈佺期詩十首、李適詩三首、崔湜詩九首、劉知幾詩三首、王無競詩七首、馬吉甫詩三首，七位作者共三十六首詩，其中十五首不見於《全唐詩》。另王無競的『別潤州李司馬一首』有標題而無内容，『北使長城』有内容而無標題，疑抄寫者在抄寫『別潤州李司馬』之題目後，誤抄了『北使長城』的内容。卷中一些文句有脱文，有的句中留有空白，應是抄寫者所據之文本有脱文或殘缺使然。現知敦煌文獻中保存的《珠英集》尚有伯三七七一，該件保存無名氏、喬備、元希聲、房元陽、楊齊哲、胡皓等六人的十八首詩，其中十三首未見諸《全唐詩》。但以上兩件並無重合之處，亦非出自同一寫本。吴其昱據卷中小字『今年天（大）梁』推斷此件的抄寫年代爲後梁時期（公元九〇七至九二三年）（參看《敦煌本〈珠英集〉兩殘卷考》，載於《法國學者敦煌學論文選萃》，四七七頁）。徐俊認爲全集卷次排列上似乎大致遵循了官班爲次的原則，並推斷《珠英集》的編纂時間略晚於《三教珠英》的成書時間，或在長安二年（公元七〇二年），其散佚當在宋元之際（參看《敦煌詩集殘卷輯考》，五四八至五五六頁）。敦煌寫本《珠英集》具有美學、文學、史學和語言學等多方面的重要價值。

校記

〔一〕『人』，當作『入』，《唐人選唐詩新編》據文義校改。

〔二〕『蜜』，當作『密』，《唐人選唐詩新編》據文義校改，『蜜』爲『密』之借字。

〔三〕『鍾』，《唐人選唐詩新編》《敦煌詩集殘卷輯考》釋作『鐘』，按『鍾』有『鐘』義。

〔四〕『驌』，底本此字後留有多字空白，《唐人選唐詩新編》《敦煌詩集殘卷輯考》均據《文選》補作『驌驦』，按亦可補作『驌騻』。

〔五〕『綺』，當作『騎』，《唐人選唐詩新編》據文義校改，『綺』爲『騎』之借字。底本『綺』字後留有一字空白，此句當有脱文。

〔六〕『迴治袖』，《敦煌詩集殘卷輯考》釋作『迴〔□〕治神袖』，按底本『迴』字後留有兩字空白，應是抄寫者所據之文本有脱文或殘缺，『袖』前之『神』字已塗抹，似應不録。

〔七〕『十』，《文苑英華》作『千』，近是。

〔八〕『與』，當作『輿』，據《文苑英華》改，『與』爲『輿』之借字。

〔九〕『採』，當作『綵』，據《文苑英華》改，『採』爲『綵』之借字，《唐人選唐詩新編》釋作『抹』，校改作『採』，《敦煌詩集殘卷輯考》釋作『抹』，校改作『綵』；『耗』，《唐人選唐詩新編》《敦煌詩集殘卷輯考》釋作『眊』，誤。

〔一〇〕『長願』，《文苑英華》作『願以』，近是。

〔一一〕『身身』，當作『聲聲』，《唐人選唐詩新編》據文義校改。據文義，此句有脱文，《文苑英華》作『還將祇苑當秋汾』，近是。

〔一二〕『古鏡』，據《全唐詩》補。

〔一三〕『墳』，《唐人選唐詩新編》（增訂本）釋作『古墳』，誤。據文義，此句有脱文。

〔一四〕『彼』，當作『夜』，《敦煌詩集殘卷輯考》據文義校改，《唐人選唐詩新編》校改作『波』。

〔一五〕『千』，《敦煌詩集殘卷輯考》釋作『行』，誤；『教』，《唐人選唐詩新編》《敦煌詩集殘卷輯考》認爲此字出韻，疑當作『竭』，據文義改。

〔一六〕『煙』，《唐人選唐詩新編》認爲原當作『照』，係避武曌諱改。

〔一七〕『裁』，當作『哉』，據《文苑英華》《全唐詩》改。

〔一八〕『特』，《唐人選唐詩新編》《敦煌詩集殘卷輯考》釋作『持』，校改作『特』。

〔一九〕『何』，當作『河』，據《文苑英華》《全唐詩》改，『何』爲『河』之借字。

〔二〇〕『薄』，《唐人選唐詩新編》校改作『礴』。

〔二一〕『暴』，當作『瀑』，據《文苑英華》《全唐詩》改，『暴』爲『瀑』之借字。

〔二二〕『磴』，當作『磴』，據《文苑英華》《全唐詩》改，《唐人選唐詩新編》《敦煌詩集殘卷輯考》釋作『鐙』，校改作『磴』。

〔二三〕『不』，據《文苑英華》《全唐詩》補。

〔二四〕『冰』，《唐人選唐詩新編》釋作『水』，《敦煌詩集殘卷輯考》釋作『水』，校改作『冰』，誤。

〔二五〕『新』，當作『離』，據《文苑英華》《全唐詩》改。

〔二六〕『秦』，當作『奈』，據《文苑英華》《全唐詩》改。

〔二七〕『情』，當作『惜』，據《文苑英華》《全唐詩》改，《唐人選唐詩新編》《敦煌詩集殘卷輯考》逕釋作『惜』。

〔二八〕『抽』，當作『掩』，據《文苑英華》《全唐詩》改。

〔二九〕『玳』，據《文苑英華》《全唐詩》補。

〔三〇〕『何』，當作『河』，據《文苑英華》《全唐詩》改，『何』爲『河』之借字。

〔三一〕『今』，當作『不』，據《文苑英華》《全唐詩》改。

〔三二〕「上」，據《文苑英華》《全唐詩》補。
〔三三〕「羸」，當作「羸」，據《文苑英華》《全唐詩》改；「紛」，據《文苑英華》《全唐詩》補。
〔三四〕「吏」，當作「史」，據《文苑英華》《全唐詩》改，《唐人選唐詩新編》《敦煌詩集殘卷輯考》逕釋作「史」。
〔三五〕「秋」，據《文苑英華》《全唐詩》補。
〔三六〕「鍾」，《唐人選唐詩新編》《敦煌詩集殘卷輯考》釋作「鍾」，按「鍾」有「鐘」義。
〔三七〕「皎」，《唐人選唐詩新編》《敦煌詩集殘卷輯考》釋作「皎」，雖義可通而字誤。
〔三八〕「白」，底本字形介於「白」「自」之間，《唐人選唐詩新編》《敦煌詩集殘卷輯考》釋作「自」，校改作「白」。
〔三九〕「鳳笙曲」，據《文苑英華》《全唐詩》補。
〔四〇〕「舞」，當作「無」，據《文苑英華》《全唐詩》改，「舞」爲「無」之借字。
〔四一〕「人」，《唐人選唐詩新編》據文義校補。
〔四二〕「疑」，當作「嶷」，據《文苑英華》《全唐詩》改，「疑」爲「嶷」之借字。
〔四三〕「舳」，據《文苑英華》《全唐詩》補。
〔四四〕「行」，據《文苑英華》《全唐詩》補。
〔四五〕「宜」，當作「冥」，據《文苑英華》《全唐詩》改。
〔四六〕「渋」，《唐人選唐詩新編》《敦煌詩集殘卷輯考》釋作「涉」，雖義可通而字誤。
〔四七〕「泝」，《唐人選唐詩新編》《敦煌詩集殘卷輯考》釋作「坼」，校改作「泝」，按底本原作「坼」，後改爲「泝」。
〔四八〕「敍」，《唐人選唐詩新編》《敦煌詩集殘卷輯考》釋作「欹」，誤。
〔四九〕「期」，當作「斯」，據《文苑英華》《全唐詩》改。
〔五〇〕「恬」，當作「括」，《全唐詩外編》據文義校改。

〔五一〕『委』，《唐人選唐詩新編》（增訂本）校改作『逶』。
〔五二〕『佩』，當作『楓』，《唐人選唐詩新編》據文義校改，『佩』爲『楓』之借字。
〔五三〕『頻』，當作『蘋』，《全唐詩外編》據文義校改，『頻』爲『蘋』之借字。
〔五四〕據文義，此句有脱文。
〔五五〕『猶』，《唐人選唐詩新編》釋作『獨』，誤。
〔五六〕『形』，當作『刑』，《唐人選唐詩新編》據文義校改，『形』爲『刑』之借字。
〔五七〕『固』，當作『錮』，《全唐詩外編》據文義校改，『固』爲『錮』之借字。
〔五八〕《唐人選唐詩新編》《敦煌詩集殘卷輯考》疑此句末脱字爲『憒』。
〔五九〕『歌』，當作『歇』，據《全唐詩》改。
〔六〇〕『戒』，當作『式』，據《全唐詩》改，《唐人選唐詩新編》《敦煌詩集殘卷輯考》逕釋作『式』。
〔六一〕『椅』，當作『倚』，據文義改，『椅』爲『倚』之借字。
〔六二〕據文義，此句有脱文。
〔六三〕『逢』，《唐人選唐詩新編》《敦煌詩集殘卷輯考》釋作『蓬』，校改作『逢』。
〔六四〕『合』，《唐人選唐詩新編》《敦煌詩集殘卷輯考》釋作『令』，校改作『合』，按底本似『令』，寫本中『令』『合』形近易混，故據文義逕釋；『佨』，當作『抱』，《〈補全唐詩〉二種續校》據文義校改。
〔六五〕據文義，此句有脱文。
〔六六〕『渴』，當作『渦』，《〈補全唐詩〉二種續校》據文義校改。
〔六七〕『熻』，當作『爚』，《〈補全唐詩〉二種續校》據文義校改。
〔六八〕『惡』，《敦煌詩集殘卷輯考》未能釋讀。

〔六九〕「蔓」，當作「夢」，據《全唐詩》改，《唐人選唐詩新編》逕釋作「夢」。

〔七〇〕「莊」，《唐人選唐詩新編》《敦煌詩集殘卷輯考》釋作「粧」，誤。

〔七一〕「班」，《唐人選唐詩新編》《敦煌詩集殘卷輯考》釋作「斑」，校改作「班」；「好」，當作「妤」，據《文苑英華》《全唐詩》改，《敦煌詩集殘卷輯考》逕釋作「妤」。

〔七二〕「莊」，《唐人選唐詩新編》《敦煌詩集殘卷輯考》釋作「粧」，誤。

〔七三〕「閶」，當作「間」，據《全唐詩》改。

〔七四〕「沍」，《唐人選唐詩新編》《敦煌詩集殘卷輯考》釋作「冴」，校改作「涬」，按「涬」同「沍」。

〔七五〕「應」，當作「雁」，據《全唐詩》改。

〔七六〕「詞」，當作「祠」，《全唐詩外編》據文義校改，「詞」爲「祠」之借字。

〔七七〕「彼」，當作「波」，《全唐詩外編》據文義校改。

〔七八〕「裁」，當作「哉」，《全唐詩外編》據文義校改。

〔七九〕「愛」，當作「受」，《唐人選唐詩新編》據文義校改。

〔八〇〕「正」，當作「止」，《唐人選唐詩新編》據文義校改。

〔八一〕「千」，《全唐詩外編》據文義校補。

〔八二〕「抃」，《唐人選唐詩新編》《敦煌詩集殘卷輯考》釋作「朴」，校改作「抃」。

〔八三〕「軍」，當作「運」，《全唐詩外編》據文義校改。

〔八四〕「白」，當作「自」，《全唐詩外編》據文義校改。

〔八五〕「三十」，底本原作「卅」，疑爲「三十」之合文。

〔八六〕「裁」，當作「哉」，《唐人選唐詩新編》據文義校改。

〔八七〕『北使長城』，據《文苑英華》《全唐詩》補。

〔八八〕『功』，《文苑英華》《全唐詩》作『工』，均可通。

〔八九〕『彈』，當作『殫』，據《文苑英華》《全唐詩》改，《唐人選唐詩新編》《敦煌詩集殘卷輯考》逕釋作『殫』，『彈』爲『殫』之借字。

〔九〇〕『遂』，《唐人選唐詩新編》釋作『逐』，誤。

〔九一〕『囂』，據《文苑英華》《全唐詩》補。

〔九二〕『壁』，《唐人選唐詩新編》《敦煌詩集殘卷輯考》校改作『璧』；『祀』，當作『把』，《唐人選唐詩新編》《敦煌詩集殘卷輯考》據文義校改。

〔九三〕『何』，當作『河』，《唐人選唐詩新編》據文義校改，『何』爲『河』之借字。

〔九四〕『適』，當作『遞』，《敦煌詩集殘卷輯考》據文義校改，『適』爲『遞』之借字。

〔九五〕『綺』，當作『騎』，《全唐詩外編》據文義校改，『綺』爲『騎』之借字。

〔九六〕『驚』，當作『警』，《唐人選唐詩新編》（增訂本）據文義校改，『驚』爲『警』之借字。

〔九七〕『金』，當作『全』，《全唐詩外編》據文義校改。

〔九八〕『徵』，當作『徽』，據文義改，《唐人選唐詩新編》《敦煌詩集殘卷輯考》逕釋作『徽』；『豔』，《唐人選唐詩新編》《敦煌詩集殘卷輯考》釋作『顔』，誤。

〔九九〕『人』，當作『入』，《唐人選唐詩新編》據文義校改。

〔一〇〇〕『玉』，《唐人選唐詩新編》《敦煌詩集殘卷輯考》釋作『王』，校改作『玉』，誤。

〔一〇一〕『物』，當作『惡』，《〈補全唐詩〉二種續校》據文義校改，『物』爲『惡』之借字。

〔一〇二〕『錮』，當作『銅』，據《全唐詩》改。

〔一〇三〕「塵」，當作「塵」，《唐人選唐詩新編》據文義校改。

〔一〇四〕「羸」，當作「羸」，據《全唐詩》改，「羸」爲「羸」之借字，《唐人選唐詩新編》釋作「羸」，校改作「羸」，誤。

〔一〇五〕「一吹」，據《全唐詩》補。

〔一〇六〕此句後另有兩行小字：「一比（吹）一落淚，至今憐玉姿。今年天梁。」應爲後人隨手所寫，與此件無關，未録。

〔一〇七〕據文義，此句有脱文。

〔一〇八〕「悟」，當作「寤」，《全唐詩外編》據文義校改，「悟」爲「寤」之借字。

〔一〇九〕據文義，此句有脱文。

參考文獻

《全唐詩》，北京：中華書局，一九六〇年，四四一、六六〇、六六三至六六六、七六一、七七五、一〇二一、一〇二六、一〇三一、一〇三九、一〇四二至一〇四三、一〇五五頁；《中華文史論叢》三輯，北京：中華書局，一九六三年，三〇一至三四六頁；《文苑英華》，北京：中華書局，一九六六年，七五八、八六九至八七〇、九四九、一〇〇二、一〇〇九、一〇一三、一〇一六、一二五八、一五六七、一五八三至一五八四、一六三四、一六五五頁（録）；《全唐詩外編》（上），北京：中華書局，一九八二年，七至一一、一五至一六、三七至三八頁（録）；《敦煌寶藏》二二册，臺北：新文豐出版公司，一九八二年，四七二至四七五頁（圖）；《四川大學學報》一九八三年三期，四四至四五、四七頁；《敦煌學論集》，蘭州：甘肅人民出版社，一九八五年，七三頁；《敦煌古籍叙録新編》一六册，臺北：新文豐出版公司，一九八六年，一九五至一九六頁；《英藏敦煌文獻》四卷，成都：四川人民出版社，一九九一年，二一〇至二一四頁（圖）；《敦煌學輯刊》一九九一年二期，一三至一四、一六頁；《文獻》一九九二年四期，一七至二五頁；《法國學者敦煌學論文選萃》，北京：中華書局，一九九三年，四七六至五二一頁；《敦煌吐魯番研究》一卷，北京大學出版社，一九九五年，一一三至一一四頁；《唐人選唐詩新編》，西安：陝西人民教育出版社，一九九六年，四一至六五頁（録）；《補全唐詩》，北京：中華書局，一九九九年，一〇二九七至一〇三〇二、一〇三〇六至一〇三〇七、一〇三二六頁（録）；《敦煌學輯刊》一九九九年一期，九四至一〇四頁；《敦煌詩集殘卷輯考》，北京：中華書局，二〇〇〇年，五四八至五七七頁（録）；《全敦煌詩》，北京：作家出版社，二〇〇六年，一五五八至一五六八、一五七七至一六〇四、一六一八至一六二四、一六三三至一六四〇、一六四六至一六五八、一六六七至一六七〇頁（録）；《唐人選唐詩新編》（增訂本），北京：中華書局，二〇一四年，四九至八九頁（録）。

斯二七一七背　　三　齋文抄

釋文

惟公乃間生靈（令）德〔一〕，夙負英雄，望高朱紫之風，族重琳琅之貴；幼閑弓馬〔二〕，早懷沈謀〔三〕，扇七德之宏才，抱六機之俊德〔四〕。故得久登沙漠〔五〕，歷任轅門。張良之勇略過人，樊噲之深謀異衆。排兵列陣，判命豈惜於微軀〔六〕；疋馬單槍，登危莫辭於勞苦。修城下壁，每竭輸忠；卧雪眠沙，累施臣節。

説明

此件首尾完整，《英藏敦煌文獻》定名爲『書劄』，《敦煌願文集》擬題爲『發願文』，其内容實爲『齋文』之『莊嚴』部分，故擬名爲『齋文抄』。

校記

〔一〕『靈』，當作『令』，據文義改，『靈』爲『令』之借字。

〔二〕『閑』，《敦煌願文集》校改作『嫺』，按『閑』義可通，不煩校改。

〔三〕『早懷』，《敦煌願文集》釋作『久抱』，按底本『久抱』已被塗抹，於右側書『早懷』二字。

〔四〕『抱』，《敦煌願文集》釋作『蘊』，按底本『蘊』已被塗抹，於右側書『抱』字；『德』，《敦煌願文集》未能釋讀。

〔五〕『故得』，《敦煌願文集》未能釋讀；『登』，《敦煌願文集》未能釋讀，據文義校補作『處』，誤。

〔六〕『豈惜於微軀』，《敦煌願文集》未能釋讀。

參考文獻

《敦煌寶藏》二三冊，臺北：新文豐出版公司，一九八二年，四七五頁（圖）；《英藏敦煌文獻》四卷，成都：四川人民出版社，一九九一年，二一四頁（圖）；《敦煌願文集》，長沙：岳麓書社，一九九五年，三三二頁（錄）。

斯二七一七背　四　論義文抄

釋文

故得君侯仰重（?），赴□聽，則（?）舉郡當（?）恭（?），令雲（?）奔命，瞻容敬受。遂乃邪徒隱滅，釋侶昌揚，人人誇俊於場內，對對爭能於會下。維（?）此（?）亦無伎騎場內，騎驢趁伴而爭求（毬）[一]；不見鮮果林中，蓬花競矜而鬬色。且乃佛門寬廣，平等通容，跛瘂盲聾，總來攝受。又當青陽暄景，含靈出孔而和鳴；百草開（?）芽，没咄淨發黄而努嘴[二]。但某乙緇中小品，釋侶下流，誠無寸度之能，智乏影（映）雪之便[三]。限（?）所宿生，有幸會遇法筵，如盲人見諸佛出興，似聾士修（?）正教興顯。愚意了量，此事不憨（敢）〔先〕〔搶〕[四]，避（?）影（?）藏軀，最（?）在後現（?），隨衆聽聞金偈。恨（?）以法兄恩（?）欣，寮交下流，磨讚而百種千端，召换（唤）乃數迴累度[五]。雖無牛津之智，難逆法友之上情；戰汗荒迷[六]，敢來話承而應對。伏望法將和尚，起慈悲之行，發平等之心，賜顧懷報於微明，垂便惠端於淺色。方能正立安押（神）〔七〕，身心放（？）於勝（？）足（？）之邊；諮問少多，本悟即是慈（？）悲（？）潛（？）物。覆道（？）桑門之恩。甚也！

說明

此件首尾完整，字體較小，墨跡較淡，爲『論義文抄』。

校記

〔一〕『求』，當作『毬』，據文義改，『求』爲『毬』之借字。

〔二〕『發』與『黄』可同義互换，義爲『没咄淨發而努嘴』，亦可作『没咄淨黄而努嘴』。

〔三〕『影』，當作『映』，據文義改，『影』爲『映』之借字。

〔四〕『憨』，當作『敢』，據文義改；『先搶』，據文義補。

〔五〕『换』，當作『唤』，據文義改，『换』爲『唤』之借字。

〔六〕『戰』，底本作『㦦』，係涉上文『情』字而成之增旁類化俗字。

〔七〕『押』，當作『神』，據文義改。

參考文獻

《敦煌寶藏》二三册，臺北：新文豐出版公司，一九八二年，四七五頁（圖）；《英藏敦煌文獻》四卷，成都：四川人民出版社，一九九一年，二一四至二一五頁（圖）。

斯二七一七背　五　習字

釋文

時詩侍侍睹時諸詩　奉勑方方方方飛

説明

此行文字書於『論義文抄』之後，但筆跡和墨跡均類於其後之『押衙爲亡考軍使百日設齋文抄』，疑爲抄寫該件之前試筆所爲。

參考文獻

《敦煌寶藏》二二册，臺北：新文豐出版公司，一九八二年，四七五頁（圖）；《英藏敦煌文獻》四卷，成都：四川人民出版社，一九九一年，二一五頁（圖）。

斯二七一七背　六　押衙爲亡考軍使百日設齋文抄

釋文

厥今宏邀（敷）第宅〔一〕，晃巖金容，請聖邀凡，焚香設供，兼捨淨財，含悲哀懇者，有誰施作？時則有座前持香齋主、哀子押衙，奉爲故尊父軍使百晨（辰）追念之福會也〔二〕。伏惟故尊父軍使乃間生靈（令）德〔三〕，夙負英雄，懷百藝以資身，效千端而輔國〔四〕。故得轅門務節，虔心敬仰於中華；綱（綱）紀敦煌〔五〕，抱直累陳於逆耳〔六〕。將謂山嶽齊壽〔七〕，納忠懇於　王庭；松竹同滋〔八〕，厭一門之枝眷。何兮天侵人願，喪厭奇才。衙左則齊歎悲助哀〔九〕，府主乃偏情分戀惜〔一〇〕。但以金烏西轉，玉兑（兔）東移〔一一〕，兩耀相催〔一二〕，俄經百日。至孝哀子自云：攀號罔極，痛尊影而一去無迴；躄踴摧心，恨抛子而千秋永隔。蹤（縱）使肝脹寸絶〔一三〕，五體分離，望想慈顏，終不再見〔一四〕。尋思無路〔一五〕，仰慈門酬訓養之恩；六趣之中，仗福力引往生善趣。

説明

此件首尾完整，中間有塗抹和删改之處。此據内容擬名爲『押衙爲亡考軍使白日設齋文抄』，但未抄『號頭』部分。

校記

〔一〕『邀』，當作『敷』，《敦煌願文集》據文義校改；『第』，底本作『弟』，按寫本中『弟』『第』形近易混，故據文義逕釋，《敦煌願文集》釋作『弟』，校改作『第』。

〔二〕『晨』，當作『辰』，《敦煌願文集》據文義校改，『晨』爲『辰』之借字。

〔三〕『靈』，當作『令』，據文義改，『靈』爲『令』之借字。

〔四〕『輔』，《敦煌願文集》釋作『輪』，誤。

〔五〕『綱』，當作『綱』，據文義改，《敦煌願文集》逕釋作『綱』。

〔六〕『累』，《敦煌願文集》釋作『遂累』，按底本『遂』字已塗抹，應不録。

〔七〕『齊』，《敦煌願文集》釋作『齋』，誤。

〔八〕底本原有兩個『同』字，一在行末，另一在次行行首，屬於當時的一種提行添字例，第二個『同』字應不讀。

〔九〕『助』，係抄寫者添加，似爲替换字，供以此文爲模板撰寫齋文者選擇。

〔一〇〕『分』，係抄寫者添加，似爲替换字，供以此文爲模板撰寫齋文者選擇。

〔一一〕『兑』，當作『兔』，《敦煌願文集》據文義校改。

〔一二〕『耀』，《敦煌願文集》校改作『曜』。

〔一三〕『蹤』，當作『縱』，《敦煌願文集》據文義校改，『蹤』爲『縱』之借字；『脹』，《敦煌願文集》校改作『腸』。

〔一四〕『不』，《敦煌願文集》釋作『不由』，按底本『由』右側有删除符號，應不録。

〔一五〕『思』，《敦煌願文集》釋作『迴』，誤。

參考文獻

《敦煌寶藏》二二册，臺北：新文豐出版公司，一九八二年，四七五至四七六頁（圖）；《英藏敦煌文獻》四卷，成都：四川人民出版社，一九九一年，二一五頁（圖）；《敦煌願文集》，長沙：岳麓書社，一九九五年，七一八至七一九頁（録）。

斯一七一七背　七　論義文抄

釋文

故云[一]：先寮（撩）者賤[二]，此語上古承傳[三]。欺敵者亡，不是（？）小僧行（？）道（？）。

説明

此行以淡墨小字寫於兩紙相粘的紙縫處，筆跡與上件『論義文抄』相似。

校記

〔一〕『云』，《敦煌願文集》釋作『之』，校改作『知』，誤。

〔二〕『寮』，當作『撩』，據文義改，『寮』爲『撩』之借字，《敦煌願文集》釋作『父□』，誤。

〔三〕『語』，《敦煌願文集》釋作『法』，誤。此字後之文字，《敦煌願文集》未能釋讀。

參考文獻

《敦煌寶藏》二二册，臺北：新文豐出版公司，一九八二年，四七五至四七六頁（圖）；《英藏敦煌文獻》四卷，成都：四川人民出版社，一九九一年，二一五頁（圖）；《敦煌願文集》，長沙：岳麓書社，一九九五年，七一八至七一九頁（録）。

斯二七一七背　八　齋文抄

釋文

星辰膺運[一]，河嶽降靈。攬文而七步成章，集武而六奇雅妙。故得中朝獨步，宣恩遠委於關西；鳳闕孤標，術（銜）命遐通於萬里[二]。經行路塞，羌戎而重若神明[三]；已届遐方[四]，生靈而敬同父母。加以傾心佛日，欽仰鴻門，同赴道場[五]，光揚福事者。峨嶺萬丈，得衆塵而所成[六]；海納千尋[七]，憑百川而至潛[八]。仰惟[九]（以下原缺文）

説明

此件首尾完整，原未抄完。從其内容來看，齋主似是一位從中原王朝委派到西北的高官。

校記

〔一〕『辰』，《敦煌願文集》釋作『晨』，誤；『膺』，《敦煌願文集》釋作『應』，誤。

〔二〕『術』，當作『銜』，據文義改。

〔三〕『重』，《敦煌願文集》釋作『畏』，按底本原作『畏』，於此字右側書一『重』字，係校改之義。

〔四〕「届」，《敦煌願文集》釋作「廟」，校改作「届」，誤。

〔五〕「同赴」，《敦煌願文集》釋作「八卦」，誤。

〔六〕「得」，《敦煌願文集》釋作「法」，誤；「塵」，《敦煌願文集》釋作「虚」，誤；「成」，《敦煌願文集》釋作「以」，並將「所以」斷入下句。

〔七〕「海納千尋」，《敦煌願文集》釋作「此日」，誤。

〔八〕「憑」，《敦煌願文集》漏録；「而」，《敦煌願文集》漏録；「至」，《敦煌願文集》釋作「雲」，誤；「潛」，《敦煌願文集》釋作「落」，誤。

〔九〕「仰惟」，《敦煌願文集》漏録。

參考文獻

《敦煌寶藏》二二册，臺北：新文豐出版公司，一九八二年，四七六頁（圖）；《英藏敦煌文獻》四卷，成都：四川人民出版社，一九九一年，二二五頁（圖）；《敦煌願文集》，長沙：岳麓書社，一九九五年，七一八至七一九頁（録）。

斯二七一七背　九　論義文抄

釋文

自法輪西盛，教跡東傳，學海如雲，詞林映日，玄門不測，迷滯實多，至理難明，罔知所趣。但某乙緇中小品，釋侶下流，懵三寶於終身，迷四諦於卒受（壽）〔一〕。雖所宿生，有幸會遇法延（筵）〔二〕，如盲人見千佛出興，似聾士遇正教興顯。愚意了量，如此隱身，最在後行，避影藏頭，隨衆聽得金偈。

實可四生祥寶，三界瓊珍。君侯親降而瞻鑒（？），道俗聽聞而仰化。感得邪徒隱跡，釋侶昌揚，人人誇俊於場中，對對爭能於會下。軌理伎馬場内，騎驢不合而爭毬；鮮果林中，蓬花豈能而鬬色。且乃佛門寬廣，平等通容，跛瘂盲聾，總來攝受。但某乙緇中小品，釋侶下流，懵三寶於終身，迷四諦於卒壽。自了荒淺，既度長愚。雖有幸會遇法延（筵），避役復行藏隱，累蒙師兄招引時又招命昭某磨歎讚千般〔三〕，難逆法友之上情。慚耻相承而應對周歡，龍虎戰怯懼而騫目汗流〔四〕，不敢安心拓大而當場正立。伏望法將和尚，起慈悲之行，賜無畏於下情；開平等之門，垂惠端於短智。方能九（？）步正（？）立安押（神）〔五〕，身心訢同。未曉小（少）多〔六〕，則是深慈之恩。甚也！

某聞自法輪西盛，教跡東傳，學海如雲，詞林映日，玄門不測，迷滯實多，至理難明，罔知所趣。仰惟法師，童子之歲，尋八索利於孔丘；入道之秋，探五乘爽於龍樹。六情蘊智惠之水，灌道樹而芳滋；五府峰般若之刀，箭無明之根本。但某乙忝同時衆，識見荒塘（唐）〔七〕，謬等法流，恥尋短淺。如鶤鵾寮（嘹）於鸞鳳〔八〕，騁卷誇飛；若乾子謗於牟尼，罕能闢德。了量如此，不敢先搶，衆後藏頭，仰聞金偈。伏蒙法兄大造教罔（綱）〔九〕，誘引邊盲，發策數迴，（呼喚）（招搕）累返〔一〇〕。敷□淨座證無爲，□慈心三昧（？），發誓願言。

説明

此件首尾完整，多有塗抹修改之處。從内容上看，應爲三通『請僧説法文抄』。

校記

〔一〕『受』，當作『壽』，據文義改，『受』爲『壽』之借字。

〔二〕『延』，當作『筵』，據文義改，『延』爲『筵』之借字。以下同，不另出校。

〔三〕『時又招命昭某磨』，書於行間，似爲『累蒙師兄招引』之替换語。

〔四〕『戰』，底本作『戩』，係涉下文『怯懼』等字而成之增旁類化俗字；『怯』與『懼』可同義互换，義爲『龍虎戰怯而騫目汗流』，亦可作『龍虎戰懼而騫目汗流』。

〔五〕『正立』，係抄寫者添於行間，似爲替换文字，供以此文爲模板撰寫齋文者選擇；『押』，當作『神』，據文義改。

〔六〕『小』，當作『少』，據文義改。

〔七〕『塘』，當作『唐』，據文義改，『塘』爲『唐』之借字。

〔八〕『寮』，當作『嘹』，據文義改，『寮』爲『嘹』之借字。

〔九〕『岡』，當作『綱』，據文義改，『岡』爲『綱』之借字。

〔一〇〕『招搖』，係抄寫者添於行間，似爲替换文字，供以此文爲模板撰寫齋文者選擇。

參考文獻

《敦煌寶藏》二三册，臺北：新文豐出版公司，一九八二年，四七六頁（圖）；《英藏敦煌文獻》四卷，成都：四川人民出版社，一九九一年，二一五至二一六頁（圖）。

斯二七一七背　一〇　雜抄

釋文

天神地祇一垂慈，願小相以截流也，放我前度靈山下。
卿是獸中王，我亦人中子，共居於山中，願小相迴避。
我有兩雙小孩兒，如今大受渴以（與）飢〔一〕，卿是獸中大志（智）惠〔二〕，爭能不賜
漸（？）照（？）數（？）。

説明

從此件内容看，與《太子須大拏經》有重合之處，但文字有所差異。

校記

〔一〕『以』，當作『與』，據文義改，『以』爲『與』之借字。
〔二〕『志』，當作『智』，據文義改，『志』爲『智』之借字。

參考文獻

《敦煌寶藏》二三册，臺北：新文豐出版公司，一九八二年，四七六頁（圖）；《英藏敦煌文獻》四卷，成都：四川人民出版社，一九九一年，二一六頁（圖）。

斯二七二三　讚阿彌陀佛并論上卷題記

釋文

景雲二年三月十九日，弟子張萬及寫。

説明

此件《英藏敦煌文獻》未收，現予增收。景雲二年即公元七一一年。

參考文獻

《鳴沙餘韻》，東京：岩波書店，一九三三年，一〇〇頁（圖）；*Descriptive Catalogue of the Chinese Manuscripts from Tunhuang in the British Museum*, The Trustees of the British Museum, London 1957, p. 191（録）；《鳴沙餘韻·解説篇》，京都：臨川書店，一九八〇年，二九七頁；《敦煌寶藏》二二册，臺北：新文豐出版公司，一九八二年，五五五頁（圖）；《敦煌學要籥》，臺北：新文豐出版公司，一九八二年，一二〇至一二一頁（録）；《敦煌遺書總目索引》，北京：中華書局，一九八三年，一六五頁（録）；《中國古代寫本識語集録》，東京大學東洋文化研究所，一九九〇年，二八二頁（録）；《敦煌遺書總目索引新編》，北京：中華書局，二〇〇〇年，八四頁（録）。

斯二七二四　華嚴經卷第三題記

釋文

用紙廿七〔張〕〔一〕。

夫妙旨無言，故假教以通理；圓體非形，必藉〔像〕以表真〔二〕。是以亡兄沙門維那慧超，悟財命難恃〔三〕，識三聖易依，故〔傾〕資竭賄〔四〕，唯福是務。圖金容於靈刹，寫沖典於竹素，而終功未就，倏遷異世〔五〕。弟比丘法定，仰瞻遺跡，感慕遂甚。故瑩飾圖刹〔六〕，廣寫衆經，《華嚴》《涅槃》《法華》《維摩》《金剛般若》《金光明》《勝鬘》〔七〕，冀福鍾亡兄〔八〕，騰神梵鄉，遊形淨國，體悟無生〔九〕，早〔出〕苦海〔一〇〕，普及含靈，齊成正覺。

大魏正光三年歲次壬寅四月八日寫訖〔一一〕。

説明

此件《英藏敦煌文獻》未收，現予增收。大魏正光三年爲公元五二二年。

校記

〔一〕『張』，《敦煌遺書總目索引》據文義校補。

〔二〕『像』，《敦煌願文集》據文義校補。

〔三〕『恃』，《敦煌遺書總目索引》《敦煌遺書總目索引新編》釋作『持』。

〔四〕『傾』，《敦煌願文集》據文義校補；『賄』，《敦煌遺書總目索引》未能釋讀。

〔五〕『遷』，《敦煌遺書總目索引》《敦煌遺書總目索引新編》未能釋讀；『異』，《敦煌願文集》釋作『掛』，誤。

〔六〕『刹』，《敦煌遺書總目索引》《敦煌遺書總目索引新編》未能釋讀。

〔七〕『鬘』，《敦煌遺書總目索引新編》釋作『曼』，誤。

〔八〕『冀』，《敦煌遺書總目索引》《敦煌遺書總目索引新編》未能釋讀。

〔九〕『悟』，《敦煌遺書總目索引》《敦煌遺書總目索引新編》釋作『無』，誤。

〔一〇〕『出』，《敦煌遺書總目索引》據文義校補。

〔一一〕『寫』，《敦煌願文集》釋作『都』，誤，《敦煌遺書總目索引新編》未能釋讀。

參考文獻

《鳴沙餘韻》，東京：岩波書店，一九三三年，八九頁（圖）；*Descriptive Catalogue of the Chinese Manuscripts from Tun-huang in the British Museum*, The Trustees of the British Museum, London 1957, p. 40（録）；《鳴沙餘韻·解説篇》，京都：臨川書店，一九八〇年，二六八至二六九頁；《敦煌寶藏》二二册，臺北：新文豐出版公司，一九八二年，五六一頁（圖）；《敦煌學要籥》，臺北：新文豐出版公司，一九八二年，一二一頁（録）；《敦煌遺書總目索引》，北京：中華書局，一九八三年，一六五頁（録）；《中國古代寫本識語集録》，東京大學東洋文化研究所，一九九〇年，一〇八頁（録）；《敦煌願文集》，長沙：岳麓書社，一九九五年，八一一頁（録）；《敦煌遺書總目索引新編》，北京：中華書局，二〇〇〇年，八四頁（録）。

斯二七二九+Дx一三六六　一　辰年（公元七八八年）三月算使論悉諸囉接謨勘牌子歷（附辰年至申年注記）

釋文

（前缺）

辰年三月五日算使論悉諸囉接謨勘牌子歷[一]

龍興寺都統石惠捷辰年三月十三日死　張菩提　張淨隱　米淨辯[二]　□

麴智寂　張淨深辰年三月十日死　馮淨廣　李志貞巳年三月卅日死[三]　段淨通　張智湛

張廣潤　王澄寂　王洪演未年十一月三日死　石會如　索日進　李法殷

王惠俊　王淨泰　石寶意申年九月廿七日死　氾淨林　張淨潤　李會深

張法潤　馮傳登　羅般若　張明真　王法舟廿八。

大雲寺翟維明　呂維寂巳年七月十一日死　李法智　薛法行　都統康智詮　羅智廣

呂金鸞　賀辯空申年九月廿五日死　齊曇空　孔惠舟　張光圓　石法進

陰戒榮　張法常　王利俗　劉金雲辰年四月廿日死，十六。

蓮臺寺安道進　王法吼　張光寂　齊金印　馬法行

趙惠光　胡志憲　賈道真申年二月十七日死　王法朗　索歸真一十。

靈圖寺索志澄　宋志寂　陳法詮　馬曇辯　李金鼓　董金振

張光照　曹志湛　張志殷　曹離名〔四〕　康志定　宋正勤

薛曇振　張文惠　翟法清　康金海　荆法幽十七。

金光明寺張金曜　張惠藏　董金液　王金檀　兆利濟　婁惠觀午年七月十五日死〔五〕

陰明悟　張金洞　索金澤　氾金鏡　薛金髻　梁金頂

陰光遍　曹金樞　氾像海　白道興未年二月十一日向甘州，十六。

永安寺張法船　何常覺巳年七月廿一日死　閻常淨　李法照　索光證

索處淨午年十一月七日死〔六〕　張金谿　李利寬　令狐曇隱　胡圓真　宋惠登申年九月十日向□，十一。

乾元寺陰金暉申年六月廿日死　趙金田　宋曇進申年七月卅日死　杜離珍　劉像真辰年四月廿六日死

王像空巳年八月十四日死

宋戒盈　王法達辰年四月一日死　吕龍吼　張像法　薛像幽　氾惠雲　張金炫

朱曇義〔七〕　吕曇秘　令狐像照　李日榮午年八月向伊州　翟離因　吴法峻十九。

開元寺張日藏午年二月十日死　翟日俊　趙惠澄　史清法　張法昂　唐行如

王曇秀　李離相　索善來　索離喧　張無垢　曹惠深　安日幹十三。
報恩寺羅靈辯　劉金霞　張離煩　潘原堡　賀拔廣曇　張善見
李惠因　王維秘　賀拔堅信　孫惟濟九。
　都計僧一百卅九。
靈修寺徐法真　張修空　楊法意　張智用　翟法炬　劉慈心
宋修德　羅妙空　龍修證　陰惠勝　翟圓照申年三月廿日死　劉淨覺　陰普果
安妙定　馬普因　朱妙政　杜無礙　王正智　薛普持　陰普真
翟妙勝　石修定　杜無礙　鄧神照　張智性　氾妙法　張無垢
陰修廣　楊智光　宋修善　安妙修　索了性　李勝妙　鄧修智
宋明善　石寶嚴　鄧善行　索普船　薛無比　賈啓如　翟正因
石修果　羅法光　安淨法午年正月六日死〔八〕　宋修持　陰圓智　張離念　羅圓悟
袁修淨未年十月廿九日死　齊常淨　張智相　張體如　田遍行　張普德　宋照性
張廣照巳年六月十日向東　張真勝　鄧智妙　哥舒淨智　索廣明申年七月廿三日死　朱超悟
索修惠
孔修律　陰普圓　石正嚴　陰勝進　陰妙心六十七。
普光寺王智淨　索普證　王普意　唐普勸　王智明午年十一月十八日死　安普惠

李普喜　宋普賢　李志念　張普妙　孟澄照　索普行　安普登
唐普勝　索悟智　賀普航　張堅戒　安普照　張普集　氾普願
武成就　羅普戒　氾妙德　張戒清　安勝因　曹惠悟　羅真寂
張正相　索無念　白優曇申年三月七日死　元含閏〔九〕　索普嚴　唐普定　崔常進
陰普意　索普滿　氾妙真　靳慈念　梁真行　李淨戒未年二月十一日向甘州　王政性〔一〇〕
曹普畏　賀妙相　閻普明辰年八月廿四日死　氾明相　張法喜　王堅正卌七〔一一〕。
大乘寺張法性　張法堅　令狐正見　孔正信　氾正遍　孔歸依
賀淨凝　索廣淨　氾明照　董無相　閻無著　石修行　陰無勝
薛圓性　索善光　氾妙行　陰淨相申年七月廿二日死　索真淨　索悟真　薛妙寂
淳于光相　索勝緣　閻真心辰年八月四日死　索妙性　唐辯悟　宋妙喜　宋真性
陰真法　薛智勝　宋真妙　荆明性　索善勝　竇淨惠　氾明順
王圓寂　索香嚴　氾法惠　索真意　張淨行午年三月十日死　張了性　張啓行
陰修淨　翟普緣　樊普敬卌四。
潘原堡郭智林　赫連廣璨　吴善信　蕉淨凝　李澄清　張普行
賀拔普照　楊悟真　張正信法性　楊旃檀林〔一二〕　孫妙法申年六月十日死〔一三〕　王志清
孟堅持十三。

計尼一百七十一。

都計見上牌子僧尼三百一十人，内一百卅九僧，一百七十一尼。

牒件狀如前，謹牒。

辰年三月　日僧尼部落米淨辯牒。

造牌子後死：辰年三月十日龍興寺僧張淨深死吐蕃贊息檢。三月十三日石法闍梨死贊息檢。四月一日乾元寺僧法達死贊息檢。四月廿日大雲寺僧劉金雲死贊息檢。四月廿六日乾元寺僧劉像真死贊息檢。六月十九日龍興寺僧氾惠朗死贊息檢。八月四日大乘寺尼闍真心死贊息檢。八月廿四日普光寺尼闍普明死〔一四〕贊息檢。巳年三月卅日龍興寺僧李志貞死〔一五〕贊息檢。七月十一日雲僧呂惟寂死〔一六〕贊息檢。七月廿一日永安寺僧賀常覺死薩董羅檢。八月十四日乾元寺僧王像空死薩董羅檢。午年正月六日靈修寺尼安淨法死楊舍人檢。午年七月廿五日金光明妻惠觀死〔一七〕楊舍人檢。未年十一月十五日尼修靜死。申年□申年二月十日蓮臺僧道貞死〔一八〕。三月七日□六月七日莘亭尼孫妙法死。三月十日尼翟園□六月卅日□曇進死〔一九〕。七月廿二日大乘尼陰淨相死〔二〇〕□

（後缺）

斯二七二九＋Дх一三六六

説明

此件首殘尾缺，存原題之大部，是吐蕃算使論悉諾囉接謨點勘『辰年三月僧尼部落米淨辯牒』申報的沙州諸寺僧尼名及數量，有的僧尼名旁小字注明卒年月，有的名旁有朱筆、墨筆點勘符號。辰年爲公元七八八年（參見藤枝晃《敦煌の僧尼籍》，《東方學報》二九册，二九六頁）。牌子歷後附有造牌子後至申年僧人死亡情況的注記，注記中的卒日、人名和牌子歷的記載不完全一致。注記部分從未年開始也有點勘符號，注記人名旁有墨點。

此件是瞭解吐蕃時期僧尼人數的重要資料。

此件後抄有《毛詩音》，兩件雖然紙張相連，但内容並不連續，時人似是將尾部殘缺的此件和首尾均缺的《毛詩音》黏接在一起，利用其背面的空白抄寫占卜文書。

校記

〔一〕『辰年三月五日』，據殘筆劃補，《中國古代籍帳研究》《敦煌社會經濟文獻真蹟釋録》逕釋；『囉』，《中國古代籍帳研究》《敦煌社會經濟文獻真蹟釋録》釋作『羅』；『接』，《敦煌社會經濟文獻真蹟釋録》釋作『按』。

〔二〕『米』，《敦煌社會經濟文獻真蹟釋録》釋作『朱』。《中國古代籍帳研究》《敦煌社會經濟文獻真蹟釋録》在此句後録有『氾惠朗辰年六月十九日死』，按此句底本殘，疑據後文注記補。

〔三〕『巳年三月卅日死』，《中國古代籍帳研究》漏録。

〔四〕『名』，《敦煌社會經濟文獻真蹟釋録》釋作『含』。

〔五〕『十』，《中國古代籍帳研究》《敦煌社會經濟文獻真蹟釋録》釋作『廿』。

〔六〕「七」，《中國古代籍帳研究》《敦煌社會經濟文獻真蹟釋録》釋作「十八」。
〔七〕「曇」，《敦煌社會經濟文獻真蹟釋録》釋作「雲」，誤。
〔八〕「淨」，《敦煌社會經濟文獻真蹟釋録》釋作「靜」，誤。
〔九〕「元」，《敦煌社會經濟文獻真蹟釋録》釋作「無」。
〔一〇〕「政」，《敦煌社會經濟文獻真蹟釋録》釋作「玖」。
〔一一〕「卌」，《敦煌社會經濟文獻真蹟釋録》釋作「册」，誤。
〔一二〕「旃」，《中國古代籍帳研究》釋作「栴」。
〔一三〕「六」，《敦煌社會經濟文獻真蹟釋録》釋作「八」，誤；「十」，《中國古代籍帳研究》《敦煌社會經濟文獻真蹟釋録》釋作「七」，誤。
〔一四〕「明」，據殘筆劃及上文人名補，《中國古代籍帳研究》《敦煌社會經濟文獻真蹟釋録》逕釋。
〔一五〕「貞」，《敦煌社會經濟文獻真蹟釋録》釋作「真」，誤。
〔一六〕「惟」，《中國古代籍帳研究》釋作「維」，誤。
〔一七〕「婁」，《中國古代籍帳研究》釋作「袁」，誤。
〔一八〕「臺」，《中國古代籍帳研究》釋作「堂」，《敦煌社會經濟文獻真蹟釋録》釋作「臺寺」，均誤；「貞」，《敦煌社會經濟文獻真蹟釋録》釋作「真」，誤。
〔一九〕「尼」，《中國古代籍帳研究》《敦煌社會經濟文獻真蹟釋録》疑作「右」。
〔二〇〕「二日大乘尼陰淨相」，據殘筆劃補，《中國古代籍帳研究》《敦煌社會經濟文獻真蹟釋録》逕釋。

參考文獻

《東方學報》二九册，一九五九年，二九三至二九六頁（録）；《中國古代籍帳研究》，東京大學東洋文化研究所，一九七九年，五〇二至五〇六頁（録）；《敦煌寶藏》二二册，臺北：新文豐出版公司，一九八二年，五七五至五七七頁（圖）；《敦煌簡策訂存》，臺北：商務印書館，一九八三年，三一至三二頁；《中國佛教文化史散策四集》，臺北：新文豐出版公司，一九八六年，四〇五至四三五頁（録）；《敦煌吐魯番出土經濟文書研究》，厦門大學出版社，一九八六年，四四六頁；《敦煌社會經濟文獻真蹟釋録》四輯，北京：全國圖書館文獻縮微複製中心，一九九〇年，一九四至二〇四頁（録）；《英藏敦煌文獻》四卷，成都：四川人民出版社，一九九一年，二一七至二二〇頁（圖）；《敦煌吐魯番文獻研究》，北京：中華書局，一九九五年，九二頁。

斯二七二九+Дx一三六六　二　毛詩音（周南關雎—秦風駟驖）

釋文

（前缺）

王者于放[一]。騶側流。虞元于。岐□宜[二]。

關雎第一[三]

鳩□牛[四]。摯□二[五]。好□到[六]。逑鄭市□[七]。間下艱。怨耦五口。參創今。差楚宜。荇□□[八]。左宰賀。右于□[九]。

菨荼苴葉。之菹側居。寤覺皆孝。展轉張輦。芼之莫報。樂□□。

覃音潭[一〇]。澣胡管[一一]。濯根孝[一二]。施羊豉。萋千兮。絺敕梨。綌卿逆。貌前孝[一三]。浸浸子鳩。于樌古亂。喈喈更諧。摶徒丸[一四]。叢木存東。遠聞亡糞[一五]。刈言癈。穫（濩）胡郭[一六]。斁羊石。濩煮直（真）汝[一七]。厭因鹽。玄紞當敢。紘懷泓。綖盈旃[一八]。

衣應氣。適成（式）石[一九]。告古篤。薄汙汪姑。褘勳歸。撋辱□反[二〇]。《說文》[二一]：兩手相攻（切）也[二二]。褖通亂。害何割。否市久。清秦生（性）[二三]。

卷□勉〔二四〕。險詖戲貶。傾筐曲狂。苓歷丁。筐畚甫衰。易盈盈跂〔二五〕。寘彼征跂〔二六〕。周行恆剛。陟張力。崔存雷。虺化瓌〔二七〕。

隤濁瓌〔二八〕。使色吏〔二九〕。離□□。纍盧回〔三〇〕。嫪郎到。觵瓜宏〔三一〕。砠七余。瘏同都〔三二〕。痡妃于。吁況于。

樛兼虯〔三三〕。妃逮唐愛。嫉從七。妒東路。藟力癸。纍力佳。蔓亡販。樂只亡（之）是〔三四〕。綏荀□。帶因營。

螽支嵩。詵詵生臻。蚣宣容。蝑息余。振振征忍。揖制立〔三五〕。蟄尺十。

桃夭英驕。鰥瓜頑。蕡扶文。蓁蓁側仁。

罝子邪。椓竹角。朾朾竹耕〔三六〕。罟工户。杙羊力。赳吉酉。干剛寒。扞恆旦。禦言巨。難乃旦。施式支。逵權追。斷都亂。

芣薄不。苢盈耳。蕮息石。掇東活。捋盧括。袺經切，音結。襭刑結。扱差洽。衽而□。

被皮義〔三七〕。域營（榮）逼〔三八〕。橋奇妖。息炫以休來（求）息韻〔三九〕，疑息當爲忍（思）〔四〇〕。竦宣勇。詠（泳）爲命〔四一〕。柎方于。翹翹祇遙。馬□□。

秣莫撥〔四二〕。其蔞龍朱。

墳扶文。條〔枚〕木杯〔四三〕。惄年歷。調直流。飢巾師反。《説文》：餓。肄盈二〔四四〕。愈容主。赬勑貞。燬兄委。瘦山又。

之定帝徑。題田兮。表方遙。

鵲巢第二

巢林肴〔四五〕。鳲式脂。均規旬。桔庚八〔四六〕。鞠己六。兩力匠。訝顏嫁。媵食證。姪定結。娣廷帝。

虆扶袁。沼之遶〔四七〕。沚直(真)耳〔四八〕。皤蒲何。溪牽兮。澗皆晏。夾皆洽。被皮義。僮僮徒東。濯根孝。概罰概(慨)〔四九〕。饎尺志。爨
公(恩)亂。〔五〇〕髮鬄庭帝。祁祁石尸。
喓喓因遥〔五一〕。趯趯天歷。躍羊略。忡忡勑中。既覯古豆。降懷江。蕨俱鉞。鷩并滅〔五二〕。惙中劣。説今説(悦)字〔五三〕。
蘋脾賓。能循松荀。共祭機凶。婉威阮。娩亡反。麻枲息里。紝而鳩〔五四〕。紃松荀。之濱并民。藻祖老,早(?)〔五五〕。潦郎道。蓱鞞經。
涯顔佳。先嫁星見。盛尚征。筥姜許。以湘息良。錡琴綺。亨派彭。湇欽急。鉶嵇經。奠庭見。牖羊首。齋側皆。俟迎宜敬。
齍即黎〔五六〕,古齍〔五七〕、齊、粢皆作齍,他放此也。盛尚征。
棠夫(大)當〔五八〕。奭式石。蔽方避。茀。勿翦子淺。茇蒲□〔五九〕。敗布邁。憩卿□〔六〇〕。説東(東)鋭〔六一〕。拔彭八。
厭因十。浥英入〔六二〕。昕香斤〔六三〕。謂爵雀音。穿姝專。謂女仁煮。獄桷(埆)〔六四〕瓜□。味中救。《説文》:鳥口。禮紂側狸。妁
掌。勺墉踰鍾〔六五〕。訟旬從。
五他唐何。英厄耕。委英危。蛇盈支〔六六〕。縱縱(足)容〔六七〕。緎況逼。縫扶用。五總祖工。
殷應謹。靁盧回。奮甫問。暇行嫁。
摽脾小。昌羊止。墮徒果。迨。筐塈香氣。番扶袁。
嘒彼血惠。噣中救。肅霄息遥〔六八〕。寔成力。參山陰。與昂(昴)萌飽〔六九〕。衾綺金。與裯毛:直流。鄭:重須。

斯二七二九+Дх 一三六六

汜詳子。泡（沱）唐何〔七〇〕。渚真汝。山道唐到。嘯星即（弔）〔七一〕。蹙子六〔七二〕。

死麕几倫。惡汪故。殺色例〔七三〕。樸蒲卜。楝蘇木。茅純徒論。脱通外。感吉（古）紞〔七四〕。帨束鋭。使龙萌邦。吠扶癈。

襛辱容。厭因輒。翟。繢故（胡）憒〔七五〕。總祖工。唐棣唐愛。褕羊須〔七六〕。栘成兮。緡武斌。綸律旬。

蕃扶袁。蒐色流。則王于放。彼茁側劣。葮皆遐。壹發方吠。豝八杷。牝脾忍。摐（豵）祖丁〔七七〕。

鄁柏第三〔七八〕

汎彼敷劍。僘巾影。茹仁恕。度唐洛。據七（已）御〔七九〕。卷九免。逮唐愛。選須兗。儼宜儉。悄七小。愠威問。侮亡甫。寤擘脾益。

拊妃武。迭徒結。虧丘爲。憒古繢。

緑毛：如字。鄭：通亂。上僭祖念。嬖補詣。緑間皆莧。鞠己六。織真識。俾并婢。訧于鳩。淒千兮。

燕燕翳見〔八〇〕。嫣京爲。差楚宜。池直離。池直離〔八一〕。憤扶粉。涕天禮。頡之形結。亢恆郎。竚直呂。下上成兩。感激經歷。民

（氏）任毛〔八二〕：平。鄭：去。心塞桑則。以勖凶玉。

州呼（吁）凶于〔八三〕。顧工户。猶曾才登。冒莫報。畜香六。卒足恤。

謔浪向洛（略）〔八四〕。笑敖五到。悼唐到。且霾孟皆。且曀宴計。欬肯代。虺虺動鬼。

繫（擊）經歷〔八五〕。將子亮。子馮皮冰。弊邑脾袂。鏜太郎。城漕才勞。忡勑中。爰喪僧浪。還旬儇。契啓紇〔八六〕。數朔樹。

約因妙。子偕具諧〔八七〕。嗟洵血縣。信毛：式真。鄭：息恪。
颿康改〔八八〕。慰雍貴。彼棘京色。樂夏即（郎）各〔八九〕。夭夭英驕。叡容歲。浚須俊。晛刑顯。睆華板。好呼老。
旅數雙捉。泄泄羊世。舊（奮）訊息吝〔九〇〕。自貽羊之。伊阻側呂。作翳燕兮。迭挺結。臧宰郎。不伎征豉〔九一〕。
濟有箋詣。由膝息栗。則揭卿例。賢與不甫久。瀰民婢。鷕羊小。假皆訝。不濡辱朱。軓範，凡之。上聲。牡莫厚。漬秦智。由
鞙卓流。雝雝威共〔九二〕。旭暉玉。迨唐改。未泮普半。仰我罰。否甫久。
僶俛名忍。譴輕戰。葑妃風。菲敷尾。芴亡弗。根莖下耕。畿勤衣。我財纔音〔九三〕。荼同都。薺前禮。宴爾燕顯。涇雞形。濁幢角。
湜湜成力。沚真耳。我屑星結。以捕蓬故。閱容血。匍匐蒲北。慉香六。讎市由。賈工户。售市又。蔽并袂。覬京器。毒螫式石。蓄
勑六。以御言呂。洸罰黄。潰胡憒。貽羊之。肆羊世〔九四〕。塈香氣。
黎零兮。寓元句。
旄莫褒。率色類。與羊諸。蒙武容。璅蘇火。而偷（愉）湯侯〔九五〕。裦詳秀。
簡皆限。伶歷丁。俁俁元距〔九六〕。轡丘（兵）冀〔九七〕。組宗户。籥羊略。翟田歷。渥泓角。赭章社。淳殊脣。《周禮》：染羽，以朱湛丹秫，淳而漬之。畀并至。
琿（燀）于鄲〔九八〕。胞彭交。闇呼温。寺時志。一散桑早。榛側仁。苓歷丁。
毖兵冀。湛（淇）祁甚（其）〔九九〕。孌力轉。聊零彫。餞慈箭。于禰年禮。舍軷蒲末。舝行瞎。遄垂專。臻側仁〔一〇〇〕。瑕行家。害

斯二七二九＋Дх一三六六

毛：何蓋反。鄭：何割反。歎湯丹。

殷應斤。鄉向音。寠郡羽。一埤頻移。稅束鋭。偏補見。讁根革。事熟敦毛〔一〇一〕：都温。鄭：都雷。擲直惜。偏催毛：存雷。鄭：祖回。

攜螢圭。雨雪云付。雱普黄。邪祥余。既亟己力。且子余。徐式諸。霏敷非。

彤徒冬。姝春朱。城隅元于。畜香六。搔素勞。踟〔躕〕直須〔一〇二〕。月辰字或誤爲娠，非。煒于尾。〔説〕懌毛〔一〇三〕：容雪、羊石二反。鄭：東悅、舒石二反。歸第（荑）田兮〔一〇四〕。洵須旬。

新臺。納伋京及。泚千禮。瀰眠陛。宴燕顯。婉因晚。籧其居〔一〇五〕。篨直諸。鮮毛：息淺。鄭：息延。灑。浼浼上恩罪反，下莫罪反。不殄毛：廷典。鄭：天典。下人行嫁。

乘舟支由。景余（巿）景（影）〔一〇六〕。隘厄賣。有害毛：何蓋。鄭：何割。

墉柏第四 卷三〔一〇七〕

共恭音。伯蚤今早字。髧徒感。兩髦莫高。昧蒙悔〔一〇八〕。櫛側乙。縱（縰）晉生綺〔一〇九〕，又生波二反〔一一〇〕。總祖工。拂敷勿。冠緌辱隹〔一一一〕。死矢商旨。靡它他音。諒力尚。

茨前諮。埽桑老。蒺藜茨栗。冓古豆。襄。抽敕由。

偕老更諧。笄經兮。六珈皆編〔一一二〕。編髮上并綿。最祖會。步摇羊招〔一一三〕。委莫（英）危〔一一四〕。它它唐何。易盈豉。瑳千我〔一一五〕，采何。鬒髮云（之）忍〔一一六〕。屑星結。髮（髢）髢（髲）上皮（庭）義（帝）〔一一七〕，下庭（皮）帝（義）〔一一八〕。揥天帝。哲（晳）先歷〔一一九〕。縐側救。

紲息列。袢扶袁。縠（縠）胡縠〔一二〇〕袢（袢）延舒延〔一二一〕。纖（蹙）子六〔一二二〕。襢張扇。媛于萬。倚琴綺。

沬之蒙誨。弋羊力。葑妃風。

鶉之殊脣。奔奔甫門。彊己良。其居居或誤俱。

定帝徑。方中作爲日麾〔一二三〕。漕在勞。攘而羊。于熒玄扃。盧力諸。揆𤼲癸。準極其力。榛側仁。椅莫（英）宜〔一二四〕。漆

此栗（栗）。〔一二五〕虛起居。夾皆洽。蠶在南。鋉（誄）力水〔一二六〕。倌瓜患。說束銳。稼穡山力。騋郎才。牝脾忍。

蝃都計〔一二七〕。蝀丁動〔一二八〕。虹。隮箋詣。

不遄垂專。

孑勁列。旄莫褒。浚須俊。之旃之然。紕頻至。緵生銜。畀并至〔一二九〕。旟羊諸。組宗户。驂馬采南。旌將盈。析先歷。祝

毛：之六。鄭〔一三〇〕：作（當）當。

（作）屬〔一三一〕，朱辱反之〔一三二〕。

歸唁迎變。跋蒲括。不閟丘（兵）冀〔一三三〕。蝱麻庚。以療零吊。穉直致。一槩𠝹愛。芃芃扶雄。控于告（苦）送〔一三四〕。求援于元。

衛淇澳第五〔一三五〕

澳衣六。入相息亮。綠力足。猗猗英宜。猥（隈）烏回〔一三六〕。王芻窗于。篇匹殄。匪敷尾。瑳采何。瑟生乙。僩下板。咺暉晚。

矜京冰〔一三七〕。莊側良。諼況袁。琇息救。瑩爲兄。會古外。弁皮變。縫扶用。瓅郎各。簀爭革。綽昌約。猗莫（英）綺〔一三八〕。重直龍。戲歆寄。

較瓜岳〔一三九〕。諠香約。弛。

斯二七二九＋Дх一三六六

考盤蒲安。薖苦戈。軸田歷，直六。告古篤。

於嬖補詣。其頎勤衣。衣應氣。褧口迴。襜昌廉。佼皆卯。禪當寒。太湯賀。著張慮。柔第（荑）田兮〔一四〇〕。膚封于。凝脂

旨冰〔一四一〕。蝤在勞。蠐疾尸。頸祇形反，又坐整。蝎何割。瓠犀星兮。瓣彭莧〔一四二〕。説于毛：束鋭。鄭：當作襚，旬醉反。驕御喬。鑣方苗。幩敷文〔一四三〕。溱

（螓）首慈珍〔一四四〕。首顙僧朗〔一四五〕。謂蜻蜻七頸〔一四六〕。倩清見。口輔房舞。盼普莧。説于毛：束鋭。鄭：當作襚，旬醉反。驕御（卿）喬〔一四七〕。鑣方苗。

幩敷文〔一四八〕。狄（翟）第（茀）方勿〔一四九〕。扇汗何旦。蔽并袂〔一五〇〕。後罷彭買。朝直遥。洋洋以良。活活古活。罛工胡。濊

濊火活。鱣張連。鮪茕（榮）軌〔一五一〕。發發補末。葭皆牙。菼湯敢。揭揭巾竭。孽迎竭。有朅起謁。鮥即（郎）各〔一五二〕。亂瓦患〔一五三〕。武杜

（壯）側亮〔一五四〕。

泯（氓）麻庚〔一五五〕。妃普背。耦五口。泆盈栗。蚩蚩尺之。布貿莫候。我愆綺焉。將了良。垝京毀〔一五六〕。垣于煩。復步茂。

泣涕天禮。連連力延。爾筮成世。咎其久。著（蓍）式睦〔一五七〕。沃威縛。萁（葚）食甚〔一五八〕。耽都南。鶻鳩古忽。隕榮閏〔一五九〕。

湯湯失羊。漸即廉。帷癸（榮）悲〔一六〇〕。童殊鍾。爽山丈。褣庚（庚）鍾〔一六一〕。罔極其力。朝張遥。咥喜至。泮蒲半。拘恭于。總[祖]動〔一六二〕。宴

翳厄（見）〔一六三〕。晏晏見（厄）諫〔一六四〕。壂（貇）肯很〔一六五〕。側（惻）欸苦管〔一六六〕。

簻簻天歷。釣丁叫。殺色例。儺乃可。檜古活。楫慈立。櫂[根]孝〔一六七〕。

丸胡官。僮徒冬〔一六八〕。觿儇規。悸其季。瑞純恚。韘尸涉。言沓徒答。韝古侯。甲瓜狎。徐：胡甲反。

沆之恆罰。狹行夾。跂輕智。

竭兮起謁。傑歌桀〔一六九〕。殳純朱。軫之忍。戟京逆。酋齊由〔一七〇〕。矛莫侯。適丁歷。杲杲罰老。甘厭因鹽。得諼況袁。背蒲輩。

痗莫代。

則殺色例。綏息佳。

瓊葵營。玖久音。苴子余。橘規聿。柚盈秀。

王黍離第六卷四

彷徨蒲光。鎬恆老。靡靡苗彼。摇羊招〔一七一〕。稱旻武巾。穗旬醉。噎翳結。

于時成之。畜香六。產生醆。佸胡括。于桀奇傑〔一七二〕。括古活。杙羊力。

簧胡光。陶陶羊招。翿徒高。纛徒到。翳宴計。

屯戍束樹。激經歷。湍吐官。迅須俊。彼其居忌。《箋》：記、己同〔一七三〕。予還旬緣。

有推（蓷）土雷〔一七四〕。暎（暵）黑旱〔一七五〕。乾罰寒。萑章維。菸安居〔一七六〕。女仳扶鄙。嘅肯代。歎他干。脩息流反。《禮》謂：乾爲鍛脩。

啜（啜）中劣〔一七七〕。

菟爰于煩。構古豆。不樂五孝。躁祖到。蹙子六。訛五戈。罦蒲不。罿春容。罬拘悅。

藟力水。滸荒古。遠于萬。顧工户。涘繩使。王又無又或誤爲后。漘食純。隒宜險。人昆古門。

斯二七二九+Дx一三六六

采蕭星彫。

檻檻下斬。毿昌稅。菼湯敢。雖章維。繢胡憒。哼哼土孫。璊莫昆反。《説文》云：璊，經色，禾之苗謂盈（虋）〔一七八〕，其色如之也。璊經勑盈。皎經了。

有麻。墝客交。堉。施式移。伺息吏。間下艱。

鄭繢（緇）衣第七〔一七九〕

緇側狸。弊予脾袂。館古亂。粲采安。餐蘇溫。愛（受）采食（倉）代〔一八〇〕。飲英禁。食詳吏。好黑老。改造才老。席詳吏。

好將七祥〔一八一〕。不勝商承。叔升祝。粲（祭）側例〔一八二〕。驟士縮〔一八三〕。段同亂〔一八四〕。折章設。樹杞羌己。檀唐丹。彊忍而振。

繕成戰。鎧肯代。洵。

太湯蓋。乘乘食證。藪蘇走。禮唐旱。裼先歷。搏補各。將乙（七）羊〔一八五〕。狃拏丑。夾皆洽。射忌居意。磬啓定。控苦送。騁勑領。

發方吠。乘乘鴇（鴇）補道〔一八六〕。驪白力馳。嫚盲瓣〔一八七〕。罕黑旱。釋掤悲憑。抑鬯勑亮。敉（弢）土高〔一八八〕。

竟巾景（影）〔一八九〕。翱五高。翔辭羊。旁旁八耕。率色律。二矛莫侯。英厄耕。麃麃彼驕。橋京妖〔一九〇〕。累何恆多〔一九一〕。矜奇巾〔一九二〕。

在軸直六。陶陶唐到。抽勑流。

濡辱朱。晏翳見。

摻執生斬。袪起據。摻攬郎敢〔一九三〕。袂民世。惡汪故〔一九四〕。寁祖感。我魗昌酋（酉）〔一九五〕。好黑老。相謦布（巾）影〔一九六〕。爛郎旦。戈

（弋）羊力〔一九七〕。晃旁于。繳之若。希行□〔一九八〕。肴行交。徹直列。珩下庚。璜胡光。琚姜於。瑀云矩。儲直余力〔一九九〕。

請妻千細。菫基隱。將七羊。

蘇妾（桑）胡〔二〇〇〕。荷恒多。夫旁于。渠其居。菡胡感。狂且子余。橋亦（亓）妖〔二〇一〕，苦老。狡皆昂（昴）〔二〇二〕。

擇湯洛〔二〇三〕。倡尺尚。而和胡卧。槀苦老〔二〇四〕。其溧（漂）篇遥〔二〇五〕。

擅成戰。壯側亮。餐采丹。

褰。恣即利。行下孟。溱側仁。洧榮軌。

手（豐）敷容〔二〇六〕。堂毛：大郎。鄭：當作棖，宅庚反。

町町天鼎。茅蒙交〔二〇七〕。蒐色流。踐牆淺。噉唐敢。

淒淒千兮。喈喈更諧。瀟星彫〔二〇八〕。膠膠皆老〔二〇九〕。瘳勅流。晦呼憒。

衿奇金。學校行孝。衣純朱尹。瓀辱允〔二一〇〕。綬石首。挑土高。達渇（湯）割〔二一一〕。

終鮮息淺。

子亹亡斐。縞罰到。綦求基。慉朽救。我員云音〔二一二〕。闉伊仁。闍毛：常奢。鄭：東胡。

蔓草亡販。溥徒桓。婉威阮。邂行懈。逅胡遘。瀼瀼而羊。

斯二七二九+Дх一三六六

渙呼亂。蔄皆蠻。許（訏）凶于〔二一三〕。瀏力周。誆求狂（往）〔二一四〕。

齊雞〔鳴〕第八姜〔二一五〕

夜警□景〔二一六〕。纚生綺。周（同）夢亡風〔二一七〕。且明且，七野反，或誤爲旦，當捍反。會且七野。徐：子余反。予毛：以吕反。鄭：羊翥。朝會張遥。於夫旁于〔二一八〕。還松緣。厭因黯。好如字。於猫乃高。捷慈棱〔二一九〕。並排梗。豣經賢。儇嘹緣。併鞞冷。著治據。屏賓領。紞當□〔二二〇〕。瑩爲兄。闐渴（湯）割〔二二一〕。

號令胡到。契（摮）啓結〔二二二〕。壺洪姑。爲已羊之〔二二三〕。處（遽）其據〔二二四〕。折章設。樊扶袁。圃本故。瞿瞿□具〔二二五〕。□□□〔二二六〕。蕃甫袁〔二二七〕。則莫謨布。

公謪帳革〔二二八〕。生乘食證。搤晏革。禚之若。嗺（崔）嗺（崔）足綏〔二二九〕。蕩太朗〔二三〇〕。易盈豉。屨（屨）恭具〔二三一〕。兩力尚。緌□□〔二三二〕。藝魚制。衡下庚。徐：音爲横。從足容。獵力涉〔二三三〕。重之重或誤爲種。又鞫已六〔二三四〕。析先歷。極其力。

無田廷見。維莠羊首。驕驕京妖。穫胡郭。忉忉當勞。桀桀京竭。徐：居竭反〔二三五〕。怛怛當達〔二三六〕。丱瓜患。幾姜豈。突出兀〔二三七〕。徐〔二三八〕：勑奪。

盧令歷丁。濁幢角〔二三九〕。欣香斤。鬈逵員。鋂木來。偲倉才。

潎脾世〔二四〇〕。徐：扶威反。笱古厚。鰥毛：瓜頑。鄭：作鯤，古門反。從聚用。鱮詳与〔二四一〕。准（唯）准（唯）食水〔二四二〕。

驅回（曲）踍（踚）〔二四三〕。徐：起論反。播補佐。薄薄蒲作。簟田玷。鞹吉（苦）郭〔二四四〕。驪力馳。濟濟箋禮。捶（垂）尚吹〔二四五〕。轡爾爾年禮。

豈第今愷子（字）〔二四六〕，康改、庭禮二反，諸愷字皆放此。鄭□〔二四七〕：愷悌當爲闓（闓）闉（圛）〔二四八〕，肯來、羊石二反。樂郎各。易盈豉反。汶亡羊〔二四九〕。仿扶方。滔滔土高〔二五〇〕。‖儦皮驕〔二五一〕。

猗琴綺。頎勤衣。抑英逼〔二五二〕。趨促愚‖。/蹌七羊〔二五三〕。射食夜。出正之成。選毛：須允〔二五四〕。鄭：須掾反。貫‖古桓，瓜患〔二五五〕。

魏葛屨（屨）第九〔二五六〕‖

/褊并淺。狹行夾。隘厄買（賣）〔二五七〕。巧苦孝。趨促論〔二五八〕。嗇‖□側。糾糾吉酉。繚繚零彫。摻摻生□〔二五九〕。襳襳息□〔二六〇〕‖。

/要因遥〔二六一〕。襋京色。提提田兮。宛威阮。僻房辟〔二六二〕。揥天帝。/

‖汾扶文。沮子豫。洳而豫。莫莫布。漸即廉〔二六三〕。彼其‖姜忌〔二六四〕。秏莫高。遁徒俱〔二六五〕。行胡剛。藚詳欲。蕮息石。照/

‖成柘（招）〔二六六〕。

殽行交。詔（謡）羊柘（招）〔二六七〕。夫房于。以行下庚。徐：行□。

岵‖/洪古〔二六八〕。旃之然。屺羌已。

斯二七二九+Дx一三六六

閈閈下艱，徐：音賢。泄泄羊世。

坎坎苦感。寘征豉。連良延。猗英宜。㢈直連。貆〔二六九〕□/餐采丹。輻甫目。億央力。淪律旬。囷丘倫。素餐蘇昆。

碩成赤。重斂力贍（瞻）〔二七〇〕。貫古桓〔二七一〕。樂□□。詠爲柄〔二七二〕。號胡刃。

唐蟋蟀（蟀）第十〔二七三〕/

蟋失（生）乙〔二七四〕。蟀生律。聿容必。除直慮。蛬俱奉。太□賀〔二七五〕。/其居己御。瞿瞿□具〔二七六〕。蹶京衛。慆土高。

樞烏侯。灑生寄。埽桑老。榆容朱。茎直夷。曳羊世。婁龍朱。菀□□〔二七七〕。愉毛容朱□〔二七八〕。□□〔二七九〕。杻拏□〔二八〇〕。檍於□〔二八一〕。掃素□〔二八二〕/。灑生彼〔二八三〕。

沃烏酷。鑿宰洛。朱襮補各。黼付□〔二八四〕。純〔二八五〕□粼粼力珍〔二八六〕。徹直列。

椒箋彫。聊零彫。蕃扶袁〔二八七〕。衍羊戰。□

綢流〔二八八〕。繆眉愁。後胡豆。薪窗于。隅元于。邂行懈。覯〔二八九〕□

并賓正〔二九〇〕。湑湑息與。踽踽恭羽。不佽此二。菁毛子□□〔二九一〕

裦詳秀〔二九二〕。究姜又。

鴟（鵄）補老〔二九三〕。苞八交。栩盱禹〔二九四〕。杼食汝。迮□□□翮下革。

煖況袁。

噬成世。飲英禁。食詳〔二九五〕□□□

辟□豉〔二九六〕。謗補浪〔二九七〕。訕生訾〔二九八〕。

秦車轔第十一〔二九九〕

□庭□〔三〇〇〕。

䶵庭□〔三〇一〕。囿于救。媚美位〔三〇二〕。拔蒲割。括古活。□□□

（後缺）

説明

此件前爲『辰年（公元七八八年）三月算使論悉諾囉接謨勘牌子歷（附辰年至申年注記）』，兩件雖然紙張相連，但内容並不連續，時人似是將尾部殘缺的『辰年（公元七八八年）三月算使論悉諾囉接謨勘牌子歷（附辰年至申年注記）』和首尾均缺的此件黏接在一起，利用其背面的空白抄寫占卜文書。

此件由斯二七二九和Дх一三六六綴合而成（參見潘重規《倫敦藏斯二七二九號暨列寧格勒藏一五一

七號敦煌毛詩音殘卷綴合寫定題記》，《敦煌詩經卷子研究論文集》，七七頁），綴合後的文本仍首尾均缺。其内容是《毛詩音》，存一百三十六行，起《詩大序》『王者之風，故繫之周公』句注音『王者』條，訖《秦風·駟驖》『舍拔則獲』《鄭箋》『拔，括也』句之注音『括』字條。

此件中『世』字缺筆。王重民據『世』字缺筆，而『民』字不缺筆，推斷此件爲初唐寫本，撰成時間與陸德明《經典釋文》相近，可能在顔師古之後，孔穎達之前，爲徐邈、鄭玄等《詩音》的彙編本（參見《敦煌古籍叙録》，四二至四四頁）。潘重規認爲此件與收於本書一卷的斯一〇均爲隋劉炫所撰（參見《巴黎倫敦所藏敦煌詩經卷子題記》，原載《新亞書院學術年刊》一九六九年一一期，收入《中國敦煌學百年文庫·文獻卷（二）》，四一一頁）。王利器先認爲此件爲劉炫所著《毛詩述議》（《跋敦煌唐寫本劉炫〈毛詩述議〉》，《文獻》一九八三年三期，三二一至三三四頁），後又認爲是劉炫所著《五經正名》（參見《曉傳書齋集》，八一頁）。平山久雄認爲此卷並非劉炫的《毛詩音》，且據上件『辰年（公元七八八年）三月算使論悉諾囉接謨勘牌子歷（附辰年至申年注記）』的時間推斷此件寫於八世紀後半期（參見《敦煌〈毛詩音〉殘卷反切的結構特點》，《古漢語研究》一九九〇年三期，二頁）。但因這兩件可能原非一紙，其抄寫時間的關聯性尚待證實。因兩件綴合處呈斜綫型，故有數行文字是由兩件文書綴合組成的。爲便於區分，在釋録綴合處的文字時，用『/』『‖』區隔斯二七二九和Дх一三六六上的文字。即在兩個『/』之間的文字，是保存在斯二七二九上的文字；在兩個『‖』之間的文字，是保存在Дх一三六六上的文字。

校記

〔一〕『王』，據《十三經注疏》補。

〔二〕『□』，《敦煌經部文獻合集》疑作『其』。

〔三〕『關』，據《十三經注疏》補。

〔四〕『鳩』，據殘筆劃及《十三經注疏》補。

〔五〕『摯』，據殘筆劃及《十三經注疏》補。

〔六〕『好』，據殘筆劃及《十三經注疏》補。

〔七〕『逑』，《敦煌〈毛詩音〉殘卷反切の研究（上）》校補；『鄭』，《敦煌〈毛詩音〉殘卷反切の研究（中の一）》校補。

〔八〕『荇』，據殘筆劃及《十三經注疏》補，《敦煌〈毛詩音〉殘卷反切の研究（上）》逕釋。

〔九〕『□』，《敦煌〈毛詩音〉殘卷反切の研究（上）》釋作『救』。

〔一〇〕『覃』，《敦煌〈毛詩音〉殘卷反切の研究（上）》校改作『蕈』；『潭』，據殘筆劃及文義補，《敦煌〈毛詩音〉殘卷反切の研究（上）》釋作『覃』。

〔一一〕『澣』，據殘筆劃及《十三經注疏》補，《敦煌〈毛詩音〉殘卷反切の研究（上）》逕釋。

〔一二〕『孝』，據殘筆劃及文義補。

〔一三〕『貌』，《敦煌〈毛詩音〉殘卷反切の研究（上）》釋作『皂』，誤；『前』，《敦煌經部文獻合集》疑爲『盲』之誤；『孝』，《敦煌〈毛詩音〉殘卷反切の研究（上）》校改作『考』。

〔一四〕『徒』，《敦煌〈毛詩音〉殘卷反切の研究（上）》釋作『走』，校改作『徒』，誤。

〔一五〕『亡』，據殘筆劃補，《敦煌〈毛詩音〉殘卷反切の研究（上）》逕釋；『糞』，據殘筆劃補。

〔一六〕『穫』，當作『濩』，據《十三經注疏》改。

〔一七〕『直』，當作『真』，《敦煌〈毛詩音〉殘卷反切の研究（上）》據文義校改。

〔一八〕『旃』，按底本字形在『稱』與『旃』之間，據文義逕釋作『旃』，《敦煌〈毛詩音〉殘卷反切の研究（上）》校改作『栴』，誤。

〔一九〕『成』，當作『式』，《敦煌〈毛詩音〉殘卷反切の研究（上）》據文義校改。

〔二〇〕『□』，《敦煌〈毛詩音〉殘卷反切の研究（上）》疑作『專』。

〔二一〕『文』，據文義補。

〔二二〕『兩』，《敦煌〈毛詩音〉殘卷反切の研究（上）》校補作『當』，誤；『手』，《敦煌〈毛詩音〉殘卷反切の研究（上）》釋作『呼』，誤；『相』，《敦煌〈毛詩音〉殘卷反切の研究（上）》釋作『同』，誤；『攻』，當作『切』，《敦煌經部文獻合集》據文義校改，《敦煌〈毛詩音〉殘卷反切の研究（上）》釋作『汝』。

〔二三〕『生』，當作『性』，據伯三三八三《毛詩音》改。

〔二四〕『□』，《敦煌〈毛詩音〉殘卷反切の研究（上）》疑作『九』或『几』；『勉』，《敦煌〈毛詩音〉殘卷反切の研究（上）》據文義校補。

〔二五〕第一個『盈』，據文義係衍文，當删。

〔二六〕『寘』，底本作『窴』，按寫本中『宀』『穴』形近易混，此據《十三經注疏》逕釋，《敦煌經部文獻合集》認爲『窴』爲『寘』之俗字。

〔二七〕『瓌』，《敦煌〈毛詩音〉殘卷反切の研究（上）》校改作『懷』。

〔二八〕『瓌』，《敦煌〈毛詩音〉殘卷反切の研究（上）》校改作『懷』。

〔二九〕『色』，據殘筆劃及文義補。

〔三〇〕「罍」，《敦煌經部文獻合集》釋作「壘」，按底本介於「罍」「壘」之間，此據《十三經注疏》逕釋。

〔三一〕「瓜」，底本作「爪」形，《敦煌〈毛詩音〉殘卷反切の研究（上）》釋作「爪」，校改作「瓜」，按寫本中「瓜」「爪」形近易混，此據文義逕釋。以下同，不另出校。

〔三二〕「瘏」，底本作「屠」，按寫本中「疒」「广」形近易混，此據《十三經注疏》逕釋。以下同，不另出校。

〔三三〕「兼」，《敦煌經部文獻合集》未能釋讀。

〔三四〕「亡」，當作「之」，《敦煌〈毛詩音〉殘卷反切の研究（上）》據文義校改。

〔三五〕「制」，《敦煌〈毛詩音〉殘卷反切の研究（上）》釋作「側」。

〔三六〕「朾朾」，《敦煌〈毛詩音〉殘卷反切の研究（上）》釋作「打打」。

〔三七〕「被」，據殘筆劃及《十三經注疏》補。

〔三八〕「營」，當作「榮」，《敦煌〈毛詩音〉殘卷反切の研究（上）》據文義校改。

〔三九〕「來」，當作「求」，《敦煌〈毛詩音〉殘卷反切の研究（上）》據文義校改；第二個「息」，《敦煌〈毛詩音〉殘卷反切の研究（上）》認爲係衍文，或係「爲」之誤寫。

〔四〇〕「忍」，當作「思」，《敦煌〈毛詩音〉殘卷反切の研究（上）》據文義校改。

〔四一〕「詠」，當作「泳」，據《十三經注疏》改。

〔四二〕「秣」，《敦煌〈毛詩音〉殘卷反切の研究（上）》據文義校補。

〔四三〕「枚」，據《十三經注疏》補。

〔四四〕「肆」，《敦煌〈毛詩音〉殘卷反切の研究（上）》釋作「肄」。

〔四五〕「林」，《敦煌〈毛詩音〉殘卷反切の研究（中の一）》校改作「牀」，誤。

〔四六〕「桔」，《敦煌〈毛詩音〉殘卷反切の研究（上）》校改作「秸」，誤。

〔四七〕『遶』，《敦煌〈毛詩音〉殘卷反切の研究（上）》釋作『杳』，《敦煌〈毛詩音〉殘卷反切の研究（中の一）》校補作『繞』，《敦煌經部文獻合集》釋作『繞』。

〔四八〕『直』，當作『真』，《敦煌〈毛詩音〉殘卷反切の研究（上）》據文義校改。

〔四九〕第二個『概』，當作『慨』，據伯三三八三《毛詩音》改。

〔五〇〕『公』，當作『恖』，《敦煌〈毛詩音〉殘卷反切の研究（上）》據文義校改。

〔五一〕第二個『喓』，底本重文符號在小字『因摇』下。

〔五二〕『鱉』，底本作『⿱艹鱉』，係涉上文『蕨』而成之類化俗字。

〔五三〕第二個『説』，當作『悦』，《敦煌〈毛詩音〉殘卷反切の研究（上）》據文義校改。

〔五四〕『絍』，《敦煌〈毛詩音〉殘卷反切の研究（上）》校改作『紝』。

〔五五〕『早（？）』，《敦煌〈毛詩音〉殘卷反切の研究（上）》校補作『芹』，《敦煌經部文獻合集》未能釋讀，此字旁有字跡，或爲删除符號，或此字爲『藻』之音注。

〔五六〕『黎』，《敦煌〈毛詩音〉殘卷反切の研究（中の一）》校改作『梨』。

〔五七〕『齏』，《敦煌〈毛詩音〉殘卷反切の研究（上）》疑爲『齋』之誤。

〔五八〕『夫』，當作『大』，《敦煌〈毛詩音〉殘卷反切の研究（上）》據文義校改。

〔五九〕『□』，《敦煌〈毛詩音〉殘卷反切の研究（上）》校補作『末』。

〔六〇〕『□』，《敦煌〈毛詩音〉殘卷反切の研究（上）》釋作『例』。

〔六一〕『東』，當作『束』，《敦煌〈毛詩音〉殘卷反切の研究（上）》據文義校改。

〔六二〕『入』，《敦煌經部文獻合集》釋作『十』，誤。

〔六三〕『斤』，據殘筆劃補。

〔六四〕『桷』，當作『埆』，據《十三經注疏》改；『瓜』，《敦煌〈毛詩音〉殘卷反切の研究（上）》據文義校補。

〔六五〕『踰』，《敦煌〈毛詩音〉殘卷反切の研究（上）》據文義校補。

〔六六〕『支』，《敦煌經部文獻合集》未能釋讀。

〔六七〕第一個『縱』，《敦煌〈毛詩音〉殘卷反切の研究（上）》校改作『蹤』，誤；第二個『縱』，底本模糊，經核查原卷確認作『縱』，當作『足』，據《十三經注疏》改，《敦煌〈毛詩音〉殘卷反切の研究（上）》校補作『足』。

〔六八〕『霄』，《敦煌〈毛詩音〉殘卷反切の研究（上）》《敦煌經部文獻合集》均釋作『肖』，誤。

〔六九〕『昂』，當作『昴』，據《十三經注疏》改。

〔七〇〕『泡』，當作『沱』，據《十三經注疏》改。

〔七一〕『即』，當作『弔』，《敦煌〈毛詩音〉殘卷反切の研究（上）》據文義校改。

〔七二〕『六』，《敦煌〈毛詩音〉殘卷反切の研究（上）》釋作『夭』，校改作『六』，誤。

〔七三〕『例』，《敦煌經部文獻合集》釋作『列』，誤。

〔七四〕『吉』，當作『古』，《敦煌〈毛詩音〉殘卷反切の研究（上）》據文義校改；『紞』，《敦煌〈毛詩音〉殘卷反切の研究（上）》疑爲『黕』之誤。

〔七五〕『故』，當作『胡』，《敦煌〈毛詩音〉殘卷反切の研究（上）》據文義校改。

〔七六〕此句據《十三經注疏》應在『唐棣』之前。

〔七七〕『摐』，當作『豵』，據《十三經注疏》改。

〔七八〕『柏』，《敦煌〈毛詩音〉殘卷反切の研究（上）》認爲後脱『舟』字。

〔七九〕『七』，當作『己』，《敦煌〈毛詩音〉殘卷反切の研究（上）》據文義校改。

〔八〇〕第二個『燕』，底本作『乙』，當爲重文符號之誤，《敦煌〈毛詩音〉殘卷反切の研究（上）》釋作『乙』，校改作

「燕」。

〔八一〕此條係衍文，當删。

〔八二〕「民」，當作「氏」，據《十三經注疏》改。

〔八三〕「呼」，當作「吁」，據《十三經注疏》改，《敦煌經部文獻合集》逕釋作「吁」。

〔八四〕「洛」，當作「略」，據斯一〇《毛詩鄭箋》改。

〔八五〕「繫」，當作「擊」，據《十三經注疏》改；底本「經歷」出現二次，一在行末，一在此行行首，當爲提行添字例，故第二個「經歷」不録。

〔八六〕「紇」，《敦煌〈毛詩音〉殘卷反切の研究（上）》校補作「結」，《敦煌經部文獻合集》未能釋讀。

〔八七〕「具」，《敦煌〈毛詩音〉殘卷反切の研究（上）》疑作「耕」，《敦煌經部文獻合集》未能釋讀。

〔八八〕「飄」，《敦煌〈毛詩音〉殘卷反切の研究（上）》校改作「凱」。

〔八九〕「即」，當作「郎」，《敦煌〈毛詩音〉殘卷反切の研究（上）》據文義校改。

〔九〇〕「舊」，當作「奮」，據《十三經注疏》改。

〔九一〕「伎」，《敦煌〈毛詩音〉殘卷反切の研究（上）》釋作「忮」，雖義可通而字誤。此句據《十三經注疏》應在「臧」之前。

〔九二〕「共」，《敦煌〈毛詩音〉殘卷反切の研究（上）》疑爲「恭」之誤。

〔九三〕「財」，《敦煌〈毛詩音〉殘卷反切の研究（上）》校改作「裁」，誤；「纔」，《敦煌〈毛诗音〉残卷反切の研究（上）》認爲後面當補「財」字，誤。

〔九四〕「肆」，《敦煌〈毛詩音〉殘卷反切の研究（上）》釋作「肆」。

〔九五〕「偷」，當作「愉」，據《十三經注疏》改。

〔九六〕『距』，《敦煌〈毛詩音〉殘卷反切の研究（上）》疑爲『矩』之誤。

〔九七〕『丘』，當作『兵』，《敦煌〈毛詩音〉殘卷反切の研究（上）》據文義校改。

〔九八〕『琿』，當作『煇』，據《十三經注疏》改，《敦煌〈毛詩音〉殘卷反切の研究（上）》校改作『韗』。

〔九九〕『湛』，當作『淇』，據《十三經注疏》改；『祁』，《敦煌〈毛詩音〉殘卷反切の研究（中の一）》《敦煌經部文獻合集》未能釋讀；『甚』，當作『其』，《敦煌〈毛詩音〉殘卷反切の研究（上）》據文義校改。

〔一〇〇〕『臻』，其上有一『臻』字，旁有刪除符號，《敦煌〈毛詩音〉殘卷反切の研究（上）》認爲係衍文。

〔一〇一〕『熟』，據《十三經注疏》係衍文，當刪，《敦煌〈毛詩音〉殘卷反切の研究（上）》《敦煌經部文獻合集》未録。

〔一〇二〕『躕』，據《十三經注疏》補。

〔一〇三〕『説』，據《十三經注疏》補。

〔一〇四〕『第』，當作『荑』，據《十三經注疏》改，《敦煌〈毛詩音〉殘卷反切の研究（上）》逕釋。

〔一〇五〕『簴』，《敦煌經部文獻合集》認爲係『籧』之誤。

〔一〇六〕『余』，當作『巾』，《敦煌經部文獻合集》據文義校改，《敦煌〈毛詩音〉殘卷反切の研究（上）》疑爲『英』或『金』之誤；『景』，當作『影』，《敦煌經部文獻合集》據文義校改。

〔一〇七〕『柏』，《敦煌〈毛詩音〉殘卷反切の研究（上）》認爲後脱『舟』字。

〔一〇八〕『悔』，《敦煌〈毛詩音〉殘卷反切の研究（上）》釋作『侮』，校改作『誨』，誤。

〔一〇九〕『縱』，當作『縰』，《敦煌〈毛詩音〉殘卷反切の研究（上）》據文義校改。

〔一一〇〕『波』，《敦煌〈毛詩音〉殘卷反切の研究（上）》釋作『彼』，疑『彼』爲『蟹』之誤。

〔一一一〕『綏』，《敦煌〈毛詩音〉殘卷反切の研究（上）》校改作『緌』。

〔一一二〕『編』，《敦煌〈毛詩音〉殘卷反切の研究（上）》認爲此字係涉下文『編』字而誤，疑爲『遐』。

〔一一三〕『招』，《敦煌〈毛詩音〉殘卷反切の研究（上）》認爲底本似『紹』，校改作『招』。

〔一一四〕『莫』，當作『英』，據文義改，《敦煌〈毛詩音〉殘卷反切の研究（上）》《敦煌經部文獻合集》逕釋作『英』。

〔一一五〕『我』，《敦煌〈毛詩音〉殘卷反切の研究（上）》校改作『禮』，誤。

〔一一六〕『云』，當作『之』，《敦煌〈毛詩音〉殘卷反切の研究（上）》據文義校改。

〔一一七〕『髮髢』，當作『髢髮』，據《十三經注疏》改；『皮義』，當作『庭帝』，據文義改。

〔一一八〕『庭帝』，當作『皮義』，據文義改。

〔一一九〕『哲』，當作『晳』，據《十三經注疏》改。

〔一二〇〕『穀』，當作『縠』，據《十三經注疏》改。

〔一二一〕『祥』，當作『袢』，據《十三經注疏》改。

〔一二二〕『纖』，當作『蹙』，據《十三經注疏》改。

〔一二三〕『作』，《敦煌〈毛詩音〉殘卷反切の研究（上）》認爲係誤書，誤；『曰』，《敦煌〈毛詩音〉殘卷反切の研究（中の一）》未能釋讀；此句據《十三經注疏》應在『廬』後。

〔一二四〕『莫』，當作『英』，據文義改。

〔一二五〕『粟』，當作『栗』，《敦煌經部文獻合集》據文義校改，《敦煌〈毛詩音〉殘卷反切の研究（上）》逕釋作『栗』。

〔一二六〕『銖』，當作『誅』，據《十三經注疏》改。

〔一二七〕『都』，《敦煌〈毛詩音〉殘卷反切の研究（上）》校改作『丁』。

〔一二八〕『丁』，《敦煌〈毛詩音〉殘卷反切の研究（上）》校改作『都』。

〔一二九〕「畀」，底本介於「畀」「卑」之間，此據《十三經注疏》逕釋。

〔一三〇〕《敦煌經部文獻合集》於「鄭」後補「云」字。以下同，不另出校。

〔一三一〕「作當」，當作「當作」，據文義改。

〔一三二〕「之」，《敦煌經部文獻合集》認爲係因雙行對齊而添，當刪。

〔一三三〕「丘」，當作「兵」，《敦煌〈毛詩音〉殘卷反切の研究（上）》據文義校改。

〔一三四〕「告」，當作「苦」，《敦煌〈毛詩音〉殘卷反切の研究（上）》據文義校改。

〔一三五〕「澳」，此字與下句之「澳」，《敦煌〈毛詩音〉殘卷反切の研究（上）》認爲當作「奥」。

〔一三六〕「猥」，當作「限」，據《十三經注疏》改。

〔一三七〕「矝」，《敦煌〈毛詩音〉殘卷反切の研究（上）》釋作「矜」，誤。

〔一三八〕「莫」，當作「英」，據文義改。

〔一三九〕「較」，據《十三經注疏》當在上文「戲」之前。

〔一四〇〕「第」，當作「萬」，據《十三經注疏》改。

〔一四一〕「旨」，《敦煌〈毛詩音〉殘卷反切の研究（上）》校改作「宜」。

〔一四二〕「瓣」，底本作「辯」，係涉下文「莧」之類化俗字，又「辯」爲「瓣」之借字，此據《十三經注疏》逕釋。

〔一四三〕自上文「説于」至此句，據文義係衍文，當刪，《敦煌〈毛詩音〉殘卷反切の研究（上）》《敦煌經部文獻合集》未録。

〔一四四〕「溱」，當作「蓁」，據《十三經注疏》改。

〔一四五〕「首」，《十三經注疏》無，據文義係衍文，當刪。

〔一四六〕「頸」，《敦煌〈毛詩音〉殘卷反切の研究（中の一）》未能釋讀，《敦煌經部文獻合集》釋作「領」。

〔一四七〕「御」，當作「卿」，《敦煌〈毛詩音〉殘卷反切の研究（上）》據文義校改。

〔一四八〕「幘」，底本作「憒」，《敦煌〈毛詩音〉殘卷反切の研究（上）》釋作「憒」，校改作「幘」，按寫本中「忄」「巾」形近易混，此據文義逕釋。此句據《十三經注疏》在「鑣」之前。

〔一四九〕「狄第」，當作「翟茀」，據《十三經注疏》改。

〔一五〇〕此句據《十三經注疏》在「扇汗」前。

〔一五一〕「㷀」，當作「榮」，《敦煌〈毛詩音〉殘卷反切の研究（上）》據文義校改。

〔一五二〕「即」，當作「郎」，《敦煌〈毛詩音〉殘卷反切の研究（上）》據文義校改。

〔一五三〕「瓦」，底本似「凡」，《敦煌〈毛詩音〉殘卷反切の研究（上）》釋作「凡」，校改作「瓦」，按寫本「凡」「瓦」形近易混，故據文義逕釋作「瓦」。

〔一五四〕「杜」，當作「壯」，據《十三經注疏》改。

〔一五五〕「泯」，當作「呡」，據《十三經注疏》改。

〔一五六〕「毀」，《敦煌〈毛詩音〉殘卷反切の研究（上）》疑爲「毇」之誤。

〔一五七〕「著」，當作「蓍」，據《十三經注疏》改，《敦煌〈毛詩音〉殘卷反切の研究（上）》逕釋作「蓍」；「睦」，《敦煌〈毛詩音〉殘卷反切の研究（上）》校補作「脂」。

〔一五八〕「萁」，當作「葚」，據《十三經注疏》改。

〔一五九〕「閏」，《敦煌經部文獻合集》疑爲「閔」之誤。

〔一六〇〕「熒」，當作「榮」，《敦煌〈毛詩音〉殘卷反切の研究（上）》據文義校改。

〔一六一〕「庚」，當作「庾」，《敦煌〈毛詩音〉殘卷反切の研究（上）》據文義校改。此句據《十三經注疏》在「爽」之前。

〔一六二〕『祖』，《敦煌〈毛詩音〉殘卷反切の研究（上）》據文義校補。

〔一六三〕『厄』，當作『見』，《敦煌〈毛詩音〉殘卷反切の研究（上）》據文義校改。

〔一六四〕『見』，當作『厄』，《敦煌〈毛詩音〉殘卷反切の研究（上）》據文義校改。

〔一六五〕『墾』，當作『懇』，據《十三經注疏》改，『墾』爲『懇』之借字。

〔一六六〕『側』，當作『惻』，據《十三經注疏》改，『側』爲『惻』之借字。

〔一六七〕『根』，據殘筆劃補，《敦煌〈毛詩音〉殘卷反切の研究（上）》逕釋。

〔一六八〕『僮』，《敦煌〈毛詩音〉殘卷反切の研究（上）》釋作『憧』。

〔一六九〕『歌』，《敦煌〈毛詩音〉殘卷反切の研究（上）》疑有誤，《敦煌〈毛詩音〉殘卷反切の研究（中の一）》未釋；『桀』，《敦煌〈毛詩音〉殘卷反切の研究（上）》疑爲『音』之誤。

〔一七〇〕『齊』，《敦煌〈毛詩音〉殘卷反切の研究（上）》校補作『從』，《敦煌〈毛詩音〉殘卷反切の研究（中の一）》校補作『將』，均誤。

〔一七一〕『搖』，《敦煌經部文獻合集》疑下脱重文符號。

〔一七二〕『傑』，《敦煌〈毛詩音〉殘卷反切の研究（上）》疑誤。

〔一七三〕『同』，《敦煌〈毛詩音〉殘卷反切の研究（上）》疑爲『通』之訛體，按底本『同』上有筆劃，疑爲『通』字起筆幾劃，未寫完，改寫『同』字。

〔一七四〕『推』，當作『蓷』，據《十三經注疏》改。

〔一七五〕『暎』，當作『暵』，據《十三經注疏》改，《敦煌〈毛詩音〉殘卷反切の研究（上）》逕釋作『暵』。

〔一七六〕『安』，《敦煌〈毛詩音〉殘卷反切の研究（上）》疑爲『衣』或『央』之誤。

〔一七七〕『啜』，當作『啜』，據《十三經注疏》改。

〔一七八〕『盈』，當作『虋』，據《説文解字》『璊』字條改，《敦煌〈毛詩音〉殘卷反切の研究（中の一）》校改作『亹』。

〔一七九〕『續』，當作『緇』，據《十三經注疏》改。

〔一八〇〕『愛』，當作『受』，據《十三經注疏》改；『食』，當作『倉』，《敦煌〈毛詩音〉殘卷反切の研究（上）》據文義校改。

〔一八一〕『好』，據《十三經注疏》係衍文，當删；『七』，《敦煌〈毛詩音〉殘卷反切の研究（上）》釋作『乙』，校改作『七』，誤。

〔一八二〕『綮』，當作『祭』，據《十三經注疏》改。

〔一八三〕『士』，《敦煌〈毛詩音〉殘卷反切の研究（上）》釋作『土』，校改作『士』，誤。

〔一八四〕『段』，底本作『㪙』，係涉下文『折』之類化俗字，此據《十三經注疏》逕釋。

〔一八五〕『乙』，當作『七』，《敦煌〈毛詩音〉殘卷反切の研究（上）》據文義校改。

〔一八六〕『鴎』，當作『鴇』，據《十三經注疏》改，《敦煌〈毛詩音〉殘卷反切の研究（上）》逕釋作『鴇』。

〔一八七〕『瓣』，《敦煌〈毛詩音〉殘卷反切の研究（中の一）》未能釋讀，《敦煌經部文獻合集》釋作『辨』。

〔一八八〕『敄』，當作『弢』，據《十三經注疏》改，《敦煌〈毛詩音〉殘卷反切の研究（上）》逕釋作『弢』。

〔一八九〕『景』，當作『影』，《敦煌〈毛詩音〉殘卷反切の研究（上）》據文義校改。

〔一九〇〕『橋』，《敦煌〈毛詩音〉殘卷反切の研究（上）》釋作『撟』，校改作『喬』。

〔一九一〕『何』，《敦煌〈毛詩音〉殘卷反切の研究（上）》校改作『荷』，誤。

〔一九二〕『矜』，《敦煌〈毛詩音〉殘卷反切の研究（上）》釋作『矜』，誤。

〔一九三〕『摻』，《敦煌經部文獻合集》據文義校補，《敦煌〈毛詩音〉殘卷反切の研究（上）》逕釋。

〔一九四〕『故』，《敦煌〈毛詩音〉殘卷反切の研究（上）》疑作『放』，校作『故』。

〔一九五〕『酉』，當作『酉』，《敦煌經部文獻合集》據文義校改。

〔一九六〕『布』，當作『巾』，《敦煌〈毛詩音〉殘卷反切の研究（上）》據文義校改。

〔一九七〕『戈』，當作『弋』，據《十三經注疏》改。

〔一九八〕『希□行』，據文義係下文『肴交行』之誤寫，當刪，《敦煌〈毛詩音〉殘卷反切の研究（上）》《敦煌經部文獻合集》未録。

〔一九九〕『力』，《敦煌〈毛詩音〉殘卷反切の研究（上）》疑爲『反』之誤。

〔二〇〇〕『妾』，當作『桑』，《敦煌〈毛詩音〉殘卷反切の研究（上）》據文義校改。

〔二〇一〕『亦』，當作『亓』，據文義改，《敦煌〈毛詩音〉殘卷反切の研究（上）》校改作『奇』。

〔二〇二〕『昂』，當作『昴』，《敦煌〈毛詩音〉殘卷反切の研究（上）》據文義校改。

〔二〇三〕『擇』，據《十三經注疏》補。

〔二〇四〕『槀』，《敦煌〈毛詩音〉殘卷反切の研究（上）》校改作『槁』，誤。

〔二〇五〕『溧』，當作『漂』，據《十三經注疏》改，《敦煌〈毛詩音〉殘卷反切の研究（上）》逕釋作『漂』。

〔二〇六〕『手』，當作『豐』，據《十三經注疏》改。

〔二〇七〕『茅』，底本似『芧』，按寫本中『茅』『芧』形近易混，此據《十三經注疏》逕釋，《敦煌〈毛詩音〉殘卷反切の研究（上）》逕釋作『茅』，《敦煌經部文獻合集》釋作『芧』，校改作『茅』。

〔二〇八〕『瀟』，《敦煌經部文獻合集》疑後脱重文符號。

〔二〇九〕『老』，《敦煌〈毛詩音〉殘卷反切の研究（上）》校改作『肴』。

〔二一〇〕『允』，《敦煌〈毛詩音〉殘卷反切の研究（上）》釋作『元』，校改作『兖』，誤。

〔二一一〕「渴」，當作「湯」，《敦煌〈毛詩音〉殘卷反切の研究（上）》據文義校改。

〔二一二〕此句據《十三經注疏》應在「慉」之前。

〔二一三〕「許」，當作「訏」，據《十三經注疏》改，《敦煌〈毛詩音〉殘卷反切の研究（上）》釋作「許」，校改作「訏」，《敦煌經部文獻合集》逕釋作「訏」。

〔二一四〕「狂」，當作「往」，《敦煌〈毛詩音〉殘卷反切の研究（上）》據文義校改。此句據《十三經注疏》在「子亹」前。

〔二一五〕「鳴」，據《十三經注疏》補；「姜」，《敦煌經部文獻合集》認爲係「鷄」之切語上字，下字脱。

〔二一六〕「□」，《敦煌〈毛詩音〉殘卷反切の研究（上）》疑爲「姜」；「景」，《敦煌〈毛詩音〉殘卷反切の研究（上）》校補作「影」。

〔二一七〕「周」，當作「同」，據《十三經注疏》改。

〔二一八〕「旁」，《敦煌〈毛詩音〉殘卷反切の研究（中の一）》校補作「房」。

〔二一九〕「椄」，《敦煌〈毛詩音〉殘卷反切の研究（上）》釋作「接」。

〔二二〇〕「當」，《敦煌〈毛詩音〉殘卷反切の研究（上）》據文義校補。

〔二二一〕「渴」，當作「湯」，《敦煌〈毛詩音〉殘卷反切の研究（上）》據文義校改。

〔二二二〕「契」，當作「擎」，據《十三經注疏》改。

〔二二三〕「之」，《敦煌〈毛詩音〉殘卷反切の研究（上）》疑爲「止」之誤。

〔二二四〕「處」，當作「遽」，據《十三經注疏》改，《敦煌〈毛詩音〉殘卷反切の研究（上）》釋作「豦」。

〔二二五〕「□」，《敦煌〈毛詩音〉殘卷反切の研究（上）》疑作「恭」；「具」，《敦煌〈毛詩音〉殘卷反切の研究（上）》據文義校補。

〔二二六〕『□□□』，《敦煌〈毛詩音〉殘卷反切の研究（上）》疑爲『脆』及注文。

〔二二七〕『袁』，《敦煌經部文獻合集》釋作『表』，校改作『袁』，誤。

〔二二八〕『帳』，《敦煌〈毛詩音〉殘卷反切の研究（上）》釋作『根』。

〔二二九〕『嗺嗺』，當作『崔崔』，據《十三經注疏》改；『足』，《敦煌〈毛詩音〉殘卷反切の研究（上）》釋作『之』，校改作『足』，誤。

〔二三〇〕『太』，《敦煌經部文獻合集》認爲係『大』之誤。

〔二三一〕『屢』，當作『屨』，據《十三經注疏》改。

〔二三二〕『綏』，《敦煌〈毛詩音〉殘卷反切の研究（上）》釋作『緌』；第一個『□』，《敦煌〈毛詩音〉殘卷反切の研究（上）》疑作『如』。

〔二三三〕『獵』，《敦煌〈毛詩音〉殘卷反切の研究（上）》釋作『獦』，誤。

〔二三四〕『鞫』，《敦煌〈毛詩音〉殘卷反切の研究（上）》釋作『鞠』，誤。

〔二三五〕『竭』，《敦煌〈毛詩音〉殘卷反切の研究（上）》校改作『謁』。

〔二三六〕『怛怛』，《敦煌〈毛詩音〉殘卷反切の研究（上）》釋作『怚怚』，校改作『怛怛』，按寫本中『旦』『且』形近易混，此據《十三經注疏》逕釋。

〔二三七〕『出』，《敦煌〈毛詩音〉殘卷反切の研究（上）》釋作『茁』，《敦煌〈毛詩音〉殘卷反切の研究（中の一）》校補作『土』。

〔二三八〕『徐』，上文『亢』下似有殘字，《敦煌〈毛詩音〉殘卷反切の研究（上）》《敦煌經部文獻合集》均以爲無字，《敦煌〈毛詩音〉殘卷反切の研究（中の一）》校補作『徐』，從之。

〔二三九〕『幢』，《敦煌經部文獻合集》釋作『憧』。

〔二四〇〕『世』，《敦煌〈毛詩音〉殘卷反切の研究（上）》釋作『徐』，校改作『世』，按此處有倒乙符號，不必校改。下文『徐』字不另出校。

〔二四一〕『与』，《敦煌〈毛詩音〉殘卷反切の研究（上）》釋作『吕』，誤。

〔二四二〕『准准』，當作『唯唯』，據《十三經注疏》改；『食』，《敦煌經部文獻合集》疑爲『養』之誤。

〔二四三〕『回踰』，當作『曲踰』，《敦煌〈毛詩音〉殘卷反切の研究（上）》據文義校改。

〔二四四〕『吉』，當作『苦』，《敦煌〈毛詩音〉殘卷反切の研究（上）》據文義校改。

〔二四五〕『捶』，當作『垂』，據《十三經注疏》改。

〔二四六〕『子』，當作『字』，據文義改。

〔二四七〕『□』，《敦煌〈毛詩音〉殘卷反切の研究（中の一）》校補作『讀』。

〔二四八〕『閶』，當作『闓』，《敦煌〈毛詩音〉殘卷反切の研究（上）》據文義校改；『闑』，當作『圛』，據文義改，《敦煌經部文獻合集》認爲『闑』爲『圛』之類化俗字。

〔二四九〕『羊』，《敦煌〈毛詩音〉殘卷反切の研究（上）》疑爲『糞』之誤。

〔二五〇〕『滔滔』，《敦煌經部文獻合集》釋作『淊淊』，校改作『滔滔』；『土』，《敦煌〈毛詩音〉殘卷反切の研究（上）》釋作『士』，校改作『土』，誤。

〔二五一〕Дx一三六六始於此句。『皮』，《敦煌〈毛詩音〉殘卷反切の研究（中の一）》疑爲『彼』之誤。

〔二五二〕『逼』，《敦煌〈毛詩音〉殘卷反切の研究（中の一）》疑作『邁』，校改作『逼』。

〔二五三〕『羊』，《敦煌〈毛詩音〉殘卷反切の研究（上）》疑作『祥』。

〔二五四〕『允』，《敦煌〈毛詩音〉殘卷反切の研究（上）》釋作『元』，校改作『兗』，誤。

〔二五五〕『瓜患』，《敦煌〈毛詩音〉殘卷反切の研究（中の一）》據文義校補。

〔二五六〕『屨』，當作『履』，據《十三經注疏》改。

〔二五七〕『買』，當作『賣』，《敦煌經部文獻合集》據文義校改。

〔二五八〕『促』，《敦煌〈毛詩音〉殘卷反切の研究（上）》釋作『從』，校改作『促』。

〔二五九〕『□』，《敦煌〈毛詩音〉殘卷反切の研究（中の一）》疑作『銜』。

〔二六〇〕『纖纖』，《敦煌〈毛詩音〉殘卷反切の研究（中の一）》釋作『□□』；『□』，《敦煌〈毛詩音〉殘卷反切の研究（中の一）》疑作『廉』。

〔二六一〕『要』，據殘筆劃及《十三經注疏》補。

〔二六二〕『僻』，《敦煌〈毛詩音〉殘卷反切の研究（上）》校改作『辟』，誤。

〔二六三〕『廉』，《敦煌〈毛詩音〉殘卷反切の研究（中の一）》據文義校補。

〔二六四〕『其』，據殘筆劃及《十三經注疏》補；『忌』，據殘筆劃補。

〔二六五〕『遁』，《敦煌〈毛詩音〉殘卷反切の研究（上）》校改作『盾』；『俱』，《敦煌〈毛詩音〉殘卷反切の研究（上）》校改作『損』。

〔二六六〕『照』，《敦煌〈毛詩音〉殘卷反切の研究（上）》校改作『昭』；『柘』，當作『招』，《敦煌經部文獻合集》據文義校改，《敦煌〈毛詩音〉殘卷反切の研究（中の一）》逕釋作『招』。

〔二六七〕『詔』，當作『謡』，據《十三經注疏》改；『柘』，當作『招』，《敦煌經部文獻合集》據文義校改，《敦煌〈毛詩音〉殘卷反切の研究（中の一）》逕釋作『招』。

〔二六八〕『岾』，據殘筆劃及《十三經注疏》補。

〔二六九〕『貆』，據殘筆劃及《十三經注疏》補。

〔二七〇〕『瞻』，當作『贍』，《敦煌〈毛詩音〉殘卷反切の研究（中の一）》據文義校改。

〔二七一〕『古』，《敦煌〈毛詩音〉殘卷反切の研究（中の一）》據文義校補。

〔二七二〕『詠』，《敦煌〈毛詩音〉殘卷反切の研究（上）》據文義校補。

〔二七三〕『蟬』，當作『蟀』，據《十三經注疏》改，《敦煌〈毛詩音〉殘卷反切の研究（中の一）》逕釋作『蟀』。

〔二七四〕『失』，當作『生』，《敦煌〈毛詩音〉殘卷反切の研究（中の一）》據文義校改，《敦煌經部文獻合集》逕釋作『生』。

〔二七五〕『太』，《敦煌經部文獻合集》據文義校補，《敦煌〈毛詩音〉殘卷反切の研究（中の一）》疑作『大』；『賀』，《敦煌經部文獻合集》據文義校補。

〔二七六〕『□』，《敦煌〈毛詩音〉殘卷反切の研究（上）》校補作『恭』。

〔二七七〕『莵』，《敦煌〈毛詩音〉殘卷反切の研究（中の一）》據文義校補；第一個『□』，《敦煌〈毛詩音〉殘卷反切の研究（中の一）》校補作『威』。

〔二七八〕『愉』，《敦煌〈毛詩音〉殘卷反切の研究（上）》據文義校補。

〔二七九〕『□』，《敦煌〈毛詩音〉殘卷反切の研究（上）》校補作『栲』。

〔二八〇〕『杻』，《敦煌〈毛詩音〉殘卷反切の研究（上）》據文義校補。

〔二八一〕『檍』，《敦煌〈毛詩音〉殘卷反切の研究（上）》據文義校補。

〔二八二〕『掃』，《敦煌經部文獻合集》據文義校補，《敦煌〈毛詩音〉殘卷反切の研究（上）》釋作『埽』，《敦煌經部文獻合集》認爲此件凡『埽』皆寫作『掃』。

〔二八三〕『生』，《敦煌〈毛詩音〉殘卷反切の研究（中の一）》據文義校補。以下爲Дх一三六六。

〔二八四〕『付』，據殘筆劃補，《敦煌〈毛詩音〉殘卷反切の研究（中の一）》逕釋；『□』，《敦煌〈毛詩音〉殘卷反切の研究（中の一）》疑作『武』。

〔二八五〕「純」，《敦煌〈毛詩音〉殘卷反切の研究（中の一）》據文義校補。

〔二八六〕「粼粼」，《敦煌經部文獻合集》據文義校補。

〔二八七〕「蕃」，《敦煌〈毛詩音〉殘卷反切の研究（中の一）》釋作「藩」。

〔二八八〕「綢」，《敦煌〈毛詩音〉殘卷反切の研究（中の一）》據文義校補。

〔二八九〕「覯」，《敦煌〈毛詩音〉殘卷反切の研究（中の一）》據文義校補。

〔二九〇〕「并」，《敦煌〈毛詩音〉殘卷反切の研究（中の一）》據文義校補。

〔二九一〕第二個「□」，《敦煌〈毛詩音〉殘卷反切の研究（中の一）》疑作「盈」。

〔二九二〕「褎」，《敦煌〈毛詩音〉殘卷反切の研究（中の一）》據文義校補。

〔二九三〕「鴟」，當作「鴞」，據《十三經注疏》改，《敦煌〈毛詩音〉殘卷反切の研究（中の一）》逕釋作「鴞」。

〔二九四〕「盰」，《敦煌〈毛詩音〉殘卷反切の研究（中の一）》疑爲「暉」之誤。

〔二九五〕「詳」，《敦煌經部文獻合集》據文義校補。

〔二九六〕「辟」，《敦煌〈毛詩音〉殘卷反切の研究（中の一）》據文義校補；「□」，《敦煌〈毛詩音〉殘卷反切の研究（中の一）》疑作「疋」。

〔二九七〕「謗」，據殘筆劃及《十三經注疏》補，《敦煌〈毛詩音〉殘卷反切の研究（中の一）》逕釋。

〔二九八〕「菅」，《敦煌〈毛詩音〉殘卷反切の研究（中の一）》釋作「管」，校改作「菅」。

〔二九九〕「第十一」，據殘筆劃及《十三經注疏》補。

〔三〇〇〕第一個「□」，《敦煌〈毛詩音〉殘卷反切の研究（中の一）》校補作「耋」；「庭」，《敦煌經部文獻合集》釋作「途」。

〔三〇一〕「驖」，《敦煌〈毛詩音〉殘卷反切の研究（中の一）》據文義校補。

〔三〇二〕『位』，《敦煌〈毛詩音〉殘卷反切の研究（中の一）》據文義校補。

參考文獻

《北海道大學文學部紀要》一四號第三分册，一九六六年，三七至一二九頁（録）；《敦煌詩經卷子研究論文集》，香港：新亞研究所，一九七〇年，七七至一三二頁（録）；《東洋文化研究所紀要》七八册，一九七九年，一六至二二頁；《敦煌古籍叙録》，北京：中華書局，一九七九年，四三至四四頁；《十三經注疏》，北京：中華書局，一九八〇年，二六九至三六八頁；《敦煌寶藏》二三册，臺北：新文豐出版公司，一九八二年，五七七至五八〇頁（圖）；《文獻》一九八三年三期，三二至三四頁；《古漢語研究》一九九〇年三期，二頁；《英藏敦煌文獻》四卷，成都：四川人民出版社，一九九一年，二三〇至二二五頁（圖）；《俄藏敦煌文獻》八册，上海古籍出版社，一九九七年，一一九頁（圖）；《曉傳書齋集》，上海：華東師範大學出版社，一九九七年，八一頁；《中國敦煌學百年文庫·文獻卷（二）》，蘭州：甘肅文化出版社，一九九九年，四一一頁；《敦煌經部文獻合集》九册，北京：中華書局，二〇〇八年，四四九八至四五五八頁（録）。

Дх一三六六背+斯二七二九背　一　懸象西秦五州占

釋文

（前缺）

下有青〔一〕，上赤如魚鱗〔二〕，秋七月所出方合〔三〕，□

正月午日〔四〕，有雲如星或杯椀〔五〕，白色流散臨城不定〔六〕，□人合流散〔七〕，粟

貴，離心離德。

正月未日〔八〕，□不出六十日〔九〕，城中下人謀上，四月中旬災起〔一〇〕，□

如張弓駑（弩）之〔狀〕〔一一〕，秋九月末，注大兵至及慎之十一月〔一二〕。□

在城四面〔一三〕，城破破邑危之像〔一四〕。

正月戌日〔一五〕，□此猛將之氣臨城〔一六〕。冬十月，猛將鋭兵主大將願出兵於

城外〔一七〕，□

正月亥日〔一八〕，有〔雲〕上氣有氣〔一九〕，黄中有赤色臨城〔二〇〕，此爲伏屍將之氣〔二一〕，□

大將須貯糧存信〔二二〕，以恩恤下，得免其患〔二三〕。□

注外國兵罰城〔二四〕，人流亡〔二五〕，大將取本分符□〔二六〕

冬季月煞萬人死〔二七〕，來年粟貴，飢凍〔二八〕，□

寅日暝者，注水灌酒泉，南蕃攻圍〔二九〕，□

卯日暝者，大風逆雨，注晉昌夏四月中旬〔三〇〕，□秋孟月有圍城壞邑〔三一〕，城人

大將用賢良〔三二〕，大吉〔三三〕。□

相煞亂起〔三四〕，大將須舉賢用能〔三五〕，吉。□

自立徐氏爲主〔三六〕，夏孟月有微（徵）〔三七〕。

午日暝者〔三八〕，/注西秦秋七月下旬萬人死/〔三九〕，/相煞/〔四〇〕，/大將符/禳之大

吉〔四一〕。

未日暝者，注酒泉夏四/月/〔四二〕，/自立張/〔四三〕、/梁氏爲主/，/外國兵臨城/，/煞萬/

人，牛馬死，大將召賢良〔四四〕，吉〔四五〕。

申日瞑/者/〔四六〕，/敦煌春仲月上旬/〔四七〕，/城中人自反相煞/，/立周/氏爲主〔四八〕，後得定矣也〔四九〕。

酉日瞑者〔五〇〕，/張掖冬仲月/〔五一〕，/注得外國財入城邑/〔五二〕，/先吉後凶/，危城壞邑也〔五三〕。

亥日瞑者〔五四〕，金山崩〔五五〕，注/酒泉煞將自亂/〔五六〕，/禍起/。/秋季月兵來/〔五七〕，/慎之/〔五八〕。

戌日瞑者，大風、旱〔五九〕，注武威至流沙向西〔六〇〕，/英雄白（自）起/〔六一〕，/亦無君臣/〔六二〕。/秋九月有禍起從/所分〔六三〕，慎之。

西秦日鬪占〔六四〕。

正月同上〔六五〕。

/子日鬪/〔六六〕，/注四郡起（趙）氏欲爲主/〔六七〕，/人民相煞/，/城/人大驚恐〔六八〕，大惡〔六九〕。

丑日鬪者，四郡粟/麥貴/〔七〇〕，/有外兵來至我邑/〔七一〕，/城人流亡/。/九月下/旬，女有血流之像〔七二〕，大將慎之〔七三〕。

Дх一三六六背＋斯二七二九背

寅日/鬬/者/〔七四〕，/注敦煌吕/〔七五〕、/劉/〔七六〕、/王自立爲主/，/〔亂〕〔者〕千人/〔七七〕，/煞/將亡士〔七八〕，冬孟月合流血〔七九〕。

卯日鬬者〔八〇〕，/注晉〔昌〕王/〔八一〕、/郎/〔八二〕、/季氏自立爲主/〔八三〕，/其年夏四/月中旬，臣煞君〔八四〕，外國兵至城〔八五〕。

辰日/鬬者/〔八六〕，/注敦煌白衣自立爲主/，/亂者千人/〔八七〕，煞將亡士，不出其春季月〔八八〕。

巳日鬬者〔八九〕，注/李/〔九〇〕、/宋/〔九一〕、/王氏欲爲主/〔九二〕，/亂者萬人/，/下人煞上/〔九三〕，不出夏季〔月〕中旬〔九四〕。

午日鬬者，劉氏/伐伐周於君/〔九五〕，/敦煌夏仲月臣罰君/〔九六〕，/下人/謀上〔九七〕。

未日鬬者，酒泉崔氏欲立/爲主/〔九八〕，/注城人相煞/〔九九〕，/反者二百人/〔一〇〇〕，/不出其年春/季月上旬〔一〇一〕。

申日鬬者，注晉昌張、衛〔一〇二〕、/吕氏白衣爲主/〔一〇三〕，/不出秋八月上旬/〔一〇四〕、/中旬/〔一〇五〕，/反/者五百人死。

酉日鬬者，王〔一〇六〕、宋氏欲立/爲王侯/〔一〇七〕，/下謀上/，/欲煞者百人/〔一〇八〕，/不出冬/季月〔一〇九〕。

戌日鬬者，注敦煌自立白衣爲主〔一一〇〕，不歸帝位五年〔一一一〕，死者萬人，不出夏季月〔一一二〕。

亥日鬬者，武威〔一一三〕、西秦至流沙〔一一四〕，十年不歸帝位，自立侯王〔一一五〕，反者二百人死，不出其年春四月〔一一六〕。

〔酉〕〔秦〕〔日〕〔食〕〔占〕〔一一七〕

子日食〔一一八〕，西秦四州自立白衣爲主〔一一九〕，不歸帝〔位〕〔一二〇〕，吉〔一二一〕；歸其位〔一二二〕，即令萬人死牛馬〔一二三〕，貴粟帛，相煞〔一二四〕。

丑日食〔一二五〕，酒泉〔一二六〕、晉昌粟不熟〔一二七〕。秋仲月，有〔外〕國兵來至城〔一二八〕，慎之〔一二九〕。

寅日食〔一三〇〕，注敦煌一州猛獸食人民〔一三一〕，注七月鋭兵猛將至城相罰〔一三二〕，詐言好心和，後有相煞之意〔一三三〕，有陰謀之事。

卯日食〔一三四〕，旱〔一三五〕，注酒泉人不識其親〔一三六〕，主（臣）不識敬其君〔一三七〕，子不敬父〔一三八〕，共相魚肉十年〔一三九〕，十羊九牧，上下不相歸順〔一四〇〕。秋孟月〔一四一〕，必壞城破邑〔一四二〕。

辰日食〔一四三〕，注晉昌有外國兵詐言降和〔一四四〕，煞人相（損）畜〔一四五〕。

巳日食〔一四六〕，注敦煌注七月外國兵内人與外通〔一四七〕，應者細作人〔一四八〕，危城破邑〔一四九〕。

午日食〔一五〇〕，注張掖〔一五一〕、武威春孟月〔一五二〕，注萬人死，白衣自爲主〔一五三〕，外蕃憑陵〔一五四〕，食粟少〔一五五〕，食肉多〔一五六〕。

申日食〔一五七〕，敦煌二千石死〔一五八〕，下人煞主〔一五九〕，萬人流血〔一六〇〕，不相歸從，反逆〔一六一〕，粟主三年爲定〔一六二〕。

酉日食〔一六三〕，酒泉注秋七月下旬〔一六四〕，城人煞將自亂〔一六五〕，不過廿日及（乃）定〔一六六〕。

戌日食〔一六七〕，晉昌秋七月，外國兵來〔一六八〕，不須出兵野戰〔一六九〕，注煞將亡士〔一七〇〕，用賢良言〔一七一〕，大吉。

亥日食〔一七二〕，酒泉秋八月〔一七三〕，外國兵來，先憂後喜，二千石舉賢用能〔一七四〕，大吉利〔一七五〕。

未日食〔一七六〕，酒泉〔一七七〕、晉昌外國兵和使往來〔一七八〕，後有陰謀之事〔一七九〕。

懸象占西秦日耳法第廿七〔一八〇〕

正月子日，左右有耳，臣煞其君〔一八一〕，注武威秋八月功（攻）圍〔一八二〕，人心離異，異不相同〔一八三〕，破（城）城（破）邑空〔一八四〕，五年大亂，人民失叙，大將須左右良（惟）惟（良）賢〔一八五〕。

二月日耳，並出，注張掖春三月〔一八六〕，城人〔相〕〔煞〕〔一八七〕，大將不得用佞臣之言〔一八八〕。

三月日耳，右出左無，秋八月佞臣謀上〔一八九〕，君臣相煞〔一九〇〕，酒泉分〔一九一〕。

四月日耳，左有右無，注敦煌二千石欲謀反〔一九二〕，得城〔一九三〕。至十月事發，萬人相突〔一九四〕，視死如歸〔一九五〕，英雄五年平矣〔一九六〕。

五月日耳，注秋八月、冬十一月煞將，下人謀上，外國侵城得地〔一九七〕，生（注）張掖大將野營〔一九八〕，校旗陣兵〔一九九〕，在外禳（禳）之即解〔二〇〇〕，大吉利〔二〇一〕。

六月日耳，右邊出右（左）無〔二〇二〕，注酒泉夏四月邊兵驚〔二〇三〕、城人憂，盡哭悲之象，將須行令罰〔二〇四〕、教練士卒〔二〇五〕、貯糧〔二〇六〕，大吉利〔二〇七〕。

七月日耳〔二〇八〕，左右盡有，注張掖合城憂哀恐驚〔二〇九〕，不出半年有兵〔二一〇〕。

八月日耳，注酒泉易君主〔二一一〕，君臣相煞，不出一年内，大將須用忠直，去佞邪，吉利〔二一二〕。

九月日耳，上下有，注晉昌、敦煌半年内舉兵罰外國，合得地，先喜後憂〔二一三〕，大將須嚴令，吉。

十月日耳，左右有耳〔二一四〕，注酒泉人民飢死〔二一五〕，失地之（亡）邑〔二一六〕，蟲食根莖〔二一七〕，甚惡，大將須何（阿）諫者併信義存〔二一八〕，無患，大吉利〔二一九〕。

十一月日耳，注武威萬人相煞〔二二〇〕，流血滿川，不出當年，大將納忠良言〔二二一〕，逐佞人去〔二二二〕，大吉利〔二二三〕。

十二月日耳者〔二二四〕，注敦煌〔二二五〕、晉昌臣謀其君自立王〔二二六〕，不出一年内。

西秦日暈占第廿九〔二二七〕

正月日暈〔二二八〕，有赤色，酒泉馬可乞得〔二二九〕，外國兵來，穀不成，麥貴，人飢死者月（有）半〔二三〇〕。大將須絶姦佞臣，賢良之者用之左右〔二三一〕，大吉利〔二三二〕。

二月日暈，晉昌、敦煌注吕（臣）稱其君〔二三三〕，下人謀上〔二三四〕，且得成事，以爲一國人民昌樂〔二三五〕，三年乃定〔二三六〕。

三月日暈半絶者〔二三七〕，注秋七月酒泉失地〔二三八〕，大將酒（須）謹守之〔二三九〕，大吉〔二四〇〕。

四月日暈，有重暈二重者〔二四一〕，注西秦四州自立〔二四二〕，其〔主〕始定〔二四三〕，未立其君〔二四四〕，人民流亡，臣煞其君，粟貴，蟲霜不熟〔二四五〕，人民自食其肉〔二四六〕。

五月日暈二重者〔二四七〕，注西秦二州城破邑危〔二四八〕，萬人流亡〔二四九〕，不出一年內〔二五〇〕。

六月日暈匝者〔二五一〕，注敦煌秋七月〔二五二〕，合遠有恩赦，不出半年內〔二五三〕。

七月日暈，注西秦四州合，別立其主，不歸京師，百姓粟[熟]〔二五四〕，注五年大熟〔二五五〕，麥賤如土〔二五六〕。

九月日暈，注武威不出半年合〔二五七〕，注兵革起，胡人作逆〔二五八〕，陰令逆行〔二五九〕，地動血流，征罰不絕，橫屍散骨〔二六〇〕。

十月日暈，一抱一⿱人月（背）〔二六一〕，注張掖〔二六二〕、酒泉二千石不用法度，曲令不〔從〕〔二六三〕。

十一月日暈，注西秦四州分〔二六四〕，注臣煞其君〔二六五〕，父煞其子〔二六六〕，骨肉相爭，不歸法令，蟲食粟麥〔二六七〕，逆紀（亂）人死〔二六八〕。

十二月日暈，注酒泉〔二六九〕、敦煌〔二七〇〕、晉昌穀貴〔二七一〕，蟲食苗〔二七二〕，米至千錢已上〔二七三〕，牛貴馬賤〔二七四〕。

旬〔二七五〕

正月白虹開（關）日〔二七六〕，注酒泉白衣立其君〔二七七〕。夏四月〔二七八〕，外國兵來，煞人害畜，粟貴奴婢賤，人民流亡，二千石須用忠直賢良〔二七九〕。

旬

二月虹開（關）日〔二八〇〕，注晉昌冬仲月〔二八一〕，旬下人欲相煞其君〔二八二〕，因有亂逆起〔二八三〕，失地亡邑，大將謹守之〔二八四〕。

旬

三月開（關）日〔二八五〕，立光，人民自立，佞臣謀，君（煞）煞（君）〔二八六〕。酒泉夏仲月〔二八七〕，二千石須謹守法度〔二八八〕，大吉。

旬

四月開（關）日〔二八九〕，酒泉、晉昌，君謀其忠臣。春三月，城人自亂〔二九〇〕，不相歸順〔二九一〕，粟貴，人民相食，二千石用賢良之言〔二九二〕，大吉〔二九三〕。

旬〔二九四〕

五月開（關）〔日〕〔二九五〕，君煞忠臣，注敦煌人民流血亡〔二九六〕。秋八月，外國兵相征罰，〔二〕千石去佞人〔二九七〕，用忠良人言〔二九八〕，大吉。

旬〔二九九〕

六月開（關）〔日〕〔三〇〇〕，晉昌臣煞其君〔三〇一〕，粟麥貴〔三〇二〕，上下無義〔三〇三〕，禮樂失叙〔三〇四〕，不歸順〔三〇五〕。冬季月失地亡邑，二千石用賢所誅（謀）〔三〇六〕，吉。

旬〔三〇七〕

七月日開（關）〔三〇八〕，注武威〔三〇九〕、張掖〔三一〇〕、酒泉聚樂（衆）萬人欲謀事〔三一一〕，煞其君〔三一二〕，二千石須謹守法度，用賢良之言〔三一三〕。

旬〔三一四〕

八月日開（關）〔三一五〕，注武威、張掖一州臣煞其君〔三一六〕，萬人聚衆〔三一七〕，白衣自立侯主〔三一八〕。夏四三月事發〔三一九〕，亂不過五四即定〔三二〇〕，二千石須依法度理人〔三二一〕，大吉利〔三二二〕。

旬〔三二三〕

九月日開（關）〔三二四〕，酒泉、晉昌下人自立其君，煞主，粟貴，人民相食，牛馬食土〔三二五〕，二千石用賢良左右，勿使小人、佞者，大吉利〔三二六〕。

旬〔三二七〕

十月〔日〕開（關）〔三二八〕，注秋九月敦煌〔三二九〕、晉昌妖言起，自立其君〔三三〇〕，便作天子。二年爲定〔三三一〕，粟賤如土，二千石出粟帛，乞忠良之者，大吉利〔三三二〕。

旬〔三三三〕

十一月日開（關）〔三三四〕，注秋九月敦煌〔三三五〕、晉昌自立侯王〔三三六〕，人民流亡，兵起，亂臣煞君，二千石左右須用謀事之言〔三三七〕，大吉〔三三八〕。

旬〔三三九〕

十二月日開（關）〔三四〇〕，注秋武威、張掖臣煞其君〔三四一〕，改立易臣，外國兵罰城，失地亡邑〔三四二〕，二千石勿使愚者。

占月光不明第廿三〔三四三〕

正月不明，注武威〔三四四〕、張掖兵起〔三四五〕，遠期半年。

二月不明，注酒泉〔三四六〕、晉昌多陰謀〔三四七〕，大旱，人民飢，萬人死，兵起，期一年。

三月不明，注敦煌多陰謀事，火燒人民，粟貴，須慎火災〔三四八〕，期三個月〔三四九〕。

四月不明，多陰謀〔三五〇〕，注敦煌〔三五一〕、酒泉、晉昌三州蝗蟲食粟麥根莖，一年兵起，大將須用忠直賢良〔三五二〕，大吉〔三五三〕。

五月不明，多風雨，不順，賊起西秦五州，期半年，兵甲動，煞人流血，萬人死，人馬食土，甚惡。

六月不明，多陰，注酒泉六畜貴，城邑危，國空，人民作怨煞將〔三五四〕，下人謀士（上）〔三五五〕，一年内城，注須普恩惠德〔三五六〕。

七月不明，〔多〕陰者〔三五七〕，注晉昌、敦煌自立侯王，期五年定，粟麥賤如土，人民昌樂吉慶之事〔三五八〕。

八月不明，多陰，注酒泉邊兵起，城人被人煞之有半〔三五九〕，米麥貴，六畜難得，秋七月失地人亡。

九月不明，多陰者〔三六〇〕，冬十月注酒泉移邑位，衆人自立其主〔三六一〕，衆惡之〔三六二〕。

十月不明，注武威人民自立白衣爲主，萬人死，期半半年〔三六三〕。

十一月不明，多陰，注晉昌、敦煌自立，不從京師 天子，自立王，本方五年得定。

十二月不明，武威、張掖〔三六四〕、酒泉萬人煞上，兵甲起，失城亡邑〔三六五〕。

武威熒惑□

酒泉鎮星〔三六六〕□

張掖太白〔三六七〕□

晉昌辰星□

敦煌歲星□

此符，所有日月食、暈、耳、鬬及暝〔三六八〕、開（闢）〔三六九〕、雲起（氣）〔三七〇〕、臨城、惡災怪〔三七一〕，占知（之）者即須用五星符〔三七二〕。朱書桃木，長七寸〔三七三〕，書此符安置四城門

Дх一三六六背＋斯二七二九背

厭穰（禳）〔三七四〕。大將須清齋沐浴，著新淨衣服〔三七五〕，手自執符，丁（釘）在四門上〔三七六〕，入土二寸〔三七七〕。呪：我是所由，專守此城〔三七八〕，城中蒼生〔三七九〕，我視之如赤子。我今占見日月暈、食及惡氣色，注我城中流亡，辰（晨）夕憂惶〔三八〇〕，寢食不安。伏願天之五星〔三八一〕，我今知子各攝其氣惡〔三八二〕，我自修善，轉禍爲福〔三八三〕。呪訖，大將須三七日用良賢〔三八四〕，召忠取義〔三八五〕，布恩恤下，矜孤敏（愍）窮〔三八六〕，思下士如渴〔三八七〕。用此事穰（禳）之事〔三八八〕，有災亂便自消滅〔三八九〕，更不〔爲〕災〔三九〇〕。此法不令愚〔人〕見〔三九一〕，萬金不傳於〔惡〕人〔三九二〕，秘之，出（不）傳之〔三九三〕。

説明

此卷由Дх一三六六背和斯二七二九背綴合而成，兩件綴合後首缺尾殘，包括『懸象西秦五州占』和『太史雜占曆』兩個部分的内容。從筆跡看，兩件乃同一人所書。據卷末『大蕃國庚辰年』題記，此卷抄寫時間當在吐蕃管轄敦煌時期，『庚辰年』相當於唐德宗貞元六年（公元八〇〇年），而其編寫時間可能在安史之亂至吐蕃攻占河西地區前後（參看鄧文寬、劉樂賢《敦煌天文氣象占寫本概述》，《敦煌吐魯番研究》九卷，四一八頁）。

此件首缺尾全，其中Дх一三六六背起『上有青』，訖『午日暝者』；斯二七二九背起『注西秦秋七月下旬萬人死』，訖『出（不）傳之』。『懸象』，或作『玄像』『玄象』，意思是指天象；

『西秦五州』是指當時的敦煌、酒泉、晉昌、張掖、武威五郡（參看《敦煌天文氣象占寫本概述》，四一六頁）。趙貞認爲『懸象西秦五州占』似乎是當時一種比較實用的占星手册，很可能主要流行於中唐以後的河西地區（參看《敦煌遺書中的唐代星占著作：〈西秦五州占〉》，《文獻》二〇〇四年一期，五八頁）。劉永明認爲此件中五星符具有道教色彩，它反映了吐蕃時期敦煌道教發展的另一種歷史背景，即在占卜活動掩蓋之下的敦煌道教，具有明顯的反抗吐蕃統治的色彩（參看《斯二七二九背〈懸象占〉與蕃占時期的敦煌道教》，《敦煌學輯刊》一九九七年一期，一〇三至一〇八頁）。

現知敦煌文獻中保存的同類文獻尚有：伯三二八八（附伯三五五五）首尾完整，起首題『玄像西秦五州占第廿二』，訖『女法違嫁』，內容與此件基本相同，可以肯定是抄自同一寫本，伯三二八八可能是經過整理的文本，年代要晚於此件（參看黄正建《敦煌占卜文書與唐五代占卜研究》，四五頁；增訂版，三九頁）；伯二六三二首缺尾全，尾題『手決一卷，咸通十二年八月廿五日於晉昌郡寫記』，説明該件是天文氣象占的實用性手册，該件尚有『占日傍氣』和『占風法』等內容；伯二九四一首殘尾缺，起『兵來至』，訖『後有陰謀之事』；斯五六一四首尾完整，册頁裝，保存『日暝占第卅六』『占西秦日鬬法第卅七』『占西秦日暈第卅九』，缺少『第卅八』即『占日耳法』的內容。但相同的內容在上述諸抄本中的標題和序號並不完全一致。『懸象西秦五州占』對於研究古代數術史和社會史具有重要價值，同時對推動唐末五代西北歷史地理的研究具有重要意義。

以上釋文以Дх一三六六背+斯二七二九背爲底本，用伯三二八八（稱其爲甲本）、伯二六三二（稱其爲乙本）、伯二九四一（稱其爲丙本）、斯五六一四（稱其爲丁本）參校。因兩件綴合處呈斜綫型，故有數行文字是由兩件文書綴合組成的。爲便於區分，在釋録綴合處的文字時，以標點爲單位，用『/』表示保存在斯二七二九背上的文字，即在兩個『/』之間的文字，是保存在斯二七二九背上的文字。

校記

〔一〕『下有』，據甲、乙本補；『青』，據殘筆劃及甲、乙本補。

〔二〕『上』，甲本同，乙本作『上有』；『魚』，據殘筆劃及甲、乙本補；『鱗』，據殘筆劃及甲本補，乙本作『獜』，『獜』爲『鱗』之借字。

〔三〕『秋』，據殘筆劃及甲、乙本補；『出方合』，據甲、乙本補。

〔四〕『正月』，據乙本補，甲本無。

〔五〕『杯』，甲本同，乙本作『如杯』。

〔六〕『臨城不定』，據甲、乙本補。

〔七〕『人合』，據甲、乙本補。

〔八〕『正月』，乙本同，甲本無。

〔九〕『不出』，據甲、乙本補；『六十』，據殘筆劃及甲、乙本補。

〔一〇〕『災起』，據甲、乙本補。

〔一一〕『如張弓』，據甲、乙本補；『駑』，乙本作『努』，當作『弩』，據甲本改，『駑』『努』均爲『弩』之借字；『狀』，甲、乙本亦脱，據文義補。

〔一二〕『大』，甲本同，乙本無；『慎』，據甲、乙本補；『之』，據甲本補，乙本無；『十一月』，據甲、乙本補。

〔一三〕『在』，據甲、乙本補。

〔一四〕第二個『破』，甲本同，乙本無，據文義係衍文，當删；『像』，甲本同，乙本作『象』，均可通。

〔一五〕『正』，乙本同，甲本無；『月』，據乙本補，甲本無；『戌日』，據甲、乙本補。

〔一六〕『此猛將』，據甲、乙本補。

〔一七〕『主』，甲本同，乙本作『至』；『將』，據殘筆劃及甲、乙本補；『願』，據甲、乙本補；『出兵於城外』，據甲本補。

〔一八〕『正月』，據乙本補，甲本無；『亥』，據甲、乙本補。

〔一九〕『雲』，甲本亦脱，據乙本補；第一個『氣』，甲、乙本無，據文義係衍文，當删。

〔二〇〕『臨』，甲、乙本作『下有黑色臨』。

〔二一〕『爲伏屍將』，據甲、乙本補；『之氣』，據甲本補。

〔二二〕『大將』，據甲、乙本補；『貯』，甲本同，乙本作『佇』，『佇』爲『貯』之借字。

〔二三〕『免』，據殘筆劃及甲、乙本補。

〔二四〕『城』，甲本同，丁本作『成』，『成』爲『城』之借字。丁本始於此條。

〔二五〕『人』，甲本同，丁本作『人兵起』。

〔二六〕『將』，甲本同，丁本作『將凶』；『符』，據殘筆劃及甲、丁本補。

〔二七〕『冬』，據殘筆劃及甲、乙、丁本補；『月』，甲、乙本同，丁本作『之月』。

〔二八〕『凍』，據殘筆劃及甲、丁本補。

〔二九〕『蕃』，甲、乙本同，丁本作『番』；『攻』，甲、丁本同，乙本作『功』，『功』爲『攻』之借字；『圍』，甲、丁本同，乙本作『團』，誤。

〔三〇〕『晉』，甲、乙本同，丁本脱；『中旬』，據甲、乙、丁本補。

〔三一〕「秋」，據甲、丁本補。

〔三二〕「良」，據殘筆劃及甲、丁本補。

〔三三〕「吉」，據甲、丁本補。

〔三四〕「相煞」，據殘筆劃及甲、乙、丁本補。

〔三五〕「須」，甲、丁本同，乙本無；「賢」，乙本同，甲本作「賢人」，丁本作「賢良」。

〔三六〕「自」，據甲、乙、丁本補；「立」，丁本亦脱，據甲、乙本補。

〔三七〕「夏」，甲、乙本同，丁本脱；「徵」，丁本同，當作「徵」，據甲、乙本改。

〔三八〕「者」，據殘筆劃及甲、乙、丁本補。

〔三九〕「注西秦秋七月下旬」，據殘筆劃及甲、乙、丁本補；「萬人死」，據甲、丁本補。斯二七二九背始於此句。

〔四〇〕「相煞」，據殘筆劃及甲、丁本補。

〔四一〕「符」，甲、丁本同，乙本作「用符」；「禳」，底本和甲本寫作「穰」，按寫本中「衣」「示」形近易混，故據文義逕釋，乙、丁本作「攘」，「攘」爲「禳」之借字，以下同，不另出校；「大」，甲、丁本同，乙本無。

〔四二〕「四」，據殘筆劃及甲、乙、丁本補。

〔四三〕「自」，甲、乙本同，丁本無。

〔四四〕「召」，甲、丁本同，乙本作「占」，誤。

〔四五〕「吉」，丁本無，甲、乙本作「大吉」。

〔四六〕「申日瞑」，據殘筆劃及甲、乙、丁本補。

〔四七〕「敦」，甲、丁本同，乙本作「注敦」；「煌」，乙、丁本同，甲本作「惶」，「惶」爲「煌」之借字。

〔四八〕「立」，甲、丁本同，乙本作「主」，誤。

〔四九〕『後得定矣也』，甲、丁本同，乙本無。
〔五〇〕『者』，據殘筆劃及甲、乙、丁本補。
〔五一〕『張』，據殘筆劃及甲、丁本補，乙本作『注張』；『掖』，乙、丁本同，甲本作『液』，『液』爲『掖』之借字。
〔五二〕『注』，甲、丁本同，乙本作『主』，『主』爲『注』之借字；『邑』，丁本同，甲、乙本無。
〔五三〕『危』，甲、乙本同，丁本作『起秋危』；『壞』，甲、乙本同，丁本無；『也』，甲本同，乙本無，丁本作『象也』。丁本此句後另有『秋季月兵大來，慎之，吉』。
〔五四〕『者』，據殘筆劃及甲、乙、丁本補。
〔五五〕『金』，甲、丁本同，乙本作『注金』；『山崩』，據甲、乙、丁本補。
〔五六〕『注』，據殘筆劃及甲、乙本補，丁本無。
〔五七〕『兵』，甲、丁本同，乙本作『大兵』；『來』，乙本同，甲、丁本作『大來』。
〔五八〕『亥日暝』至『慎之』，甲本同，據乙、丁本及文例，應置於『戌日暝』句後。
〔五九〕『旱』，丁本同，甲、乙本作『早』，誤。
〔六〇〕『向』，據殘筆劃及甲、乙、丁本補；『西』，據甲、乙本補，丁本作『西秦』。
〔六一〕『英』，乙本同，甲本作『莫』，丁本作『奠』，均誤；『白』，當作『自』，據甲、乙、丁本改。
〔六二〕『亦』，甲本同，丁本無，乙本作『立』，誤。
〔六三〕『從』，甲、乙、丁本作『於』。
〔六四〕『西秦日鬬占』，甲本作『占月鬬法』，乙本作『占日鬬十二月十二日同占法』，丁本作『占西秦日鬬法第卅七』。
〔六五〕『正月』，乙本同，甲、丁本無；『同上』，甲、乙、丁本無。
〔六六〕『鬬』，甲、乙本同，丁本作『鬬者』。

〔六七〕『起』，甲本同，丁本脱，當作『趙』，據乙本改；『欲』，甲、乙本同，丁本作『欲上能』。

〔六八〕『大』，甲、乙、丁本無。

〔六九〕『惡』，甲本同，丁本作『吉』，誤。

〔七〇〕『四』，甲、乙本同，丁本作『注四』；『郡』，據殘筆劃及甲、乙、丁本補；『粟』，據甲、乙本補，丁本作『麥』；『麥』，據殘筆劃及甲、乙本補，丁本作『粟』。

〔七一〕『有』，甲、丁本同，乙本無；『來』，甲、乙、丙本同，丁本無；『邑』，甲、乙本同，丁本脱。丙本始於此句之『兵來至』。

〔七二〕『女』，甲、丁本同，乙本無；『有』，甲本同，乙、丁本作『必有』；『血流』，甲、乙本同，丁本作『流血』；『像』，甲本同，乙、丁本作『象』，均可通。

〔七三〕『慎』，丁本同，甲、乙、丙本作『須慎』；『之』，甲、丙、丁本同，乙本無。

〔七四〕『日鬪』，據殘筆劃及甲、乙、丙、丁本補。

〔七五〕『吕』，甲、丁本同，乙本作『臣』。

〔七六〕『劉』，甲、乙本同，丁本作『劉氏』。

〔七七〕『亂』，甲本亦脱，據丁本補；『者』，甲、丁本脱，據文義補。此句乙本作『千人亂』。

〔七八〕『亡』，甲、丙、丁本同，乙本無。

〔七九〕『流血』，甲、丙、丁本同，乙本作『血流』。

〔八〇〕『卯日鬪者』，據甲、乙、丙、丁本補。

〔八一〕『昌』，據甲、乙、丁本補。

〔八二〕『郎』，甲、乙本同，丁本作『郭』。

〔八三〕『季』，甲本同，乙、丁本作『李』；『爲』，乙、丁本同，甲本脱。
〔八四〕『君』，乙本同，甲、丁本作『其君』，丙本作『其臣』，誤。
〔八五〕『至城』，據殘筆劃及甲、乙、丙、丁本補。
〔八六〕『辰日』，據甲、乙、丁本補。
〔八七〕『亂』，甲、丙、丁本同，乙本無；『者』，甲、丙本同，丁本脱，乙本無；『人』，甲、丁本同，乙本作『人亂』，丙本作『千』，誤。
〔八八〕『其』，甲、丙本同，乙、丁本作『其年』。
〔八九〕『鬬者』，據甲、乙、丙、丁本補。
〔九〇〕『注』，乙、丙、丁本無，據殘筆劃及甲本補；『李』，甲、乙、丁本同，丙本作『季』。
〔九一〕『宋』，乙、丙、丁本同，甲本作『宗』。
〔九二〕『欲』，甲、乙、丙本同，丁本無。
〔九三〕『下』，甲、乙、丙本同，丁本無；『人』，丙本同，甲、乙、丁本無。
〔九四〕『不』，據甲、乙、丙、丁本補；『夏』，甲、乙、丙本同，丁本作『其年夏』；『季』，乙、丙、丁本同，甲本脱；『月』，甲本亦脱，據乙、丙、丁本補。
〔九五〕『劉』，丙、丁本同，甲本作『注劉』，乙本作『劉周』；第一個『伐』，甲、丁本同，乙、丙本作『代』，誤；第二個『伐』，甲本同，乙、丙、丁本無，據文義係衍文，當删；『周』，甲、丁本同，乙本無，丙本作『用』，誤；『於君』，甲、丙、丁本同，乙本作『君於』。
〔九六〕『敦』，甲、乙、丙本同，丁本作『注敦』；『夏』，甲、乙、丙本同，丁本作『卜』，『下』爲『夏』之借字；『臣』，甲、乙、丙本同，丁本脱；『罰』，甲、乙、丙本同，丁本作『伐』。

〔九七〕『謀』，據殘筆劃及甲、乙、丙、丁本補。

〔九八〕『酒』，乙、丙、丁本同，甲本作『注酒』；『爲』，據殘筆劃及甲、乙、丙、丁本補，按甲本原作『爲爲』，一在行末，另一在次行行首，屬於當時的一種提行添字例，第二個『爲』字應不讀；『主』，丁本同，甲、丙本作『主白衣爲王』，乙本作『主白衣爲主』。

〔九九〕『注』，甲、丙、丁本同，乙本無。

〔一〇〇〕『者』，甲、乙、丁本同，丙本無。

〔一〇一〕『季』，乙、丙、丁本同，甲本脱。

〔一〇二〕『衛』，據殘筆劃及乙、丙、丁本補，甲本作『氏』。

〔一〇三〕『吕氏』，乙、丙、丁本同，甲本無；『主』，甲、丙、丁本同，乙本作『王』。

〔一〇四〕『秋』，甲、乙本同，丙本無，丁本作『其年秋』；『旬』，甲、乙、丁本同，丙本無。

〔一〇五〕『中旬』，丙本同，甲、乙、丁本無。

〔一〇六〕『王』，乙、丙、丁本同，甲本作『注王』。

〔一〇七〕『宋』，甲、乙、丁本同，丙本無；『氏欲』，據甲、乙、丙、丁本補；『立』，據殘筆劃及甲本補，乙、丙、丁本無；『王侯』，甲、丙本同，乙本作『主王侯』，丁本作『侯王』。

〔一〇八〕『欲』，甲、乙、丙本無，丁本作『人』，誤。

〔一〇九〕『出』，甲、乙、丙本同，丁本作『出其年』；『季』，乙、丙、丁本同，甲本脱。

〔一一〇〕『注』，乙、丙、丁本同，甲本無；『主』，甲、乙、丙本同，丁本脱。

〔一一一〕『帝』，甲、乙、丙本同，丁本作『皇帝』。

〔一一二〕『出』，甲、丙本同，乙本作『出其年』，丁本作『出年』；『季』，乙、丙、丁本同，甲本脱。

〔一一三〕『武』，甲、乙、丙本同，丁本作『注武』。

〔一一四〕『秦』，甲、丙、丁本同，乙本無，據文義係衍文，當删；『至』，據殘筆劃及甲、乙、丁本補，丙本作『流至』，誤。

〔一一五〕『立』，甲、丙、丁本同，乙本脱。

〔一一六〕『年』，乙、丙、丁本同，甲本無。

〔一一七〕『西秦日食占』，據乙本補，甲本作『占日食法』，丙本作『西秦日食』，丁本作『占日蝕吉凶法第卅八』。

〔一一八〕『食』，據殘筆劃及甲、乙、丙本補，丁本作『食者』。

〔一一九〕『西』，據丙、丁本補，甲、乙本無；『秦』，據甲、丙、丁本補，乙本無；『自』，據殘筆劃及甲、乙、丙、丁本補；『衣』，甲、丙、丁本同，乙本作『衣人』。

〔一二〇〕『位』，甲、乙、丙本亦脱，據丁本補。

〔一二一〕『吉』，甲、乙、丙本同，丁本無。

〔一二二〕『歸』，甲、乙本同，丙本脱，丁本作『後歸』；『其』，甲、乙、丙本同，丁本作『帝』。

〔一二三〕『令』，甲、乙、丁本同，丙本作『合』。

〔一二四〕『相』，甲、乙、丙本同，丁本作『等人相』。

〔一二五〕『食』，甲、乙、丙本同，丁本作『食者』。

〔一二六〕『酒』，甲、乙、丙本同，丁本作『注酒』。

〔一二七〕『熟』，甲、丙、丁本同，乙本作『煞』，誤。

〔一二八〕『外』，甲、丙本亦脱，據乙、丁本補。

〔一二九〕『之』，甲、乙、丙本同，丁本作『之吉』。

〔一三〇〕『食』，甲、乙、丙本同，丁本作『食者』。

〔一三一〕『注』，甲、乙、丁本同，丙本無；『一』，乙、丙、丁本同，甲本無；『獸』，甲、丙、丁本同，乙本作『戰』，誤；『食』，乙本同，甲、丙、丁本作『食其』。

〔一三二〕『注』，甲、丙本同，乙本作『秋』，丁本作『主』，『主』爲『注』之借字；『鋭』，甲、乙、丙本同，丁本作『猛將鋭』，『猛將』係衍文，當刪；『猛』，甲、丙、丁本同，乙本作『孟』，『孟』爲『猛』之借字。

〔一三三〕『後』，甲、丙、丁本同，乙本作『復』；『有』，乙、丙、丁本同，甲本脱。

〔一三四〕『食』，甲、乙、丙本同，丁本作『食者』。

〔一三五〕『旱』，丁本同，甲本作『注旱』，乙、丙本作『早』，誤。

〔一三六〕『注』，乙、丙、丁本同，甲本無。

〔一三七〕『主』，甲、乙、丙本同，丁本作『注』，當作『臣』，據文義改；『不』，甲、乙、丁本同，丙本脱；『其』，甲、丙、丁本同，乙本無。

〔一三八〕『敬』，甲、乙本同，丙、丁本作『敬其』。

〔一三九〕『肉』，甲、丁本同，乙本作『害』，丙本作『兵』，均誤；『十年』，甲、丙、丁本同，乙本無。

〔一四〇〕『上下』，甲、乙、丁本同，丙本無；『不』，甲、乙、丙本同，丁本脱；『相』，甲、乙、丁本同，丙本作『識』。

〔一四一〕『秋』，甲、乙、丙本同，丁本作『至其年秋』。

〔一四二〕『破』，甲、乙、丁本同，丙本作『故』，誤。

〔一四三〕『食』，甲、丙本同，乙、丁本作『食者』。

〔一四四〕『有』，甲本同，丙本作『注五月有』，乙、丁本作『五月有』；『外』，乙、丙、丁本同，甲本脱；『兵』，甲、乙、丙本同，丁本脱；『言』，甲、乙、丁本同，丙本無。

〔一四五〕『人』，甲、乙、丙本同，丁本作『人相誘』；『相』，甲本同，丙本作『惧』，當作『損』，據乙、丁本改。

〔一四六〕『食』，甲、乙、丙本同，丁本作『食者』。

〔一四七〕第一個『注』，乙、丁本同，甲、丙本無；第二個『注』，甲、丙、丁本同，乙本無，據文義似係衍文，當刪；
『月』，甲、丙、丁本同，乙本作『月秋』；第一個『外』，甲、乙、丙本同，丁本無；『兵』，甲、乙、丙本
同，丁本無；『人』，甲、丙、丁本同，乙本無；第二個『外』，丙本同，甲、乙、丁本作『外人』。

〔一四八〕『者』，甲本同，乙、丙、丁本作『有』；『人』，甲、乙、丙本同，丁本無。

〔一四九〕『邑』，乙、丙、丁本同，甲本脱。

〔一五〇〕『食』，甲、乙、丙本同，丁本作『食者』。

〔一五一〕『掖』，乙、丁本同，甲、丙本作『液』，『液』爲『掖』之借字。

〔一五二〕『月』，甲、乙、丁本同，丙本脱。

〔一五三〕『自』，甲、丙本同，丁本無，乙本作『自立』。

〔一五四〕『外』，甲、丙、丁本同，乙本脱；『蕃』，甲、丙本同，乙、丁本作『番』，均可通；『憑』，甲、乙、丁本同，
丙本作『馮』，『馮』有『憑』義。

〔一五五〕『食』，甲、乙、丙本同，丁本作『蟲食』。

〔一五六〕『肉』，甲、乙、丁本同，丙本作『害』，誤。

〔一五七〕『食』，甲、乙、丙本同，丁本作『食者』。

〔一五八〕『敦』，甲、丙本同，乙、丁本作『注敦』；『死』，甲、丙、丁本同，乙本脱。

〔一五九〕『煞』，甲、乙、丙本同，丁本作『謀煞』；『主』，甲、乙、丙本同，丁本作『上主』。

〔一六〇〕「血」，甲、乙、丙、丁本作「亡」。
〔一六一〕「反」，甲、乙、丙本同，丁本作「返」，「返」爲「反」之借字。
〔一六二〕「粟」，甲、乙、丙本同，丁本無；「主」，甲本同，乙本無，丙、丁本作「注」。
〔一六三〕「食」，甲、乙、丙本同，丁本作「食者」。
〔一六四〕「秋」，甲、乙、丙本同，丁本無。
〔一六五〕「自亂」，據殘筆劃及甲、乙、丙、丁本補。
〔一六六〕「不」，據殘筆劃及甲、乙、丙、丁本補；「及」，甲本同，當作「乃」，據丙、丁本改，乙本作「爲」。
〔一六七〕「食」，甲、乙、丙本同，丁本作「食者」。
〔一六八〕「外」，甲本同，乙、丙、丁本作「有外」。
〔一六九〕「兵」，甲、乙、丁本同，丙本脱。
〔一七〇〕「注」，甲、乙、丙本同，丁本作「主」，「主」爲「注」之借字；「煞」，甲、乙、丙本同，丁本脱；「將亡士」，據甲、乙、丙、丁本補。
〔一七一〕「用」，甲、丙、丁本同，乙本作「因」，誤。
〔一七二〕「食」，甲、乙、丙本同，丁本作「食者」。
〔一七三〕「秋」，甲、乙、丙本同，丁本作「其年秋」。
〔一七四〕「石」，丙本亦脱，據甲、乙、丁本補；「用」，乙、丙、丁本同，甲本作「則」，誤。
〔一七五〕「利」，丙、丁本同，甲、乙本無。
〔一七六〕「未」，甲、乙、丁本同，丙本作「子」，誤；「食」，甲、乙、丙本同，丁本作「食者」。
〔一七七〕「酒」，甲、乙、丙本同，丁本作「注酒」。

〔一七八〕『昌』，甲、乙、丁本同，丙本脱；『和』，甲、乙、丙本同，丁本脱。

〔一七九〕『未日食』至『後有陰謀之事』，丙本同，據甲、乙、丁本及文例應置於『午日食』句後。丙本止於此句。

〔一八〇〕『懸象占西秦日耳法第廿七』，甲本作『懸象占日耳法』，乙本作『懸象占日暈耳法第廿七』。

〔一八一〕『其』，據殘筆劃及甲本補，乙本無。

〔一八二〕『注』，甲本同，乙本無；『功』，甲、乙本同，當作『攻』，據文義改，『功』爲『攻』之借字；『圍』，甲本同，乙本作『門』。

〔一八三〕『異』，甲本同，乙本無。

〔一八四〕『破城』，當作『城破』，據甲、乙本改。

〔一八五〕『良惟』，當作『惟良』，據甲、乙本改。

〔一八六〕『掖』，乙本同，甲本作『液』，『液』爲『掖』之借字。

〔一八七〕『相煞』，甲本亦脱，據乙本補。

〔一八八〕『佞臣』，據殘筆劃及甲、乙本補。

〔一八九〕『謀』，甲本同，乙本脱。

〔一九〇〕『臣』，甲本同，乙本作『自』，誤。

〔一九一〕『酒』，甲本同，乙本作『注酒』。

〔一九二〕『敦煌』，甲本同，乙本作『煌敦』，誤；『石』，乙本同，甲本作『人』。

〔一九三〕『城』，乙本同，甲本作『成』。

〔一九四〕『相』，甲本同，乙本脱。

〔一九五〕『如』，甲本同，乙本脱。

〔一九六〕「平」，乙本同，甲本作「半」，誤。
〔一九七〕「得地」，甲本同，乙本無。
〔一九八〕「生」，甲本同，當作「注」，據乙本改；「掖」，乙本同，甲本作「液」，「液」爲「掖」之借字。
〔一九九〕「旗」，甲本同，乙本作「期」，「期」爲「旗」之借字。
〔二〇〇〕「穰」，甲、乙本作「攘」，當作「禳」，據文義改，「穰」「攘」均爲「禳」之借字；「解」，乙本同，甲本脱。
〔二〇一〕「利」，甲、乙本無。
〔二〇二〕第一個「右」，甲本同，乙本作「左」；「邊」，甲本同，乙本無；第二個「右」，乙本同，當作「左」，據甲本改。
〔二〇三〕「注」，甲本同，乙本無；「邊」，乙本同，甲本無。
〔二〇四〕「將」，甲本同，乙本作「大將」；「令」，甲本同，乙本作「合」。
〔二〇五〕「練」，甲本作「鍊」，乙本作「諌」，誤；「卒」，甲本同，乙本作「率」，誤。
〔二〇六〕「貯」，甲本同，乙本作「佇」，「佇」爲「貯」之借字。
〔二〇七〕「利」，甲、乙本無。
〔二〇八〕「耳」，乙本同，甲本脱。
〔二〇九〕「掖」，乙本同，甲本作「液」，「液」爲「掖」之借字；「哀」，乙本同，甲本作「喪」，誤；「恐」，甲本同，乙本作「驚」；「驚」，甲本同，乙本作「恐」。
〔二一〇〕「出」，甲本同，乙本脱；「半」，乙本同，甲本脱。
〔二一一〕「君」，甲、乙本無。
〔二一二〕「利」，甲本同，乙本無。

〔二一三〕「憂」，甲本同，乙本脱。

〔二一四〕「有」，甲本同，乙本作「俱有」；「耳」，甲本同，乙本無。

〔二一五〕「注」，乙本同，甲本無。

〔二一六〕「之」，甲、乙本同，當作「亡」，據文義改。

〔二一七〕「根」，甲本同，乙本作「糧」，誤。

〔二一八〕「何」，甲本同，當作「阿」，據乙本改；「併」，乙本同，甲本作「得」；「存」，據殘筆劃及甲本補，乙本作「在」。

〔二一九〕「利」，甲本同，乙本無。

〔二二〇〕「注」，甲本同，乙本無。

〔二二一〕「納」，甲、乙本作「須納」；「良」，甲本同，乙本作「臣」。

〔二二二〕「逐」，甲本作「遂」，乙本作「逆」，均誤；「佞人去」，乙本同，甲本作「去佞人」。

〔二二三〕「利」，甲本同，乙本無。

〔二二四〕「者」，甲本同，乙本無。

〔二二五〕「注」，甲本同，乙本無。

〔二二六〕「王」，甲、乙本作「侯王」。

〔二二七〕此句甲本作「西秦占日暈法」，乙本作「日暈占」，丁本作「占西秦日暈第卌九」。

〔二二八〕「暈」，甲、丁本同，乙本作「暈者」。

〔二二九〕「得」，據殘筆劃及甲、乙、丁本補。

〔二三〇〕「月」，甲本同，丁本無，當作「有」，據乙本改。

〔二三一〕「賢」，甲、丁本同，乙本作「用賢」；「之者用之」，甲、丁本同，乙本無；「左」，甲、丁本同，乙本作「在左」。

〔二三二〕「利」，丁本同，甲、乙本無。

〔二三三〕「吕」，當作「臣」，據甲、乙、丁本改。

〔二三四〕「上」，甲、丁本同，乙本作「上人」。

〔二三五〕「以」，甲、乙本同，丁本作「如」；「昌」，甲、乙本同，丁本作「常」，「常」爲「昌」之借字。

〔二三六〕「乃」，甲、丁本同，乙本作「爲」。

〔二三七〕「者」，甲、乙本同，丁本無。

〔二三八〕「注」，甲、丁本同，乙本無。

〔二三九〕「酒」，當作「須」，據甲、乙、丁本改；「守」，甲、乙本同，丁本作「慎」。

〔二四〇〕「大」，甲、丁本同，乙本無；「吉」，乙本無，甲、丁本作「吉利」。

〔二四一〕「有」，甲本同，乙、丁本無；第一個「重」，甲、丁本同，乙本無；「量」，甲、乙、丁本無；「二」，甲、丁本同，乙本作「三」。

〔二四二〕「注」，甲本同，乙、丁本無。

〔二四三〕「主」，甲本亦脱，據乙、丁本補；「始」，甲、丁本同，乙本作「如」，誤。

〔二四四〕「立」，甲、丁本同，乙本作「至」，誤。

〔二四五〕「熟」，甲、乙本同，丁本作「成」。

〔二四六〕「其」，乙、丁本同，甲本脱。

〔二四七〕「者」，甲、丁本同，乙本無。

〔二四八〕『邑危』，甲、丁本同，乙本作『危邑』。

〔二四九〕『流』，甲、丁本同，乙本無。

〔二五〇〕『出』，甲、丁本同，乙本脱；『内』，甲、丁本同，乙本無。

〔二五一〕『者』，甲、乙本同，丁本無。

〔二五二〕『注』，甲、丁本同，乙本無；『秋』，甲、乙本同，丁本作『其年秋』。

〔二五三〕『内』，甲、丁本同，乙本無。

〔二五四〕『姓』，甲、乙本同，丁本作『姪五穀』；『熟』，據殘筆劃及甲、乙、丁本補。

〔二五五〕『注』，甲、乙本同，丁本無。

〔二五六〕『賤』，甲、乙本同，丁本脱。乙本此句後尚有『八月日暈』四字。

〔二五七〕『注』，甲、乙、丁本無；『武威不出半年合』，甲、乙、丁本作『不出半年武威合』。

〔二五八〕『逆』，甲、乙本同，丁本作『亂逆』。

〔二五九〕『令』，甲、丁本同，乙本作『合』。

〔二六〇〕丁本此句後尚有『遍於死野』四字。

〔二六一〕『⿱八月』，當作『背』，據甲、乙、丁本改。

〔二六二〕『掖』，乙、丁本同，甲本作『液』，『液』爲『掖』之借字。

〔二六三〕『不』，丁本同，甲、乙本脱；『從』，據丁本補，甲、乙本脱。

〔二六四〕『分』，甲、丁本作『亦』，乙本作『立』，均誤。

〔二六五〕『注』，甲、丁本同，乙本作『主』，『主』爲『注』之借字；『其』，甲、丁本同，乙本無；『君』，甲、乙本同，丁本脱。

〔二六六〕『其』，甲本同，乙、丁本無。
〔二六七〕『蟲』，甲、丁本同，乙本作『重』，『重』爲『蟲』之借字。
〔二六八〕『紀』，當作『亂』，據甲、乙、丁本改。丁本此句後尚有『飢盈衢路』四字。
〔二六九〕『酒泉』，甲、丁本同，乙本作『晉昌』。
〔二七〇〕『敦煌』，甲、丁本同，乙本作『酒泉』。
〔二七一〕『晉昌』，甲、丁本同，乙本作『敦煌』；『穀』，乙、丁本同，甲本作『粟』。
〔二七二〕『苗』，甲、丁本同，乙本作『田苗』。
〔二七三〕『已』，甲、丁本同，乙本作『錢』，誤。
〔二七四〕丁本止於此句。
〔二七五〕『旬』，乙本同，甲本作『占色氣法』。
〔二七六〕『開』，甲本同，當作『關』，據乙本改。
〔二七七〕『衣』，甲本同，乙本作『衣人』；『立』，甲本同，乙本作『自立』。
〔二七八〕『夏』，甲本同，乙本無；『月』，甲本同，乙本作『日』，誤。
〔二七九〕『千』，乙本同，甲本脱；『須』，甲本同，乙本無。
〔二八〇〕『開』，甲本同，當作『關』，據乙本改。
〔二八一〕『注』，甲、乙本無。
〔二八二〕『旬』，甲本無，乙本作『有』；『下』，甲本同，乙本無；『其』，甲本同，乙本無。
〔二八三〕『因』，甲本同，乙本作『國』。
〔二八四〕『之』，甲本同，乙本作『法』。乙本此句後尚有『大吉』二字。

〔二八五〕『月』，乙本同，甲本作『月虹』；『開』，甲本同，當作『闗』，據乙本改。
〔二八六〕『君煞』，甲、乙本同，當作『煞君』，據文義改。
〔二八七〕『酒』，甲、乙本作『注酒』。
〔二八八〕『度』，甲本同，乙本無。
〔二八九〕『月』，乙本同，甲本作『月虹』；『開』，甲本同，當作『闗』，據乙本改；『日』，甲本同，乙本脱。
〔二九〇〕『亂』，甲本同，乙本脱。
〔二九一〕『不』，甲本同，乙本脱。
〔二九二〕『之』，甲本同，乙本無。
〔二九三〕『大』，甲本同，乙本無。
〔二九四〕『旬』，甲本同，乙本無。
〔二九五〕『月』，乙本同，甲本作『月虹』；『開』，甲本同，當作『闗』，據乙本改；『日』，乙本亦脱，據甲本補。
〔二九六〕『血』，甲、乙本無，據文義係衍文，當删。
〔二九七〕『二』，甲、乙本亦脱，據文義補；『石』，乙本同，甲本作『人』，誤。
〔二九八〕『人』，甲本同，乙本無。
〔二九九〕『旬』，甲本同，乙本無。
〔三〇〇〕『開』，甲本同，當作『闗』，據乙本改；『日』，乙本亦脱，據甲本補。
〔三〇一〕『晉』，甲本同，乙本作『注晉』；『其』，甲本同，乙本無。
〔三〇二〕『麥』，甲、乙本無。
〔三〇三〕『義』，甲本同，乙本作『禮』，誤。

〔三〇四〕『禮』，甲本同，乙本作『義』，誤。
〔三〇五〕『歸』，甲本同，乙本作『相從』。
〔三〇六〕『石』，甲本同，乙本作『石須謹守法度』；『誅』，當作『謀』，據甲、乙本改。
〔三〇七〕『旬』，甲本同，乙本無。
〔三〇八〕『日』，甲本同，乙本脱；『開』，甲本同，當作『關』，據乙本改。
〔三〇九〕『注』，甲本同，乙本無。
〔三一〇〕『掖』，乙本同，甲本作『液』，『液』爲『掖』之借字。
〔三一一〕『泉』，甲、乙本作『泉晉昌』；『聚』，甲本同，乙本無；『樂』，甲本同，當作『衆』，據乙本改；『萬』，甲本同，乙本無。
〔三一二〕『其』，甲本同，乙本無。
〔三一三〕『之言』，甲本同，乙本無。乙本此句後尚有『吉』字。
〔三一四〕『旬』，甲本同，乙本無。
〔三一五〕『日』，甲本同，乙本脱；『開』，甲本同，當作『關』，據乙本改。
〔三一六〕『臣煞』，甲本同，乙本脱。
〔三一七〕『衆』，甲本同，乙本無。
〔三一八〕『主』，甲本同，乙本作『王』。
〔三一九〕『四』，甲本同，乙本無。
〔三二〇〕『五四』，甲本同，乙本作『四月五月』。
〔三二一〕『石』，甲本同，乙本脱。

〔三二二〕『大』，乙本同，甲本無；『利』，甲本同，乙本無。
〔三二三〕『旬』，甲本同，乙本無。
〔三二四〕『日』，甲本同，乙本脱；『開』，甲本同，當作『關』，據乙本改。
〔三二五〕『食』，甲本同，乙本脱。
〔三二六〕『利』，甲本同，乙本無。
〔三二七〕『旬』，甲本同，乙本無。
〔三二八〕『日』，甲本亦脱，據乙本補；『開』，甲本同，當作『關』，據乙本改。
〔三二九〕『注』，甲本同，乙本無；『敦』，甲本同，乙本作『注敦』。
〔三三〇〕『立』，甲本同，乙本作『立自注』，誤。
〔三三一〕『二』，甲、乙本作『三』。
〔三三二〕『利』，甲、乙本無。
〔三三三〕『旬』，甲本同，乙本無。
〔三三四〕『日』，甲、乙本脱；『開』，甲本同，當作『關』，據乙本改。
〔三三五〕『注』，甲本同，乙本無；『敦』，甲本同，乙本作『注敦』。
〔三三六〕『晉昌』，甲本同，乙本無。
〔三三七〕『謀』，甲本同，乙本脱。
〔三三八〕『大』，甲本同，乙本無；『吉』，乙本同，甲本作『吉利』。
〔三三九〕『旬』，甲本同，乙本無。
〔三四〇〕『日』，乙本脱；『開』，甲本同，當作『關』，據乙本改。

〔三四一〕『掖』，乙本同，甲本作『液』，『液』爲『掖』之借字；『其』，甲本同，乙本無。

〔三四二〕『失地』，甲本同，乙本無。

〔三四三〕『占月光不明第廿三』，甲本作『占月光不明法』，乙本作『占光不明廿三』。

〔三四四〕此句至『遠期半年』，乙本無。

〔三四五〕『掖』，甲本作『液』，『液』爲『掖』之借字。

〔三四六〕『酒泉』，甲本同，乙本作『晉昌』。

〔三四七〕『晉昌』，甲本同，乙本作『酒泉』。

〔三四八〕『須』，甲、乙本作『事須』；『災』，甲本同，乙本無。

〔三四九〕『個』，據殘筆劃及甲本補，乙本先寫『年』，又於其下寫『個』，但未寫完。

〔三五〇〕『多』，甲本同，乙本作『注多』；『謀』，甲本同，乙本作『謀事』。

〔三五一〕『注』，甲本同，乙本無。

〔三五二〕『用』，甲本同，乙本作『慎』，誤。

〔三五三〕『大』，甲本同，乙本無。

〔三五四〕『怨』，甲本同，乙本作『惡』，誤。

〔三五五〕『士』，甲本同，當作『上』，據乙本改。

〔三五六〕『惠』，甲本同，乙本作『連』，誤；『德』，甲本同，乙本作『得』，『得』爲『德』之借字。乙本此句後尚有『吉』字。

〔三五七〕『多』，甲本亦脱，據文義補，乙本無；『陰』，甲本同，乙本無；『者』，據殘筆劃及甲本補，乙本無。

〔三五八〕『慶』，甲本同，乙本作『摩』，誤。

〔三五九〕「被」，甲本同，乙本作「破」，誤；第二個「人」，甲、乙本無。

〔三六〇〕「者」，甲本同，乙本無。

〔三六一〕「主」，甲本同，乙本脱。

〔三六二〕「之」，甲本同，乙本作「也」。

〔三六三〕第二個「半」，甲、乙本無，據文義係衍文，當删。

〔三六四〕「掖」，乙本同，甲本作「液」，「液」爲「掖」之借字。

〔三六五〕「城」，甲本同，乙本作「地」。

〔三六六〕甲、乙本此條在「張掖太白」之後。

〔三六七〕「掖」，乙本同，甲本作「液」，「液」爲「掖」之借字。

〔三六八〕「鬭」，甲本作「開」，乙本作「關」；「及暝」，甲本同，乙本作「鬭」。

〔三六九〕「開」，當作「關」，據文義改，甲本作「鬭」，乙本作「及暝」。

〔三七〇〕「起」，甲本同，當作「氣」，據乙本改，「起」爲「氣」之借字。

〔三七一〕「怪」，甲本同，乙本無。

〔三七二〕「知」，甲本同，當作「之」，據乙本改，「知」爲「之」之借字。

〔三七三〕「長」，甲、乙本無。

〔三七四〕「安」，甲本同，乙本作「安之吉」；「城」，甲本同，乙本無；「穰」，甲、乙本作「攘」，當作「禳」，據文義改，「穰」「攘」爲均「禳」之借字。

〔三七五〕「服」，甲本同，乙本無。

〔三七六〕「丁」，甲、乙本同，當作「釘」，據文義改，「丁」爲「釘」之借字。

〔三七七〕「二」，甲本同，乙本作「二三」。

〔三七八〕「城」，甲本同，乙本作「城大吉」。

〔三七九〕「蒼」，甲本同，乙本作「倉」，「倉」通「蒼」。

〔三八〇〕「辰」，甲、乙本同，當作「晨」，據文義改，「辰」爲「晨」之借字。

〔三八一〕「天」，甲本同，乙本作「具」，誤。

〔三八二〕「今」，甲本同，乙本作「之」，誤；「子」，甲本同，乙本作「了」，誤；「其」，甲本同，乙本無；「氣惡」，甲、乙本作「惡氣」。

〔三八三〕「禍」，甲本同，乙本作「福」，誤。

〔三八四〕「良賢」，甲、乙本作「賢良」。

〔三八五〕「忠」，甲本同，乙本作「臣」，誤。

〔三八六〕「敏」，甲、乙本同，當作「愍」，據文義改，「敏」爲「愍」之借字。

〔三八七〕「如」，甲本同，乙本無；「渴」，甲本同，乙本作「偈」，誤。

〔三八八〕第一個「事」，甲本同，乙本作「李」，誤；「穰」，甲本同，乙本作「攘」，當作「禳」，據文義改，「穰」「攘」均爲「禳」之借字；第二個「事」，乙本同，甲本無。

〔三八九〕「有」，甲本同，乙本作「所有」；「亂」，乙本同，甲本作「禍」。

〔三九〇〕「爲」，據乙本補，甲本作「無」，誤。

〔三九一〕「人」，據甲本補。此句及以下，乙本無。

〔三九二〕「惡」，據甲本補。

〔三九三〕「出」，當作「不」，據甲本改；「傳之」，甲本作「出」。

參考文獻

《敦煌寶藏》二三册，臺北：新文豐出版公司，一九八二年，五八一至五八二頁（圖）；《敦煌寶藏》四四册，臺北：新文豐出版公司，一九八二年，四至五頁（圖）；《敦煌寶藏》一二三册，臺北：新文豐出版公司，一九八五年，二三至二五頁（圖）；《敦煌寶藏》一二七册，臺北：新文豐出版公司，一九八五年，三二二至三三〇頁（圖）；《英藏敦煌文獻》四卷，成都：四川人民出版社，一九九一年，二二六至二二八頁（圖）；《英藏敦煌文獻》八卷，成都：四川人民出版社，一九九二年，一四五至一四六頁（圖）；《俄藏敦煌文獻》八册，上海古籍出版社，一九九七年，一二〇頁（圖）；《敦煌學輯刊》一九九七年一期，一〇三至一〇九頁（録）；《敦煌歸義軍史專題研究》，蘭州大學出版社，一九九七年，五二九至五四一頁；《敦煌占卜文書與唐五代占卜研究》，北京：學苑出版社，二〇〇一年，四四至四九頁；《法藏敦煌西域文獻》一七册，上海古籍出版社，二〇〇一年，八至九頁（圖）；《法藏敦煌西域文獻》二〇册，上海古籍出版社，二〇〇二年，一七九頁（圖）；《法藏敦煌西域文獻》二三册，上海古籍出版社，二〇〇二年，六六至六八頁（圖）；《唐研究》八卷，北京大學出版社，二〇〇二年，五二三頁；《敦煌占卜文書研究》，蘭州大學博士學位論文，二〇〇二年，三七九至四〇八、四三四至四三五頁；《文獻》二〇〇四年一期，五五至六七頁；《敦煌吐魯番研究》九卷，北京大學出版社，二〇〇六年，四一一、四一六至四二〇頁；《史林》二〇一一年五期，七〇至七八頁；《敦煌占卜文書與唐五代占卜研究》（增訂本），北京：中國社會科學出版社，二〇一四年，三九頁。

Дх一三六六背＋斯二七二九背　二　太史雜占曆

釋文

太史雜占曆〔一〕

太史所占天下動靜善惡吉凶決〔二〕。太史看月〔三〕、地動吉凶及配當〔四〕，方分所當。聲來在上〔五〕，秘而勿傳之〔六〕。

甲子乙丑丙寅丁卯戌（戊）辰〔七〕。聞悦不悦，聞憂不憂，聞喜不喜，聞兵不行，聞賊不賊，聞警有慎〔八〕，聞動不動，聞聲不刑。

己巳庚午辛未壬申癸酉。聞悦後悦，聞憂不憂，聞喜有喜，聞兵必行，聞賊不見，聞驚卻退〔九〕，聞動不動，聞聲不聲〔一〇〕。

甲戌乙亥丙子丁丑戊寅。聞悦不悦，聞憂不憂，聞喜不喜，聞行不行，聞動不動，聞賊不來，聞警不警〔一一〕，聞聲不聲。

己卯庚辰辛巳壬午癸未。聞悦不悦，聞憂不憂，聞喜不喜，聞行不行，聞動不動，聞賊方來，聞警的警，聞聲有聲。

甲申乙酉丙午（戌）丁亥戊子〔一二〕。聞悦不悦，聞憂不憂，聞喜不喜〔一三〕，聞動不動，聞兵不兵，聞賊不賊，聞警恐警，聞聲有聲。

己丑庚寅辛卯壬辰癸巳。聞悦有悦，聞憂有憂，聞悦有悦〔一四〕，聞兵有兵，聞動有動，聞賊有賊，聞警有警，聞聲有聲。

甲午乙未丙〔申〕丁酉戊戌〔一五〕。聞悦不悦，聞憂不憂，聞喜不喜，聞兵有兵，聞動有動，聞賊有賊，聞警有警，聞聲有聲。

己亥庚子辛丑〔壬〕寅癸卯〔一六〕。聞悦有悦，聞憂有憂，聞喜有喜，聞動有動，聞行有行，聞賊有賊，聞警遠警〔一七〕，聞聲有聲。

甲辰乙巳丙午丁未戊申。聞悦不悦，聞憂不憂，聞喜有喜，聞動不動，聞兵不兵，聞賊不賊，聞警遠警，聞聲遠聲〔一八〕。

己酉庚戌辛亥丁（壬）子癸丑〔一九〕。聞悦不悦，聞憂不憂，聞喜有喜，聞動不動，聞行不行，聞賊不見，聞警有警，聞聲有聲。

甲寅乙卯丙辰丁巳戊午。聞悦不悦，聞憂不憂，聞喜有喜，聞動不動，聞兵不行，聞賊方來，聞警有警，聞聲有聲。

己未庚申辛酉壬戌癸亥。聞悦有悦，聞憂不憂，聞喜有喜，聞動不動，聞兵不兵，聞賊不見，聞警有警，聞聲有聲〔二〇〕。

占風雨善惡及看時節動静急難法

平旦。聞出不出，聞喜有喜，聞去不動，聞警恐警，聞賊不賊，聞聲不聲。日出、食時。聞去不去，聞警不警，聞賊不賊，聞喜有喜，聞出不出，聞聲有刑。隅中、日昳。聞出不出，聞動不動〔二一〕，聞警恐警，聞賊不來。黄昏、人定。夜半。聞行的行，聞喜有喜，聞出不出，聞聲有刑，聞警有警，聞去急去，聞賊有賊。

正月一日至八日，當雨有風〔二二〕，無風有雨，其年漢兵起，辛（薪）草不成〔二三〕，蟲食糧麥，多病。十日至十五日，當風有雨，其歲豐熟，人民安樂。廿四日至卅日，有雨，五月禾穀斗直八十五文。

☰乾　若有聲向青龍上來，聞者皆有兵刃相繫（擊）〔二四〕，國中大亂〔二五〕。

☵坎　若有聲向太一上來，聞者皆有兵刃相繫（擊）〔二六〕，國中大亂〔二七〕，人民不安，别立王侯事〔二八〕。

☲（☶）艮　若有聲向太陰宫上來〔二九〕，聞者其年合病患〔三〇〕，九十死，鬼氣傷人，隔絶流亡事〔三一〕。

☳震　若有聲向軒轅宮上來〔三二〕，聞者其歲合注遠信恩赦〔三三〕，千人憘賀〔三四〕，萬人慶太平事〔三五〕。

☴巽　若有聲在招揺宮上來〔三六〕，聞者其歲必有憘慶〔三七〕、遷官，大軍散敗，兵起西耳（事）〔三八〕。

☲離　若〔有〕聲在於天〔一〕宮上來〔三九〕，〔聞〕者其年合兵刀〔四〇〕，發大亂，鬭戰繫功（攻）代（伐）之事〔四一〕。

☷坤　若有聲向攝提宮上來〔四二〕，〔聞〕者其年國中有相和恩合義會〔四三〕，流連慶行事。

☱兑　若〔有〕聲向咸池上來〔四四〕，聞者其歲合有恐動事〔四五〕，血光，六畜散敗，小賊劫奪人財物事〔四六〕。

正月地動〔四七〕，南界國王喪。何以知之？正月氣之金，滅在於父，南方注火，故知滅事。二月地動，西界凶，國中空，人民不安。何以知之？二月土之起喪之金〔四八〕，西方金注，故知凶〔四九〕。三月地動者〔五〇〕，北方喪，别立王，人民失計，忙怕迴惶。何以知之？三月水之墓〔五一〕，喪在北〔五二〕。四月地動者，東方大亂，國主不安，人民荒亂，逃走他鄉。何以知之？四月水動在東方，亂（故）故（亂）〔五三〕。五月地動者，中央天下大亂，四方俱起惡心，五年不定。何以知之？五月土之始（胎）在母腹〔五四〕，故知惡〔五五〕。六月地動者，國中安定，人民服業，卻歸本管。何以知之？六月冠帶於未〔五六〕，起動遊行，故知行〔五七〕。七月地動者，天下豐熟，諸國多病，婦人產死。何以知之？水七月生於申，故知產死也〔五八〕。八月地動者，西方北方安樂〔五九〕，人民無憂。何以知之？八月水之養在於酉，水注西方〔六〇〕，故無憂〔六一〕。九月地動者，東北方大災起，國主不安，萬人荒亂。何以知之？水九月冠帶在於戌〔六二〕，故知其國不善〔六三〕。十月地動者，刀兵起，人民相煞，諸方不安，國主逃散〔六四〕。何以知之？十月天罡相繫〔六五〕，故知此事〔六六〕。十一月地動者，大地荒亂，人民相食，三災競起，王爭國浩浩八十年〔六七〕。何以知之？十一月太衝相滅，故知此事〔六八〕。十二月地動者，其歲凶惡，人民相食，南方競起〔六九〕。何以知之？十二月神后〔七〇〕，故知此事〔七一〕。

春三月地動〔七二〕，兵起南行。夏三月地動者〔七三〕，人民相食。秋三月地動者〔七四〕，其歲大凶。冬三月地動〔七五〕。其歲兵起。

子日地動，其歲有水傷人〔七六〕。丑日地動，其歲六畜貴〔七七〕。寅日地動，其歲安定。卯日地動〔七八〕，國王失位。辰日地動〔七九〕，大軍敗散〔八〇〕。巳日地動〔八一〕，其歲有疾〔八二〕。午日地動〔八三〕，南方有火災起。未日地動〔八四〕，其歲不熟〔八五〕，赤旱千里。申日地動〔八六〕，其歲不寧，三王爭位。酉日地動〔八七〕，其歲豐孰〔八八〕，人民安樂。戌日地動〔八九〕，有土功事〔九〇〕。亥日地動〔九一〕。人民多病〔九二〕。

Дх一三六六背＋斯二七二九背

凡日蝕修德〔九三〕，月蝕修德〔九四〕，慧（彗）星修改〔九五〕，謂應合蝕者。若非食時蝕者〔九六〕，其年歲日月所注惡。

日春蝕，其年凶惡〔九七〕。日秋蝕，其歲起兵〔九八〕。日冬蝕，其年有衰。日夏蝕，其年大旱〔九九〕。日食盡〔一〇〇〕，不出春三月更立侯王〔一〇一〕。其以其野〔一〇二〕，占爲決定〔一〇三〕。

子日蝕，有兵〔一〇四〕。丑日蝕，大旱。寅日蝕，人（大）旱〔一〇五〕。卯日蝕，大亂〔一〇六〕。辰日蝕，有兵。巳日蝕，有火災起〔一〇七〕。午日蝕，天兵征動。未日蝕，有水災厄〔一〇八〕。申日蝕，其年大亂。酉日蝕，兵起南行〔一〇九〕。戌日蝕，大兵起行〔一一〇〕。亥日蝕。小人用事。

凡日蝕及薄，皆陰侵陽之象〔一一一〕。日蝕皆以晦日〔一一二〕。亦以月一日〔一一三〕、三日，忽中旬蝕者，大凶，王位惡之〔一一四〕。日薄，日光色赤，赤黄，即一月日旱〔一一五〕。日赤如火，臣逆於君〔一一六〕，君不善〔一一七〕。日影如地色〔一一八〕，其國大亂。日赤如赬〔一一九〕，將士戰死。日紫色，名曰死，王者惡之〔一二〇〕，有兵有衰，大惡。日夜出，天下兵患起。日入一罕（竿）無光耀〔一二一〕，其年國主凶〔一二二〕。日晝昏，天下隔事〔一二三〕。三日並出〔一二四〕，諸侯爭位，洪水出。暈雲三重〔一二五〕，其國亂，天（大）兵行〔一二六〕。日傍有赤雲如車扶四傍者〔一二七〕，名曰扶，漢兵興〔一二八〕，大吉之象〔一二九〕。日有亂明，大兵相擊。日中有雲如人行，臣害其主，兩主爭位。暈日白江雲。天下太平。

太史所占十二時善惡吉凶法〔一三〇〕

六十年有好，六十年有惡。逢好年即好，逢惡年即惡。十千之中，亦有善惡矣。歲在子年，蕃渾遍川。歲在丑年〔一三一〕，將佛似袄。歲在寅年，劫龍買磚〔一三二〕。歲在卯年，坼舍買

（賣）椽〔一三三〕。歲在辰年〔一三四〕，穀麥投錢〔一三五〕。歲在巳年〔一三六〕，重得生天。歲在午年，蕃賊寂然。歲在未年〔一三七〕，鮮卑在前〔一三八〕。歲在申年〔一三九〕，劫賊道邊。歲在酉年〔一四〇〕，兩國相連。歲在戌年〔一四一〕，麥束生煙。歲在亥年〔一四二〕，麥空生蛸〔一四三〕。右十二年善惡。或有三百六十年值〔一〕凶〔一四四〕，或一百廿年治（值）一凶〔一四五〕，〔或〕〔六〕〔十〕〔年〕〔值〕〔一〕〔凶〕〔一四六〕，或十二年治（值）一凶〔一四七〕。他皆倣此〔一四八〕，後有一言，非賢不傳〔一四九〕。讀者如耳之鳴，唯獨知矣，所以然者，爲道重人輕，秘而勿傳。

狗即向南去，羊乃向西行。報道七八月，吕（旅）麥競頭生〔一五〇〕。小賊由（猶）未退〔一五一〕，要待須兵行。秘而勿傳。

太史問言子（胥）曰〔一五二〕：見其苦樂（惡）也〔一五三〕，知在何年歲？子胥答曰：置天立地〔一五四〕，有漢有胡，有蕃有渾，鮮卑離（雜）半〔一五五〕，若有窺心，皆有别意。凡五百年一末，三百六十年一亂，一百六十年一凶，六十年一衰，十二年一惡。至其〔末〕〔年〕〔一五六〕，洪水洮（滔）天〔一五七〕，衆生並盡；至其〔亂〕〔年〕〔一五八〕，國中無主，三邊俱煞，劫奪妻子〔一五九〕，痛不可言；至其凶年，天下鐵掃掏鬼，行十種病時氣〔一六〇〕，天下人民相啖食，是凶。子（至）衰年〔一六一〕。至其惡年〔一六二〕，父南子北，父東子西〔一六三〕，父子不相識〔一六四〕，兄弟絶街衢〔一六五〕，是其苦惡也。子胥於天臺山中因行遊，逢此白頭老人，問此之事，披攬文書，尋其十（一）百廿甲子〔一六六〕，餘知善惡吉凶，所立此吟書〔一六七〕，傳流聖主，秘而勿傳〔一六八〕。

太公占候雨法〔一六九〕

凡欲占暴風疾雨者，視天四方皆無雲〔一七〇〕，北斗中獨有雲〔一七一〕，後五日必大雨〔一七二〕。四方無雲〔一七三〕，漢地有〔一七四〕，三日不絶〔一七五〕，後三日雨〔一七六〕。甲日，日初出時，東方有赤雲者，〔即〕日雨〔一七七〕。日初出時，北方有黑雲者，雨立至。日入〔一七八〕，其雲如羊群〔一七九〕，雨立至，有風〔一八〇〕，微雨〔一八一〕。

十二月生〔死〕氣法〔一八二〕

正月生氣在子，死氣在午。二月生氣在丑，死氣在未。三月生氣在寅，死氣在甲（申）〔一八三〕。四月生氣在卯，死氣在酉。五月生氣在辰，死氣在戌。六月生氣在巳，死氣在亥。七月生氣在午，死氣在子〔一八四〕。八月生氣在未，死氣在丑。九月生氣在申，死氣在寅。十月生氣在酉，死氣在卯。十一月生氣在戌，死氣在辰〔一八五〕。十二月生氣在亥，死氣在巳。

出軍大忌日法〔一八六〕

正月寅〔一八七〕。二月子。三月戌。四月申。五月午。六月辰。七月寅。八月子。九月戊（戌）〔一八八〕。十月申。十一月午。十二月辰。

五帝亡日，不可出軍。青帝壬戌日亡，又曰甲戌日亡〔一八九〕。赤帝子巳〔日〕亡〔一九〇〕。白帝子乙卯日亡〔一九一〕。黑帝己卯日亡〔一九二〕。黃帝子戌（戊）午日亡〔一九三〕。五帝所在〔一九四〕，〔不〕可〔出〕〔軍〕向大忌〔一九五〕。春寅午戌，五帝在東。夏巳酉丑，五帝在南。秋申子辰〔一九六〕，秋申子辰〔一九七〕，五帝在西。冬亥卯未，五帝在北。天苟（狗）下食〔一九八〕，不可出軍。正月辰戌。二月巳亥。三月子午。四月丑未。五月寅中（申）〔一九九〕。六月卯酉。七月辰戌。八月巳亥。九月子午。十月丑未。十一月寅申。十二月卯酉。

初出門〔二〇〇〕，閉氣〔二〇一〕，手持刀畫地〔二〇二〕，作〔四〕蹤（縱）五横〔二〇三〕，令方三尺，隨意所向〔二〇四〕，方面立，蜜（密）呪之〔二〇五〕：四蹤（縱）五[横]〔二〇六〕，長使我行〔二〇七〕。周遍天下，無有禍殃〔二〇八〕。謀我者死〔二〇九〕，犯我者亡。呪訖，便跨度去〔二一〇〕，勿顧其後。

十二時相刑相合法〔二一一〕，亦名六合法〔二一二〕。

子形（刑）卯與丑合〔二一三〕。卯形（刑）子與戌合〔二一四〕。辰自形（刑）與酉合〔二一五〕。子（巳）形（刑）申與申合〔二一六〕。午自形（刑）與未合〔二一七〕。未形（刑）丑與午合〔二一八〕。申形（刑）寅與亥合〔二一九〕。酉自形（刑）與寅合〔二二〇〕。

六鉤之所聽法

子與酉相鉤。丑與辰相鉤〔二二一〕。寅與亥相鉤〔二二二〕。卯與午相鉤〔二二三〕。巳與申相鉤〔二二四〕。

十德合法〔二二五〕

申（甲）與己合〔二二六〕。乙與庚合〔二二七〕。丙與辛合〔二二八〕。丁與壬合〔二二九〕。戌（戊）與癸合〔二三〇〕。

十德所在法

乙德在庚。丁德在壬〔二三一〕。己德在申（甲）〔二三二〕。辛德在丙〔二三三〕。癸德在戌（戊）〔二三四〕。甲丙戊庚壬，其德各自處。

六情來物之意

丑戌其公正〔二三五〕。寅午其情廉貞。亥卯情陰賊。申子其情貪狼〔二三六〕。巳酉其〔情〕寬大〔二三七〕。辰未其情姦邪〔二三八〕。衝情者十二時，情相衝也。

五行用情之法〔二三九〕

甲乙用本情。丙丁用合情。戊己用形（刑）情〔二四〇〕。庚辛用衝情〔二四一〕。壬癸用衝用（情）〔二四二〕。

凡諸用兵，依本合形（刑）衝鉤〔二四三〕，以知情之所在。審察歲月日時之所在，兼其王相〔二四四〕，休廢内（囚）死〔二四五〕。十德無情，常依與形（刑）以告人〔二四六〕，皆知祥瑞風之意，解鳥獸之語〔二四七〕，知鬼神之情〔二四八〕，事無不剋。

天獄所在法〔二四九〕

正月建寅〔二五〇〕，天獄在子〔二五一〕。二月天獄在卯。三月天獄在午。四月天獄在酉。五月天獄在子〔二五二〕。六月天獄在午（卯）〔二五三〕。七月天獄在午〔二五四〕。八月天獄在酉〔二五五〕。九月天獄在子〔二五六〕。十月天獄在卯〔二五七〕。十一月天獄在午〔二五八〕。十二月在酉。天獄所在，戰不可背。假令日辰水時，加土客勝。日辰火時〔二五九〕，加金主勝。日爲主人，時爲客，他皆放此。

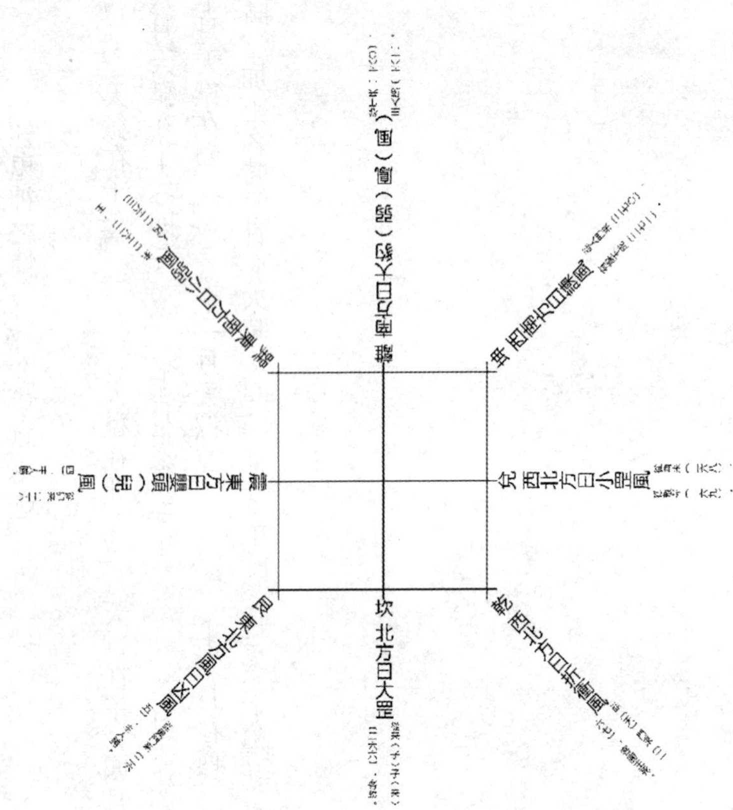
離 南方曰大弱（弱）風（風）
坤 西南方曰謀風
兌 西北方曰小罡風
乾 西北方曰折衝風
坎 北方曰大罡
艮 東北方風曰凶風
震 東方曰嬰頭（兒）風
巽 東南方曰弱風

墓煞法〔二七二〕

申子辰形（刑）在東〔二七三〕，煞在未，墓在辰。亥卯未形（刑）在北〔二七四〕，煞在戌，墓在未。寅午戌形（刑）在南〔二七五〕，煞在丑，墓在戌。巳酉丑形（刑）在西〔二七六〕，煞在辰，墓在丑〔二七七〕。

休廢法

春　西休北廢。夏　北休東廢。秋　東休南廢。冬　南休西廢。

六丙法

甲子旬，丙在寅。甲戌旬，丙在子。甲申旬，丙在戌。甲午旬，丙在申。甲辰旬，丙在午。甲寅旬，丙在辰。

凡風從四煞上來，急須復從六丙上來，逆流者皆是災。又云：風從歲煞上來，大敗。風從月煞上來〔二七八〕，小敗。歲月煞同如上説〔二七九〕。風從六窮上來，客敗〔二八〇〕。六甲來〔二八一〕，〔客〕勝〔二八二〕。六窮者〔二八三〕，六癸是〔二八四〕。六甲者〔二八五〕，六旬是〔二八六〕。又云：〔六〕窮日風卒〔二八七〕，起於〔午〕〔二八八〕，止於亥，左右必有謀反〔二八九〕，宜慎之。聞賊來〔二九〇〕，何時至〔二九一〕，風除（陰）賊姦邪來〔二九二〕，急者立至，風遲者遲至〔二九三〕。又云〔二九四〕：風入人膚肥，慘慘不解者，王相來發疾，兵強。囚死上來〔二九五〕，兵發遲，兵弱。歲月〔德〕〔上〕來〔二九六〕，兵強。歲月形（刑）煞上來〔二九七〕，及月歲破下來〔二九八〕，皆弱〔二九九〕，軍必敗〔三〇〇〕。歲月德在諸甲日〔三〇一〕，大風，以丙丁雨不雨，皆海中兵起也〔三〇二〕。子（乙）日大風〔三〇三〕，爲粟貴、邊夷内侵也〔三〇四〕。丙日大風，有卒兵圍邊城。丁日大風，則旱傷物〔三〇五〕，人多病。戊、己日大風〔三〇六〕，有土功起〔三〇七〕，物貴，欲識遷邑也。庚、辛日大風，木（禾）有蟲〔三〇八〕，人治兵也。壬、癸日大風，胡狄興，備關塞〔三〇九〕。

凡風逆行，爲災成。初從午來，轉從巳辰卯來爲逆〔三一〇〕，支（剋）干者亦謂之逆〔三一一〕，甲申日是。風從順行，爲災不成。風從午來〔三一二〕，轉未申來，爲順風也。風大體寒濁爲惡。凡客主戰，風從吾後來，必大勝。急進，賊必走。客主何知平相誅罰〔三一三〕？風從四煞上來，恆急疾，須臾復從六丙上來，是也。知定誰軍在〔三一四〕？軍在休廢上來者，是也。天晏然，無風雲氣，卒有大風發屋、折樹〔三一五〕，走石立〔三一六〕，災興〔三一七〕。若是戌（戊）己〔三一八〕，大人顛覆，小人獨塵〔三一九〕，中央虚，四面塞，必大災。候之大要，皆須寒剋形（刑）上來〔三二〇〕，益驗也。

凡言罡日者，陽日是；柔日，陰日是。風從三形（刑）上來〔三二一〕，坐者急起，行者急走，大賊立至。若向三形（刑）上戰〔三二二〕，其將必死〔三二三〕。假令太歲在子，十一月建子，今日甲子卯爲三形（刑）下〔三二四〕，子爲三形（刑）上〔三二五〕，時加卯，卯上有三形（刑）〔三二六〕。風從子來，主人軍必敗亡〔三二七〕，他放此〔三二八〕。問曰：三形（刑）皆見知〔三二九〕，後盜賊發起〔三三〇〕，何方爲先？先問曰形（刑）〔三三一〕，次問時。又問風乘辰形

（刑）〔三三二〕，在盜賊發起之方。假令今日亥時加子，風從從辰來〔三三三〕，盜賊起東方，何以知之？亥形（刑）自處〔三三四〕，北方子形（刑）〔三三五〕，在卯辰自形（刑）〔三三六〕，二形（刑）在東〔三三七〕，故言之。今日丑時加寅〔三三八〕，風從午來，二形（刑）在南方〔三三九〕。今日子時加丑，風從巳來，二形（刑）在西方〔三四〇〕，賊發西也〔三四一〕。羽日羽時來，兵起圍城。日中夜半益怒，攻城不下，客必敗〔三四二〕。五日、九日中夜半〔三四三〕，土盛壅水，故知客敗也。何以知城邑爲賊欲攻破〔三四四〕？午日子上來，是也。何以言之？子破午，故知挾月形（刑）來〔三四五〕，事尤急。正月、二月大風，申酉上亦然〔三四六〕。何知城邑内謀反與外賊相應〔三四七〕？公正日卯上來〔三四八〕，加未止亥，是也。亥卯未，木之位，木生於土而反賊土，故知與謀通，甲乙日當發也。

巫咸曰：諸甲日大風，以丙丁日雨不雨，皆海中兵起也。六甲爲青龍。六乙爲逢星。六丙爲明堂。六丁爲太陰。六戊爲天門。六己爲地户。六庚爲天獄〔三四九〕。六辛爲天庭。六壬爲天罕（牢）〔三五〇〕。六癸爲華蓋一名天藏。夫結營陣〔三五一〕，將軍居青龍上；一軍鼓居逢星上；士卒居明堂上；伏兵於太陰上；軍門居天門上〔三五二〕；小將居地户上〔三五三〕；斬截於天獄上；制事於天庭上；囚人於天罕（牢）上〔三五四〕；軍諸（儲）於天藏上〔三五五〕。夫出軍陣，須背建擊破。安牙勿向太歲〔三五六〕、大陰〔三五七〕、大將軍〔三五八〕。

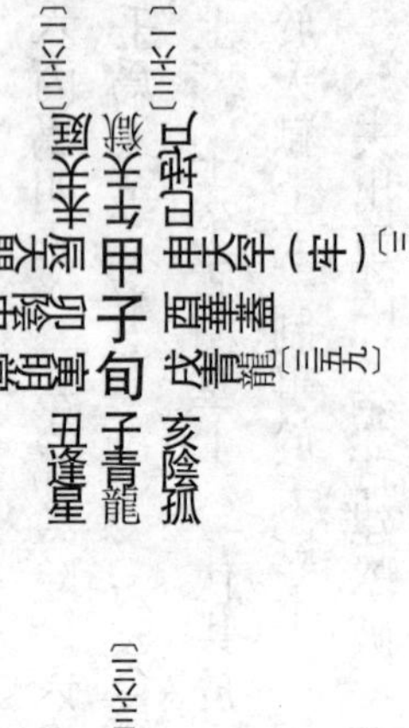

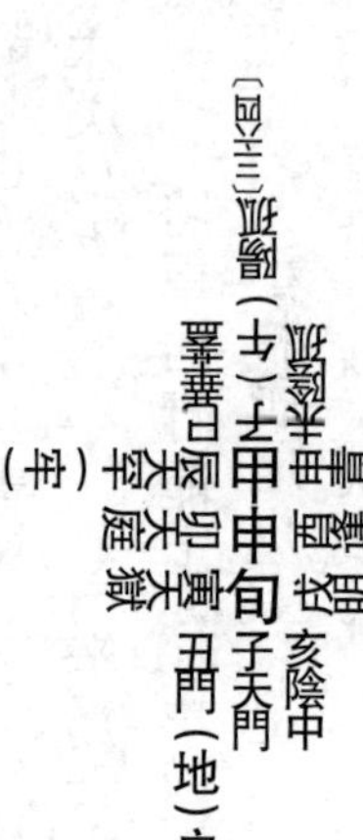

〔三〇〕
（辛）申　酉華蓋〔三五九〕　戌　亥陰孤
〔三六一〕巳午未　庚辛壬癸甲子旬子青龍
〔三六二〕辰天門　卯陰中　寅明堂　丑逢星

申　酉　戌　亥逢星
〔三六三〕（辛）庚辛壬癸甲戌旬子明堂
辰天獄　卯地户　寅天門　丑陰中

申　酉　戌　亥陰中
〔三六四〕（辛）壬癸甲申旬子天門
辰天牢　卯天獄　寅天庭　丑門（地）户〔三六五〕
（牢）

夫安營，勿令魁罡加將軍行年本命上〔三六六〕，勿令魁罡臨日臨辰日爲大將〔三六七〕。辰爲小將，臨者皆将傷〔三六八〕。夫安營住止，勿令魁罡加日辰〔三六九〕。太陰、太歲〔三七〇〕、大將軍、月建及將行年本命，常以月將加時〔三七一〕，視魁罡下即目知之上爲日，下爲辰。上爲午（干）〔三七二〕，下爲支。欲知行年本命所在，男常以天上本命加地上太歲〔三七三〕。功曹即爲行事。

正月徵（登）明〔三七四〕，二月河魁，三月從魁，四月傳送，五月小吉〔三七五〕，六月勝光〔三七六〕，七月太一，八月天罰〔三七七〕，九月太衝，十月功曹，十一月大吉，十二月神后。此十二月將所在〔三七八〕。若欲占事，知魁罡所在，以月將加時〔三七九〕。

揚兵九天之上，六甲所加辰是：子戌申午寅辰是〔三八〇〕。藏兵於九地之下〔三八一〕，六癸所加辰是：亥酉未巳卯丑是〔三八二〕。私出三可之靈〔三八三〕，六丁所加辰是：丑卯巳未酉亥是。私入六合之中〔三八四〕，六己所加辰是：

亥酉未巳卯丑是〔三八五〕。

巳陰孤	午青龍	未蓬星
辰陽孤 卯華蓋 寅天獄〔三八八〕	甲午旬	申明堂 酉陰[中]〔三八七〕 戊（戌）天門〔三八六〕
丑天庭	子天獄	亥地户

巳蓬星	午明堂	未陰中
辰青龍 卯陰孤 寅陽孤	甲辰旬	申天門〔三八九〕 酉地户 戌天獄
丑華蓋	子天罕（牢）〔三九〇〕	亥天庭

巳陰中	午天門	未地户
辰明堂 卯蓬星 寅青龍	甲寅旬	申天獄 酉天庭 戌天罕（牢）〔三九一〕
丑陰孤	子陽孤	亥華蓋

凡安營莫飲死水，不流水是〔三九二〕。莫居死地，丘墓之間是〔三九三〕。莫居地住，四下中高是〔三九四〕。莫居天獄。四高中下是〔三九五〕。營陣門户一如上〔三九六〕，大吉。

推天煞日法

正月戌卯，二月巳辰，三月午巳，四月未午，五月寅未，六月卯申，七月辰酉，八月亥戌，九月子亥，十月丑子，十一月甲（申）丑〔三九七〕，十二月酉寅。此名月煞所在〔三九八〕，不可向戰〔三九九〕，背之吉〔四〇〇〕。又名天庭〔四〇一〕，背之皆吉〔四〇二〕。

氏	但	分
大吉	亥卯未日	争
反	煞	辱
辱（反）〔四〇五〕	煞（大）〔吉〕〔四〇四〕	反（氏）〔四〇三〕
煞	申子辰日	但
辱	争	分
〔辱〕〔四〇八〕	〔煞〕〔四〇七〕	〔反〕〔四〇六〕
争	巳酉丑日	争（大）（吉）〔四〇九〕
分	但	氏
分	争	辱
但	寅午戌日	煞
氏	大吉	反

凡四宮占候〔四一〇〕，隨風所發言之：風從煞上來，必有相煞傷者〔四一一〕，急防之〔四一二〕。風從大吉上來〔四一三〕，爲有詔書恩釋（澤）并財食事〔四一四〕。風從反上來，子逆父，有返（反）逆之事〔四一五〕。風從辱上來，必有汙辱之事，若陰私相告發也。風從争上來，必有誣欺不誠信之人欲來欺詐〔四一六〕，慎之。風從但上來，有誣欺不行之人來〔四一七〕。風從分上來，有義急（忿）訟相持短長之事〔四一八〕。風從氏上來，有罪人逃形（刑）〔四一九〕，若亡走入官之事。風從四時詔獄上〔來〕〔四二〇〕，三日不止，必有大赦。詔獄者：春庚甲（申）辛酉〔四二一〕，夏壬子癸丑，秋丙午丁未，冬戊辰己未，此已上日有風必有赦〔四二二〕。

氾蠡問師公曰：占歲之善惡之事，可得知否？師公曰：正月不東風，明知七月不白露。二月熱時蟲不用，明知八月霜不藏。三月雪不消冷〔四二三〕。六月不暴雨，明知十二月不降寒。七月不涼風，明知正月不解凍。八月〔不〕白露〔四二四〕，明知二月蟄蟲不行。九月霜不降，知三月暴風起〔四二五〕。十月雪不下，知四月禾敗傷〔四二六〕。十一月凍不合，知五月不多雨〔四二七〕。十二月不降寒〔四二八〕，知六月不暴風〔四二九〕。

日底有霞雲，皆雨。北斗上有雲，皆雨。

立春日風從西來〔四三〇〕，即春多寒。立夏日風西來，即下霜，麥不成。立秋日風，多溫病。立冬日風東北來，即早霜。春分日風西來，春霜雹。夏至日風，即日零雹。秋分日風東來，即秋萬物華〔四三一〕。立（冬）冬（至）日風南來〔四三二〕，即冬溫土病〔四三三〕。

凡占暴風雨，四方皆無雲，北斗中獨有雲者，即雨。天河中獨雲相連，如洛豬犬者，五日內必大雨。

子日暴風發屋折樹，名爲攝風〔四三四〕，不出百日，兵起。丑日暴風發屋折樹，名眅後風，〔不〕出百日〔四三五〕，更立王侯〔四三六〕。寅日暴風發屋折樹，名爲石没風，不出百日，更問（得）邊地〔四三七〕。卯日暴風發屋折樹，名爲差二風，不出百日，當有貴人從他境來相。辰日暴風發屋折樹，名胡三風〔四三八〕，不出百日，當有不通令來者〔四三九〕。巳日暴風發屋折樹，名遠風〔四四〇〕，不出百日，不通使。午日暴風發屋折樹，名曰期風，不出百日，兵起。未日暴風發屋折樹，名曰雄風，不出百日，貴人憂子死。申日暴風發屋折樹，名爲雲風，不出百日，使不通城〔四四一〕。戌日暴風發屋折樹，名爲教子風，不出百日，當有大使來。酉日暴風發屋折樹，名爲相風，不出百日，被（鼙）鼓欲移〔四四二〕。亥日暴風發屋折樹，名爲風〔四四三〕，不出百日，當貴人自送，兵起西北方〔四四四〕。

子日受歲，高下田不收，出惡種，穀不成，八月、十二月水，五穀中貴，壬朔六畜貴。丑日受歲，人多食三升，六畜貴，人多病〔四四五〕。寅日受歲，高下田不收，早（旱）〔四四六〕，禾不熟，人食五升，穀中貴，禾傷。卯日受歲，高田不成不善。辰日受歲，大熟〔四四七〕，多有死者〔四四八〕，暴雨，五穀大熟。巳日受歲，大風雨〔四四九〕，五穀大熟有餘，百物賤，獄中空。午日受歲，五穀不成，春多雨，夏早（旱）五十日〔四五〇〕。未日受歲，下田成流水〔四五一〕，春多雨，穀不成〔四五二〕，人食三升。申日受歲，五穀熟〔四五三〕，五十日早（旱）風〔四五四〕，兵起。酉日受歲，兵起，夏雨，麻豆小收。戌日受歲，人多病，春多雨，高田多收，大旱六十日，五穀不收，多病〔四五五〕。亥日受歲，大熟，人食三升，六月兵起西州。

凡欲嫁娶者，皆用陰陽日時，大吉利。朱雀日嫁娶者〔四五六〕，不出其年，必破夫家，二三人死〔四五七〕，遭火，大逢縣官事。白虎頭日嫁娶者〔四五八〕，夫妻保富貴〔四五九〕，多子孫，無別離，男供養盡，大吉。白虎縣（脅）日嫁娶者〔四六〇〕，夫妻貴，安穩〔四六一〕，宜子孫，五男二女，甚吉。白虎足日嫁娶〔四六二〕，得一子，力不客他方不還，客，死亡。玄武日嫁娶者〔四六三〕，學（無）〔子〕〔四六四〕，其年嫁，妻死別離，大凶。青龍頭日嫁娶者〔四六五〕，憂形

（刑）論〔四六六〕，繫牢獄〔四六七〕，死者孤獨。青龍脅日嫁娶者〔四六八〕，少子孫，不宜夫，生多疾病，夫葬苦〔四六九〕。

已下生日〔四七〇〕，可知吉凶。生男朱雀日〔四七一〕，勝父母，宜爲使，宜宜田作〔四七二〕，償道財。白虎頭日生子，宜父母、兄弟，爲吏，禄食其力，男女大富貴。白虎脅日生子者，必富貴二千石，父母兄弟食禄，守富貴，長令（命）〔四七三〕，者（吉）〔四七四〕。白虎足日生子，富貴，大宜田作，更賈道富，女法違嫁。玄武日生子，貧賤，煞父母，年折功，不宜田作，市賣少利，舍不與父母，可內有病。青龍頭日生子，富貴，百歲孝順，宜父母，大吉。青龍脅日生子，貧賤，數亡財物，遭形（刑）獄重死〔四七五〕，少能所知。青龍足日生子，年卅作客。比爲吏，所構利於父母伯叔。

一日朱雀。二日白虎頭。三日白虎脅。四日白虎足。五日玄武。六日青龍頭。七日青龍脅。八日青龍足。九日朱雀。十日白虎頭。十一日白虎脅。十二日白虎口（足）〔四七六〕。十三日玄武。十四日青龍頭。十五日青龍脅。十六日青龍頭。十七日朱雀。十八日白虎頭。十九日白虎脅。廿日白虎足。廿一日玄武。廿二日青龍頭。廿三日青龍脅。廿四日青龍足。廿五日朱雀。廿六日白虎頭。廿七日白虎脅。廿八日白虎足。廿九日玄武。卅日青龍頭。

夫妻相法

夫木女火，六百萬石。夫木女土，凶。夫木女金，病凶。夫土女火，九千萬石。夫水女土，大凶。夫水女木，生七人，千萬〔石〕〔四七七〕，大吉。夫木女木，大凶。夫火女土，生數（？）人，千萬〔石〕〔四七八〕，大吉。

大蕃國庚辰年五月廿三日沙州刺（？）。

説明

此件首部完整，有原題，尾部題記略有殘損。現知敦煌文獻中保存的同類文獻尚有：伯三三八八，首全尾缺，起『太史雜占』，訖『女法違嫁』；伯二六一〇，首尾均缺，卷中有朱筆句讀，内容頗爲繁雜，亦有『太史雜占曆一卷』（參看黄正建《敦煌占卜文書與唐五代占卜研究》，四六、四八頁；增訂版，三九頁）。劉永明以此件結合吐蕃統治初期所組成的道門親表部落的存廢情況，認爲其時敦煌道教並未完全絶跡，而是以更加零散的、民間化的、方術化的及隱秘的形式存在（參看《吐蕃時期敦煌道教及相關信仰習俗探析》，《敦煌研究》二〇一一年四期，八二至八三頁）。陳于杜認爲文中『將佛似祆』的表述更多映現了特定歷史背景下河西地區的佛、祆爭鬥及其背後的族群緊張對立關係（參看《區域社會史視野下的敦煌禄命書研究》，二五四頁）。

以上釋文以斯二七二九背爲底本，用伯三三八八（稱其爲甲本）、伯二六一〇（稱其爲乙本）參校。

校記

〔一〕『曆』，甲本無。

〔二〕「太史所占天下」，甲本無。
〔三〕「太史」，甲本無。
〔四〕「吉凶」，甲本無。
〔五〕「在」，甲本作「去」。
〔六〕「而」，甲本無；「之」，甲本無。
〔七〕「戌」，當作「戊」，據甲本改。
〔八〕「警」，甲本作「驚」。
〔九〕「聞驚卻退」，甲本作「聞動不動」，與下文重複，疑誤。
〔一〇〕「不」，甲本作「有」。
〔一一〕第一個「警」，甲本作「驚」。
〔一二〕「午」，當作「戊」，據甲本改。
〔一三〕「不」，甲本作「有」。
〔一四〕「聞悦有悦」，甲本同，與前文重複，疑誤。
〔一五〕「申」，據甲本補。
〔一六〕「壬」，據甲本補。
〔一七〕「遠」，甲本作「卻」。
〔一八〕「遠」，甲本作「有」。
〔一九〕「丁」，當作「壬」，據甲本改。
〔二〇〕「有聲」，甲本脱。

〔二一〕第一個「動」，甲本作「去」。

〔二二〕「雨」，甲本作「風雨」，誤。

〔二三〕「辛」，甲本同，當作「薪」，據文義改，「辛」爲「薪」之借字。

〔二四〕「繫」，甲本同，當作「擊」，據文義改，「繫」爲「擊」之借字。此句乙本作「聞者其年合有損失」。

〔二五〕此句甲本同，乙本作「亡遺財物，六畜散，警恐人民，亡亂事」。

〔二六〕「繫」，甲本同，當作「擊」，據乙本改，「繫」爲「擊」之借字。

〔二七〕「國」，甲本同，乙本作「鬬」，誤。

〔二八〕「王」，甲本同，乙本脱；「事」，乙本同，甲本無。

〔二九〕「☲」，乙本作「☳」，當作「☶」，據甲本改。

〔三〇〕「合」，甲本同，乙本作「合有」；「病」，乙本同，甲本作「疾」。

〔三一〕「事」，乙本同，甲本無。

〔三二〕「☳」，甲本同，乙本作「☶」；「軒」，甲本同，乙本作「轂」，誤。

〔三三〕「合」，乙本同，甲本無。

〔三四〕「憘」，甲、乙本作「喜」，均可通。

〔三五〕「慶」，甲本同，乙本脱；「太平」，乙本同，甲本無；「事」，甲、乙本無。

〔三六〕「☴」，乙本模糊不清，甲本作「☶」；「若」，甲本同，乙本無；「在」，甲本作「向」，乙本作「從在於」。

〔三七〕「憘」，甲、乙本作「喜」，均可通。

〔三八〕「耳」，乙本作「行事」，當作「事」，據甲本改。

〔三九〕「有」，據甲、乙本補；「一」，甲本亦脱，據乙本補。

〔四〇〕『聞』，甲本亦脫，據乙本補；『合』，甲本同，乙本作『合有』。

〔四一〕『功』，甲、乙本同，當作『攻』，據文義改，『功』爲『攻』之借字；『代』，乙本同，當作『伐』，據甲本改。

〔四二〕『向』，甲本同，乙本作『從向』，誤。

〔四三〕『聞』，甲本亦脫，據乙本補；『合義會』，甲、乙本作『義會合』。

〔四四〕『☳』，甲、乙本作『☰』；『有』，據甲本補，乙本作『有有』，衍一『有』字。

〔四五〕『歲』，甲本同，乙本作『年歲』；『事』，乙本同，甲本無。

〔四六〕『人』，甲本無，乙本作『大』，誤；『事』，乙本同，甲本無。

〔四七〕甲、乙本此句前均有標題，甲本作『占地動法』，乙本作『占候十二月地動吉凶』。

〔四八〕第一個『之』，甲本無。

〔四九〕『凶』，甲本作『凶也』。

〔五〇〕『者』，乙本同，甲本無。

〔五一〕『三』，甲本作『二』，誤。

〔五二〕『喪』，甲本無；『北』，甲本作『北方』。

〔五三〕『亂故』，甲本無，當作『故亂』，據文義改。

〔五四〕『始』，當作『胎』，據甲本改。

〔五五〕『故知』，乙本同，甲本無；『惡』，甲本無，乙本作『惡也』。

〔五六〕『六』，甲、乙本作『金六』。

〔五七〕『故知』，乙本同，甲本無；『行』，甲本無，乙本作『罡（？）』。

〔五八〕『故知』，甲本無；『產』，乙本同，甲本作『辛』；『死』，乙本同，甲本作『母』；『也』，乙本同，甲本無。

〔五九〕第一個『方』，甲、乙本無。
〔六〇〕『水』，甲本同，乙本作『小』，誤；『注』，甲本無，乙本作『住』，『住』爲『注』之借字。
〔六一〕『故』，甲本無，乙本作『故知』；『無』，乙本同，甲本無；『憂』，甲本無，乙本作『憂也』。
〔六二〕『於』，乙本同，甲本無。
〔六三〕『故知其國不』，乙本同，甲本無；『善』，甲本無，乙本作『善也』。
〔六四〕『散』，乙本同，甲本作『走』。
〔六五〕『繫』，甲本同，乙本作『擊』，『擊』爲『繫』之借字。
〔六六〕『事』，乙本同，甲本作『事也』。
〔六七〕『爭』，乙本同，甲本作『事』，誤；『浩浩』，甲本作『洁洁』，誤，乙本作『號號』，『號』爲『浩』之借字。
〔六八〕此句乙本同，甲本無。
〔六九〕『方』，甲本同，乙本作『蕃』。
〔七〇〕『二』，甲本同，乙本作『一』，誤。
〔七一〕此句乙本同，甲本無。
〔七二〕『動』，甲本同，乙本作『動者』。
〔七三〕『者』，乙本同，甲本無。
〔七四〕『者』，乙本同，甲本無。
〔七五〕『動』，甲本同，乙本作『動者』。
〔七六〕『水』，甲本同，乙本作『小水』。
〔七七〕『貴』，甲本同，乙本作『皆貴』。

〔七八〕「地」，甲本同，乙本無。
〔七九〕「地」，甲本同，乙本無。
〔八〇〕「敗散」，甲本同，乙本作「散敗」。
〔八一〕「地」，甲本同，乙本無。
〔八二〕「疾」，甲本同，乙本作「病」。
〔八三〕「地」，甲本同，乙本無。
〔八四〕「地」，甲本同，乙本無。
〔八五〕「歲」，甲本同，乙本作「年」。
〔八六〕「地」，甲本同，乙本無。
〔八七〕「地」，甲本同，乙本無。
〔八八〕「歲」，甲本同，乙本作「年」；「孰」，甲、乙本作「熟」，均可通。
〔八九〕「地」，甲本同，乙本無。
〔九〇〕「功」，甲本同，乙本作「公」，「公」爲「功」之借字。
〔九一〕「地」，甲本同，乙本無。
〔九二〕「民」，甲本同，乙本無；「病」，甲本同，乙本作「病患」。
〔九三〕乙本此句左側有標題「占日蝕吉凶」。
〔九四〕「德」，甲本同，乙本作「和刑」。
〔九五〕「慧」，甲、乙本同，當作「彗」，據文義改，「慧」爲「彗」之借字；「改」，甲本同，乙本作「和」。
〔九六〕「食」，甲本同，乙本作「蝕」；「蝕」，甲本同，乙本作「而蝕」。

〔九七〕『年』，乙本作『歲年』。
〔九八〕『歲』，甲本同，乙本作『來』，誤；『起兵』，甲、乙本作『兵起』。
〔九九〕『年』，乙本作『來年』。『日夏蝕』條，乙本同，據甲本及文義，應置於『日春蝕』條後。
〔一〇〇〕『食』，甲、乙本作『蝕』。
〔一〇一〕『侯王』，乙本同，甲本作『王侯』。
〔一〇二〕第一個『其』，甲本同，乙本作『各』。
〔一〇三〕『定』，甲本同，乙本作『之』。
〔一〇四〕『有兵』，底本此二字原與『子日蝕』同爲大字，據甲、乙本及文義應爲雙行小字。
〔一〇五〕『人』，乙本同，當作『大』，據文義改。
〔一〇六〕『亂』，甲本同，乙本作『亂兵起』。
〔一〇七〕『有』，乙本同，甲本無；『起』，乙本同，甲本無。
〔一〇八〕『有』，乙本同，甲本無；『厄』，乙本同，甲本無。
〔一〇九〕『兵』，乙本同，甲本作『大兵』；『南』，乙本同，甲本無。
〔一一〇〕『大』，乙本同，甲本無；『起』，乙本同，甲本無。
〔一一一〕『皆』，甲本同，乙本作『階』，『階』爲『皆』之借字。
〔一一二〕『晦』，甲、乙本作『晦朔』。
〔一一三〕『月』，甲本同，乙本作『八月』，誤。
〔一一四〕『王』，甲本同，乙本作『主』；『位』，甲本作『立』，疑誤，乙本無；『惡』，甲本同，乙本作『惡惡』，衍一『惡』字；『之』，甲本同，乙本作『之别立』。

〔一一五〕「旱」，甲本同，乙本作「旱也」。

〔一一六〕「臣」，甲本同，乙本作「日」，誤。

〔一一七〕「君」，甲本同，乙本無。

〔一一八〕「地」，甲本同，乙本作「也」，誤。

〔一一九〕「頳」，甲本同，乙本作「赭」。

〔一二〇〕「王」，甲本同，乙本作「生」，誤；「之」，甲本同，乙本無。

〔一二一〕「罕」，甲本同，乙本作「牢牢」，當作「竿」，據文義改。

〔一二二〕「年」，甲本同，乙本作「歲」；「凶」，甲、乙本作「凶也」。

〔一二三〕「隔」，甲本同，乙本作「分隔」。

〔一二四〕「出」，乙本同，甲本作「春」，誤。乙本自「三日並出」至「天（大）兵行」句，書於「日有亂明，大兵相擊」之後。

〔一二五〕「暈」，甲本同，乙本作「日暈」。

〔一二六〕「天」，甲本同，當作「大」，據乙本改。

〔一二七〕「扶」，甲、乙本作「扶日」；「傍」，甲本同，乙本作「邊」。

〔一二八〕「興」，甲本同，乙本作「有興」。

〔一二九〕「象」，甲本同，乙本作「象也」。

〔一三〇〕「時」，甲本同，乙本作「辰」。

〔一三一〕「歲在」，甲本同，乙本無。

〔一三二〕「磚」，乙本作「軓膞」。

〔一三三〕『拆』，乙本同，甲本作『拆』；『買』，甲本同，當作『賣』，據乙本改，『買』爲『賣』之借字。
〔一三四〕『歲在』，甲本同，乙本無。
〔一三五〕『穀』，甲本同，乙本作『穀粟』。
〔一三六〕『歲在』，甲本同，乙本無。
〔一三七〕『歲在』，甲本同，乙本無。
〔一三八〕『鮮』，甲本同，乙本作『先』，『先』爲『鮮』之借字。
〔一三九〕『歲在』，甲本同，乙本無。
〔一四〇〕『歲在』，甲本同，乙本無。
〔一四一〕『歲在』，甲本同，乙本無。
〔一四二〕『歲在』，甲本同，乙本無。
〔一四三〕『生』，甲本同，乙本作『收』。
〔一四四〕『或』，甲本同，乙本作『惑』，誤；『六』，甲本同，乙本作『六六』，衍一『六』字；『值』，甲本同，乙本作『治』，『治』爲『值』之借字；『一』，據甲、乙本補；『凶』，甲本同，乙本作『凶須一凶』，據文義，『須一凶』係衍文。
〔一四五〕『或』，甲本同，乙本作『惑有』；『治』，甲、乙本同，當作『值』，《吐蕃時期敦煌道教及相關信仰習俗探析》據文義校改，『治』爲『值』之借字；『一』，甲、乙本脱。
〔一四六〕『或』，據甲本補，乙本作『惑有』；『六十年』，據甲、乙本補；『值』，據文義補，甲、乙本作『治』，『治』爲『值』之借字；『一凶』，據甲、乙本補。
〔一四七〕『或』，甲本同，乙本作『惑』，誤；『治』，甲、乙本同，當作『值』，《吐蕃時期敦煌道教及相關信仰習俗探析》據文義校改，『治』爲『值』之借字。

〔一四八〕『他』，甲、乙本作『舉一千從他』；『做』，甲、乙本作『放』，均可通。

〔一四九〕『賢』，甲本同，乙本作『實』。

〔一五〇〕『吕』，甲、乙本同，當作『旅』，據文義改，『吕』爲『旅』之借字。

〔一五一〕『由』，甲、乙本同，當作『猶』，據文義改，『由』爲『猶』之借字。

〔一五二〕『胥』，甲本亦脱，據乙本補。

〔一五三〕『樂』，甲、乙本同，當作『惡』，據文義改；『也』，甲本同，乙本作『惡』，誤。

〔一五四〕『天立』，甲、乙本作『立天』。

〔一五五〕『離』，甲本同，當作『雜』，據乙本改。

〔一五六〕『末』，甲、乙本亦脱，《敦煌占卜文書研究》據文義校補；『年』，據甲、乙本補。

〔一五七〕『洮』，甲、乙本同，當作『滔』，《吐蕃時期敦煌道教及相關信仰習俗探析》據文義校改，『洮』爲『滔』之借字。

〔一五八〕『亂年』，據甲、乙本補。

〔一五九〕『奪』，甲本同，乙本作『脱』，誤。

〔一六〇〕『氣』，甲本同，乙本作『氣行』。

〔一六一〕『子』，甲本無，當作『至』，據乙本改，『子』爲『至』之借字。據文義，此句當有脱文。

〔一六二〕『年』，甲本同，乙本作『年中』。

〔一六三〕『西』，甲本同，乙本作『向西』。

〔一六四〕『父子』，甲本同，乙本作『子父』。

〔一六五〕『街衢』，甲、乙本作『衢街』。
〔一六六〕『其』，甲本同，乙本作『其事』；『十』，當作『一』，據甲、乙本改。
〔一六七〕『此』，甲本同，乙本無。
〔一六八〕乙本此句後有標題『太史雜占曆一卷』。甲、乙本此句後尚有『正月一日當雨不雨』至『（十二月）廿七日不雨，大風寒』等十二個月不同時日風雨占法。
〔一六九〕『太公占候雨法』，甲本同，乙本作『太公占候雨時日準則法，萬不失一』。
〔一七〇〕『皆』，甲本同，乙本作『並』。
〔一七一〕『北』，甲本同，乙本作『獨北』；『獨』，甲本同，乙本無。
〔一七二〕『大』，甲本同，乙本作『有』。
〔一七三〕『四』，甲本同，乙本作『又四』。
〔一七四〕『漢』，乙本同，甲本作『獨漢』；『有』，甲本同，乙本作『獨有者』。
〔一七五〕『不』，甲本同，乙本脱。
〔一七六〕『雨』，甲本同，乙本作『必雨』。
〔一七七〕『即』，據甲、乙本補。
〔一七八〕『入』，甲本同，乙本作『入時』。
〔一七九〕『其』，甲本同，乙本作『有』；『羊群』，甲本同，乙本作『群羊』。
〔一八〇〕『風』，甲本同，乙本作『風者』。
〔一八一〕『微雨』，甲本同，乙本作『雨少』。
〔一八二〕『十』，甲本同，乙本作『占候十』；『死』，甲本亦脱，據乙本補。

〔一八三〕『死』，據殘筆劃及甲、乙本補；『甲』，當作『申』，據甲、乙本改。
〔一八四〕『在子』，據殘筆劃及甲、乙本補。
〔一八五〕『氣』，乙本同，甲本脱。
〔一八六〕『大忌』，據殘筆劃及甲、乙本補；『日』，甲本同，乙本無。
〔一八七〕『寅』，甲本同，乙本作『忌寅日』。
〔一八八〕『戊』，當作『戌』，據甲、乙本改。
〔一八九〕『曰』，甲、乙本作『云』。
〔一九〇〕『赤』，乙本同，甲本作『青』，誤；『日』，甲、乙本亦脱，據文義補。
〔一九一〕『子』，乙本同，甲本無。
〔一九二〕『帝』，甲本同，乙本作『帝子』。
〔一九三〕『戊』，當作『戌』，據甲、乙本改。
〔一九四〕『五』，甲本同，乙本作『又五』。
〔一九五〕『不』，據甲、乙本補；『出軍』，據乙本補，甲本無；『向』，甲本同，乙本作『向彼方必敗』。
〔一九六〕『申』，乙本同，甲本作『中』，誤。
〔一九七〕『秋申子辰』，與前文重複，一在行末，一在次行行首，或爲有意抄重。
〔一九八〕『天』，甲本同，乙本作『又天』；『苟』，當作『狗』，據甲、乙本改，『苟』爲『狗』之借字；『食』，甲本同，乙本作『食日』。
〔一九九〕『中』，當作『申』，據甲、乙本改。
〔二〇〇〕『初』，甲本同，乙本作『右軍初』；『門』，甲本同，乙本作『城』。

〔二〇一〕「閉氣」，甲本同，乙本作「大將」。
〔二〇二〕「手」，甲、乙本作「左手」；「刀」，甲本同，乙本作「刀閉氣」；「晝」，甲本同，乙本作「劃」，均可通。
〔二〇三〕「四」，據甲、乙本補；「蹤」，當作「縱」，據甲、乙本改，「蹤」爲「縱」之借字。
〔二〇四〕「意」，甲本同，乙本無。
〔二〇五〕「蜜」，甲本同，當作「密」，據乙本改，「蜜」爲「密」之借字；「之」，甲本同，乙本作「曰」。
〔二〇六〕「蹤」，當作「縱」，據甲、乙本改，「蹤」爲「縱」之借字；「横」，據殘筆劃及甲、乙本補。
〔二〇七〕「長使」，甲本同，乙本作「禹遣」。
〔二〇八〕此句甲本同，乙本作「災殃不生」。
〔二〇九〕「謀」，甲本同，乙本作「當」。
〔二一〇〕「去」，甲本同，乙本作「即行」。
〔二一一〕「十」，甲本同，乙本作「推十」；「時」，甲本同，乙本作「辰」；「刑」，乙本同，甲本作「形」，「形」爲「刑」之借字。
〔二一二〕此句甲本同，乙本無。
〔二一三〕「形」，甲本同，當作「刑」，據乙本改，「形」爲「刑」之借字；「卯」，甲本同，乙本作「卯卯」。乙本此句後另有「丑刑戌，戌與子合」。
〔二一四〕「形」，甲本同，當作「刑」，據乙本改，「形」爲「刑」之借字；「子」，甲本同，乙本作「子子」。乙本此句後另有「寅刑巳，巳與亥合」。
〔二一五〕「形」，當作「刑」，據甲、乙本改，「形」爲「刑」之借字。
〔二一六〕「子」，當作「巳」，據甲、乙本改；「形」，當作「刑」，據甲、乙本改，「形」爲「刑」之借字；「申」，甲本同，乙本作「申申」。乙本此句在「辰自刑與酉合」前。
〔二一七〕「形」，當作「刑」，據甲、乙本改，「形」爲「刑」之借字。
〔二一八〕「形」，當作「刑」，據甲、乙本改，「形」爲「刑」之借字。
〔二一九〕「形」，當作「刑」，據甲、乙本改，「形」爲「刑」之借字。
〔二二〇〕「形」，當作「刑」，據甲、乙本改，「形」爲「刑」之借字；「寅」，甲、乙本作「辰」。甲、乙本此句後尚有「戌刑未與卯合，亥自刑與寅合」。
〔二二一〕「與」，甲、乙本無。
〔二二二〕「與」，甲本同，乙本無。
〔二二三〕「與」，甲本同，乙本無。
〔二二四〕「與」，甲本同，乙本無。甲、乙本此句後另有「未戌相鉤」。
〔二二五〕此句甲本同，乙本作「推十干合法」。
〔二二六〕「申」，當作「甲」，據甲、乙本改；「與」，甲本同，乙本無。
〔二二七〕「與」，甲本同，乙本無。
〔二二八〕「與」，甲、乙本無。
〔二二九〕「與」，甲、乙本無。
〔二三〇〕「戊」，當作「戌」，據甲、乙本改；「與」，甲、乙本無。
〔二三一〕「在」，甲、乙本無。
〔二三二〕「在」，甲、乙本無；「申」，甲、乙本同，當作「甲」，據文義改。
〔二三三〕「在」，甲、乙本無。

〔二三四〕「在」，甲、乙本無；「戊」，甲本同，當作「戊」，據乙本改。
〔二三五〕「正」，甲本同，乙本作「政」，「政」爲「正」之借字。
〔二三六〕「其」，甲本同，乙本無。
〔二三七〕「其」，甲本同，乙本無；「情」，據甲、乙本補。
〔二三八〕「其」，甲本同，乙本無。
〔二三九〕乙本此句前有「甲乙用本情」，據文義係衍文，當删。
〔二四〇〕「形」，當作「刑」，據甲、乙本改，「形」爲「刑」之借字。
〔二四一〕「辛」，乙本同，甲本作「申」。
〔二四二〕「用」，當作「情」，據甲、乙本改。
〔二四三〕「形」，當作「刑」，據甲、乙本改，「形」爲「刑」之借字。
〔二四四〕「王」，乙本同，甲本作「主」。
〔二四五〕「内」，當作「囚」，據甲、乙本改。
〔二四六〕「形」，當作「刑」，據甲、乙本改，「形」爲「刑」之借字；「告」，甲本同，乙本作「告示」。
〔二四七〕「解」，甲本同，乙本作「角」，誤。
〔二四八〕「鬼神」，乙本同，甲本作「神鬼」。
〔二四九〕「天」，甲本同，乙本作「推天」。
〔二五〇〕「正月」，甲本同，乙本脱。
〔二五一〕「天獄」，甲本同，乙本作「月」。
〔二五二〕「天獄」，甲、乙本無。

〔二五三〕「天獄」，甲、乙本無；「午」，當作「卯」，據甲、乙本改。
〔二五四〕「天獄」，甲、乙本無。
〔二五五〕「天獄」，甲、乙本無。
〔二五六〕「天獄」，甲、乙本無。
〔二五七〕「天獄」，甲、乙本無。
〔二五八〕「天獄」，甲、乙本無。
〔二五九〕「辰」，甲本同，乙本脱。
〔二六〇〕「豹」，甲、乙本同，當作「弱」，據《太素》《乙巳占》等改；「鳳」，當作「風」，據甲、乙本改，「鳳」爲「風」之借字。「大豹（弱）鳳（風）」，底本原爲雙行小字，據文義應爲大字。此圖乙本八卦均有卦符。
〔二六一〕「人」，甲、乙本無。
〔二六二〕「巽東南方曰」，乙本同，甲本作「東南方曰巽」；「來」，乙本同，甲本脱。「來」字前疑有脱文。「小弱風」，底本原爲雙行小字，據文義應爲大字。
〔二六三〕「人」，甲、乙本無。
〔二六四〕「頭」，當作「兒」，據甲、乙本改；「從」，甲本同，乙本脱；「來」，甲本同，乙本作「上來」。「嬰頭（兒）風」，底本原爲雙行小字，據文義應爲大字。
〔二六五〕「方」，甲、乙本無。
〔二六六〕「大」，甲本同，乙本作「天」，誤；「罡」，甲本同，乙本作「㓻」；「來子」，當作「子來」，據乙本改。
〔二六七〕「方」，甲本同，乙本無；「衝」，甲、乙本同，據《太素》《乙巳占》疑係衍文；「風」，乙本同，甲本作「風風」；「天」，據文義補，甲、乙本無；「門」，甲本同，乙本作「門上」。「折衝風」，底本原爲雙行小字，據文義應爲大字。

〔二六八〕『罡』，甲本同，乙本作『罰』。『小罡風』，底本原爲雙行小字，據文義應爲大字。

〔二六九〕『敵』，甲本同，乙本無。

〔二七〇〕『坤』，乙本同，甲本作『此』，誤；『南』，乙本同，甲本作『北』，誤；『曰』，乙本同，甲本作『來』；『諫風』，底本原爲雙行小字，據文義應爲大字。

〔二七一〕『有』，乙本無，甲本作『不』；『謀』，乙本同，甲本作『諫』。

〔二七二〕『墓』，甲本同，乙本作『暮』，『暮』爲『墓』之借字。

〔二七三〕『形』，當作『刑』，據甲、乙本改，『形』爲『刑』之借字。

〔二七四〕『形』，當作『刑』，據甲、乙本改，『形』爲『刑』之借字。

〔二七五〕『形』，當作『刑』，據甲、乙本改，『形』爲『刑』之借字。

〔二七六〕『形』，當作『刑』，據甲、乙本改，『形』爲『刑』之借字。

〔二七七〕『丑』，甲本同，乙本作『未』。

〔二七八〕『從』，乙本同，甲本脱；『上』，乙本同，甲本無。

〔二七九〕『同如』，乙本同，甲本作『如同』；『説』，乙本同，甲本無。

〔二八〇〕『敗』，甲本同，乙本作『敗六甲是』。

〔二八一〕『來』，甲本同，乙本作『上來』。

〔二八二〕『客』，據甲、乙本補。

〔二八三〕『六窮』，甲本同，乙本無；『者』，甲、乙本無。

〔二八四〕此句甲本同，乙本無。

〔二八五〕「者」，乙本同，甲本無。
〔二八六〕「是」，甲、乙本作「甲是」。
〔二八七〕「六」，據甲、乙本補；「日」，乙本同，甲本作「六」，誤。
〔二八八〕「午」，據甲、乙本補。
〔二八九〕「反」，甲本同，乙本作「叛」。
〔二九〇〕「聞」，甲本同，乙本作「若聞」。
〔二九一〕此句甲本同，乙本作「未知來時者」。
〔二九二〕「除」，當作「陰」，據甲、乙本改。
〔二九三〕「至」，乙本同，甲本作「止」。
〔二九四〕「云」，乙本同，甲本無。
〔二九五〕「來」，甲本同，乙本作「來者」。
〔二九六〕「德上」，據甲、乙本補；「來」，甲本脱，乙本作「來者」。
〔二九七〕「形」，當作「刑」，據甲、乙本改，「形」爲「刑」之借字；「上來」，甲本同，乙本無。
〔二九八〕「月歲」，甲本同，乙本作「歲月」；「下」，甲本同，乙本作「上」。
〔二九九〕「皆弱」，甲本同，乙本無。
〔三〇〇〕「軍」，甲、乙本作「來軍」。
〔三〇一〕「歲」，甲本同，乙本作「凡歲」。
〔三〇二〕「皆海中兵起」，甲本同，乙本作「兵起海中」。
〔三〇三〕「子」，當作「乙」，據甲、乙本改。

〔三〇四〕「也」，甲本同，乙本無。

〔三〇五〕「物」，甲本同，乙本脱。

〔三〇六〕「大」，甲、乙本作「有大」。

〔三〇七〕「功」，乙本同，甲本作「工」，「工」爲「功」之借字。

〔三〇八〕「木」，當作「禾」，據甲、乙本改。

〔三〇九〕「備」，甲本同，乙本作「宜備」；「關」，甲本作「閉」，乙本作「開」，均誤。

〔三一〇〕「來」，甲本同，乙本作「未」，誤；「逆」，甲本同，乙本脱。

〔三一一〕「剋」，甲、乙本亦脱，據伯二六三二《手決一卷》補；「干」，甲本同，乙本作「午」，誤；「者」，甲本同，乙本作「逆者」，衍一「逆」字。

〔三一二〕「從」，甲、乙本作「若」。

〔三一三〕「何」，甲本同，乙本作「可」；「平」，甲本同，乙本作「卒」。

〔三一四〕「在」，甲、乙本無，據文義係衍文，當删。

〔三一五〕「折」，甲、乙本作「折木」；「樹」，甲、乙本作「拔樹」。

〔三一六〕「石」，乙本同，甲本脱。

〔三一七〕「災」，甲、乙本作「災害」。

〔三一八〕「戌」，當作「戊」，據乙本改；「己」，甲本同，乙本作「己日」。

〔三一九〕「塵」，乙本同，甲本脱。

〔三二〇〕「形」，當作「刑」，據甲、乙本改，「形」爲「刑」之借字。

〔三二一〕「形」，當作「刑」，據甲、乙本改，「形」爲「刑」之借字；「來」，甲本同，乙本作「來者」。

〔三一二〕『形』，當作『刑』，據甲、乙本改，『形』爲『刑』之借字。
〔三一三〕『死』，乙本作『亡』。
〔三一四〕『形』，當作『刑』，據甲、乙本改，『形』爲『刑』之借字。
〔三一五〕『形』，當作『刑』，據甲、乙本改，『形』爲『刑』之借字。
〔三一六〕『形』，當作『刑』，據甲、乙本改，『形』爲『刑』之借字。
〔三一七〕『亡』，乙本同，甲本無。
〔三一八〕『放』，甲本同，乙本作『皆放』。
〔三一九〕『形』，當作『刑』，據甲、乙本改，『形』爲『刑』之借字。
〔三二〇〕『後』，甲、乙本無。
〔三二一〕『先』，乙本同，甲本脱；『形』，當作『刑』，據甲、乙本改，『形』爲『刑』之借字。
〔三二二〕『形』，當作『刑』，據甲、乙本改，『形』爲『刑』之借字。
〔三二三〕第二個『從』，甲、乙本無，據文義係衍文，當删。
〔三二四〕『形』，當作『刑』，據甲、乙本改，『形』爲『刑』之借字。
〔三二五〕『形』，當作『刑』，據甲、乙本改，『形』爲『刑』之借字。
〔三二六〕『形』，當作『刑』，據甲、乙本改，『形』爲『刑』之借字。
〔三二七〕『形』，當作『刑』，據甲、乙本改，『形』爲『刑』之借字。
〔三二八〕『日』，乙本同，甲本作『時』，誤。
〔三二九〕『形』，當作『刑』，據甲、乙本改，『形』爲『刑』之借字。
〔三四〇〕『形』，當作『刑』，據甲、乙本改，『形』爲『刑』之借字；『方』，甲本同，乙本無。

〔三四一〕「賊」，甲本同，乙本無；「西」，甲本同，乙本作「西方」。
〔三四二〕乙本此句後重抄「羽日羽時來，兵起圍城。日中夜半益怒，攻不下，客必敗」。
〔三四三〕「中」，乙本同，甲本作「之中」。
〔三四四〕「以」，甲、乙本脱。
〔三四五〕「形」，當作「刑」，據甲、乙本改，「形」爲「刑」之借字。
〔三四六〕「申」，乙本同，甲本脱；「上」，甲、乙本作「上來」。
〔三四七〕「知」，乙本同，甲本作「邑」，誤；「反」，甲本同，乙本作「叛」；「外」，乙本同，甲本無。
〔三四八〕「日」，甲本同，乙本作「月」，誤。
〔三四九〕「獄」，甲本同，乙本作「獄上」，衍一「上」字。
〔三五〇〕「罕」，甲本同，當作「牢」，據乙本改。
〔三五一〕「陣」，甲本同，乙本作「陳」，均可通。以下同，不另出校。
〔三五二〕「上」，甲本同，乙本作「上上」，衍一「上」字。
〔三五三〕「小」，乙本同，甲本作「上」。
〔三五四〕「罕」，甲本同，當作「牢」，據乙本改。
〔三五五〕「諸」，當作「儲」，據甲、乙本改；「於」，乙本同，甲本脱。
〔三五六〕「牙」，甲本同，乙本作「房」；「歲」，甲本同，乙本作「歲上」。
〔三五七〕「大」，甲本同，乙本作「太」，「大」通「太」。
〔三五八〕「軍」，甲本同，乙本作「軍上」。
〔三五九〕「青龍」，乙本作「陽孤」。

〔三六〇〕「罕」，當作「牢」，據乙本改。「甲子旬」條，甲本無。

〔三六一〕「巳地户」，據乙本及文例，應與「未天庭」互換位置。

〔三六二〕「未天庭」，據乙本及文例，應與「巳地户」互換位置。

〔三六三〕「罕」，當作「牢」，據乙本改，「甲申旬」條中另一「罕」字同，不另出校。「甲戌旬」條，甲本無。

〔三六四〕「子」，當作「午」，據乙本改。

〔三六五〕「門」，當作「地」，據乙本改。「甲申旬」條，甲本無。

〔三六六〕「將」，甲本同，乙本作「辰將」。

〔三六七〕「罡」，甲、乙本作「㓻」；「臨日」，甲本同，乙本無。

〔三六八〕「者」，乙本同，甲本作「日」；「皆將」，甲、乙本作「將皆」。

〔三六九〕「罡」，甲本同，乙本作「罡上」。

〔三七〇〕「太」，甲本同，乙本作「大」，「大」通「太」。

〔三七一〕「常」，甲本同，乙本作「當」。

〔三七二〕「午」，當作「干」，據甲、乙本改。

〔三七三〕「常」，乙本同，甲本無。

〔三七四〕「月」，甲本同，乙本作「月將」；「徵」，當作「登」，據文義改，甲本作「徵」，「徵」爲「登」之借字，乙本作「明」，誤；「明」，甲本同，乙本作「徵」，誤。

〔三七五〕「月」，甲本同，乙本作「月將」。

〔三七六〕「月」，甲本同，乙本作「月將」。

〔三七七〕「㓻」，甲、乙本作「罡」。

〔三七八〕『此』，甲本同，乙本作『右此』。
〔三七九〕『以』，甲本同，乙本作『常以』。
〔三八〇〕『加辰』，甲本同，乙本作『辰加』；第二個『是』，甲、乙本作『是也』。
〔三八一〕『於』，甲本同，乙本無。
〔三八二〕第二個『是』，甲本同，乙本作『是也』。
〔三八三〕『可』，甲本作『晉』。此句至本段結束，乙本無。
〔三八四〕『入』，甲本作『入於』。
〔三八五〕第二個『是』，甲本作『是也』。
〔三八六〕『戊』，當作『戌』，據甲、乙本改。
〔三八七〕『中』，據甲、乙本補。
〔三八八〕『獄』，甲本同，乙本作『牢』。
〔三八九〕『門』，乙本同，甲本作『庭』。
〔三九〇〕『罕』，當作『牢』，據甲、乙本改。
〔三九一〕『罕』，甲本同，當作『牢』，據乙本改。
〔三九二〕『是』，乙本同，甲本作『是也』。
〔三九三〕『丘』，甲本同，乙本作『兵』，誤；『之』，甲本同，乙本無；『是』，乙本同，甲本作『是也』。
〔三九四〕『地住』，甲本同，乙本作『拄地』；『四』，甲本同，乙本作『四面』；『是』，甲本無，乙本作『也』。
〔三九五〕『天獄』，甲本同，乙本作『獄地』；『是』，乙本同，甲本作『是也』。
〔三九六〕『營』，甲本同，乙本作『安營』；『户』，甲本同，乙本無；『如』，甲本同，乙本作『依』；『上』，甲本同，乙本作「上説」。

〔三九七〕「甲」，當作「申」，據甲、乙本改。

〔三九八〕「此」，甲本同，乙本作「右此」。

〔三九九〕「可」，乙本同，甲本脱。

〔四〇〇〕「背」，乙本同，甲本作「皆」，誤。

〔四〇一〕「又」，甲本同，乙本作「亦」；「名」，乙本同，甲本作「云」；「庭」，甲、乙本作「亭」，「亭」爲「庭」之借字。

〔四〇二〕「背」，乙本同，甲本作「皆」，誤；「皆」，乙本同，甲本無。

〔四〇三〕「反」，乙本同，甲本作「分」，當作「氏」，《敦煌卷子與〈乙巳占〉對讀一例》據文義校改。

〔四〇四〕「煞」，乙本同，甲本作「爭」，當作「大」，《敦煌卷子與〈乙巳占〉對讀一例》據文義校改；「吉」，甲、乙本脱，《敦煌卷子與〈乙巳占〉對讀一例》據文義校補。

〔四〇五〕「辱」，甲、乙本同，當作「反」，《敦煌卷子與〈乙巳占〉對讀一例》據文義校改。

〔四〇六〕「反」，甲、乙本脱，《敦煌卷子與〈乙巳占〉對讀一例》據文義校補。

〔四〇七〕「煞」，甲、乙本脱，《敦煌卷子與〈乙巳占〉對讀一例》據文義校補。

〔四〇八〕「辱」，甲、乙本脱，《敦煌卷子與〈乙巳占〉對讀一例》據文義校補。

〔四〇九〕「爭」，甲、乙本同，當作「大」，《敦煌卷子與〈乙巳占〉對讀一例》據文義校改；「吉」，甲、乙本脱，《敦煌卷子與〈乙巳占〉對讀一例》據文義校補。

〔四一〇〕「宫」，乙本同，甲本作「言」，誤。乙本自此句至「有誣欺不行之人來」連書兩遍，第二遍似重抄之正本。

〔四一一〕「煞」，乙本同，甲本無。

〔四一二〕自「凡四宮占候」至此句，底本原寫入「四宮」圖内，甲本「凡四宮占候」至「風從煞上」亦寫入「四宮」圖内。

〔四一三〕「上」，乙本同，甲本脱；「來」，乙本同，甲本作「來者」。

〔四一四〕「釋」，當作「澤」，據甲、乙本改。

〔四一五〕「返」，當作「反」，據甲、乙本改，「返」爲「反」之借字。

〔四一六〕「誣」，甲本同，乙本作「輕」，誤；「之」，乙本同，甲本作「之事」。

〔四一七〕乙本此句後重抄「四宮占候圖」及各條占辭。

〔四一八〕「急」，當作「忿」，據甲、乙本改。

〔四一九〕「形」，當作「刑」，據甲、乙本改，「形」爲「刑」之借字。

〔四二〇〕「來」，據甲、乙本補。

〔四二一〕「甲」，當作「申」，據甲、乙本改；「酉」，乙本同，甲本作「酉酉」，衍一「酉」字。

〔四二二〕「此」，甲本同，乙本無；「風」，甲本同，乙本作「風者從詔獄來」；「必」，甲本作「爲」，乙本作「定」；「赦」，乙本同，甲本作「赦多驗」。乙本此句後另有「占赦有無，常以子時候，東方有黄雲，春有赦；南方有黄雲，夏有赦；西方有黄雲，秋有赦；北方有黄雲，冬有赦。管内五州，離占天鏡并風雲氣候，但依此圖，善惡必應，萬無不剋」。後空兩行有一行殘字，其後另抄有「推占日辰吉凶」的「孤虚」等法，與此件無關。

〔四二三〕甲本於「消」和「冷」之間尚有「明知九月霜不降。四月不知温，明知十月蟲不蟄。五月不大熱，明知十月凍凌」等文字。據甲本及文義，疑底本抄者漏抄部分文字。

〔四二四〕「不」，據甲本補。

〔四二五〕「知」，甲本作「明知」。

〔四二六〕『知』，甲本作『明知』。
〔四二七〕『知』，甲本作『明知』。
〔四二八〕『降』，甲本作『絳』，『絳』爲『降』之借字。
〔四二九〕『知』，甲本作『明知』。
〔四三〇〕『來』，甲本作『來者』。
〔四三一〕『秋』，甲本無。
〔四三二〕『立冬』，甲本同，當作『冬至』，據文義改。
〔四三三〕『土』，甲本作『小』。
〔四三四〕『爲』，甲本作『曰』。
〔四三五〕『不』，據甲本補。
〔四三六〕『王』，甲本脱。
〔四三七〕『問』，當作『得』，據甲本改。
〔四三八〕『名』，甲本作『名曰』。
〔四三九〕『不通』，甲本無；『者』，甲本作『大吉』。
〔四四〇〕『名』，甲本作『名爲』。
〔四四一〕『城』，甲本無。
〔四四二〕『被』，甲本同，當作『鼙』，『被』爲『鼙』之借字；『鼓』，甲本作『鼓鼓』，衍一『鼓』字。據甲本及文義，『酉日』條應在『戌日』條前。
〔四四三〕此句疑有脱文，甲本『風』字前留有空格，似提示兩抄本所據之底本已殘或已脱。

〔四四四〕『北』，甲本無。
〔四四五〕『病』，甲本作『疾病』。
〔四四六〕『早』，當作『旱』，據甲本改。
〔四四七〕『大熟』，甲本作『五穀不成』。
〔四四八〕『多』，甲本作『春多』。
〔四四九〕『雨』，甲本作『雨春多雨』。
〔四五〇〕『早』，當作『旱』，據甲本改。
〔四五一〕『成』，甲本作『不成』。
〔四五二〕『穀』，甲本作『五穀』。
〔四五三〕『熟』，甲本作『成熟』。
〔四五四〕『早』，當作『旱』，據甲本改。
〔四五五〕『病』，甲本作『疾病』。
〔四五六〕甲本此句右側書有小字『一日，十七日』。
〔四五七〕『二』，甲本無。
〔四五八〕甲本此句右側書有小字『二日，十八日』。
〔四五九〕『保』，甲本作『相保』。
〔四六〇〕『縣』，當作『脅』，據甲本改。甲本此句右側書有小字『三日，十九日』。
〔四六一〕『穩』，甲本作『隱』，均可通。
〔四六二〕『嫁』，甲本作『嫁者法』。甲本此句右側書有小字『四日，廿日』。

〔四六三〕「武」，甲本作「虎」，誤。甲本此句右側書有小字「五日，廿一日」。

〔四六四〕「學」，當作「無」，據甲本改；「子」，據甲本補。疑底本將「無子」二字誤作「學」。

〔四六五〕甲本此句右側書有小字「六日，廿二日」。

〔四六六〕「形」，當作「刑」，據甲本改，「形」爲「刑」之借字。

〔四六七〕「繫」，甲本作「擊」，「擊」爲「繫」之借字。

〔四六八〕甲本此句右側書有小字「七日，廿三日」。

〔四六九〕「葬苦」，甲本作「死凶」。

〔四七〇〕「已」，甲本作「右已」；「下」，甲本作「上」，誤。

〔四七一〕此句甲本作「朱雀日生男」。

〔四七二〕第二個「宜」，甲本無，據文義係衍文，當删。

〔四七三〕「令」，當作「命」，據甲本改。

〔四七四〕「者」，當作「吉」，據甲本改。

〔四七五〕「形」，當作「刑」，據文義改，「形」爲「刑」之借字。

〔四七六〕「口」，當作「足」，據文義改。

〔四七七〕「石」，據文義補。

〔四七八〕「石」，據文義補。

參考文獻

《敦煌寶藏》二三册，臺北：新文豐出版公司，一九八二年，五八一至五八六頁（圖）；《敦煌寶藏》一二二册，臺

Дх 一三六六背 + 斯二七二九背

北：新文豐出版公司，一九八五年，四三六至四四一頁（圖）；《英藏敦煌文獻》四卷，成都：四川人民出版社，一九九一年，二二八至二三五頁（圖）；《敦煌占卜文書與唐五代占卜研究》，北京：學苑出版社，二〇〇一年，一四七至一四八頁；《法藏敦煌西域文獻》一六册，上海古籍出版社，二〇〇一年，二二八至二三三頁（圖）；《法藏敦煌西域文獻》一七册，上海古籍出版社，二〇〇一年，一〇頁（圖）；《法藏敦煌西域文獻》二三册，上海古籍出版社，二〇〇二年，六八至七三頁（圖）；《敦煌占卜文書研究》，蘭州大學博士學位論文，二〇〇二年，三七九至四〇八、四三四至四三五頁（録）；《唐代宗教信仰與社會》，上海辭書出版社，二〇〇三年，三二三頁（録）；《出土文獻研究》六輯，北京：文物出版社，二〇〇四年，二六六至二六八頁（録）；《民族史研究》九輯，北京：中央民族大學出版社，二〇一〇年，二六二至二七八頁；《中古異相——寫本時代的學術、信仰與社會》，上海古籍出版社，二〇一一年，一五六、一六八頁；《敦煌研究》二〇一一年四期，七六至八四頁；《區域社會史視野下的敦煌禄命書研究》，北京：民族出版社，二〇一二年，二五二至二六一頁。

斯二七三二　保定二年（公元五六二年）維摩經義記卷第四題記

釋文

龍、華二儒共校定也，更比字一校也。大統五年四月十二日，比丘惠龍寫記流通〔一〕。保定二年歲次壬午，於爾綿公齋上榆樹下〔二〕，大聽（德）僧雅講維摩經一遍〔三〕，私記。

説明

此件《英藏敦煌文獻》未收，現予增收。此件先爲西魏大統五年（公元五三九年）惠龍所抄，北周保定二年（公元五六二年）又添加題記。

校記

〔一〕『龍』，《敦煌遺書總目索引》《敦煌遺書總目索引新編》釋作『能』；『記』，《中國古代寫本識語集録》釋作『訖』，《敦煌遺書總目索引新編》漏録。

〔二〕『綿』，《敦煌遺書總目索引》《敦煌遺書總目索引新編》釋作『錦』。

〔三〕「聽」，當作「德」，*Descriptive Catalogue of the Chinese Manuscripts from Tunhuang in the British Museum* 據文義校改；「雅」，《敦煌學要籥》未能釋讀，《敦煌遺書總目索引》釋作「稚」。

參考文獻

《大正新脩大藏經》八五册，東京：大正一切經刊行會，一九三四年，三五四至三五五頁（録）；《鳴沙餘韻》，東京：岩波書店，一九三三年，六頁（圖）；*Descriptive Catalogue of the Chinese Manuscripts from Tunhuang in the British Museum*, The Trustees of the British Museum, London 1957, p. 167（録）；《鳴沙餘韻·解説》，京都：臨川書店，一九八〇年，三一頁（録）；《敦煌寶藏》一二册，臺北：新文豐出版公司，一九八二年，六四一頁（圖）；《敦煌學要籥》，臺北：新文豐出版公司，一九八二年，七二頁（録）；《敦煌遺書總目索引》，北京：中華書局，一九八三年，一六五頁（録）；《中國古代寫本識語集録》，東京大學東洋文化研究所，一九九〇年，一二一、一三二頁（録）；《敦煌遺書總目索引新編》，北京：中華書局，二〇〇〇年，八四頁（録）。

斯二七三三　正始五年（公元五〇八年）法華義記卷第三題記

釋文

比丘惠業許〔一〕。

正始五年五月十日，釋道周所集，在中京廣德寺寫訖〔二〕。

説明

此件《英藏敦煌文獻》未收，現予增收。北魏宣武帝正始五年爲公元五〇八年。

校記

〔一〕『許』，《敦煌遺書總目索引新編》未能釋讀。

〔二〕『京』，《敦煌學要籥》《中國古代寫本識語集録》釋作『原』。

參考文獻

《鳴沙餘韻》，東京：岩波書店，一九三三年，二五至二六頁（圖）；《大正新脩大藏經》八五册，東京：大正一切經刊行會，一九三四年，一七六頁（録）；*Descriptive Catalogue of the Chinese Manuscripts from Tunhuang in the British Museum*, The Trustees of the British Museum, London 1957, p. 171（録）；《鳴沙餘韻·解説》，京都：臨川書店，一九八〇年，九四頁（録）；《敦煌寶藏》二三册，臺北：新文豐出版公司，一九八二年，六六一頁（圖）；《敦煌學要籥》，臺北：新文豐出版公司，一九八二年，六九頁（録）；《敦煌遺書總目索引》，北京：中華書局，一九八三年，一六五頁（録）；《中國古代寫本識語集録》，東京大學東洋文化研究所，一九九〇年，一〇〇頁（録）；《敦煌遺書總目索引新編》，北京：中華書局，二〇〇〇年，八四頁（録）。

斯二七四〇　大般涅槃經卷卅五題記

釋文

比丘善慈所供養〔一〕。

説明

此件《英藏敦煌文獻》未收，現予增收。《中國古代寫本識語集録》認爲此件大約抄寫於五世紀。

校記

〔一〕『所』，《敦煌學要籥》釋作『似』，《敦煌遺書總目索引新編》釋作『穗』，均誤。

參考文獻

《鳴沙餘韻》，東京：岩波書店，一九三三年，九六頁（圖）；*Descriptive Catalogue of the Chinese Manuscripts from Tun-huang in the British Museum*, The Trustees of the British Museum, London 1957, p. 51（録）；《鳴沙餘韻·解説》，京都：臨川書店，一九八〇年，二八八頁（録）；《敦煌寶藏》二三册，臺北：新文豐出版公司，一九八二年，二四頁（圖）；《敦

煌學要籥》，臺北：新文豐出版公司，一九八二年，一二一頁（録）；《敦煌遺書總目索引》，北京：中華書局，一九八三年，一六五頁（録）；《中國古代寫本識語集録》，東京大學東洋文化研究所，一九九〇年，九六頁（録）；《敦煌遺書總目索引新編》，北京：中華書局，二〇〇〇年，八五頁（録）。

斯二七四六背　一　辛巳年押牙王佛德買馱馬契

釋文

（前缺）

辛巳年十二月十九日，押牙王佛德□典（？）家（？）女願（？）子面上□

馱馬壹頭，斷[價　碩]，麥拾石，乾果□拾段，更帖頭（？）□月十六日還麥

八石□絲一疋，折白褐三段，□斜褐柒段，恐□面上□取本物色，故勒

□憑。（指節符）

（後缺）

說明

此件正面爲《金光明最勝王經》，背面以數殘片修補該經。前幾片内容爲佛經，故不錄。後五片字體一致，應爲契約文書，當是同一件文書被剪裁用以補經，其中兩片可以直接綴合，一片有指節符號，可以

確定是契約末尾，故定名爲『辛巳年押牙王佛德買馱馬契』。

參考文獻

《敦煌寶藏》二三册，臺北：新文豐出版公司，一九八二年，八五、八六頁（圖）；《英藏敦煌文獻》四卷，成都：四川人民出版社，一九九一年，二三六頁（圖）。

斯二七四六背　二　帙數和寺名

釋文

五十六　修

説明

此件爲正面經文的帙數和所屬寺院的簡稱。

參考文獻

《敦煌寶藏》二三册，臺北：新文豐出版公司，一九八二年，八六頁（圖）；《英藏敦煌文獻》四卷，成都：四川人民出版社，一九九一年，二三六頁（圖）。

斯二七四八背　雜寫

釋文

孟春猶寒。伏
大般
大般若波羅蜜多經
大般若波羅
趙以恩者，南陽人也。母患在牀。忽
趙趙進（？）明，麥參石，至秋四石，至（？）了（？）事。
法滅惠，不可了知，太空（？）朗體，大然弃（？）雲方自現。仰惟德

説明

以上文字寫於《菩薩瓔珞本業經疏》之間，《英藏敦煌文獻》未收，現予增收。

參考文獻

《敦煌寶藏》二三册，臺北：新文豐出版公司，一九八二年，一二六至一二八頁（圖）。

斯二七五四　僧伽和尚欲入涅槃説六度經題記

釋文

恩會〔一〕。

説明

此件《英藏敦煌文獻》未收，現予增收。《中國古代寫本識語集録》認爲此件大約寫於十世紀。

校記

〔一〕『會』，《敦煌學要籥》《敦煌遺書總目索引》《敦煌遺書總目索引新編》釋作『惠』，誤。

參考文獻

Descriptive Catalogue of the Chinese Manuscripts from Tunhuang in the British Museum, The Trustees of the British Museum, London 1957, p. 152（録）；《敦煌寶藏》二三册，臺北：新文豐出版公司，一九八二年，一三六頁（圖）；《敦煌學要籥》，

臺北：新文豐出版公司，一九八二年，一二二頁（録）；《敦煌遺書總目索引》，北京：中華書局，一九八三年，二六六頁（録）；《中國古代寫本識語集録》，東京大學東洋文化研究所，一九九〇年，五一八頁（録）；《敦煌遺書總目索引新編》，北京：中華書局，二〇〇〇年，八五頁（録）。

斯二七六二　大佛頂如來密因修證了義諸菩薩萬行首楞嚴經卷第四題記

釋文

右大唐循州〔釋〕門懷迪〔一〕，共梵僧於廣州譯新編入録。

説明

此件《英藏敦煌文獻》未收，現予增收。《中國古代寫本識語集録》認爲此件寫於神龍元年，即公元七〇五年。

校記

〔一〕「釋」，《中國古代寫本識語集録》據文義校補。

參考文獻

Descriptive Catalogue of the Chinese Manuscripts from Tunhuang in the British Museum, The Trustees of the British Museum, Lon-

don 1957, p. 111（録）；《敦煌寶藏》二三册，臺北：新文豐出版公司，一九八二年，二一〇頁（圖）；《敦煌學要籥》，臺北：新文豐出版公司，一九八二年，一二二頁（録）；《敦煌遺書總目索引》，北京：中華書局，一九八三年，一六六頁（録）；《中國古代寫本識語集録》，東京大學東洋文化研究所，一九九〇年，二六五頁（録）；《敦煌遺書總目索引新編》，北京：中華書局，二〇〇〇年，八五頁（録）。

斯二七六六　大般涅槃經卷第廿五題記

釋文

壬午歲，弟子張康得所寫供養。

説明

此件《英藏敦煌文獻》未收，現予增收。《中國古代寫本識語集録》認爲此壬午歲爲北魏宣武帝景明三年，即公元五〇二年。

參考文獻

Descriptive Catalogue of the Chinese Manuscripts from Tunhuang in the British Museum, The Trustees of the British Museum, London 1957, p. 49（録）；《敦煌寶藏》二三册，臺北：新文豐出版公司，一九八二年，二四五頁（圖）；《敦煌學要籥》，臺北：新文豐出版公司，一九八二年，一二一頁（録）；《敦煌遺書總目索引》，北京：中華書局，一九八三年，一六六頁（録）；《中國古代寫本識語集録》，東京大學東洋文化研究所，一九九〇年，九九頁（録）；《敦煌遺書總目索引新編》，北京：中華書局，二〇〇〇年，八五頁（録）。

斯二七八六　陀鄰尼經題記

釋文

用紙一十張，易紹太寫。

説明

此件《英藏敦煌文獻》未收，現予增收。《中國古代寫本識語集録》認爲此件抄寫時間大約在六世紀。

參考文獻

Descriptive Catalogue of the Chinese Manuscripts from Tunhuang in the British Museum, The Trustees of the British Museum, London 1957, p. 107（録）；《敦煌寶藏》二三册，臺北：新文豐出版公司，一九八二年，四〇四頁（圖）；《敦煌學要籥》，臺北：新文豐出版公司，一九八二年，一二一至一二二頁（録）；《敦煌遺書總目索引》，北京：中華書局，一九八三年，一六六頁（録）；《中國古代寫本識語集録》，東京大學東洋文化研究所，一九九〇年，一六三頁（録）；《敦煌遺書總目索引新編》，北京：中華書局，二〇〇〇年，八六頁（録）。

斯二七九一　開皇十八年（公元五九八年）大般涅槃經卷第卅八題記

釋文

大隋開皇十八年四月八日，清信女氾仲妃，自知形同泡沫，命等風光；識解四非〔一〕，存心三寶。遂減身口之分〔二〕，爲亡夫寫涅槃經一部。以此善因，願亡夫遊神淨土，七世父母，見在家眷〔三〕，所生之處，值佛聞法〔四〕。天窮有頂〔五〕，地極無邊，法界有形，同登正覺。

説明

此件《英藏敦煌文獻》未收，現予增收。開皇十八年即公元五九八年。

校記

〔一〕『解』，《中國古代寫本識語集録》釋作『𧦝』。

〔二〕『分』，《敦煌遺書總目索引新編》未能釋讀。

〔三〕『見』，《敦煌遺書總目索引新編》釋作『現』，誤。

〔四〕『聞』，《敦煌遺書總目索引新編》釋作『開』，校改作『聞』，按底本實爲『聞』。

〔五〕『頂』，《敦煌遺書總目索引新編》未能釋讀。

參考文獻

Descriptive Catalogue of the Chinese Manuscripts from Tunhuang in the British Museum, The Trustees of the British Museum, London 1957, pp. 51-52（録）；《敦煌寶藏》二三册，臺北：新文豐出版公司，一九八二年，四三一頁（圖）；《敦煌學要籥》，臺北：新文豐出版公司，一九八二年，一二二頁（録）；《敦煌遺書總目索引》，北京：中華書局，一九八三年，一六六頁（録）；《中國古代寫本識語集録》，東京大學東洋文化研究所，一九九〇年，一五一至一五二頁（録）；《敦煌願文集》，長沙：岳麓書社，一九九五年，八五八頁（録）；《敦煌遺書總目索引新編》，北京：中華書局，二〇〇〇年，八六頁（録）。

斯二七九四　金剛三昧經題記

釋文

爲法界六道衆生寫此經轉讀〔一〕，滅無量罪，長無量福。

説明

此件《英藏敦煌文獻》未收，現予增收。《中國古代寫本識語集録》認爲此件大約寫於九世紀。

校記

〔一〕『寫』，《敦煌遺書總目索引新編》漏録。

參考文獻

Descriptive Catalogue of the Chinese Manuscripts from Tunhuang in the British Museum, The Trustees of the British Museum, London 1957, p. 109（録）；《敦煌寶藏》二三册，臺北：新文豐出版公司，一九八二年，四四九頁（圖）；《敦煌學要籥》，

臺北：新文豐出版公司，一九八二年，一二三頁（録）；《敦煌遺書總目索引》，北京：中華書局，一九八三年，一六六頁（録）；《中國古代寫本識語集録》，東京大學東洋文化研究所，一九九〇年，四四二頁（録）；《敦煌遺書總目索引新編》，北京：中華書局，二〇〇〇年，八六頁（録）。

斯二八〇四　金光明最勝王經卷第七題記

釋文

經主永興。

説明

此件《英藏敦煌文獻》未收，現予增收。

參考文獻

Descriptive Catalogue of the Chinese Manuscripts from Tunhuang in the British Museum, The Trustees of the British Museum, London 1957, p. 57（録）；《敦煌寶藏》二三册，臺北：新文豐出版公司，一九八二年，五一七頁（圖）；《敦煌遺書總目索引》，北京：中華書局，一九八三年，一六六頁（録）；《敦煌遺書總目索引新編》，北京：中華書局，二〇〇〇年，八六頁（録）。

斯二八二一　大般涅槃經音

釋文

大般涅槃經序品第一〔一〕

慄〔二〕。抑憶。悼徒弔反。澡審〔三〕。膠。梔。駿峻。蜂烽。唼帀。紺甘。鴝衢。鵠谷。嘻喜〔四〕。溝〔五〕。

坑苦[征]反〔六〕。鴞號。爾時復有七恒河沙諸王夫人，唯除阿闍世王夫人，爲度衆生，現受女身，常觀衆生。又愛德夫人。枳。降怨鳥王上〔七〕。那羅達王上。善見王爲大。大善見王爲大。睒波利王爲大。跋提達多王爲大。可畏王爲大。樂香王爲大〔八〕。蚊。蚋芮。塹。馥畐〔九〕。梟。

玟文〔一〇〕。瑰盔懷〔一一〕。蛣吉。蜣匡。蝮畐〔一二〕。蠣禮〔一三〕。坵丘。墟虚。隼觸。

大般涅槃經壽命品之二　第二〔一四〕

裹果。繭見。蔑滅。螯郝。於是母子遂共俱没。如是女人慈念功德，命終之後，生於梵天〔一五〕。駟四。蟻義。膾。囹令。圄吾。翌。睨迎。跡即。羈〔一六〕。瑮鏁。恤。眩。罥。範。騃。拇。

大般涅槃經壽命品之三　第三

攢。摇。

大般涅槃經金剛身品第二

鉾牟。稍朔。薨鄧。瞢夢。俎值〔一七〕。

大般涅槃經名字功德品第三

邃。

大般涅槃經如來性品第四　第四

鼇梨。革格。栽才。樗推。圍爲。檜口外反〔一八〕。儁象。捔角〔一九〕。浣换。濯藥〔二〇〕。

大般涅槃經如來性品之二　第五

鹽。豉是。捲拳。縮宿。疣由。瞑。陶桃。卒崒〔二一〕。嘶。蜱。曝抱。爆抱。二十五有。一我（餓）鬼愛〔二二〕。滓查。幹。閫困。皐觸。跳天弔反。匹疋。敦多論反。

大般涅槃經如來品之三〔二三〕　第六

踰約爲〔二四〕。逮大〔二五〕。稟儐。嘘虚。純准。稗平賣〔二六〕。偃惡。稻道。熙喜。拒巨。踁。弊閉。餅。隟喫。

稊弟。稚除。叛。塘。淋。澡。秀。賣貞〔二七〕。綺去。飾昔〔二八〕。貯主（？）〔二九〕。

大般涅槃經卷第七

沮。洟唏字〔三〇〕。唾字〔三一〕。鍑。羖。羝丁。鬧。析。寤五。抵底。筒同〔三二〕。钁劚〔三三〕。斲。拇。

大般涅槃經卷第八

酢。唊。膜。髣方。髴弗。矇夢。朧。舶。櫓盧〔三四〕。謟。噁者。阿者。億者。伊者。郁者。優者〔三五〕。啞者。黔者。烏者。炮者。菴者。阿者。迦者。佉者。伽者。哐者。俄者。遮者。車者。闍者。饍者。若者。吒者。咃者。茶者。祖者。拏者。多者。他者。陀者。彈者。那者。羝。闐。波者。頗者。婆者。滼者。摩者。蛇者。囉者。羅者。啝者。奢者。沙者。娑者。呵者。荼者。魯流盧樓，如是四字，說有四義。

大般涅槃經卷第九

彗而歲反〔三六〕。慺。阜富。緻至。膏高。蹈踏〔三七〕。鼉。蘸。鬱。蒸蒸。

孩（核）〔三八〕。矛。綜宗。診。棲西。怏央。躁。陶桃。

大般涅槃經現病品第六　十一

噬。麴。鳸箭〔三九〕。編偏。餙昔。毦。叵頗。熙希〔四〇〕。蟠盤。詐滓〔四一〕。諭。淋。瀝力。瘖。

大般涅槃經卷第十二

愐〔四二〕。眴峻。榻吐合反〔四三〕。黶炎。髦毛。邃。蝎。螌。撤。蠡。捕布。顛。瓌懷。瑋韋〔四四〕。

瑺唐〔四五〕。跌。赧舍〔四六〕。秏呼高反，蒿〔四七〕。皴春。艾。蚤。虱。駐。鍛〔四八〕。[illegible]。鉗。璅。

大般涅槃經卷第十三

灆南。驃。藕。眴。

卷第十四〔四九〕

蹋。備。鍭侯〔五〇〕。鞞。敦。

梵行品第八　十五

氀。編。翹橋。撲。悴恤。

第十六

欐梨〔五一〕。

梵行品第八　十七

完桓。

第十八　五十二心

魹。苞。穽淨。欽口金反。髡。

第十九

嬰兒行品第九

削息略反。奎。昴卯。

第廿

大般涅槃經光明遍照高貴德王菩薩品第十　廿一

拇。捷除獵反〔五二〕。鏃作木反。埠。阜。珁。

光明遍照高貴德王菩薩品　第廿二

俎。稚。楯。槊。歔。伺。闚。杅。

同德王菩薩品　第廿三

完。楞。庭。燎。

德王菩薩品　第二十四

駃。貌。

第二十五

貿。耐。噬〔五三〕。塊。

菩薩品　第廿六

鬧。振。

師子吼菩薩品第廿（十）三（一）〔五四〕　第廿七

斯二八二一

睖。醪〔五五〕。煗爲〔五六〕。完。

師子吼菩薩品　廿八

搜。豚。跣。奩。

師子吼菩薩品　第廿九

吼菩薩品　第三十

羆雄〔五七〕。薰。謿。讌。齧。托〔五八〕。萎。駟。

大般涅槃經第卌一

舀〔五九〕。橘。葵。藿。紝。毦。

師子吼菩薩品　第三十二

藁。

迦葉菩薩品第十二

黍。

師子吼菩薩品　第三十三

迦葉菩薩品十二　第三十四

迦葉菩薩品　第三十五

第三十六

紝。診。

迦葉菩薩品 第三十七

兗。齚。囓。蚩初。笑。礪禮。

憍陳如品第十三

膜莫。

迦葉菩薩品之六 第三十八

椒叔。綏湏[六〇]。幘責[六一]。停。悎號[六二]。綜宗。稾。

憍陳如品上第十三 第三十九

籥輪[六三]。蠟。稍。餌。

大般涅槃經第四十

啄捉。苟勾。溪輕。溝。壑。爆抱。

警。

大般涅槃經應盡還源品

大般涅槃經遺教品

斯二八二一

悼。抑。

憍陳如品之三　第四十一

悽。隕員。慨苦廣反〔六四〕。雉。纛。墿。

聖軀廓閏品

倏夙。儵。

大般涅槃經機感荼毗品　四十二

説明

此件首尾完整，爲『大般涅槃經音』。《大般涅槃經》有北本、南本之别，北本由北涼曇無讖譯，十三品四十卷；南本由劉宋慧嚴、慧觀、謝靈運等據北本改譯，二十五品三十六卷。《敦煌經部文獻合集》認爲此件所據經本爲北涼曇無讖譯的四十卷本及唐若那跋陀羅譯的《大般涅槃經後分》二卷（底卷中署卷四十一、四十二）（參見張涌泉主編《敦煌經部文獻合集》，五二〇二頁），但此件中多個被注字不見於現知《大般涅槃經》的相應位置，值得研究。

敦煌本《大般涅槃經音》保存經文古本中的俗字、誤字頗多，音多符合唐代西北方音。《敦煌音義匯考》根據體例將敦煌文書所見《大般涅槃經音》分爲三個系統，一爲摘語注音，兼注異文，有伯二一七二、伯三〇二五以及此件；二爲摘字注音而非每字必注，有伯三四三八、伯三四一五；三爲摘字無注，有斯三三六六、伯三五七八。觀此卷情況，所注字和注文墨跡不同，似爲先摘字，後注音，且注音没有全部完成。摘字中夾有《大般涅槃經》經文内容，乃意義轉述，非直引。從卷十三起，卷次品名多在該卷注字之末，且字次往往與經文相反。對於此件中以正字注俗字的情況，爲避免同字相注，保留俗字。

校記

〔一〕「序品」，《敦煌經部文獻合集》疑誤。

〔二〕「慄」，底本似「慓」，按寫本中「木」「示」形近易混，此據文義逕釋。

〔三〕「審」，《敦煌音義匯考》認爲注者以被注字「澡」爲「滲」，因誤字而誤音。

〔四〕「喜」，《敦煌音義匯考》疑誤。

〔五〕「溝」，底本作「搆」，係涉下文「坑」之類化俗字，《敦煌音義匯考》認爲二字同。

〔六〕「征」，據殘筆劃及文義補，《敦煌經部文獻合集》釋作「兄」，誤。

〔七〕「上」，底本爲小字補注，按應與「那羅達王上」之「上」同，故録爲大字。

〔八〕「爾時」至此句，《敦煌經部文獻合集》認爲與上下文體例不合，疑爲衍文。

〔九〕「畐」，《敦煌音義匯考》釋作「福」，誤。

〔一〇〕「玫」，《敦煌經部文獻合集》認爲係「玫」之楷變字，音「枚」。

〔一一〕「盔懷」，《敦煌音義匯考》《敦煌經部文獻合集》認爲當作「懷盔」。

〔一二〕「畐」，《敦煌音義匯考》釋作「福」，誤。

〔一三〕「螨」，《敦煌音義匯考》據《大般涅槃經》認爲當作「蝎」，其音注「禮」係爲誤字注音。

〔一四〕底本爲將卷數和品數區別，有的卷數上標，釋文中統一上標。以下同，不另出校。

〔一五〕『於是母子』至此句，《敦煌經部文獻合集》認爲與上下文文例不合，疑爲衍文。

〔一六〕『羈』，底本原作『䩭』，爲『羈』之古文，《敦煌經部文獻合集》釋作『覊』，誤。

〔一七〕『值』，《敦煌音義匯考》未能釋讀，《敦煌經部文獻合集》疑爲『沮』或『阻』之訛。

〔一八〕『口外』，《敦煌音義匯考》未能釋讀。

〔一九〕『角』，此字先寫於右側，因没墨又另寫於左側，故右側殘字不録。

〔二〇〕『藥』，《敦煌經部文獻合集》疑誤。

〔二一〕『崒』，《敦煌經部文獻合集》未能釋讀。

〔二二〕『我』，當作『餓』，據《大般涅槃經》改。

〔二三〕『品』，《敦煌經部文獻合集》據《大般涅槃經》校補作『性品』。

〔二四〕『約爲』，《敦煌經部文獻合集》釋作『爲□』，誤。

〔二五〕『逮』，底本原作『逯』，爲『逮』之俗字，《敦煌經部文獻合集》認爲『逯』爲『逮』之隸變異體。

〔二六〕『平』，《敦煌經部文獻合集》認爲此字爲上字『純』之音注，即『純准平』，按《廣韻》『純』音『準』，又《説文》『平』和『稗』均爲旁卦切，結合位置和墨跡，『平』應爲『稗』之上音，《敦煌經部文獻合集》誤。

〔二七〕『貞』，《敦煌經部文獻合集》疑誤。

〔二八〕『昔』，《敦煌經部文獻合集》疑誤。以下同，不另出校。

〔二九〕『主』，底本字形介於『主』『至』之間，《敦煌音義匯考》《敦煌經部文獻合集》釋作『至』，據音韻『主』爲佳。

〔三〇〕『唋』，《敦煌音義匯考》認爲此字係『涕』之俗字，疑未當。

〔三一〕『字』《敦煌經部文獻合集》疑爲衍文，據上文『洟』字注字體例，其前或脱『涶』字。

〔三二〕「筒」，《敦煌經部文獻合集》釋作「箭」。

〔三三〕「勖」，《敦煌音義匯考》《敦煌經部文獻合集》疑誤。

〔三四〕「盧」，《敦煌音義匯考》疑爲「虜」之訛。

〔三五〕「優者」，此二字與後之「佉者」「車者」「鐠者」「荼者」「祖者」「拏者」「他者」「波者」「頗者」首字上有勾勒符號標示。

〔三六〕「而」，《敦煌音義匯考》疑誤。

〔三七〕「踏」，疑爲「蹈」之義注。

〔三八〕「孩」，當作「核」，《敦煌經部文獻合集》認爲此字出自「吐核置地」句，從之。此段出自《大般涅槃經》卷一〇，疑漏抄題目。

〔三九〕「鳶」，《敦煌經部文獻合集》認爲當作「蔫」或「鶼」。

〔四〇〕「熙」，底本原有「忄」旁，當係增旁俗字。

〔四一〕「滓」，《敦煌音義匯考》釋作「昨」，誤。

〔四二〕此段諸字除「瑠」外，與經文中出現的順序相反。

〔四三〕「合」，《敦煌音義匯考》釋作「令」，誤。

〔四四〕「韋」，《敦煌經部文獻合集》釋作「葦」，誤。

〔四五〕「瑠」，《敦煌經部文獻合集》疑應移至下卷「鉗瑮」之後。

〔四六〕「舍」，《敦煌經部文獻合集》疑注者誤將「赧」作「赦」，因誤字而誤音。

〔四七〕「蒿」，《敦煌經部文獻合集》漏録。

〔四八〕「鍛」，《敦煌經部文獻合集》認爲此字及後三字見於《大般涅槃經》卷一三，故另行排列，且認爲從卷一三起，卷次品名多在該卷難字之末，字次往往與經文相反。因此件爲音注，下文對分卷情況不再説明。

〔四九〕「四」，《敦煌音義匯考》疑爲「五」之訛。

〔五〇〕「鋑」，《敦煌音義匯考》《敦煌經部文獻合集》認爲此字係「其鏃鐵者」句「鏃」之訛字；「倿」，《敦煌音義匯考》《敦煌經部文獻合集》認爲此字爲「族」之訛字。

〔五一〕「梨」，《敦煌音義匯考》釋作「黎」，誤。

〔五二〕「獵」，《敦煌音義匯考》未能釋讀。

〔五三〕「噬」，《敦煌音義匯考》認爲係「嚙」之俗字。

〔五四〕「廿三」，當作「十一」，據《大般涅槃經》改。

〔五五〕「醪」，《敦煌音義匯考》認爲當作「醇」。

〔五六〕「爲」，《敦煌音義匯考》《敦煌經部文獻合集》疑誤。

〔五七〕「雄」，《敦煌音義匯考》認爲誤，《敦煌經部文獻合集》認爲係「麞鹿熊羆」句「熊」之音注。

〔五八〕「托」，《敦煌經部文獻合集》認爲係「撓」之俗字。

〔五九〕「舀」，《敦煌音義匯考》《敦煌經部文獻合集》認爲此字係「象如木臼」句「臼」之訛。

〔六〇〕「湏」，《敦煌音義匯考》釋作「須」。

〔六一〕「幘」，《敦煌經部文獻合集》認爲係「責」之增旁俗字，疑未當。

〔六二〕「悎」，《敦煌經部文獻合集》認爲當讀作「覺」；「號」，《敦煌經部文獻合集》疑誤。

〔六三〕「輪」，《敦煌經部文獻合集》疑誤。

〔六四〕「慨」，《敦煌音義匯考》釋作「溉」，誤；「廣」，《敦煌音義匯考》未能釋讀，《敦煌經部文獻合集》疑當作「在」。

參考文獻

《大正新脩大藏經》一二册，東京：大正一切經刊行會，一九二五年，三六五至六〇三頁；《敦煌寶藏》二三册，臺北：新文豐出版公司，一九八二年，五九九至六〇一頁（圖）；《敦煌音義匯考》，杭州大學出版社，一九九六年，一〇八〇至一〇九六頁（録）；《英藏敦煌文獻》四卷，成都：四川人民出版社，一九九一年，二三七至二三八頁（圖）；《敦煌經部文獻合集》一〇册，北京：中華書局，二〇〇八年，五二〇二至五二三〇頁（録）。

斯二八二四　金剛般若波羅蜜經題記

釋文

佛弟子王超敬寫，上爲七代父母，下及妻女〔一〕，并大地蠢動衆生，悉願離苦解脱，捨邪歸正〔二〕，皆發菩提心〔三〕，常聞佛聞法。

説明

此件《英藏敦煌文獻》未收，現予增收。《中國古代寫本識語集録》認爲此件大約寫於十世紀。

校記

〔一〕『及』，《敦煌學要籥》《敦煌遺書總目索引》《敦煌遺書總目索引新編》釋作『爲』，誤。

〔二〕『捨』，《中國古代寫本識語集録》釋作『拾』，誤，《敦煌遺書總目索引新編》釋作『舍』，雖義可通而字誤。

〔三〕『皆』，《敦煌學要籥》《敦煌遺書總目索引》《敦煌遺書總目索引新編》漏録。

參考文獻

Descriptive Catalogue of the Chinese Manuscripts from Tunhuang in the British Museum, The Trustees of the British Museum, London 1957, p. 26（録）；《敦煌寶藏》二三册，臺北：新文豐出版公司，一九八二年，六一五頁（圖）；《敦煌學要籥》，臺北：新文豐出版公司，一九八二年，一二二頁（録）；《敦煌遺書總目索引》，北京：中華書局，一九八三年，一六七頁（録）；《中國古代寫本識語集録》，東京大學東洋文化研究所，一九九〇年，五一一頁（録）；《敦煌遺書總目索引新編》，北京：中華書局，二〇〇〇年，八六頁（録）。

斯二八三二　齋儀書儀摘抄

釋文

（前缺）

惟願公高搴惑網〔一〕，譴累冰消。榮命保於南山，歡賞齊於北極。然後攀性花於道樹，苦海波清；照心鏡於禪池，邪山霧廓。

夫人

覺花莊性，道鏡明心。福壽比於山河，淑容芳於桃李。

三周

伏惟神氣疏朗，雅志端嚴〔二〕；朝野羽儀〔三〕，人倫龜鏡〔四〕；名流宇外，德備衆中。加以識洞玄門〔五〕，情融妙覺〔六〕；性堅金石，志合松筠〔七〕。乃嗟久處疆埸〔八〕，載離寒暑〔九〕；虧色養之節〔一〇〕，慚征戍之勞〔一一〕。豈謂風燭一期〔一二〕，光馳千日。孝等懷恩罔極〔一三〕，禮制有期。茅苫欲除，繐帳將卷。想尊顔而益遠，痛幽壤之逾深。廣答洪恩，極禮追福。以斯多善，總用資薰。

患號頭

夫大慈愍衆生，故令我皈依；善拔衆毒箭〔一四〕，故稱大醫王。〔世〕醫所療治〔一五〕，雖差還復生；如來所治者，必（畢）家（竟）不復發〔一六〕。

亡夫

氣雄志高，天與其性。才調不撓，風骨殊倫。豈爲（謂）彼蒼者天〔一七〕，殲我良士〔一八〕。孝子哀徹號叫，酸痛盈懷。恨琴瑟之去留，哭鴛鸞之永逝。殘魂坐泣〔一九〕，淚瀉如泉。半影將銷，形骸若碎。入室無賓致禮，倍增悲結之心；出户有隔幽泉，反益孤得（特）之思〔二〇〕。無以遠託，唯福是資。流光奄然，初七俄屆。

亡妻

性和氣温，淑質恭穆。秉箴誡以修緝，理婦儀以成家。豈期風燭忽臨，奄乎坰野。喪我良偶，哀叫酸聲。想容顔以生悲，念名德而增哭〔二一〕。閨闈闃寂〔二二〕，羅晃（幌）無光〔二三〕。妝臺長閉於幽泉，綺服沈埋於深壙。忽思痛切，心骨俱摧。目淚將收，焚香啓福。日於（月）遄移〔二四〕，已經初七。嚴庭院宇〔二五〕，散設幡花〔二六〕。賢聖降臨，緇素務（霧）集〔二七〕。

女人

藏（箴）誡有規〔二八〕，修容韞德。悲夫天壽已盡，衆（終）之示滅〔二九〕。奚謂珠沈漢蒲（浦）〔三〇〕，玉碎荆山。追念之心，痛傷何極。於是孤神寂寂，長從辰路之人；獨識遊遊，永作夜臺之客。鳳釵在匣，無由重挂之期；鸞鏡塵埃，何有再營（塋）之日〔三一〕。但以金烏西謝，隙駟東馳。泉扃不開，爰及某日。

夫人

情田本潔，與水鏡而莫儔；志烈冰霜，擬寒松而非匹。早彰雅頌，夙著仁慈。何圖遽逐泉風，奄從扃路。孫子等扣地摧絶，號天泣血。恨慈颜遠隔〔三二〕，思侍奉之無由。丁酷至深，荼毒何及。但以炎涼亟往，灰管屢移。略（畧）刻不停〔三三〕，某乙（七）俄届〔三四〕。

女人患

氣稟松筠，貞節孤立。動用合禮〔三五〕，諧和厥心。敷德理於家，有聲聞於外。熟（孰）謂風水相交〔三六〕，便起波濤之疾。地火違越，已成伏枕之痾。惶惶滿家，求藥盈路。子憂生於白髮，女侍損於紅顔。復傷同氣之心，每歎親羅之念。不逢鶣鵲，冀託金師。願投法水之津，濯洗危身之患〔三七〕。

結清進（淨）〔三八〕，集祥福，則近事女之作也。貞節孤立，常心禮儀。不貪色境之塵，有志菩提之路。頃鍾艱疢，危命將懸。啓告金師，冀欲冥療。作念已畢，聖心垂矜，清涼暗投，契（熱）惱將息〔三九〕。方知樂因既發，苦果尋翻；正信纔興，邪山自到（倒）〔四〇〕。

若欲保安家眷，會遊（由）福德之功〔四一〕；護念資身，要藉善根之力〔四二〕。

女亡〔四三〕

性和貌寬，孤操閨室。長未成立，傾殞其身。嗟盛顏以埋沈，歎叢花之早落。哀生父母，痛及連枝。

女

蘭儀擢秀，蕙問馳芳。貞操霜明，清衿月朗。豈謂寶山魔碎，玉樹俄摧。送妙質於憒（墳）〔四四〕，殯於壙野〔四五〕。臨歸（棺）取別〔四六〕，氣絶長辭。幽路懸遥，未知何託。生如暫寄，殞若常（長）歸〔四七〕。冥路遊遊，親知永隔〔四八〕。

亡兄弟

惟公有天生之性，抱風雲之才。敦信克和，仁孝恭謹。何期盈盈同氣，一旦九泉；穆穆孤（孔）懷〔四九〕，忽焉萬古。撫之棠棣，恨花萼以長離；思彼鶺鴒，痛連枝而永隔。人代忽起（去）〔五〇〕，陰光遽遷。自遊魂不皈，奄經某日〔五一〕。

惟公蘭芳秀實，雅量超群；德並貞松，神風獨朗。每恐驚波易起（去）〔五二〕，飛電難留。慮隙駟之侵年，恐柔桑之夢知。福事（是）安身之本〔五三〕，善爲養性之原。方欲出煩惱之愛河，趣菩提之妙境。於是尊卑合契，大小同心。仰三寶以歸依，汎六波而濯想。爐燃百和，饌溢八珍。魚梵揚音，聖凡務（霧）集〔五四〕。以斯多善〔五五〕。

恭聞覺體潛融，絶百非於實相；法身凝湛，圓萬德於真儀。於是金色間（開）容〔五六〕，掩大千之日月；玉毫揚彩，輝百億之乾坤。然而獨拔繁（煩）羅（籠）〔五七〕，猶現雙林之滅；孤超象（塵）累〔五八〕，尚辭丈室之痾。況蠢蠢四生，集火風而爲命〔五九〕；忙忙六趣，積地水以成軀。浮幻影於乾城，保危形於朽宅。假八萬劫，詎免沈淪。時但一刹那，終歸磨滅者〔六〇〕。

唯願諸親眷等，三災霧卷，五福雲屯。海嶽有崩竭之期，福有衰殞之限〔六一〕。然後届禪林而光榮道樹〔六二〕，敷法蘂而啓覺花。優遊同自在之天宫，快樂等他化之妙境。家傳鍾鼎之〔位〕〔六三〕，代襲冠冕之榮。男則惟孝惟忠，六藝光於家國；女則唯誠唯慎，四德播於閨闈。徽猷與天地而齊長，令問等山河之不朽〔六四〕。

伏惟太守公奇才天縱，撫安以仁慈之心；異策通神，於家國而竭〔六五〕。矜憐貧弱，仁明克和；禮樂敦政，風清草靡。文傑詞雄，百姓畏而愛之。憂恤孤寒，得一言而獲暖。是以人無憂色，老幼行歌。亂詞不興，姦欺泯絶。不遺所請，敬諾無移〔六六〕。

然後十殃殄滅〔六七〕，猶猛風之掃細塵〔六八〕；萬善俱臻，似迅流而奔大海。

經乃銀鉤吐耀，玉牒飛英。敷貫花以沐塵勞，演四句而清火宅。

亡禪師

惟性淨天機，貞純自本。妙年慕道，便挹高風〔六九〕。授（受）記於花嚴尊者之門〔七〇〕，手附於如來密印。悟而能悟如瓶，是以千里轉燈〔七一〕，四生滅（咸）仰〔七二〕。理合摩尼之寶，獨耀池珠。廣傳法燈，闇相自泯。何圖有爲，示生無爲。將滅時到，雙林奄神。士庶驚哀，天地失色。自日月逾深，霜星屢改。空存忌日，試（式）用追崇〔七三〕。門徒等親奉意珠，花葉相映。想像尊儀，攀慕如昨。無已（以）遠託〔七四〕，惟福是資。謹於此辰，追斯福祐。時雨初霽，纖塵不飛。涼風自來，頓隔炎暑。陳衆味，具甘鮮。熱（爇）解脱香〔七五〕，展無生蓋。總此良田，伏願神居極樂，惠眼遥觀〔七六〕，道證無生，遠垂加護，提拔我群品〔七七〕，舟檝我生靈，同證真師。資（緇）門人才〔七八〕，代代不絶，燈燈轉明，惠命遐長，色身堅固〔七九〕。

春雲散野，淑氣浮天；幡華爛漫〔八〇〕，淑景爭耀。

屬以元正初啓，萬物唯新。淑氣浮雲，韶光動色。

瑞雲藏暉，炎光奄弊（蔽）〔八一〕；香雨沈灑，時和肅清。

朱律謝期，金風扇物。時雨沈灑，郊原肅清。

景光燦爛而諍（爭）輝〔八二〕，草樹罪（翠）微而變色〔八三〕。秋雲靄靄以增愁，細雨霏霏而洫（血）泣〔八四〕。

冬日悄悄而至孝增悲，寒風切切而哀聲遍郭。

庭凝瑞雪，若已散之天華；空度晴雲，似將翻之貝葉〔八五〕。

白藏已謝，玄英復臨。野雁江南，飛塘弄月；山鷃嶺北，隱穴潛躬。鹹海龍王，噴愁雲而作蓋；金山風伯，飄瑞雪而成華。喟然歎曰：人生在世，猶泡幻之不堅；苦樂萬途，乃自擊之可驗。但貧苦者，由慳貪而不得；富樂者，因布施而來〔八六〕。三寶福田，義爲大也。假使七珍共滿室〔八七〕，未救冥路，資糧一毫，寄於堅牢藏中，劫壞詎能傷損〔八八〕？

增（僧）〔八九〕

伏惟大師證如來心，迥超八定；施大教網，兼濟四禪。遂使萬乘迴顔，下龍輈而展敬〔九〇〕；后妃發信，捨鸞轝而敷心。旦（但）海内歸依〔九一〕，如草生地；貴品高仰，如雲湊山。我和上渾貴賤於一如〔九二〕，無心易於平等。隨悲濟物，直至於玆辰。惟此院大德親校真言〔九三〕，諦而無謬。以悲增故，住菩薩威儀。持戒則精苦於秋霜〔九四〕，發惠則悲光於春日。故得果蘭心地，花蘭詞條。言歷歷而成章，理班班而逸目。德出群仵（伍）〔九五〕，高峰貫於白雲；善下於心，海水澄於秋月。

某法師

十二分之宗旨〔九六〕，玄談高論之文。觀門了達於十方、五重方便。語有相入無相，與聖智相應；詮有爲入無爲，〔爲〕如來真教〔九七〕。

闍梨

水淨禪戒，雲開月心。以大悲前行，迴平濟物。日唯一食，減半共於病人〔九八〕；三服持身〔九九〕，餘仗施於貧下。門人等追摧心意，奪神駭痛。人天眼滅，法炬沈輝。哭一聲則大地生悲，動愁眉則天雲慘色。某乙日旦各裁抑〔一〇〇〕，尋思是情。可以撥苦修齋，排憂薦福〔一〇一〕。鍾梵共玄音而雙美〔一〇二〕，百味與明德而齊馨。紅幡奄亭午之輝，香積注斷雲之際。伏願出三賢，超九聖，跨法雲地，生天王花〔一〇三〕。十方佛來，垂手灌頂。於是罄〔捨〕衣資〔一〇四〕，沐浴身心，内外虛淨。嚴飾院宇，廣薦珍羞。煙焚衆香，供設千味〔一〇五〕。翠幕横掣，紅幡豎張。玄元降而紫氣浮天，調御至而白毫市（匝）地〔一〇六〕。三仙弈弈，整裝而赴道場〔一〇七〕；四果詵詵，仗金錫而入法會〔一〇八〕。

恭惟法性無邊，等虛空而稱實際；化身隨用，應百億而坐蓮臺。十號於是剋彰，三乘因而並烈。故使龍天釋梵，盡遊甘露之門；雜卉長林，普閏（潤）大雲之澤〔一〇九〕。邈彼慈善，儼乎威神。自在凝然，未增生滅者矣。其（豈）明（期）朗月無光〔一一〇〕，甘露罷潤，法梁中折，祇樹風悲〔一一一〕。

唯願戒行清潔〔一一二〕，自守浮囊。護惜威儀，如王重寶。

惟願性珠月朗，照菩提花；惠劍露明〔一一三〕，湛真如海。

惟願諸佛慈光，洗除心垢；甘露良藥，灌注身田。

美竹折西南之節，驚風吹東北之雲。夫人痛割於心，永懷君子。恨幼男失訓，則心摧骨驚；嗟小女無依，氣咽魂斷〔一一四〕。空顧花月，獨照愁心；半影鸞臺，飛入虛室〔一一五〕。

女人

貴族靈源，清風雅量。貌含桃李，心勁笙篁；譽重朝雲，青貞松石〔一一六〕。生從父母，早以東鄰；及適他宗，曾聞南國。何期天靈不顧，奄墮秋霜〔一一七〕。冀延松竹之青〔一一八〕，豈謝榮枯之歲。形沈落日，魄逐雲飛。妝臺閉於玄宫，綺服埋於夜壑。

伏惟公骨氣朗練〔一一九〕，天和沖虚。外揚烈光，内秉清潔。於家懷孝竭之成（誠）〔一二〇〕，奉國盡忠貞之節。名高千里，位烈（列）百城〔一二一〕。忠孝兩全，文武兼濟。公當人（仁）不讓〔一二二〕，爲國之憂。正化臨人〔一二三〕，如風靡草。蒼生從教，若影隨形。甘棠樹下，霜威肅然；聽訟階前，寂焉無事。姦雅（邪）屏跡〔一二四〕，秦鏡之當軒〔一二五〕；正直無欺，麗矣刀之出匣〔一二六〕。外户不閉，囹圄皆空；路不拾遺，里無諍訟。是知才當濟世，志在憂民。

伏惟夫人體含芳桂〔一二七〕，映月浦而凝姿；德茂蘭闈，烈（列）母儀於紫握（幄）〔一二八〕。加以夜聽洪鍾之嚮〔一二九〕，斂玉掌而遥恭；朝師清梵之音，整羅依（衣）而遠敬〔一三〇〕。公同建當來之津梁，立現世之船筏。救先亡之幽魂，酬乳哺之深恩。寫貝葉之金經，轉蓮花之妙偈。於是帷垂廣院，幕覆長空；清樓香灑，翠閣花開。牛王碩德，坐無垢之道場；三洞黄冠，執玉簡而入會。清風與惠風合扇〔一三一〕，佛日將聖日交暉。供辦天廚，香燃海岸。種種福田，恆沙叵算。奉用資勳（熏）先亡云云〔一三二〕。

伏願公官長〔一三三〕，禄逐時增。常爲聖代之肱股，永作明時之爪拒（距）〔一三四〕。伏願夫人諸郎君文章逾遠，乘寶馬而參朝；小娘子則藴麗閨（珪）璋〔一三五〕，駕珠輪而〔入〕帝室〔一三六〕。合門家眷〔一三七〕。

惟願壽逾金石，永堡（保）珪璋〔一三八〕。慶逐月興，災隨日遣。

惟願道增福茂，命保遐延。開五眼而離十纏，淨三輪而圓六度。

惟願道牙增長，法鼓常鳴。開解脱之門，照長年之福。

惟願罪花彫落，福樹茲榮〔一三九〕。用大地之金銀，服長生之妙藥。

惟願六根積惡，乘念誦以消除；三業善因，應五殊而霧集。

惟願病刀落刃，疾樹摧鋒。二鼠延長，色身堅固。

惟願道鏡微銷，疑生石碎。珠明空水，花秀禪林。

惟願戒珠日益，恆爲三友（有）之隄防〔一四〇〕；定水澄明，永作四生之道〔首〕〔一四一〕。

惟願戒珠圓淨，德業清高。八敬恆遵，四儀無替。

慶義井

慈心普濟，善念俱憐。故能置義井於途中，引妙泉於路側。致使來賓去客，得免渴乏之憂；去馬來牛，共飲清泉之藥（樂）〔一四二〕。

脱服

三年受服，服盡於今朝；累歲嚴靈，靈終於即夕。但以先王立禮，禮畢難違〔一四三〕，終制有時，時不可越。机前桑側，無聞哭泣之聲；帳後階前，永絶悲號之響。營齋宅内，脱〔彼〕凶裳〔一四四〕；建福家庭，著斯吉服。因兹受吉，吉則長安；藉此除凶，凶尋永散。

十二月時景兼陰晴雲雪諸節

正月

上旬：甲子新問，孟春初建。今年遲景，入韶序以未深；去歲殘冰，帶餘雪而上（尚）在〔一四五〕。中旬：年光初啓，淑序新登；暖氣未深，寒風尚切。下旬：行蒼陸〔一四六〕，斗建責（青）陽〔一四七〕。去年纔隔於兩旬，今歲欲攀於一月。

二月

上旬：深春仲月，日在上旬。氣景漸暄，園林欲變。中旬：仲月雖深，詔（韶）光上（尚）淺〔一四八〕。桃花灼灼，未吐金紅；柳葉依依，纔舒半緑。下旬：仲春將暮，麗景彌暄。看處青苔階前，緑樹不吐紅花〔一四九〕。

三月

上旬：月在暮春，景臨遲日。嬌花似笑，言鳥如歌。中旬：淑景甚暄，暮春將半。家家緑桑，繞碧砌以垂帷；片片落花，灑庭而（如）碎錦〔一五〇〕。下旬：淑序將暮，殘春幾何。家〔家〕嫩草如袍〔一五一〕，處處落花堪掃。

四月

上旬：三春纔終，四月夏惟夏〔一五二〕。新樹轉緑〔一五三〕，殘花上（尚）紅〔一五四〕。中旬：孟夏將半，炎光漸盛。新花向〔一五五〕，百果將繁。下旬：孟夏將終，啼鶯語囀。尚繞殘花，緑葉新條果〔一五六〕。

五月

上旬：中夏初登，炎光已盛。白雲片片，叶作奇峰。緑樹垂陰〔一五七〕，低成曲蓋。中旬：畏景懸空，融風緑物。長衢廣陌，少有行車；萬户千門，恆搖團扇。下旬：炎風蕩沼，不覺微涼；非懼非驚，唯知流汗。

六月

上旬：年當季夏，景在上旬。吴牛喘月之時，溽暑燋山之日。中旬：示（赤）日如火〔一五八〕，雲周若峰。一點風來，即知陶（陶）暑〔一五九〕。纖毫樹影，便欲納涼。下旬：赤道欲窮，未明將熱〔一六〇〕。風來樹下，彌覺氣炎；日危門前〔一六一〕，倦搖團扇〔一六二〕。

七月

上旬：火德新登，急金停事。當孟秋之際，雖日漸涼；辭季夏以非遥，尚多餘熱。中旬：孟秋新半，殘暑未除；涼風時來，餘熱尚在。下旬：金風漸高，露將一變；一葉將落，何草而不黄。又：涼風轉切，百嫁（稼）將登〔一六三〕；平秩西成，九畏有望。

八月

上旬：秋半新暑，浮涼轉切。窗前日度，不足赫羲；樹下風來，已多蕭索。中旬：秋草碧色，秋水渌波。涼風吹斷歸雁之聲〔一六四〕，落葉動愁人之思〔一六五〕。下旬：木落窮秋，鴻飛季月。涼風颯至，驚漢帝之詞；墜葉紛紛，動安仁之思。

九月

上旬：三秋欲暮，九月仍初。兼（蒹）葭蒼蒼〔一六六〕，白露爲焱（嚴）霜之日〔一六七〕；鴻雁肅肅，流火受衣之時〔一六八〕。

十月

上旬：素秋纔謝，玄律初昇。霜霰重以若鋪，圓（園）林森其一變〔一六九〕。中旬：十月之交，是稱陽月。寒風漸勵（厲）〔一七〇〕，嵐氣彌深。下旬：孟冬將暮，寒律漸深。已見瓶中之冰，足知天下之凍。

十一月

上旬：嵐氣惟嚴，祁寒正初。下旬：仲冬欲暮，玄律正嚴。凋陰凍寒，豈惟窮谷；層冰積雪，只近炎鑪〔一七一〕。

十二月

上旬：冬季初應，寒氣正凝；風利如刀，冰堅似石。中旬：季冬將半，煞氣正嚴〔一七二〕。水纔以（已）成冰〔一七三〕，風暫來而似箭。下旬：玄各（冬）欲謝〔一七四〕，青陸將回。寒懼退以彌嚴，冰夏（下）泮而俞（逾）昨〔一七五〕。

歲日

月正元日，律應新年。四時別起於三春，萬物更添於一歲。

十五日

初入三春，新逢十五。燈籠火樹，爭然九陌之時；舞席歌延（筵）〔一七六〕，大啓千燈之夜。

二月八日

時當二月，景在八晨（辰）〔一七七〕。在菩薩厭王宮之時，如來踰城之日。是以都入（人）仕女〔一七八〕，執蓋懸幡。疑白飯之城〔一七九〕，似訪朱騣之跡〔一八〇〕。

二月十五日

仲春二月，十五半旬。雙林入滅之時，諸行無常之日。人天號哭，自古興悲。虛空千今上（尚）痛〔一八一〕。

三月三日

暮春上巳，禊事良辰。三月重三，水神捧水心之日。

四月八日

時屬四月維八，如來誕時。七步蓮花，既至於〔是〕日〔一八二〕；九龍吐水，亦在於兹辰。

五月五日

節名端午，事出三閭〔一八三〕。既稱長命之辰，亦爲自忝之日。

七月七日

屬以蟬方澡（噪）樹〔一八四〕，鵲正填河。牽牛渡銀漢之辰，織女上針樓之夜。

七月十五日

盂蘭大啓，寶供宏開。羅卜請三尊之時，青提免八難之日。故得家家烈（列）饌〔一八五〕，處處敷延（筵）〔一八六〕。生千種之花，非關春日；陳百散之味〔一八七〕，正在香盆。

九月九日

將（時）菊初繁〔一八八〕，香莫（英）正嫩〔一八九〕；桓景登高之日，潛籬下鞠（菊）之辰〔一九〇〕。

冬至日〔一九一〕

咎（晷）移长慶〔一九二〕，氣改周正。復卦别生於一陽，黄鍾更從（徙）於甲子〔一九三〕。

臘月八日

時屬風寒月，景在八辰。如來説《温室》之時，祇試（樹）浴衆僧之日〔一九四〕。故得諸垢已盡，無復煩惱云（之）痕〔一九五〕；虛淨法身，皆霑功德之水。

臘日

嘉平應節，惜（蜡）臘居辰〔一九六〕。良詞（祠）貴（黃）石之時〔一九七〕，野折如來之日。

歲除日

銅渾欲改〔一九八〕，玉律將移。明年只在於明辰，今歲唯殘於今夜。

春初雨雪

和風入律，膏雨應時。樹未緑而先發〔一九九〕，草帶黃而以（已）潤〔二〇〇〕。

春半後雪

由（油）雲四起〔二〇一〕，甘雨載零。點萬葉而垂珠，落千花而灑玉。

帝德

龍德在天，大明御極。懸舜日於乾坤，噴堯雲於六合。道證寰宇〔二〇二〕，恩霑率土。使三邊伏威，四夷消喪。

又德：德過堯舜，道越羲軒。化洽寰宇，恩霑率土。清四夷以殄魔軍，御六龍而安萬國。

夫歎齋分爲段

爰夫金烏旦上，逼夕暮而藏輝；玉兔霄（宵）明〔二〇三〕，臨曙光而匿曜。春秋互立，冬夏遞遷。觀陰陽上（尚）有施謝之期〔二〇四〕，況人倫豈免去留者。

則今晨（辰）某乙公所陳意者何〔二〇五〕？奉爲考妣大祥之所設也。惟靈天資沖邈，秀氣英靈。禮讓謙和，忠孝俱備已上歎德。者爲（謂）巨椿比壽〔二〇六〕，龜鶴齊年。何期皇天罔祐，掩（奄）降斯禍〔二〇七〕。日居月諸，大祥俄届。公乃奉爲先賢之則，終服三年。素衣霸（罷）於今晨（辰）〔二〇八〕，淡服仍於旬日。爰於此晨（辰）〔二〇九〕，崇齋奉福齋意。是日也，嚴清甲第〔二一〇〕，素幕横舒。像瞻金容，延僧白足。經開貝葉，梵奏魚山。珍羞具陳，爐香馚馥道場。如上功德，奉用莊嚴亡靈。願騰神妙境，生上品之蓮臺〔二一一〕；寶殿樓前，聞真淨之正法莊嚴。

亡女事

豔比東鄰，美同南國。花容始發，玉貌初開。何期桂葉先彫，芳蘭罷秀。三春苑内，漂落芙蓉；明鏡臺前，沈埋片玉。鮮花纔發，已遂狂風〔二一二〕；嫩葉將抽，掩（奄）從霜雪〔二一三〕。父母念其濫血〔二一四〕，悲切傷心；親戚想望平生，悉爲哀感。

律師事

美玉三磨，純金百鍊〔二一五〕。行〔堅〕嶺外之松〔二一六〕，戒淨秋天之月。

又德

某乙德重神資〔二一七〕，法器天假。宿負鶖珠之譽〔二一八〕，能全草繫之心。迴四分之寶〔二一九〕，爲方之令德〔二二〇〕。將爲（謂）長輝法炬〔二二一〕，永曜昏衢；豈爲（謂）忽輟慈光〔二二二〕，長歸大夜。

因産亡事

惟靈貌踰南國，資越東鄰；全軌天生〔二二三〕，規章自舉。班氏之風，光於九族；孟母之德，福於六姻。將爲（謂）諸天比壽〔二二四〕，至聖齊年。何期天降斯禍，靈爲災因〔二二五〕，産歸於巨夜〔二二六〕。嗟乎！驪珠未見兮並驪龍没〔二二七〕，子觳未分兮巢柯摧。原夫生滅理常，始終彝跡。聖且未免，人其若何。是以〔玄〕元興大患之嗟〔二二八〕，仲尼有逝川之歎。去留運往，其大矣哉。

伏惟公負清〔貞〕之才〔二二九〕，懷山嶽之量。忠勤奉國，孝弟承家。士（事）君竭九殷之誠〔二三〇〕，直躬秉難奪之志。文行守信，温恭惠和。有匡時救人之才，懷俗安人之術〔二三一〕。所望壽齊歸（龜）鶴〔二三二〕，永固長春。豈期積善無徵，奄同風燭。但以逝水東注，堯境西沈。日諸（居）月居（諸）〔二三三〕，甚（某）七俄屆〔二三四〕。公乃連枝意重，花萼情深。忽虧鴻雁之行，又折鶺鴒之羽。金影塞浮，玉劍長沈云云。

伏惟靈素質凝資，貞儀令淑。動娥眉之精彩〔二三五〕，振務（婺）女之仙花〔二三六〕。四德共春色齊輝，六行與秋霜比潔。容雲成彩月〔二三七〕，臨浦昭彰。豈謂翫雲和而不歸，向桃原

（源）而長往云云〔二三八〕。

滿月事

惟夫人清風溢路（露）〔二三九〕，桂竹陵霜。千賢奪星中之星，麗質螢（瑩）荆山之玉〔二四〇〕。加以慶流香閣，吉降芳闈。感仙童之降靈，耀瓊光之珍瑞。親屬歡片玉之浮輝，父母慶明珠而在掌。

聞日月雖明〔二四一〕，假星晨（辰）以成象〔二四二〕；君王志（至）聖〔二四三〕，藉良將以安邊。故位分三事，前王建副二〔之〕官〔二四四〕；邦具百寮，往帝興匡佐之任。今有外爲匡佐、内清孝心、啓願修齋、投誠大覺者，斯何謂云云。公等奉爲本使元戎，小有違和，今得痊損。軍府慶慰報願〔二四五〕，謹設清齋之所爲。伏惟公神降秀氣，英骨天然。冰霜足用〔二四六〕，〔江〕漢情多〔二四七〕，有丘陵河海之心，天地風雲之氣。張設皇綱，萬姓高欽；撫育清規，三軍奉仰。震（振）芳聲於宇内〔二四八〕，馳令美於寰中。故得千里塵清，三邊霧卷。

朝庭聞善政之歌〔二四九〕，里巷賀來蘇之慶。近爲勞邊心苦，小有違和。貴德易乖，姦疾潛起。公等自拜旌麾，偏承厚遇。分憂佐理，委任專城。忽聞違和，日夜憂灼。惶惶滿城，求藥無路。不逢編（扁）鵲〔二五〇〕，寄託金人。願得痊和，清齋是賽。作念已竟，聖力潛加。清涼闇投，熱惱斯退。既蒙願遂，焉敢慢諸。乃建清齋，以酬佛力。是日也，清灑蓮宮，嚴麗華宇。供陳香積，坐〔敷〕金容〔二五一〕。遠邀靈山大覺，近請五峰聖賢云云。

居傾絶塞，境接胡林。戎羯往來，侵抄莫准。於當童稚，俄屬彼師。遂離父母之鄉，身叨戎夷之地。自幼成長，備歷艱危。聽南風以起悲，瞻北雁而成信。關山可望，生死難明。子懷泣血之悲，母作隔生之料。幸以天假其命，人願有徵。誓旨不捨於劬勞，明珠再生於掌上。其來也，踏山履水，盡（晝）狀（伏）夜行〔二五二〕。向日月而爲心，望星辰而作路。行盡北地，達乎中天。忽聞華下（夏）之風〔二五三〕，重會慈顔之面。

於是庭張翠幕，宅曳花幡。〔爐〕香鬱鬱而伴愁雲〔二五四〕，梵響零零而添哭響。

十二月時〔二五五〕

屬新年之初，百靈納慶。南浦之水，仍有殘冰。桃李之（梔）梅乍含春〔二五六〕，色秀已（溢）香傳滿手（宇）〔二五七〕。花散盈襟。梵音宛轉而入雲，鍾磬合雜而滿寺〔二五八〕。

十二月時也，威風烈地，雪氣陵雲；冰壯長河，露凝大野。

從軍陣平安迴

惟公懷忠奉國，抱義匡時。名標畫閣之中〔二五九〕，聲震寰宇之外。忽見妖星夜朗，煞氣朝凝。胡笳鳴而曉吹朔風驚〔二六〇〕，漢馬斯（嘶）而陣雲合〔二六一〕。

時刺刺金風，稜稜玉霜〔二六二〕。寒天色青，愛日光白。

遠山雲收，大野合霽。草蒼蒼而垂露，風蕭蕭而寒聲。

炎風弄雲，緑山增翠〔二六三〕。葉綴珠露，花文錦霞。

紺苑林翠，織桂葉而成文帷〔二六四〕；青山草深，吐銀花而散結。

月滿珠殿，風青（清）寶珠〔二六五〕。

晴

百里無雲，晴空若鏡。紅日流照，煙塵不飛。

晴空若鏡，太陽光普，窖無片雲。

初陰

龍吟滄海，雨生碧雲。細雨微微，清而欲灑。

雨

雲生滄海，雨落晴〔空〕〔二六六〕。階墀濺濕而來泥，詹（簷）隴垂流而相續〔二六七〕。

卒雨

一道雲起，數聲震雷。雨灑清空，風摇緑樹〔二六八〕。

雨晴

殘雲初卷，甘雨纔收。葉重重而垂珠，花點點而新洗。

霧

雲煙白月（日）〔二六九〕，霧映清林。滴露如珠，凝露可菊（掬）〔二七〇〕。

雪

天中柳絮，片片飛來；雲外梨花，紛〔紛〕迸亂〔二七一〕。同：凝雲廣布，分分雪飛。地變山川，枝爲玉樹。

風

長風飈颾，吹草樹以佉昂〔二七二〕；清吹颷飀〔二七三〕，動幡花而摇颺。

風昏

黄雲離被，紅日慘澹；猛風颮起，輕塵悖飛〔二七四〕。

正月

南雁告歸，東風解凍。樹變春色，旁生緑枝〔二七五〕。和氣收寒，冰開碧沼。陽風入樹，花動緑枝〔二七六〕。

二月

南林風暖，北浦猶寒；柳葉欲舒〔二七七〕，梅花半坼。

三月

離〔梨〕花聚空〔二七八〕，灼〔灼〕涵日〔二七九〕；嫩柳吐〔二八〇〕，珊珊動風。鷰飛入户，鶯聲滿林。嫩草半茸，華花落撲地〔二八一〕。

四月

俄初〔二八二〕，三春纔畢。庭前新果，尚未推花；林上黄鶯，深藏密葉。

五月

炎光灼爍，菡（涵）菡（涵）逼人〔二八三〕；密葉森陰，重重作蓋。

六月

氣在三秋，日晨流光，炎風送暑。

七月

蟬聲聒樹，秋色動林。涼風初生，颯然入室。

八月

玉霧團卓（綽）〔二八四〕，百穀將來；金風動林，一葉初落。

九月

胡風拂樹，黄葉將飛。菊秀金花，霜凝若露。

拂樹秋聲，黄葉亂下。滿園霜色，菊秀叢開。

颯颯秋風，驚林拂樹。叢叢黄菊，映葉初開。

十月

日照寒林，風掃枯葉；霜明野草，雁叶（叫）長空〔二八五〕。

十一月

風掃枯林，霜露野草。滿目凝蕭（肅）〔二八六〕，寒色倉然〔二八七〕。

十二月

陰風劍揚，寒色凝空。雪點清山，冰堅溝壑。

悲風颼颸，添孝子之斷魂；哀聲滿空，憶愁人之膚切〔二八八〕。

雲中苦雨〔二八九〕，與悲淚而俱垂；白雪添愁，處寒心而轉切。

庭中苦霧，霞繐帳以酸嘶〔二九〇〕。日色照於長空，青煙愁〔於〕庭樹〔二九一〕。

氣哀哀而作愁雲，淚霏霏而成苦雨〔二九二〕。

秋中啼鳥，盡作哀聲；簷外悲風，更增慘巳（色）〔二九三〕。

夫人傷摧膝下之花，兄弟痛發青春之妹〔二九四〕。

三日〔二九五〕

惟孩子稟乾坤而爲質，承山嶽已（以）作靈〔二九六〕。惠和也，而春花秀林〔二九七〕；聰敏也，則秋霜並操。將謂宗枝永茂，冠蓋重榮。豈期珠欲圓而忽碎，花正芳而降霜〔二九八〕。致使聚沙之處，命伴無聲；桃李園中，招花絕影。或則池邊救蟻，或則林下聚砂〔二九九〕。遊戲尋常，不逾咫尺。豈謂春芳花果，橫被霜霰之凋；掌上明珠，忽碎虎狼之口。嗟孩子八歲之容華，變作九泉之灰。豔比紅蓮白玉，〔化〕作荒交（郊）之土〔三〇〇〕。

律座主散講

伏惟天機迥拔，神議（儀）朗然〔三〇一〕。解越古賢，行踰先哲。詞峰上聳，高出白雲；義海竭源，碧潭見底。若乃剖文前之義，則亂寫驪珠；釋義〔後〕之文〔三〇二〕，則横抛白玉。於是戒劍將利，秋霜見羞；律鏡高懸〔三〇三〕，太陽將暗。盛則盛矣，明則明焉。實可謂尚（山）磵貞松〔三〇四〕，倚懸巖而千尺；長天皎月，照澄潭已（以）萬尋〔三〇五〕。加以數處檀林，一枝獨秀；千家暗室，共照一燈。

夫金鏡西照，律教東流。摩騰肇白馬之淨園，僧會應赤烏之嘉歲。八藏傳漢明之首，四分譯姚興之時。散筆彩於覺明，振雲風於北巍（魏）〔三〇六〕。英哲繼躅，律焰增明者誰？即有律座主當矣。伏惟神機透出，間氣挺生。行高也，松搜流以倚天；其操也，律風簫而（如）寒笳〔三〇七〕。可以清曉冰月，苦節凝霜。戒月而得心罷拂塵〔三〇八〕，防七枝而天花自發。可謂一片秦鏡〔三〇九〕，珊珊滿堂。處泉也，如孤峰出雲；昇座也，若長天點月。若不然者，曷得楚才雲集，愛道星馳。鳴寒磬已（以）剋時〔三一〇〕，引香風而遶座。問義者，如渴鳥投泉；奉行者，如飢魚隨餌。聽士朱明之首，捧袟趣風。白藏之晨〔三一一〕，律言掩曜。告罷此筵，惻愴何極。時屬景帶九旬，蓮臺罷陟。花苑寂寂，煙塵斷飛。人將去留，水月無色。階前緑草〔三一二〕，煙惹去人；遶砌紅花，競笑留客。

厥聞動大千界，聲色無以擬其情；拯厥生靈，覆載之力方其化。故以人歡帝業，世仰慈風。荷大覺之鴻休，帶皇王之聖理。伏惟負挺拔之資，懷遠大之略；貴傳鍾鼎〔三一三〕，大

（代）襲軒裳〔三一四〕。烈（裂）土專征〔三一五〕，分符佐國者，則我相國彭城王寔當其人矣。伏惟我檀州刺史、御史大夫、南陽張公，出三臺之臺之門〔三一六〕，拜二天之位。聘（騁）弓毬於驥足〔三一七〕，多落雁星飛〔三一八〕。以懸寶鏡於秦臺〔三一九〕，每及臨人，⿰貝干（旰）食〔三二〇〕。長史清春擢桂〔三二一〕，白面從官。百城恩洽，委翗（翊）贊之良才〔三二二〕；千里政能，在瑚璉之刀尺。我縣長官寬簡臨人，調弦御俗。風霜勵節，水鏡清心。童子馴雉於桑間，野差（老）康歌於境上〔三二三〕。伏有上將侍御侯公，才備三端，謀深七縱。玉塞作高名之將，燕臺爲獨步之臣。賓客康公、高公，並氣稟山嶽，成生傑國；才名絶代，識量弘深。柳營馳百戰之功，月陣決萬全之策。軍州僚彩（寀）〔三二四〕，春擇唯賢；縣佐群公，清聲更美。爰有此寺綱維、宿德、諸闍梨等，並神貌孤秀，堂堂古容。爲柱石於梵場，作緇門之綱紀。更有清信優婆塞，殷心善女人，莫不競暮（慕）空門〔三二五〕，爭攀道樹。高脩勝事，意有何憑？奉爲上都安國寺大法和尚傳經告罷，慶講修齋，舉斯意也。伏惟法和尚龍門貴族，道樹瓊枝；出愛網以辭親，厭浮榮（而）入道〔三二六〕。所以棲心六度，爲鷲嶺之明燈；拔擢四生，作巨川之舟檝。或説如來性海，則花雨諸天；講《大般涅盤》，則雁爲千葉。故以西辭帝闕，東謁昭王。我相公如漢遇摩騰，秦逢羅什。和尚所以誓脩香刹，用報深仁。長講真經，將酬相府。更復將經自遠，化邊人於白檀。義方佛性，苑（宛）似目前〔三二七〕；教喻真空，豁然心地。況聞（開）題大吕〔三二八〕，罷卷深春。共建清勤（勳）〔三二九〕，逾（揄）

揚盛事〔三三〇〕。於是詣寶察（刹）〔三三一〕，拭蓮宮。敷道場而綺繡爭春，掛幡花而雲霞對日。盡將勝祐，伏獻我皇家。伏願聖躬永固，帝業長春。相公禄位與天地齊休〔三三二〕，惠命等江山而共壽〔三三三〕。大夫功名轉大，長史則冠蓋騰芳，侍御則開國承家，將軍等日動（勳）日貴〔三三四〕。府縣僚彩（寀）〔三三五〕、幕下雙賢，並願榮名日新，公門納吉。伏願我法和尚龍天雍（擁）衛〔三三六〕，釋梵冥資。慈雲灑潤於三千，惠日垂光於百億〔三三七〕。此寺綱維、闍梨等，道風與律風俱扇，戒月與春月齊明。助供維那岸上人，定水澄清，鵝珠日瑩。徒（聽）聽（徒）尼衆等〔三三八〕，道樹發三春之色，覺花含二月之芳。俗衆善女善男〔三三九〕，法雨潤於身田，道牙生於心地。然後釋門清泰，梵宇康寧。聖澤洋洋，無遠不屆。

佛稱調御，亦號遍知。有願剋從，無求必（不）應〔三四〇〕。惟公氣宇沖邈，天骨卓然，神情與寶劍爭暉，意淨也若秦臺照瞻〔三四一〕。信也〔三四二〕，千里義重斷金。公乃捧心珠於蓮宇，散信花於佛前；揮素手已（以）傳香〔三四三〕，斂神儀而趣席。梵堂啓〔而〕噴出鑪煙〔三四四〕，寶地灑而時傾香飯。佛從捨（舍）衛〔三四五〕，擁八部已（以）來延〔三四六〕。僧自𡹳闍，烈（列）四衆而分坐〔三四七〕。賓頭盧釋子，從昨日飛錫而來；白足上人，今朝騰空降下。是日也，鑪上香煙，輕飛碧色；階前緑樹，散布清音〔三四八〕。仙客降大羅之天，僧尼烈（列）布金之地〔三四九〕。道場烈（列）滿目花生〔三五〇〕，噴金鑪令（靈）空務（霧）合〔三五一〕。攢思（斯）景祐〔三五二〕，量等太虚，先用莊嚴公之所履。惟願多生業障，今日今時並消除滅。世財法寶兩相隨現，用無窮盡。伏願北堂長樂，常供甘翠（脆）之歡〔三五三〕；東閤長開，不罷琴蹲（樽）之興〔三五四〕。惟願夫人桃李之顔，長春萬代，歸（龜）鶴齊壽〔三五五〕，永保千春。管絃日奏新聲〔三五六〕，福慶年增後（厚）禄〔三五七〕。男即三端備體，嚮徹鸞臺〔三五八〕；女即爲（位）烈（列）九嬪〔三五九〕，生紫宫之閤。小娘子身隨日長，雙頰透出簾籠。然據公私上下，水乳和同；出入往來，善神視衛。拔折羅大將，驅疫氣、去惡鬼於他方；蹄頭賴吒，案八神而從後。報障業障，隨念佛片逐雲消〔三六〇〕；卻後善牙，因設供而運曾發。

惟夫人德過曹氏〔三六一〕，〔夙〕著班家〔三六二〕。母儀也，世上傳名；箴誡也，流於雅操。惟願夫人青俄（娥）長茂〔三六三〕，等椿柏與（以）休年〔三六四〕；玉臺桂貞，並江河之麗日。珊瑚户內，長鬱多羅之星貌；玳瑁窗間，點紅顔與（以）初暉〔三六五〕。善因集，如舞蝶湊花；祥瑞真（臻）〔三六六〕，如等蓬（蜂）猶（游）翠萼〔三六七〕。

惟夫人妖（夭）桃與蛾眉同翠〔三六八〕，紅粉與仙佳（桂）齊芳〔三六九〕。羅服常卦（掛）於瓊身〔三七〇〕，箴誡長流於胤族。

小娘子蟬鬢欲飛，戀紅頰而難進。巫山盡月，質是眉生。惟小娘子俄（娥）俄（娥）玉貌〔三七一〕，若桃李爭暉〔三七二〕；色逐芙容（蓉）〔三七三〕，似春光而發秀。惟小娘子娥眉長緑〔三七四〕，雲鬢初輕。等菴園而頓啓真門，同龍女〔而〕坐成佛果〔三七五〕。

男即令問令望〔三七六〕，寶（保）國安家〔三七七〕。女即嶺上寒梅，一枝獨秀。賢郎君文武不墜，中（忠）孝雙障（彰）〔三七八〕。心飛白鶴之風，得（德）秀青雲之表〔三七九〕。郎君不勞鑿壁，動（洞）覽詩書〔三八〇〕；不賈（假）聚熒（螢）〔三八一〕，以（已）包三史〔三八二〕。

惟公五百間生〔三八三〕，當代英哲。門傳鼎族，玉葉相承。量吞江海，氣灌（貫）煙霞〔三八四〕。摇鳳筆而端落花開〔三八五〕，動清文而日下舒錦。夫人管絃即日奏新聲〔三八六〕，福慶年增候（厚）禄〔三八七〕。福等江山，才同海澤。門標世封之榮，宅納千春之樂。時也〔三八八〕，道場烈（列）滿目花生〔三八九〕，噴金爐令（靈）空務（霧）合〔三九〇〕。

夫人乃邕邕豔質〔三九一〕，穆穆凝姿。嫩葉含芳，花發朝夕。春見花開，知有情之是妄；秋見葉落，悟衆色之皆空。

孝子等想孤魂而泣淚，睹覲誨以增悲。思乳脯（哺）之深恩〔三九二〕，恨幽魂而阻隔。

律〔師〕〔三九三〕

公戒珠光潔〔三九四〕，道樹芳榮。燃〔神〕燈照黑闇之間〔三九五〕，繫（擊）法鼓聞大千之外〔三九六〕。然及（爲）四生舟檝〔三九七〕，作六趣津梁。榮七代先靈，離六姻纏縛。

佛説無常〔三九八〕，咸吞衆物。佛説常樂，淨恬怕〔三九九〕。假使大小鐵圍，必從隳毁；非想壽命，劫盡倫（淪）亡〔四〇〇〕。是故過去金師，奄歸雙樹；未來慈氏，生必王宮。是聖人所得者，不感不生；凡境惻者〔四〇一〕，去留未免。粤有爐爇金香，張施甘饌者，則有即座孝子、比丘乃（及）尼衆等〔四〇二〕，奉爲云云。故尊宿律和尚，舉發之所設也。伏惟和尚華山氣像，澄泉寶珠。量闊太虚，德深溟渤〔四〇三〕。可謂法王柱石，律網大綱；火宅慈雲，一方甘露。建壇之日，同爭請〔四〇四〕，百城皆〔四〇五〕；節使歸依，王侯頂拜。況今歲傳戒，方等未終。何圖他果成〔四〇六〕，天宫業就。奄然靈變，頓罷化緣。諍起塔於兩州，欲茶（荼）毗而未畢〔四〇七〕。於是北盡幽薊，南盡帝都，莫不聞之。膽驚失聲，彈指咸曰〔四〇八〕。一川戒月，夜落秋天；巨壑大舟，潛移逝水。孝子等恨不久居左右，有闕温清〔四〇九〕。飃蓬遠荷，裓追聽〔四一〇〕。忽聞凶舋，痛貫心髓。哀號訴天，碎身無地。遞相謂曰：將何欲報師徒之徒之恩〔四一一〕？無如諷念金言，飯僧之福。是時也，片片悲雲，凝空未散；關關啼鳥，聲近香樓。梵宇開扉，爐煙芬覆（馥）〔四一二〕。以兹勝妙，莫限（良）因〔四一三〕，先用奉資和尚靈識。欄楯華碧，引向西方；足步金繩〔四一四〕，魂遊寶地。千葉蓮座，擁入天宫；五色採（彩）雲〔四一五〕，往詣佛國。

過去諸佛，坐十劫之道場；當來遍知者，處法臺於沙界。佛大聖所願，剋諧今日。張曳幕以接華宇〔四一六〕，敷珍席而周廣筵。七衆成林，五部魚貫。韻清梵以步〔四一七〕，跪花筵而秉爐。心傾玉毫，拜首皇覺。大檀那主則我某乙官公。伏惟公氣含風雲，質象天〔四一八〕。欽承國況（貺）〔四一九〕，寵錫天宗。内爲元首股肱，塞垣膽懾。

伏惟公崆峒降靈，武略神授。明則霽海生月，清則玉壺映冰。書六條而千里風清，帶二天〔而〕百城潤色〔四二〇〕。軍州文武官，莫不義同魚水，契合經倫（論）〔四二一〕。功蓋一時，名貫千古。興此延（筵）者〔四二二〕，傾爲云云。郊生戎馬，蒸（征）人乾流〔四二三〕。公以憂人爲心，蒼生是念。冀保軍州無事，内外清休。此非至聖弘慈，安能若是。所以大庫藏用，單誠散奉禄之財，捨巨喬（橋）之粟〔四二四〕，振（賑）給軍幕百姓〔四二五〕，廣建良因。是日也，拂金臺而請佛，嚴寶坐以延僧。賢聖雲屯，龍神務（霧）集〔四二六〕。

竊聞佛日〔揚〕揮（輝）〔四二七〕，照幽溟而開實相〔四二八〕。如來分身，百億演化，歷十方而遍滿大千。布慈雲而法雨騰滋，灑甘露而星霑潤〔四二九〕。設三乘教網，群生遇以心開；廣演五部之衆經，六趣聞而〔入〕道〔四三〇〕。大悲之力，旋轉無窮，難可稱歎者哉。伏惟我今皇帝道合乾坤，德過堯舜。布三皇之風，垂五常（帝）之澤〔四三一〕。加復躬行十善，等赤子於群分；自運慈舟，總蒼生〔而〕普濟〔四三二〕。悲增願力，權爲粟散之王；聖德臨軒，應此身而化物〔四三三〕。伏惟尚書性稟孝慈，量含蒼海。能臣能子，匡國匡家。蘊機神之智，垂汎愛之心；布君子之風〔四三四〕，偃人民之草擇（澤）〔四三五〕。行軍負山嶽之志，抱人子之心。於國盡竭力之功，在家懷孝悌之禮。恩霑道俗，聲滿大邦。伏惟中丞凜凜丈夫，雄雄大士。彎弓即桂月將墜，鳴絃乃塞雁不飛。盡心懷千里之謀，德負寒霜之志〔四三六〕。威權（摧）白刃〔四三七〕，使夷狄以魂驚。立策前途，變通雲日。侍御史及諸判司甘（等）心清水鏡〔四三八〕，志烈孤霜。學海名流，衣官（冠）鼎族〔四三九〕。軍將三軍等，皆是秀骨天生，氣量毫（豪）

爽〔四四〇〕；叱吒得飛蒼落雁，嗚絃即走獸咸驚。縣宰扇百里之風，懷澄之氣〔四四一〕。親垂天澤，歌謡帝鄉。乃有三異之德，人封五袴之財。上順帝心，下〔資〕人望〔四四二〕。諸賢慰〔尉〕公等〔四四三〕，濟濟英賢，滔滔君子。懷仁抱義，立策盡身。故能稽首靈山，歸心淨刹。割所愛之珍帛，遠降清涼；捨無價之名衣，崇斯妙供。其山也，疊嶂千重而孤峰萬刃，輕蘿掛月〔而〕青松偃〔四四四〕；紅花色類而異種難名，緣〔緑〕草芬芳而香滿巖谷〔四四五〕。其所也，孤峰聳刃，上接紅霓〔四四六〕；緑水潺湲，潛通澤前〔四四七〕。望天城蘭若，如觀掌上之文；迴顧諸峰，似對菴摩勒果。是〔日〕也〔四四八〕，韶光向盡，朱夏初臨。百花競秀於巖間，芳草騰香於邃谷。時也，獻千般之美饍，萬聖降臨；設無價之名餐，龍神以集。更有他方菩薩，來此會中；異國真僧，咸茲應供。用斯福祐，廣濟群生。先以資薰我今皇帝。伏願長居帝闕，永爲大國之王；福壽萬齡，鎮作蒼生之主。尚書以清心奉國，早座〔坐〕廟堂〔四四九〕。中丞天書曲臨，北門永鎮。侍御及諸公等，赤心佐國，常簡帝心；中〔忠〕孝榮〔家〕〔四五〇〕，永興三寶。衆多施主，願福若春山之樹，清風拂而紅花亂飛；生身如孤嶺之松，秋月照而片片常翠。

皇甫長官病可事

伏惟長官氣亮〔量〕弘深〔四五一〕，風神雅秀。手〔守〕司徒法則〔四五二〕，令譽偏高；執中丞典璋〔章〕〔四五三〕，英華獨美。即知同吹一管，氣善者音清；共撫一琴，弦和者聲雅。

帶朝星而李（理）務〔四五四〕，侵夜月而退功。可爲（謂）一軍（郡）風規〔四五五〕，萬户冰鏡。且舊客遍野，新歸滿鄉。路絶荒田，村無壞壁。囹圄之内，雀羅以張；公門之前，桃李長合。吾君故年仲秋，卒有佳宜〔四五六〕。問於同寮，曰孤寘（寡）惸獨〔四五七〕，務心存也；累墎溝渠，官所首也。參謀以（已）定〔四五八〕，乃命有司登門而際（祭）禮〔四五九〕。纔施向熟而尊容覺變〔四六〇〕，爲是書（晝）日公府〔四六一〕，神勞豈（氣）損耶〔四六二〕？爲是登陟峙睬〔四六三〕，力盡身浣爲（耶）〔四六四〕？耶（爲）是規度隙影〔四六五〕，風氣所衝耶？爲是板竹龍聚，神用所及耶？不知何因，忽至於此。宜有不樂，則萬人咨嗟；似沐康和，則百里歡笑。守衣者盡其述，竭（謁）聖者極其詞〔四六六〕。僧尼磬轉念之力〔四六七〕，儒官申道引之妙〔四六八〕。我長官既内起宿敬，夫人久叶順乃心〔四六九〕。將奉禄之資，爲經像之福。畫阿彌陀佛一鋪，丹青開相好之義（儀）〔四七〇〕；造大菩薩幡一十口，矐盡端嚴之妙。幡乃弘光殿（電）影〔四七一〕，耀五彩於華堂；經也瓊軸金題，陳一乘於寶案。潘（幡）之動也〔四七二〕，引吾君身力一輕；經也（之）開也〔四七三〕，洗吾君心神一清。重悦肌膚，如月圓之漸漸；再清神氣，似澄水之汪汪。即知法門無虛寄（奇）之聞〔四七四〕，神裏（理）有招（昭）然之應〔四七五〕。吾君有俊鶻三隻，矜持數時。解以縚聯，任自飛翥。望雲霄而欲去，顧檐楹而又來。盤桓階庭，似戀軒屏。兩點星目〔四七六〕，向君坐而由（猶）窺〔四七七〕；數繒花毛，接遊風而逐扇。

聞夫〔有〕生有滅〔四七八〕，倏忽百靈（齡）〔四七九〕。是法皆空〔四八〇〕，電露何準。我釋迦大覺，上（尚）現滅於雙林〔四八一〕；稟識有靈，曷可逾於苦海。兹席淚盈雙目，氣噎傳香，長跪捧鑪，愁煙掌起春（者）〔四八二〕，奉爲云云。伏惟靈素質温柔，志懷貞淑。習閨帷而即母儀（儀）蕭蕭〔四八三〕，播婦禮則聲聞洋洋。訓子行孟氏之風，和親有謝家之則。所既（冀）大椿比壽〔四八四〕，靈鶴齊年。豈爲（謂）疾云云〔四八五〕，奄然遊矣。至孝攀號躃踴，奉橘已無因〔四八六〕；泣血崩心，痛問安之〔四八七〕。無處控告，惟福是資。於是佛開月面之尊，僧轉金言之偈。玉饌接中天之供，爐焚合上界之香。已（以）斯景祐〔四八八〕，福不可量，先用莊嚴云〔四八九〕。伏願馬惱臺上〔四九〇〕，躡花筵而引鳳鷂〔四九一〕；瑚（琥）珀林中〔四九二〕，彈明珠而遥驚孔雀。入香水池内，撫拍青波；向金砂淺流，捧紅蓮而要佛攜手。

常聞或夭或逝，聖哲不能易其年；有短有續〔四九三〕，天地不能促其壽。陰生陽謝，岱〔山〕無再返之期〔四九四〕；日往月來，地户有長婦（歸）之魄〔四九五〕。於是哀動神里〔四九六〕，傾心福門者誰云云。

大哉覺皇〔四九七〕，光臨贍部〔四九八〕，億千垂化。慈惠利生無等侶者，其惟大悲觀世音菩薩焉。有真言號廣大無礙，悲心誦持，功德福利，不可量也。厥有捧爐瞻仰尊顔者誰？即有比丘尼建斯會者〔四九九〕，奉爲誦真言終畢，答諸佛菩薩之恩也。惟阿師子乃一聞妙句，喜躍心靈〔五〇〇〕。發意誦持，專精不倦。一句未畢〔五〇一〕，誕聞告終。懸河迅流，瓶寫傾注。若非九（久）遠親近〔五〇二〕，安可見聞？故知生生習而逾增，世世修而益廣，言不虛也。願即事後，衆聖潛衛，戒月常懸。法鏡掛於心臺，意珠照於昏域。檀那違（圍）遶〔五〇三〕，鸞鳳翔臻。常作人天之師，永爲法王上足。

桃李當年，適奉君子。歡娱未展，琴瑟頓乖。遂乃紅粉落於鏡前，點渧痕於席上〔五〇四〕。片玉沈泉，一珠落浦。紅顔絶跡，香閤無聲。

郎君

二龍並駕，則雙珠曜於掌中〔五〇五〕；一雁辭行，乃片月孤明於臺上。

賢女

素質凝霜，清心洗玉。翠眉不畫，則柳葉天生；紅頰未妝，而桃花自吐。賢新可美，四德兼芳。全其禮則家風益清〔五〇六〕，佐其夫〔則〕人（仁）義增敬〔五〇七〕。一門俱善，長幼同賢。

時也，孟春之首，萬物慶新。金園設齋，奉獻諸佛。法鼓隱隱而出途息苦，魚梵寥亮而雄徹九天。感上界而聖衆生心，知下方而廣作諸福。總斯勝利，先益國家，八表常清，寰中無事。州牧懸（縣）宰〔五〇八〕，榮禄剋昌。伏願履新歲已（以）長壽〔五〇九〕。

元日

夫以獻歲發春，元正啓運。騰三陽而送故，迎萬象以惟新。昨夜星霜，與窮陰而並謝；

今朝天地，浮喜色以歸來。

恆沐天休，永承唐寵。蕃夷克伏，鎮清漢邊。榮命保於南山，歡賞齊於北極。福禄堅永，松筠寶（保）貞[五一〇]。歡娱益昌，令望充溢。保康寧於萬古，垂佛蔭於千春。門來八座[五一一]，宅納三臺。天地齊年，榮貴終古。惠命堅久[五一二]，福樹恆芳。空花掃盡於精（情）田[五一三]，性珠增瑩於心地。法鏡高懸，惠香芬鬱[五一四]。心珠自瑩，定水澄清。法樑横亘於天衢[五一五]，智炬且揚於闇室[五一六]。早悟塵心，速階真境。珠明若戒[五一七]，朗月澄神。命延江海之深，福若丘山之重。

尼

塵事不染，逍遥清居。踵愛道前蹤，繼蓮花後業。心隨佛日而問合，識含智月以澄清。脱屣囂約[五一八]，澄澄鑒神。常御雲樓，永登香閣。鶯（鸎）武（鵡）林下[五一九]，振像王威。度未度人，解未孫（解）者[五二〇]。

穹滄渾源，日月貞其廓；傍薄發象，山河杜（壯）其固[五二一]。故得銀函東度，金疊南翻[五二二]。秦境來傳，竺蘭斯記。似得滄海之驪珠，亦似崐山之片玉[五二三]。是知分疊之義不殊，析金之理斯在。戒法華經，纓珞與垢衣殊相[五二四]；穢土淨土，阜墳將寶地分刑（形）[五二五]。不然者，曷得天下英毫（豪）[五二六]，諷誦霑於環宇。是知甘露之門，明珠滿藏；旃檀之苑，香象成群。時則花摇瑞日，葉吐香風。寶殿迴出於雲霄，洪樓俯臨於日月。

美哉得（德）欽〔五二七〕，曷可丹記。伏惟我皇帝龍德在天，大明御極。懸舜日於乾坤，噴堯雲於六合。道極寰中，恩霑率土。使三邊伏威，四夷消喪。伏惟尚書運偶千年之聖，莫不五百之賢。岌嶷如金山，傍倚大虛。調（洞）徹若秋月〔五二八〕，乍臨碧海。揮袖則出於風雲，開懷則同於水鏡。故行恩光於郡木（幕）府〔五二九〕，撫俗遍於閭〔閻〕〔五三〇〕。作萬里之長城，布天心於閫外。行軍亞尹，滄溟未足比其量，松篁無以比其操。嶷如斷山，稟（凜）然有難犯之色〔五三一〕。總統中權，分威外閫。實可謂月照寒江〔五三二〕，晴光徹底。幕府諸公等才也嵈（峻）秀〔五三三〕，華嶽三峰未足齊其高；量也洪深，北溟未足窮其濟。凜凜然寒山帶冰，皎皎如秋天桂月。成詞含怒，則長河鼎沸。畏則（之）三（則）之（三）軍瞻（膽）五懾〔五三四〕，愛之則行路欣歌。故得僥詤隔心，清風滿寒。縣宰門傳七貴，祖習（襲）五侯〔五三五〕。清松比德，白月爲心〔五三六〕。調絃百里風生，製錦一壺冰結。是〔時〕也〔五三七〕，景色澄廓，風無纖埃。河草初暖而抽黄，庭蓂訝（芽）塞（寒）而未緑〔五三八〕。乃張曳幕，施翠屏，周迴錦茵，上下華蓋。於是吹蠡會衆，鳴磬飯僧。香煙吐翠而庭際雲〔五三九〕，蓮影花開而空中座見。後願以此功德〔五四〇〕。是〔時〕也〔五四一〕，月近珠明，春深柳暗。樹幡也，蹄（螮）蝀在目〔五四二〕；爇鑪也〔五四三〕，雲煙滿空。嚴道場，跪飯賢。種種聖祐，穩穩福田。

夫亡

庭前悄悄，望圓月以增悲；帳〔中〕寥寥〔五四四〕，對孤燈而更切。聞念以孤鸞獨處〔五四五〕，林（臨）鏡匣而增悲〔五四六〕；別鶴分飛，睹琴聲而氣盡。

昔者素王所歎，苗而者於不秀，只有項託早亡；秀而者於不實，只歎顔迴（回）之少夭〔五四七〕。已（以）祐（古）方今〔五四八〕，然不殊意者，孩子乃肌明片玉，目淨瓊珠。頰〔如〕桃李之花開〔五四九〕，眉彎彎〔似〕海（晦）月初曲〔五五〇〕。能行三步五步，起坐未分；學語一言兩言，尊比（卑）未辯〔五五一〕。豈謂鳳鶵無託，先彫五色之毛；龍駒未便，先權（摧）千里之是（足）〔五五二〕。慈母日悲，沈掌上之珍；嚴痛〔五五三〕，失帳中之玉。飾展薰修，用薦孩子冥路。

釋迦讚

夫法中有王，牟尼大聖。上從兜率，下應王宮。乘白象於王宮〔五五四〕。乘白象於紫雲之中〔五五五〕，降神儀於摩耶右脅〔五五六〕。是知有緣西感，法水東流。託夢漢宮〔五五七〕，夜明周室。天上天下，獨號人師。三千大千，是稱正覺者，釋迦牟尼矣。時有西受降城使趙公〔五五八〕，氣宇宏峻〔五五九〕，淵鑒澄凝。文武濟時，德超今古。乃家崇正信，門傳善風。探玄珠於巨海之中，求法寶於福山之上。遂捨奉禄，敬造尊容。金面初開，如瞻滿月。故使歸依者消殃而置福〔五六〇〕，迴向者去危而獲安。百寶香前，散威儀於座側。能事既畢，彩飾成歟〔五六一〕。作禮焚香，敬讚曰：巍巍聖尊，妙相難論。化洽三界，誘歸一門。慈悲廣大，辯說無礙。金口宣揚，邪山自碎。圓滿相，圓滿容，善一重兮妙一重。

僧淨端〔五六二〕

説明

此件首缺尾全，有烏絲欄，其内容爲齋儀、書儀摘抄。齋儀部分包括患、亡、脱服、滿月、盂蘭盆會、慶幡、慶經、慶井、散講、釋迦讚等，以兄亡、弟亡、僧亡等各種亡文居多。書儀部分則抄録了兩種『十二月時景兼陰晴雲雪諸節』，齋儀和書儀是間雜抄寫的。卷中『世』或改寫作『代』，『民』或改寫作『人』，應爲避唐諱。

此件中有一篇標題爲『夫歎齋分爲段』，並在每段文字的尾部用小字標注『已上歎德』『齋意』『道場』『莊嚴』等，爲確定齋文的結構提供了依據。依據這篇齋文標注的齋文結構，此件中之多數齋文的結構都是不完整的，一般是只抄録了齋文的『齋意』部分（這也是齋文的核心部分），而這正是齋儀和單篇獨立的齋文的主要區别（有關齋儀的界定，可參看郝春文《敦煌寫本齋文及其樣式的分類與定名》，《北京師範學院學報》一九九〇年三期，九一至九七頁；《關於敦煌寫本齋文的幾個問題》，《首都師範大學學報》一九九六年二期，六四至七一頁）。

值得注意的是，此件中之『皇甫長官病可事』，是某位皇甫長官與其夫人施捨造像、造經幡的功德記摘抄，『釋迦讚』則是西受降城使趙公造像功德記抄，這兩篇是具體的功德記抄，與其他從齋儀中摘抄的文字不同。聯繫到此件字跡工整，間有句讀、倒乙、行間加字和點勘等標記，頗疑此件爲某人持有的文本，或者僧淨端就是此件的主人。由於此件屬於個人所用的文本，所以，不僅内容是摘抄的，文字亦有省略，如『是時也』，或省略爲『時也』，等等。

此件中之部分内容見於其他寫本，如『三周』見於斯一四四一背，『律座主散講』中自『夫金鏡西照』至『即有律座主當矣』見於斯三四三背，『朝庭聞善政之歌』至『清而欲麗』見於斯一一四五背，這些内容相同的部分均可與此件比勘。

校記

〔一〕《敦煌願文集》於『惟』前校補一『公』字作爲此段標題。
〔二〕『嚴』，《敦煌願文集》未能釋讀，並據斯一四四一背《三周（齋儀）》校補。
〔三〕『朝野羽儀』，《敦煌願文集》未能釋讀，並據斯一四四一背《三周（齋儀）》校補。
〔四〕『人倫』，《敦煌願文集》未能釋讀，並據斯一四四一背《三周（齋儀）》校補。
〔五〕『識洞玄門』，《敦煌願文集》未能釋讀，並據斯一四四一背《三周（齋儀）》校補。
〔六〕『情融妙』，《敦煌願文集》未能釋讀，並據斯一四四一背《三周（齋儀）》校補。
〔七〕『合』，底本作『令』，按寫本中『令』『合』形近易混，故據文義逕釋，《敦煌願文集》釋作『令』，校改作『合』。
〔八〕『久處彊埸』，《敦煌願文集》未能釋讀，並據斯一四四一背《三周（齋儀）》校補。
〔九〕『載』，《敦煌願文集》未能釋讀，並據斯一四四一背《三周（齋儀）》校補。
〔一〇〕『節』，《敦煌願文集》未能釋讀，並據斯一四四一背《三周（齋儀）》校補。
〔一一〕『征戍』，《敦煌願文集》未能釋讀，並據斯一四四一背《三周（齋儀）》校補。

〔一二〕『風燭』，《敦煌願文集》未能釋讀，並據斯一四四一背《三周（齋儀）》校補。

〔一三〕『孝』，《敦煌願文集》據斯一四四一背《三周（齋儀）》校補作『至孝』；『恩』，《敦煌願文集》未能釋讀，並據斯一四四一背《三周（齋儀）》校補。

〔一四〕『毒』，據《大般涅槃經》補。

〔一五〕『世』，據《大般涅槃經》補；『醫』，《敦煌願文補校》校補作『醫王』。

〔一六〕『必』，當作『畢』，據《大般涅槃經》改，『必』爲『畢』之借字；『家』，當作『竟』，據《大般涅槃經》改，《敦煌願文集》校改作『蒙』；『發』，《敦煌願文補校》釋作『生』，誤。

〔一七〕『爲』，當作『謂』，《敦煌願文集》據文義校改，『爲』爲『謂』之借字。

〔一八〕『士』，《敦煌願文補校》疑當校改作『人』。

〔一九〕『魂』，《敦煌願文集》釋作『魄』，誤。

〔二〇〕『得』，當作『特』，據文義改。

〔二一〕『名』，據殘筆劃及文義補；『德』，《敦煌願文集》未能釋讀。

〔二二〕『寂』，《敦煌願文集》釋作『淑』，校改作『寂』，誤。

〔二三〕『晃』，當作『幌』，據文義改，『晃』爲『幌』之借字。

〔二四〕『於』，當作『月』，據文義改。

〔二五〕底本『宇』字書於『院』字右下。此句中雙行夾注之『院』和『宇』爲可替换字，即此句既可作『嚴庭院』，亦可作『嚴庭宇』。

〔二六〕底本『設』字書於『散』字右下。此句中雙行夾注之『散』和『設』爲可替换字，即此句既可作『散幡花』，亦可作『設幡花』。

〔二七〕「素」，《敦煌願文集》釋作「索」，校改作「素」，誤；「務」，當作「霧」，《敦煌願文集》據文義校改，「務」爲「霧」之借字。
〔二八〕「藏」，當作「箴」，《敦煌願文補校》據文義校改。
〔二九〕「衆」，當作「終」，據文義改，「衆」爲「終」之借字，《敦煌願文集》未能釋讀，並校補作「歸」。
〔三〇〕「蒲」，當作「浦」，《敦煌願文集》據文義校改，「蒲」爲「浦」之借字。
〔三一〕「營」，當作「瑩」，《敦煌願文集》據文義校改，「營」爲「瑩」之借字。
〔三二〕「顔」，《敦煌願文集》校補作「顔之」。
〔三三〕「略」，當作「晷」，據文義改，《敦煌願文集》釋作「略」，校改作「晷」。
〔三四〕「乙」，當作「七」，《敦煌願文集》據文義校改。此句後有一「信」字，疑係名字爲「信」者校勘所加，「信」之上又有朱點。
〔三五〕「用」，《敦煌願文集》未能釋讀，並據文義校補作「止」。
〔三六〕「熟」，當作「孰」，《敦煌願文集》據文義校改，「熟」爲「孰」之借字。
〔三七〕此句後有一「信」字，疑係名字爲「信」者校勘所加，「信」之上又有朱點。
〔三八〕「進」，當作「淨」，據文義改，「進」爲「淨」之借字。
〔三九〕「契」，當作「熱」，據文義改，《敦煌願文集》逕釋作「熱」。
〔四〇〕「到」，當作「倒」，《敦煌願文集》據文義校改，「到」爲「倒」之借字。
〔四一〕「遊」，當作「由」，據文義改，「遊」爲「由」之借字。
〔四二〕此句後有一「信」字，疑係名字爲「信」者校勘所加，「信」之上又有朱點。
〔四三〕「女亡」，以朱筆書於天頭，《敦煌願文集》漏録。

〔四四〕『憤』，當作『墳』，《敦煌願文集》據文義校改，『憤』爲『墳』之借字，《敦煌願文集》認爲此字下當脱一字，似可校補『墓』或『塋』。

〔四五〕『殯』，《敦煌願文集》認爲此字下當脱兩字。

〔四六〕『歸』，當作『棺』，《敦煌願文集》據文義校改；『取』，《敦煌願文集》未能釋讀，並據文義校補。

〔四七〕『殞』，《敦煌願文集》釋作『殯』，誤；『常』，當作『長』，《敦煌願文集》據文義校改，『常』爲『長』之借字。

〔四八〕此句後有一『信』字，疑係名字爲『信』者校勘所加，『信』之上又有朱點。

〔四九〕『孤』，當作『孔』，據斯三四三《亡兄弟文》改。

〔五〇〕『起』，當作『去』，《敦煌願文集》據文義校改，『起』爲『去』之借字。

〔五一〕此句後有一『信』字，疑係名字爲『信』者校勘所加，『信』之上又有朱點。

〔五二〕『起』，當作『去』，《敦煌願文集》據文義校改，『起』爲『去』之借字。

〔五三〕『事』，當作『是』，《敦煌願文集》據文義校改，『事』爲『是』之借字。

〔五四〕『務』，當作『霧』，《敦煌願文集》據文義校改，『務』爲『霧』之借字。

〔五五〕『善』，《敦煌願文集》未能釋讀，並據文義校補，按底本原寫作『信』，後以朱筆改爲『善』。

〔五六〕『間』，當作『開』，據伯二六三一《釋門文範》改。

〔五七〕『繁』，當作『煩』，《敦煌願文集》據文義校改，『繁』爲『煩』之借字；『羅』，當作『籠』，據伯二六三一《釋門文範》改。

〔五八〕『象』，當作『塵』，據伯二六三一《釋門文範》改。

〔五九〕『火』，《敦煌願文集》釋作『大』，校改作『火』。

〔六〇〕此句後有一『𪚥』形符號，疑係校勘者所加。

〔六一〕底本『福』後原寫有『今』字，但以朱筆塗抹，故未録，此句似脱一字。

〔六二〕此句中雙行夾注之『光』和『榮』爲可替换字，即此句既可作『然後届禪林而光道樹』，亦可作『然後届禪林而榮道樹』。

〔六三〕『位』，《敦煌願文集》據文義校補。

〔六四〕『等』，《敦煌願文集》未能釋讀，並據文義校補作『同』，誤。此句後有一『𪚥』形符號，疑係校勘者所加。

〔六五〕此句當有脱文。

〔六六〕此句後有一『𪚥』形符號，疑係校勘者所加。

〔六七〕『十』，《敦煌願文集》校改作『千』。

〔六八〕『細』，《敦煌願文集》釋作『佃』，校改作『細』，誤。

〔六九〕『抱』，《敦煌願文集》釋作『抱』。

〔七〇〕『授』，當作『受』，《敦煌願文集》據文義校改，『授』爲『受』之借字。

〔七一〕『轉』，《敦煌願文集》疑爲『傳』字之誤書。

〔七二〕『減』，當作『咸』，《敦煌願文集》據文義校改。

〔七三〕『試』，當作『式』，據文義改，『試』爲『式』之借字。

〔七四〕『已』，當作『以』，《敦煌願文集》據文義校改，『已』爲『以』之借字。

〔七五〕『熱』，當作『爇』，《敦煌願文集》據文義校改。

〔七六〕『惠』，《敦煌願文集》校改作『慧』，按『惠』通『慧』，不煩校改。

〔七七〕『我』，《敦煌願文集》認爲此字重文，按底本第二個『我』字筆劃不全，實爲訛廢字，應不録。

〔七八〕『資』，當作『緇』，據文義改，『資』爲『緇』之借字。
〔七九〕此句後有一『𪚥』形符號，疑係校勘者所加。
〔八〇〕『華』，《敦煌願文集》釋作『花』，雖義可通而字誤。
〔八一〕『奄』，《敦煌願文集》校改作『掩』；『弊』，當作『蔽』，《敦煌願文集》據文義校改，『弊』爲『蔽』之借字。
〔八二〕『諍』，當作『爭』，《敦煌願文集》據文義校改，『諍』爲『爭』之借字。
〔八三〕『罪』，當作『翠』，據文義改，《敦煌願文集》校改作『霏』。
〔八四〕『洫』，當作『血』，《敦煌願文集》據文義校改。
〔八五〕此句後有一『𪚥』形符號，疑係校勘者所加。
〔八六〕『布』，《敦煌願文集》釋作『於』，校改作『捨』，誤；『來』，《敦煌願文集》疑此字下當有脱文。
〔八七〕『共』，《敦煌願文集》校改作『供』，按『共』有『供』義，不煩校改。
〔八八〕此句後有一『𪚥』形符號，疑係校勘者所加。
〔八九〕『增』，當作『僧』，《敦煌願文集》據文義校改。
〔九〇〕『敬』，《敦煌願文集》釋作『教』，誤。
〔九一〕『旦』，當作『但』，《敦煌願文集》據文義校改，『旦』爲『但』之借字。
〔九二〕『上』，《敦煌願文集》校改作『尚』，不必。
〔九三〕『言』，《敦煌願文集》疑當與下文『諦』字互乙。
〔九四〕『戒』，《敦煌願文集》釋作『誡』，誤。
〔九五〕『忤』，當作『伍』，《敦煌願文集》據文義校改，『忤』爲『伍』之借字。
〔九六〕此句疑有脱文。

〔九七〕『爲』，《敦煌願文集》據文義校補。此句後有一『〓』形符號，疑係校勘者所加。
〔九八〕『共』，《敦煌願文集》校改作『供』，按『共』有『供』義，不煩校改。
〔九九〕『服』，底本作『眼』，按『服』『眼』形近易混，故據文義逕釋，《敦煌願文集》釋作『眼』，校改作『服』。
〔一〇〇〕『旦』，《敦煌願文集》校改作『但』。
〔一〇一〕『薦』，底本作『廌』，爲『薦』之省旁俗字。以下同，不另出校。
〔一〇二〕『鍾』，《敦煌願文補校》校改作『鐘』，按『鍾』有『鐘』義，不煩校改。
〔一〇三〕《敦煌願文補校》將『生』字斷入上句，並疑此句有脱文。
〔一〇四〕『捨』，《敦煌願文集》據文義校補。
〔一〇五〕『千』，《敦煌願文集》釋作『十』，誤。
〔一〇六〕『市』，當作『匝』，據文義改，《敦煌願文集》逕釋作『匝』。
〔一〇七〕『裝』，《敦煌願文集》疑此字上當脱一字。
〔一〇八〕此句後有一『〓』形符號，疑係校勘者所加。
〔一〇九〕『閏』，當作『潤』，《敦煌願文補校》據文義校改，『閏』爲『潤』之借字。
〔一一〇〕『其』，當作『豈』，《敦煌願文集》據文義校改，『其』爲『豈』之借字；『明』，當作『期』，《敦煌願文集》據文義校改。
〔一一一〕此句後有一『〓』形符號，疑係校勘者所加。
〔一一二〕『唯』，《敦煌願文集》釋作『惟』，雖義可通而字誤。
〔一一三〕『惠』，《敦煌願文集》校改作『慧』，按『惠』通『慧』，不煩校改。
〔一一四〕『氣』，《敦煌願文集》校補作『則氣』。

〔一一五〕此句後有一「䶮」形符號，疑係校勘者所加。
〔一一六〕「青」，《敦煌願文集》校改作「清」。
〔一一七〕「墮」，《敦煌願文集》釋作「墜」，誤。
〔一一八〕「冀」，底本作「遘」，係涉下文「延」字之類化俗字。
〔一一九〕《敦煌願文集》於「伏」前補一「公」字作爲此段標題。
〔一二〇〕「孝竭」，《敦煌願文集》釋作「竭孝」，誤；「成」，當作「誠」，《敦煌願文集》據文義校改，「成」爲「誠」之借字。
〔一二一〕「烈」，當作「列」，《敦煌願文集》據文義校改，「烈」爲「列」之借字。
〔一二二〕「人」，當作「仁」，《敦煌願文集》據文義校改，「人」爲「仁」之借字。
〔一二三〕「正」，《敦煌願文集》校改作「政」。
〔一二四〕「雅」，當作「邪」，《敦煌願文集》據文義校改。
〔一二五〕此句疑有脱文。
〔一二六〕「麗」，《敦煌願文集》疑爲「酈」之借音字，《〈敦煌俗字典〉讀後記》疑當讀爲「儷」，並認爲此字後當脱「吴」字；「矣」，《敦煌願文集》認爲係誤書而未及塗去者。
〔一二七〕《敦煌願文集》於「伏」前補「夫人」二字作爲此段標題。
〔一二八〕「烈」，當作「列」，《敦煌願文集》據文義校改，「烈」爲「列」之借字；「握」，當作「幄」，《敦煌願文集》據文義校改，「握」爲「幄」之借字。
〔一二九〕「鍾」，《敦煌願文集》校改作「鐘」，按「鍾」有「鐘」義，不煩校改；「嚮」，《敦煌願文集》校改作「響」，按「嚮」通「響」。

〔一三〇〕「依」，當作「衣」，《敦煌願文集》據文義校改，「依」爲「衣」之借字。
〔一三一〕「惠」，《敦煌願文集》校改作「慧」，按「惠」通「慧」，不煩校改。
〔一三二〕「勳」，當作「熏」，《敦煌願文集》據文義校改，「勳」爲「熏」之借字。
〔一三三〕《敦煌願文集》於「伏」前補一「公」字作爲此段標題；「長」，《敦煌願文補校》校補作「隨日長」。
〔一三四〕「拒」，當作「距」，《敦煌願文補校》據文義校改，「拒」爲「距」之借字。
〔一三五〕「閨」，當作「珪」，據文義改，「閨」爲「珪」之借字。
〔一三六〕「入」，《敦煌願文集》據文義校補。
〔一三七〕《敦煌願文集》認爲此句下據文義當有一段四六句。
〔一三八〕「堡」，當作「保」，《敦煌願文集》據文義校改，「堡」爲「保」之借字。
〔一三九〕「兹」，《敦煌願文集》校改作「滋」，按「兹」通「滋」，不煩校改。
〔一四〇〕「友」，當作「有」，據 BD 〇〇〇一七背《僧尼患差》改，「友」爲「有」之借字。
〔一四一〕「首」，據 BD 〇〇〇一七背《亡禪師》補，《敦煌願文集》疑校補作「師」。
〔一四二〕「藥」，當作「樂」，據文義改，《敦煌願文集》逕釋作「樂」。
〔一四三〕「畢」，《敦煌願文集》校改作「必」。
〔一四四〕「彼」，《敦煌願文補校》據文義校補。
〔一四五〕「上」，當作「尚」，《敦煌願文集》據文義校改，「上」爲「尚」之借字。
〔一四六〕「行」，《敦煌願文集》認爲此字前脱一字，似可校補作「星」，《敦煌歲時文化導論》認爲可校補作「月」。
〔一四七〕「責」，當作「青」，《敦煌願文集》據文義校改。
〔一四八〕「詔」，當作「韶」，《敦煌願文集》據文義校改；「上」，當作「尚」，《敦煌願文集》據文義校改，「上」爲

「尚」之借字。

〔一四九〕「緑」，底本似「渌」，其「氵」旁應爲「糸」旁草書楷化之結果，此據文義逕釋作「緑」。

〔一五〇〕「而」，當作「如」，據文義改，「而」爲「如」之借字。此句當有脱文。

〔一五一〕第二個「家」，《敦煌願文補校》據文義校補。

〔一五二〕第一個「夏」，《敦煌願文補校》釋作「憂」，據文義此字係衍文，當删。

〔一五三〕「緑」，底本似「渌」，其「氵」旁應爲「糸」旁草書楷化之結果，此據文義逕釋作「緑」。

〔一五四〕「上」，當作「尚」，《敦煌願文集》據文義校改，「上」爲「尚」之借字。

〔一五五〕「向」，《敦煌願文集》認爲此字下當脱一字，《敦煌歲時文化導論》校補作「向茂」。

〔一五六〕「緑」，底本似「渌」，其「氵」旁應爲「糸」旁草書楷化之結果，此據文義逕釋作「緑」；「條」，《敦煌願文集》認爲係衍文。此句中雙行夾注之「條」和「果」爲可替换字，即此句既可作「緑葉新條」，亦可作「緑葉新果」。

〔一五七〕「緑」，底本似「渌」，其「氵」旁應爲「糸」旁草書楷化之結果，此據文義逕釋作「緑」，《敦煌願文集》釋作「渌」，校改作「緑」。

〔一五八〕「示」，當作「赤」，《敦煌願文集》據文義校改。

〔一五九〕「陶」，當作「陶」，據文義改，《敦煌願文補校》疑爲「除」之形變。

〔一六〇〕「未」，《敦煌願文集》校改作「朱」；「熱」，《敦煌願文集》校改作「爇」。

〔一六一〕「危」，《敦煌願文集》釋作「色」，誤。

〔一六二〕「扇」，底本原有兩個「扇」字，一在行末，一在次行行首，此爲當時的一種抄寫習慣，可以稱爲「提行添字例』，第二個『扇』字應不讀，故未録。

〔一六三〕『嫁』，當作『稼』，《敦煌願文集》據文義校改，『嫁』爲『稼』之借字；『登』，底本原有兩個『登』字，一在行末，一在次行行首，此爲當時的一種抄寫習慣，可以稱爲『提行添字例』，第二個『登』字應不讀，故未録。

〔一六四〕此句中雙行夾注之『吹』和『斷』爲可替换字，即此句既可作『涼風吹歸雁之聲』，亦可作『涼風斷歸雁之聲』。

〔一六五〕《敦煌願文集》認爲此句有脱文，誤。

〔一六六〕『兼』，當作『蒹』，《敦煌願文集》據文義校改，『兼』爲『蒹』之借字。

〔一六七〕『焱』，當作『嚴』，據文義改，『焱』爲『嚴』之借字。『焱霜』，《敦煌願文集》稱『焱』字右上角有乙正符號，故釋作『霜焱』，按底本實無乙正符號。

〔一六八〕此句『受』字前當脱一字。

〔一六九〕『圓』，當作『園』，《敦煌願文集》據文義校改，『圓』爲『園』之借字。

〔一七〇〕『勵』，當作『厲』，《敦煌願文集》據文義校改，『勵』爲『厲』之借字。

〔一七一〕『鑪』，《敦煌願文集》校改作『爐』，按『鑪』字可通，不煩校改。

〔一七二〕『正』，底本原在該字後寫有『凝風利如』四字，旁有删除符號，《敦煌願文集》未察，照録此四字，並將『利』誤作『和』。

〔一七三〕『以』，當作『已』，據文義改，『以』爲『已』之借字。此句當有脱文。

〔一七四〕『各』，當作『冬』，《敦煌願文集》據文義校改。

〔一七五〕『夏』，當作『下』，據文義改，『夏』爲『下』之借字，《敦煌願文集》校改作『憂』；『俞』，當作『逾』，《敦煌願文集》據文義校改，『俞』爲『逾』之借字。

〔一七六〕「延」，當作「筵」，據伯二六三一《釋門文範》改，「延」爲「筵」之借字。

〔一七七〕「晨」，當作「辰」，據文義改，「晨」爲「辰」之借字。

〔一七八〕「入」，當作「人」，據伯二六三一《釋門文範》改。

〔一七九〕「疑」，《敦煌願文集》認爲此字下當脱一字，似可校補作「登」，《唐宋敦煌歲時佛俗——二月至七月》校補作「擬」。

〔一八〇〕「駿」，《敦煌願文集》釋作「驄」，校改作「騌」。

〔一八一〕「虚」，《敦煌願文集》認爲此字前當脱二字；「千」，《敦煌願文集》校改作「於」；「上」，當作「尚」，《敦煌願文集》據文義校改，「上」爲「尚」之借字。

〔一八二〕「是」，《敦煌願文集》據文義校補。

〔一八三〕「間」，《敦煌願文集》釋作「周」，校改作「間」，誤。

〔一八四〕「澡」，當作「噪」，《敦煌願文集》據文義校改，「澡」爲「噪」之借字。

〔一八五〕「烈」，當作「列」，《敦煌願文集》據文義校改，「烈」爲「列」之借字。

〔一八六〕「延」，當作「筵」，《敦煌願文集》據文義校改，「延」爲「筵」之借字。

〔一八七〕「散」，《敦煌願文集》釋作「嚴」，誤。

〔一八八〕「將」，當作「時」，據文義改。

〔一八九〕「莫」，當作「英」，據文義改，《敦煌願文集》逕釋作「英」。

〔一九〇〕「籬」，《敦煌願文集》釋作「蘺」，校改作「籬」；「鞠」，當作「菊」，《敦煌願文集》據文義校改，「鞠」爲「菊」之借字。

〔一九一〕「日」，《敦煌願文集》漏録。

〔一九二〕「咎」，當作「晷」，據文義改，《敦煌願文集》逕釋作「晷」。

〔一九三〕「從」，當作「徙」，據文義改，《敦煌願文集》逕釋作「徙」。

〔一九四〕「試」，當作「樹」，《敦煌願文集》據文義校改。

〔一九五〕「云」，當作「之」，據文義改，《敦煌願文集》逕釋作「之」。

〔一九六〕「惜」，當作「蜡」，《唐宋敦煌歲時佛俗——八月至十二月》據文義校改。

〔一九七〕「詞」，當作「祠」，《唐宋敦煌歲時佛俗——八月至十二月》據文義校改，「詞」爲「祠」之借字；「貴」，當作「黄」，《唐宋敦煌歲時佛俗——八月至十二月》據文義校改。

〔一九八〕「銅」，《敦煌願文集》未能釋讀，並據文義校補。

〔一九九〕「先」，底本作「光」，按寫本中「先」「光」形近易混，故據文義逕釋。

〔二〇〇〕「以」，當作「已」，《敦煌願文集》據文義校改，「以」爲「已」之借字。

〔二〇一〕「由」，當作「油」，《敦煌願文集》據文義校改，「由」爲「油」之借字。

〔二〇二〕「證」，《敦煌願文集》校改作「恰」。

〔二〇三〕「霄」，當作「宵」，《敦煌願文集》據文義校改，「霄」爲「宵」之借字。

〔二〇四〕「上」，當作「尚」，據文義改，「上」爲「尚」之借字。

〔二〇五〕「晨」，當作「辰」，《敦煌願文集》據文義校改，「晨」爲「辰」之借字；「乙」，《敦煌願文集》漏録。

〔二〇六〕「爲」，當作「謂」，《敦煌願文補校》據文義校改，「爲」爲「謂」之借字。

〔二〇七〕「掩」，當作「奄」，《敦煌願文集》據文義校改，「掩」爲「奄」之借字。

〔二〇八〕「霸」，當作「罷」，《敦煌願文集》據文義校改，「霸」爲「罷」之借字；「晨」，當作「辰」，《敦煌願文集》據文義校改，「晨」爲「辰」之借字。

〔二〇九〕「晨」，當作「辰」，《敦煌願文集》據文義校改，「晨」爲「辰」之借字。
〔二一〇〕「第」，底本作「弟」，按寫本中「弟」「第」形近易混，故據文義逕釋，《敦煌願文集》釋作「弟」，校改作「第」。
〔二一一〕「蓮」，《敦煌願文集》未能釋讀，並據文義校補。
〔二一二〕「遂」，《敦煌願文集》釋作「逐」，誤。
〔二一三〕「掩」，當作「奄」，《敦煌願文集》據文義校改，「掩」爲「奄」之借字。
〔二一四〕「濫」，《敦煌願文集》校改作「瀲」。
〔二一五〕「鍊」，《敦煌願文集》釋作「煉」，誤。
〔二一六〕「堅」，《敦煌願文集》據文義校補。
〔二一七〕「重」，《敦煌願文集》校改作「量」，不必。
〔二一八〕「宿」，《敦煌願文集》校改作「夙」，不必。
〔二一九〕《敦煌願文集》疑此句當有脱文，並應補於「寶」字之上。
〔二二〇〕「方」，《敦煌願文集》校補作「萬方」。
〔二二一〕「爲」，當作「謂」，《敦煌願文集》據文義校改，「爲」爲「謂」之借字。
〔二二二〕「爲」，當作「謂」，《敦煌願文集》據文義校改，「爲」爲「謂」之借字。
〔二二三〕「軌」，《敦煌願文補校》釋作「章」，誤。
〔二二四〕「爲」，當作「謂」，《敦煌願文集》據文義校改，「爲」爲「謂」之借字。
〔二二五〕「因」，《敦煌願文集》將其斷入下句，並認爲「靈爲災」句有脱文。
〔二二六〕此句當有脱文。

〔二二七〕此句「並」字似爲衍文。

〔二二八〕「玄」，《敦煌願文補校》據文義校補。

〔二二九〕《敦煌願文集》於「伏」前補一「公」字作爲此段之標題。「貞」，《敦煌願文集》據文義校補。

〔二三〇〕「士」，當作「事」，《敦煌願文集》據文義校改，「士」爲「事」之借字。

〔二三一〕此句當脱一字。

〔二三二〕「歸」，當作「龜」，《敦煌願文集》據文義校改，「歸」爲「龜」之借字。

〔二三三〕「諸」，當作「居」，《〈敦煌願文集〉校點獻疑》據文義校改；「居」，當作「諸」，《〈敦煌願文集〉校點獻疑》據文義校改。

〔二三四〕「甚」，當作「某」，據文義改，《敦煌願文集》逕釋作「某」。

〔二三五〕「娥」，《敦煌願文集》校改作「蛾」。

〔二三六〕「務」，當作「婺」，《敦煌願文集》據文義校改，「務」爲「婺」之借字。

〔二三七〕《敦煌願文集》認爲此句衍一字。

〔二三八〕「原」，當作「源」，《敦煌願文集》據文義校改，「原」爲「源」之借字；「云云」，《敦煌願文集》漏録。

〔二三九〕「路」，當作「露」，《敦煌願文集》據文義校改，「路」爲「露」之借字。

〔二四〇〕「螢」，當作「瑩」，據文義改，《敦煌願文集》逕釋作「瑩」，「螢」爲「瑩」之借字。

〔二四一〕《敦煌願文集》於「聞」前補一「公」字作爲此段之標題。

〔二四二〕「晨」，當作「辰」，《敦煌願文集》據文義校改，「晨」爲「辰」之借字。

〔二四三〕「志」，當作「至」，《敦煌願文集》據文義校改。

〔二四四〕「之」，據文義補。

〔二四五〕「軍」，《敦煌願文集》校改作「郡」。
〔二四六〕《敦煌願文集》將此句與下句「漢情」斷爲一句，並疑此句當有脱文。
〔二四七〕「江」，《敦煌佛教願文研究》據文義校補。
〔二四八〕「震」，當作「振」，《敦煌願文集》據文義校改，「震」爲「振」之借字。
〔二四九〕「庭」，《敦煌願文集》校改作「廷」，按不改亦可通。
〔二五〇〕「編」，當作「扁」，《敦煌願文集》據文義校改，「編」爲「扁」之借字。
〔二五一〕「敷」，《敦煌願文集》據文義校補。
〔二五二〕「盡」，當作「晝」，據文義改，《敦煌願文集》逕釋作「晝」；「狀」，當作「伏」，據文義改，《敦煌願文集》逕釋作「伏」。
〔二五三〕「下」，當作「夏」，據斯一一四五背《書儀摘抄》改，「下」爲「夏」之借字。
〔二五四〕「爐」，據斯三四三《社齋文》補；「香」，《敦煌願文集》認爲此字下脱一「氣」字。
〔二五五〕此標題，《敦煌願文集》作「十二月」，將「時」下屬。
〔二五六〕「之」，當作「梔」，據文義改，「之」爲「梔」之借字；「梅」，《敦煌願文集》校改作「樹」。
〔二五七〕「已」，當作「溢」，據文義改，「已」爲「溢」之借字，《敦煌願文集》校改作「矣」；「手」，當作「宇」，據文義改。
〔二五八〕「鍾」，《敦煌願文集》校改作「鐘」，按「鍾」有「鐘」義，不煩校改。
〔二五九〕「名標」，《敦煌願文集》未能釋讀，並據斯一一四五背《書儀摘抄》校補。
〔二六〇〕「曉吹」，《敦煌願文集》疑係衍文，當删。
〔二六一〕「斯」，當作「嘶」，據文義改，《敦煌願文集》逕釋作「嘶」，「斯」爲「嘶」之借字。

〔二六二〕第一個「棱」，《敦煌願文集》未能釋讀，並據斯一一四五背《書儀摘抄》校補。

〔二六三〕「緑」，底本似「渌」，其「氵」旁應爲「糹」旁草書楷化之結果，此據文義逕釋作「緑」。

〔二六四〕「文」，《敦煌願文集》指出係衍文，當删。

〔二六五〕「青」，當作「清」，《敦煌願文集》據文義校改，「青」爲「清」之借字。

〔二六六〕「空」，《敦煌願文集》據文義校補。

〔二六七〕「詹」，當作「簷」，《敦煌願文集》據文義校改。

〔二六八〕「緑」，底本似「渌」，其「氵」旁應爲「糹」旁草書楷化之結果，此據文義逕釋作「緑」，《敦煌願文校補》釋作「渌」，校改作「緑」。

〔二六九〕「煙」，《敦煌願文集》校改作「湮」；「月」，當作「日」，《敦煌願文集》據文義校改。

〔二七〇〕「菊」，當作「掬」，《敦煌願文集》據文義校改，「菊」爲「掬」之借字。

〔二七一〕「紛」，據文義補。

〔二七二〕「佉」，《敦煌願文集》校改作「低」。

〔二七三〕「颰」，《敦煌願文集》疑當作「飈」。

〔二七四〕「悖」，《敦煌願文集》校改作「勃」。

〔二七五〕「緑」，底本似「渌」，其「氵」旁應爲「糹」旁草書楷化之結果，此據文義逕釋作「緑」。

〔二七六〕「緑」，底本似「渌」，其「氵」旁應爲「糹」旁草書楷化之結果，此據文義逕釋作「緑」。

〔二七七〕「葉」，《敦煌願文集》未能釋讀，並據文義校補。

〔二七八〕「離」，當作「梨」，《敦煌願文集》據文義校改，「離」爲「梨」之借字。

〔二七九〕第二個「灼」，《敦煌願文集》據文義校補。
〔二八〇〕此句當有脱文。
〔二八一〕《敦煌願文集》認爲「華」係衍文。此句中雙行夾注之「華」和「花」爲可替換字，即此句既可作「華落撲地」，亦可作「花落撲地」。
〔二八二〕此句當有脱文。
〔二八三〕「菡菡」，當作「涵涵」，據文義改，「菡」爲「涵」之借字，《敦煌願文集》釋作「蒸蒸」，誤。
〔二八四〕「卓」，當作「綽」，據文義改，《敦煌願文集》校改作「草」。
〔二八五〕「叶」，當作「叫」，據文義改，《敦煌願文集》逕釋作「叫」。
〔二八六〕「蕭」，當作「肅」，《敦煌願文集》據文義校改。
〔二八七〕「倉」，《敦煌願文集》校改作「蒼」，按「倉」通「蒼」，不煩校改。
〔二八八〕「膚」，《敦煌願文集》釋作「痛」，誤。
〔二八九〕「苦」，底本作「若」，按寫本中「苦」「若」形近易混，故據文義逕釋，《敦煌願文集》釋作「若」。
〔二九〇〕「緫」，底本作「漗」，其「氵」旁應爲「糸」旁草書楷化之結果，此據文義逕釋作「緫」。
〔二九一〕「於」，《敦煌願文集》據文義校補。
〔二九二〕「苦」，底本作「若」，按寫本中「苦」「若」形近易混，故據文義逕釋，《敦煌願文集》釋作「若」，校改作「苦」。
〔二九三〕「巳」，當作「色」，《敦煌願文集》據文義校改。
〔二九四〕《敦煌願文集》將「妹」字斷入下文，並認爲此句「之」下當脱一字。
〔二九五〕「三」，《敦煌願文集》校改作「亡」。《敦煌願文集》將此段標題擬爲「妹三（亡）日」。按下文爲「亡孩子」，並非「亡妹」。

〔二九六〕『已』，當作『以』，《敦煌願文集》據文義校改，『已』爲『以』之借字。

〔二九七〕『而』，《敦煌願文集》校改作『如』。

〔二九八〕『降』，《敦煌願文集》未能釋讀，並據文義校補作『淩』。

〔二九九〕『砂』，《敦煌願文集》釋作『沙』，誤。

〔三〇〇〕『化』，《敦煌願文集》據文義校補；『交』，當作『郊』，《敦煌願文集》據文義校改，『交』爲『郊』之借字。

〔三〇一〕『議』，當作『儀』，《敦煌願文集》據文義校改，『議』爲『儀』之借字。

〔三〇二〕『後』，《敦煌願文集》據文義校補。

〔三〇三〕『懸』，《敦煌願文集》釋作『照』，誤。

〔三〇四〕『尚』，當作『山』，《敦煌願文集》據文義校改；『碉』，底本原作『峒』，《敦煌願文集》認爲係『碉』之類化俗字。

〔三〇五〕『已』，當作『以』，《敦煌願文集》據文義校改，『已』爲『以』之借字。

〔三〇六〕『巍』，當作『魏』，《敦煌願文集》據文義校改，『巍』爲『魏』之借字。

〔三〇七〕『而』，當作『如』，《敦煌願文集》據文義校改，『而』爲『如』之借字。

〔三〇八〕『月』，《敦煌願文集》校改作『日』。『戒月而得』，《敦煌願文集》據文義乙作『得戒月而』，近是。

〔三〇九〕『鏡』，《敦煌願文集》釋作『境』，誤。

〔三一〇〕『已』，當作『以』，《敦煌願文集》據文義校改，『已』爲『以』之借字。

〔三一一〕『白』，《敦煌願文集》認爲此字前當脱一字。

〔三一二〕『緑』，底本似『淥』，其『氵』旁應爲『糸』旁草書楷化之結果，此據文義逕釋作『緑』。

〔三一三〕『鍾』，《敦煌願文集》校改作『鐘』，按『鍾』有『鐘』義，不煩校改。

〔三一四〕『大』，當作『代』，《敦煌願文集》據文義校改，『大』爲『代』之借字。
〔三一五〕『烈』，當作『裂』，《敦煌願文集》據文義校改，『烈』爲『裂』之借字。
〔三一六〕第一個『臺之』，《敦煌願文集》指出據文義爲衍文，當删。
〔三一七〕『聘』，當作『騁』，據文義改，《敦煌願文集》逕釋作『騁』。
〔三一八〕『雁』，《敦煌願文集》校補作『雁而』。
〔三一九〕『以』，《敦煌願文集》校補作『但以』。
〔三二〇〕『[貝干]』，當作『旰』，《敦煌願文集》據文義校改。此句當有脱文，似脱『或至』二字。
〔三二一〕『清』，《敦煌願文集》未能釋讀。
〔三二二〕『委』，《敦煌願文集》釋作『委將』，按底本實無『將』字；『祤』，當作『翊』，《敦煌願文集》據文義校改。
〔三二三〕『差』，當作『老』，《敦煌願文集》據文義校改。
〔三二四〕『軍』，《敦煌願文集》校改作『郡』；『僚』，《敦煌願文集》釋作『寮』，誤；『彩』，當作『寀』，《敦煌願文集》據文義校改，『彩』爲『寀』之借字。
〔三二五〕『暮』，當作『慕』，《敦煌願文集》據文義校改，『暮』爲『慕』之借字。
〔三二六〕『而』，《敦煌願文集》據文義校補。
〔三二七〕『苑』，當作『宛』，據文義改。
〔三二八〕『聞』，當作『開』，《敦煌願文集》據文義校改。
〔三二九〕『動』，當作『勳』，據文義改，《敦煌願文集》逕釋作『勳』。
〔三三〇〕『逾』，當作『揄』，《敦煌願文集》據文義校改，『逾』爲『揄』之借字。
〔三三一〕『察』，當作『刹』，《敦煌願文集》據文義校改，『察』爲『刹』之借字。

〔三三二〕「地」，《敦煌願文集》校補作「地以」。
〔三三三〕「惠」，《敦煌願文集》校改作「慧」，按「惠」通「慧」，不煩校改。
〔三三四〕「動」，當作「勳」，據文義改。
〔三三五〕「彩」，當作「寀」，《敦煌願文集》據文義校改，「彩」爲「寀」之借字。
〔三三六〕「雍」，當作「擁」，《敦煌願文集》據文義校改，「雍」爲「擁」之借字。
〔三三七〕「惠」，《敦煌願文集》校改作「慧」，按「惠」通「慧」，不煩校改。
〔三三八〕「徒聽」，當作「聽徒」，《敦煌願文集》據文義校改。
〔三三九〕「女」，《敦煌願文集》釋作「男」，誤；「男」，《敦煌願文集》釋作「女」，誤。
〔三四〇〕「必」，當作「不」，《敦煌願文集》據文義校改。
〔三四一〕「也」，據文義係衍文，當删。
〔三四二〕「信」，《敦煌願文集》認爲此字下脱一字。
〔三四三〕「已」，當作「以」，《敦煌願文集》據文義校改，「已」爲「以」之借字。
〔三四四〕「而」，《敦煌願文集》據文義校補；「鑪」，《敦煌願文集》釋作「爐」，雖義可通而字誤。
〔三四五〕「捨」，當作「舍」，據文義改，《敦煌願文集》逕釋作「舍」，「捨」爲「舍」之借字。
〔三四六〕「已」，當作「以」，《敦煌願文集》據文義校改，「已」爲「以」之借字。
〔三四七〕「烈」，當作「列」，《敦煌願文集》據文義校改，「烈」爲「列」之借字。
〔三四八〕「音」，《敦煌願文集》疑爲「香」之形近誤書。
〔三四九〕「烈」，當作「列」，《敦煌願文集》據文義校改，「烈」爲「列」之借字。
〔三五〇〕「烈」，當作「列」，據文義改，「烈」爲「列」之借字。

〔三五一〕「令」，當作「靈」，據文義改，「令」爲「靈」之借字；「務」，當作「霧」，《敦煌願文集》據文義校改，「務」爲「霧」之借字。

〔三五二〕「思」，當作「斯」，《敦煌願文集》據文義校改，「思」爲「斯」之借字。

〔三五三〕「翠」，當作「脆」，《敦煌願文集》據文義校改，「翠」爲「脆」之借字。

〔三五四〕「蹲」，當作「樽」，據文義改，《敦煌願文集》校改作「尊」。

〔三五五〕「歸」，當作「龜」，《敦煌願文集》據文義校改，「歸」爲「龜」之借字。

〔三五六〕「絃」，《敦煌願文集》釋作「弦」，誤。

〔三五七〕「後」，當作「厚」，《敦煌願文集》據文義校改，「後」爲「厚」之借字。

〔三五八〕「鄉」，《敦煌願文集》校改作「響」，按「鄉」通「響」。

〔三五九〕「爲」，當作「位」，《敦煌願文集》據文義校改，「爲」爲「位」之借字；「烈」，當作「列」，《敦煌願文集》據文義校改，「烈」爲「列」之借字。

〔三六〇〕「片」，《敦煌願文集》校改作「而」。

〔三六一〕《敦煌願文集》於「惟」前補「夫人」二字作爲此段標題。

〔三六二〕「夙」，據文義補，《敦煌願文集》校補作「義」。

〔三六三〕「俄」，當作「娥」，《敦煌願文集》據文義校改，「俄」爲「娥」之借字。

〔三六四〕「與」，當作「以」，《敦煌願文集》據文義校改，「與」爲「以」之借字。

〔三六五〕「與」，當作「以」，《敦煌願文集》據文義校改，「與」爲「以」之借字。

〔三六六〕「真」，當作「臻」，《敦煌願文集》據文義校改，「真」爲「臻」之借字。

〔三六七〕「如」，《敦煌願文補校》認爲係衍文，當删；「蓬」，當作「蜂」，《敦煌願文補校》據文義改；「猶」，當作

「游」，《敦煌願文補校》據文義校改，「猶」爲「游」之借字。

〔三六八〕「妖」，當作「夭」，《敦煌願文集》據文義校改，「妖」爲「夭」之借字。

〔三六九〕「佳」，當作「桂」，《敦煌願文集》據文義校改。

〔三七〇〕「卦」，當作「掛」，《敦煌願文集》據文義校改，「卦」爲「掛」之借字。

〔三七一〕「俄俄」，當作「娥娥」，《敦煌願文集》據文義校改，「俄」爲「娥」之借字。

〔三七二〕「李」，《敦煌願文集》校補作「李而」。

〔三七三〕「容」，當作「蓉」，據文義改，《敦煌願文集》逕釋作「蓉」，「容」爲「蓉」之借字。

〔三七四〕「緑」，底本似「渌」，其「氵」旁應爲「糹」旁草書楷化之結果，此據文義逕釋作「緑」。

〔三七五〕「而」，《敦煌願文集》據文義校補。

〔三七六〕「問」，《敦煌願文集》校改作「聞」，「問」通「聞」。

〔三七七〕「寶」，當作「保」，《敦煌願文集》據文義校改，「寶」爲「保」之借字。

〔三七八〕「中」，當作「忠」，《敦煌願文集》據文義校改，「中」爲「忠」之借字；「障」，當作「彰」，《敦煌願文集》據文義校改，「障」爲「彰」之借字。

〔三七九〕「得」，當作「德」，《敦煌願文集》據文義校改，「得」爲「德」之借字。

〔三八〇〕「動」，當作「洞」，《敦煌願文集》據文義校改，「動」爲「洞」之借字。

〔三八一〕「賈」，當作「假」，《敦煌願文集》據文義校改，「賈」爲「假」之借字；「熒」，當作「螢」，據文義改，《敦煌願文集》逕釋作「螢」，「熒」爲「螢」之借字。

〔三八二〕「以」，當作「已」，《敦煌願文集》據文義校改，「以」爲「已」之借字。

〔三八三〕《敦煌願文集》於「惟」前補一「公」字作爲此段標題。

〔三八四〕「灌」，當作「貫」，《敦煌願文集》據文義校改，「灌」爲「貫」之借字。
〔三八五〕「端」，《敦煌願文集》校改作「瑞」。
〔三八六〕「即」，疑爲衍文；「絃」，《敦煌願文集》釋作「弦」，誤。
〔三八七〕「候」，當作「厚」，《敦煌願文集》據文義校改，「候」爲「厚」之借字。
〔三八八〕「時也」，爲「是時也」之簡省，疑抄寫者有意省略了「是」字。以下同，不另出校。
〔三八九〕「烈」，當作「列」，據文義改，「烈」爲「列」之借字，《敦煌願文集》漏録。
〔三九〇〕「爐」，《敦煌願文集》釋作「鑪」，雖義可通而字誤；「令」，當作「靈」，據文義改，「令」爲「靈」之借字；「務」，當作「霧」，《敦煌願文集》據文義校改，「務」爲「霧」之借字。
〔三九一〕《敦煌願文集》於「夫」前補「夫人」二字作爲此段標題。
〔三九二〕「脯」，當作「哺」，《敦煌願文集》據文義校改。
〔三九三〕「師」，據文義補。《敦煌願文集》於「律」前另補一「律」字作爲此段標題。
〔三九四〕「公」，《敦煌願文集》釋作「律公」；「光」，底本作「先」，按寫本中「光」「先」形近易混，故據文義逕釋。
〔三九五〕「燃」，《敦煌願文集》釋作「煙」，誤；「神」，據文義補。
〔三九六〕「繫」，當作「擊」，據文義改，《敦煌願文集》逕釋作「擊」，「繫」爲「擊」之借字。
〔三九七〕「及」，當作「爲」，據BD〇〇〇一七背《亡禪師》改。
〔三九八〕「無」，底本原有兩個「無」字，一在行末，一在次行行首，此爲當時的一種抄寫習慣，可以稱爲「提行添字例」，第二個「無」字應不讀，故未録。
〔三九九〕《敦煌願文集》認爲此句據文義當有脱文，似可於「淨」上校補一「清」字。
〔四〇〇〕「倫」，當作「淪」，《敦煌願文集》據文義校改，「倫」爲「淪」之借字。

〔四〇一〕《敦煌願文集》認爲此句據文義當有脱文，似可於「惻」下校補一「塞」字。
〔四〇二〕「乃」，當作「及」，據文義改，《敦煌願文集》漏録。
〔四〇三〕「渤」，《敦煌願文集》釋作「浡」，校改作「渤」。
〔四〇四〕此句疑有脱文。
〔四〇五〕此句疑有脱文。
〔四〇六〕「他」，《敦煌願文集》認爲此字下當脱一字，似可校補「方」或「鄉」。
〔四〇七〕「荼」，當作「茶」，據文義改，《敦煌願文集》逕釋作「茶」。
〔四〇八〕「咸」，《敦煌願文集》校改作「撼」。
〔四〇九〕「清」，《敦煌願文集》釋作「清」，校改作「清」。
〔四一〇〕《敦煌願文集》認爲此句當有脱文。
〔四一一〕「之徒」，《敦煌願文集》指出係衍文，當删。
〔四一二〕「覆」，當作「馥」，《敦煌願文集》據文義校改，「覆」爲「馥」之借字。
〔四一三〕「良」，《敦煌願文集》據文義校補。
〔四一四〕「繩」，《敦煌願文集》釋作「綱」，誤。
〔四一五〕「採」，當作「彩」，《敦煌願文集》據文義校改，「採」爲「彩」之借字。
〔四一六〕「曳」，《敦煌願文集》校改作「翠」。
〔四一七〕「步」，《敦煌願文集》認爲此字下當脱一字。
〔四一八〕此句當有脱文，疑「天」後脱一字。
〔四一九〕「況」，當作「貺」，《敦煌願文集》據文義校改。

〔四二〇〕「而」，《敦煌願文集》據文義校補。
〔四二一〕「倫」，當作「論」，《敦煌願文集》據文義校改，「倫」爲「論」之借字。
〔四二二〕「延」，當作「筵」，《敦煌願文集》據文義校改，「延」爲「筵」之借字。
〔四二三〕「蒸」，當作「征」，據文義改，「蒸」爲「征」之借字。
〔四二四〕「喬」，當作「橋」，《敦煌願文集》據文義校改，「喬」爲「橋」之借字。
〔四二五〕「振」，當作「賑」，《敦煌願文集》據文義校改，「振」爲「賑」之借字。
〔四二六〕「務」，當作「霧」，《敦煌願文集》據文義校改，「務」爲「霧」之借字。
〔四二七〕「揚」，據伯三七六五《社邑燃燈文》補；「揮」，當作「輝」，據伯三七六五《社邑燃燈文》改，「揮」爲「輝」之借字，《敦煌願文集》認爲「揮」後似可校補一「光」字。
〔四二八〕「溟」，《敦煌願文集》釋作「冥」，誤。
〔四二九〕「星」，《敦煌願文集》認爲此字上當脱一字，似可校補「衆」或「群」。
〔四三〇〕「入」，據文義補。
〔四三一〕「常」，當作「帝」，據文義改，《敦煌願文集》逕釋作「帝」。
〔四三二〕「而」，《敦煌願文集》據文義校補。
〔四三三〕「身」，《敦煌願文集》釋作「生」，誤。
〔四三四〕「風」，《敦煌願文集》疑此字上當脱一「仁」字。
〔四三五〕「擇」，當作「澤」，《敦煌願文集》據文義校改，「擇」爲「澤」之借字。
〔四三六〕《敦煌願文集》疑此句當有脱文，似可於「德」上校補一「稟」字。
〔四三七〕「權」，當作「摧」，《敦煌願文集》據文義校改。

〔四三八〕「甘」，當作「等」，據文義改，《敦煌願文補校》疑爲「等」的草書之訛。

〔四三九〕「官」，當作「冠」，《敦煌願文補校》據文義校改，「官」爲「冠」之借字。

〔四四〇〕「毫」，當作「豪」，《敦煌願文集》據文義校改，「毫」爲「豪」之借字。

〔四四一〕「澄」，《敦煌願文集》認爲此字下當脱一字，似可校補作「清」。

〔四四二〕「資」，據伯二三八五背《文範》補。

〔四四三〕「慰」，當作「尉」，據文義改，「慰」爲「尉」之借字。

〔四四四〕「而」，《敦煌願文集》據文義校補；「偃」，《敦煌願文集》校補作「偃蹇」。

〔四四五〕「緣」，當作「緑」，《敦煌願文集》據文義校改。

〔四四六〕「紅」，《敦煌願文集》校改作「虹」。

〔四四七〕《敦煌願文集》將「前」字斷入下文，並認爲此句當有脱文，似可於「澤」上校補一「幽」字。

〔四四八〕「日」，據文義補。

〔四四九〕「座」，當作「坐」，《敦煌願文集》據文義校改，「座」爲「坐」之借字。

〔四五〇〕「中」，當作「忠」，《敦煌願文集》據文義校改，「中」爲「忠」之借字；「家」，《敦煌願文補校》據文義校補。

〔四五一〕「亮」，當作「量」，《敦煌願文集》據文義校改，「亮」爲「量」之借字。

〔四五二〕「手」，當作「守」，《敦煌願文集》據文義校改，「手」爲「守」之借字。

〔四五三〕「璋」，當作「章」，《敦煌願文集》據文義校改，「璋」爲「章」之借字。

〔四五四〕「李」，當作「理」，據文義改，「李」爲「理」之借字，《敦煌願文集》未能釋讀。

〔四五五〕「爲」，當作「謂」，《敦煌願文集》據文義校改，「爲」爲「謂」之借字；「軍」，當作「郡」，《敦煌願文集》

據文義校改，「軍」爲「郡」之借字。

〔四五六〕「卒」，《敦煌願文集》釋作「率」，誤。

〔四五七〕「寘」，當作「寡」，據文義改，《敦煌願文集》逕釋作「寡」。

〔四五八〕「以」，當作「已」，《敦煌願文集》據文義校改，「以」爲「已」之借字。

〔四五九〕「際」，當作「祭」，《敦煌願文集》據文義校改，「際」爲「祭」之借字。

〔四六〇〕「而」，《敦煌願文集》漏録。

〔四六一〕「書」，當作「晝」，《敦煌願文集》據文義校改。

〔四六二〕「豈」，當作「氣」，《敦煌願文集》據文義校改，「豈」爲「氣」之借字。

〔四六三〕「陟」，《敦煌願文集》指出底本此字從「山」旁，係涉下文「峙」字而成之類化俗字；「睬」，《敦煌願文集》釋作「㥒」。

〔四六四〕「浣」，《敦煌願文集》校改作「完」；「爲」，當作「耶」，《敦煌願文集》據文義校改。

〔四六五〕「耶」，當作「爲」，《敦煌願文集》據文義校改。

〔四六六〕「竭」，當作「謁」，《敦煌願文集》據文義校改。

〔四六七〕「磬」，《敦煌願文集》校改作「罄」。

〔四六八〕「道」，《敦煌願文集》校改作「導」，不必，「道」爲「導」之本字。

〔四六九〕「叶」，《敦煌願文集》釋作「葉」，誤。

〔四七〇〕「義」，當作「儀」，《敦煌願文集》據文義校改，「義」爲「儀」之借字。

〔四七一〕「殿」，當作「電」，《敦煌願文集》據文義校改，「殿」爲「電」之借字。

〔四七二〕「潘」，當作「幡」，《敦煌願文集》據文義校改。

〔四七三〕「也」，當作「之」，《敦煌願文集》據文義校改。
〔四七四〕「寄」，當作「奇」，《敦煌願文集》據文義校改。
〔四七五〕「裏」，當作「理」，《敦煌願文集》據文義校改，「裏」爲「理」之借字；「招」，當作「昭」，《敦煌願文集》據文義校改，「招」爲「昭」之借字。
〔四七六〕「兩」，底本似「雨」，按寫本中「雨」「兩」形近易混，故據文義逕釋。
〔四七七〕「由」，當作「猶」，《敦煌願文集》據文義校改，「由」爲「猶」之借字。
〔四七八〕「有」，《敦煌願文集》據文義校補。
〔四七九〕「靈」，當作「齡」，《敦煌願文集》據文義校改，「靈」爲「齡」之借字。
〔四八〇〕「法」，《敦煌願文校補》釋作「洗」，誤。
〔四八一〕「上」，當作「尚」，《敦煌願文集》據文義校改，「上」爲「尚」之借字。
〔四八二〕「春」，當作「者」，據文義改，《敦煌願文集》認爲係衍文，當删。
〔四八三〕「而」，《敦煌願文集》認爲係衍文，當删；「犧」，當作「儀」，據文義改，《敦煌願文集》逕釋作「儀」。
〔四八四〕「既」，當作「冀」，《敦煌願文集》據文義校改，「既」爲「冀」之借字。
〔四八五〕「爲」，當作「謂」，《敦煌願文集》據文義校改，「爲」爲「謂」之借字。
〔四八六〕「已」，《敦煌願文集》疑係衍文。
〔四八七〕此句疑有脱文。
〔四八八〕「已」，當作「以」，《敦煌願文集》據文義校改，「已」爲「以」之借字。
〔四八九〕「云」，《敦煌願文集》校補作「云云」。
〔四九〇〕「惱」，《敦煌願文集》校改作「腦」。

〔四九一〕「引」，《敦煌願文集》認爲此字上當脱一字，似可校補作「遠」。
〔四九二〕「瑚」，當作「琥」，《敦煌願文集》據文義校改，「瑚」爲「琥」之借字。
〔四九三〕「短」，底本作「矩」，按寫本中「短」「矩」形近易混，故據文義逕釋，《敦煌願文集》釋作「矩」，校改作「短」。
〔四九四〕「山」，《敦煌願文補校》據文義校補。
〔四九五〕「婦」，當作「歸」，《敦煌願文集》據文義校改。
〔四九六〕「里」，《敦煌願文集》釋作「理」，誤。
〔四九七〕「覺皇」，《敦煌願文集》釋作「皇覺」，誤。
〔四九八〕「瞻」，《敦煌願文集》釋作「瞻」，誤。
〔四九九〕「尼」，《敦煌願文集》漏録。
〔五〇〇〕「靈」，底本似「虚」，按寫本中「靈」「虚」形近易混，故據文義逕釋。
〔五〇一〕「旬」，《敦煌願文集》釋作「句」，誤。
〔五〇二〕「九」，當作「久」，《敦煌願文集》據文義校改，「九」爲「久」之借字。
〔五〇三〕「違」，當作「圍」，《敦煌願文集》據文義校改，「違」爲「圍」之借字。
〔五〇四〕「點」，《敦煌願文集》將其置於「滯痕」後；「滯」，《敦煌願文集》校改作「啼」，按不改亦可通。
〔五〇五〕《敦煌願文集》疑此句當於「曜」上脱一「齊」或「並」字。
〔五〇六〕「家」，《敦煌願文集》疑爲「嘉」之同音借用，不必。
〔五〇七〕「則」，《敦煌願文集》據文義校補；「人」，當作「仁」，《敦煌願文集》據文義校改，「人」爲「仁」之借字。
〔五〇八〕「懸」，當作「縣」，《敦煌願文集》據文義校改。
〔五〇九〕「已」，當作「以」，《敦煌願文集》據文義校改，「已」爲「以」之借字。

〔五一〇〕「寶」，當作「保」，《敦煌願文集》據文義校改，「寶」爲「保」之借字。
〔五一一〕「八」，《敦煌願文集》未能釋讀，並據文義校補。
〔五一二〕「惠」，《敦煌願文集》校改作「慧」，按「惠」通「慧」，不煩校改。
〔五一三〕「精」，當作「情」，《敦煌願文集》據文義校改。
〔五一四〕「惠」，《敦煌願文集》校改作「慧」，按「惠」通「慧」，不煩校改。
〔五一五〕「衢」，《敦煌願文集》釋作「街」，誤。
〔五一六〕「且」，《敦煌願文集》校改作「直」；「楊」，《敦煌願文集》釋作「楊」，校改作「揚」。
〔五一七〕「戒」，《敦煌願文集》疑誤。
〔五一八〕「約」，《敦煌願文補校》未能釋讀。
〔五一九〕「鶯」，當作「鸚」，《敦煌願文集》據文義校改，「鶯」爲「鸚」之借字；「武」，當作「鵡」，《敦煌願文集》據文義校改，「武」爲「鵡」之借字。
〔五二〇〕「孫」，當作「解」，《敦煌佛教願文研究》據文義校改。
〔五二一〕「杜」，當作「壯」，《敦煌願文集》據文義校改。
〔五二二〕「疊」，《敦煌願文集》校改作「牒」；「翻」，《敦煌願文集》釋作「飛」，誤。
〔五二三〕「崐」，《敦煌願文補校》釋作「昆」，誤。
〔五二四〕「纓」，《敦煌願文補校》釋作「瓔」，誤。
〔五二五〕「埈」，《敦煌願文集》釋作「峻」；「刑」，當作「形」，《敦煌願文集》據文義校改，「刑」爲「形」之借字。
〔五二六〕「毫」，當作「豪」，《敦煌願文集》據文義校改，「毫」爲「豪」之借字。
〔五二七〕「得」，當作「德」，《敦煌願文集》據文義校改，「得」爲「德」之借字。

〔五二八〕「調」，當作「洞」，《〈敦煌願文集〉校點獻疑》據文義校改。
〔五二九〕「木」，當作「幕」，據文義改，「木」爲「幕」之借字。此句中雙行夾注之「郡」和「木（幕）」爲可替換字，即此句既可作「故行恩光於郡府」，亦可作「故行恩光於木（幕）府」。
〔五三〇〕「閤」，《敦煌願文集》據文義校補。
〔五三一〕「稟」，當作「凜」，《敦煌願文集》據文義校改。
〔五三二〕「江」，底本作「紅」，其「氵」旁應爲「糹」旁草書楷化之結果，此據文義逕釋作「江」。
〔五三三〕「峻」，當作「峻」，據文義改，《敦煌願文集》逕釋作「峻」。
〔五三四〕「則」，當作「之」，《敦煌願文集》據文義校改；「三」，當作「則」，《敦煌願文集》據文義校改；「之」，當作「三」，《敦煌願文集》據文義校改；「瞻」，當作「贍」，據文義改，《敦煌願文集》逕釋作「贍」。
〔五三五〕「習」，當作「襲」，《敦煌願文集》據文義校改，「習」爲「襲」之借字。
〔五三六〕「月」，《敦煌願文集》釋作「日」，誤。
〔五三七〕「時」，據文義補。
〔五三八〕「訝」，當作「芽」，據文義改，「訝」爲「芽」之借字；「塞」，當作「寒」，《敦煌願文集》據文義校改。
〔五三九〕此句當有脱文，疑「雲」後脱一「合」字。
〔五四〇〕「後」，《敦煌願文集》釋作「復」；「德」，《敦煌願文集》認爲此下脱「云云」二字。
〔五四一〕「時」，據文義補。
〔五四二〕「蹄」，當作「蹛」，據文義改，《敦煌願文集》逕釋作「蹛」。
〔五四三〕「鑪」，《敦煌願文集》釋作「爐」，雖義可通而字誤。
〔五四四〕「中」，《敦煌願文集》據文義校補。

〔五四五〕「聞」，《敦煌願文集》釋作「闈」，並疑「闈」上脱一「閨」字。

〔五四六〕「林」，當作「臨」，《敦煌願文集》據文義校改，「林」爲「臨」之借字；「匣」，底本原作「⿰金匣」，係涉上文「鏡」字而成之類化俗字。

〔五四七〕「迴」，當作「回」，據文義改，《敦煌願文集》逕釋作「回」，「迴」爲「回」之借字。

〔五四八〕「已」，當作「以」，據文義改，「已」爲「以」之借字；「祐」，當作「古」，據文義改。

〔五四九〕「如」，據伯二〇四四《釋門文範》補。

〔五五〇〕「似」，據伯二〇四四《釋門文範》補；「海」，當作「晦」，據文義改。

〔五五一〕「比」，當作「卑」，《敦煌願文集》校改作「妣」，誤；「辯」，《敦煌願文集》校改作「辨」，按不改亦可通。

〔五五二〕「懽」，當作「摧」，《敦煌願文集》據文義校改；「是」，當作「足」，《敦煌願文集》據文義校改。

〔五五三〕「嚴」，《敦煌願文補校》認爲此字下當脱「父□」二字。

〔五五四〕「白」，《敦煌遺書總目索引新編》釋作「百」，誤。此句係衍文，當删。

〔五五五〕「白」，《敦煌遺書總目索引新編》釋作「百」，誤。

〔五五六〕「神」，《敦煌遺書總目索引新編》釋作「身」，誤。

〔五五七〕「託」，《敦煌遺書總目索引新編》釋作「托」，誤。

〔五五八〕「使」，《敦煌遺書總目索引新編》漏録。

〔五五九〕「峻」，《敦煌遺書總目索引新編》釋作「竣」，誤。

〔五六〇〕「殃」，《敦煌遺書總目索引新編》釋作「瑞」，誤。

〔五六一〕「⿰魚欠」，《敦煌遺書總目索引新編》未能釋讀。

〔五六二〕此三字爲朱筆所書。

參考文獻

《大正新脩大藏經》一二册，東京：大正一切經刊行會，一九二五年，四六六頁；《敦煌寶藏》二三册，臺北：新文豐出版公司，一九八二年，六四七至六六五頁（圖）；《敦煌遺書總目索引》，北京：中華書局，一九八三年，一六七頁（録）；《北京師範學院學報》一九九〇年三期，九一至九七頁；《英藏敦煌文獻》一卷，成都：四川人民出版社，一九九〇年，一四八頁（圖）；《英藏敦煌文獻》二卷，成都：四川人民出版社，一九九〇年，二三七頁（圖）；《英藏敦煌文獻》三卷，成都：四川人民出版社，一九九〇年，四六頁（圖）；《英藏敦煌文獻》四卷，成都：四川人民出版社，一九九一年，二三八至二五一頁（圖）；《法藏敦煌西域文獻》三册，上海古籍出版社，一九九四年，一三一頁（圖）；《敦煌願文集》，長沙：岳麓書社，一九九五年，七三至一二三頁（録）；《首都師範大學學報》一九九六年二期，六四至七一頁；《敦煌歲時文化導論》，臺北：新文豐出版公司，一九九八年，四三六至四三九頁（録）；《敦煌遺書總目索引新編》，北京：中華書局，二〇〇〇年，八七頁（録）；《法藏敦煌西域文獻》一三册，上海古籍出版社，二〇〇〇年，一三五頁（圖）；《敦煌研究》二〇〇一年一期，九三、九八頁；《敦煌研究》二〇〇一年二期，七五頁；《古漢語研究》二〇〇一年三期，八五、八八至八九頁；《法藏敦煌西域文獻》一七册，上海古籍出版社，二〇〇一年，二至三頁（圖）；《法藏敦煌西域文獻》二七册，上海古籍出版社，二〇〇二年，三三六頁（圖）；《英藏敦煌社會歷史文獻釋録》二卷，北京：社會科學文獻出版社，二〇〇三年，一五六至一六〇頁；《新世紀敦煌學論集》，成都：巴蜀書社，二〇〇三年，六二七至六四七頁（録）；《圖書館雜誌》二〇〇五年二期，七〇至七一頁；《國家圖書館藏敦煌遺書》一册，北京圖書館出版社，二〇〇五年，一一七頁（圖）；《中古時期社邑研究》，臺北：新文豐出版公司，二〇〇六年，四七一至四八六頁；《英藏敦煌社會歷史文獻釋録》五卷，北京：社會科學文獻出版社，二〇〇六年，一三一至一三三頁；《英藏敦煌社會歷史文獻釋録》六卷，北京：社會科學文獻出版社，二〇〇九年，三五一至三五四頁；《敦煌佛教願文研究》，南京師範大學博士學位論文，二〇〇九年；《國學研究》二五卷，北京大學出版社，二〇一〇年，二三頁。

斯二八三三　佛説無量壽宗要經一卷題記

釋文

翟文英寫〔一〕。

説明

此件《英藏敦煌文獻》未收，現予增收。

校記

〔一〕『英』，《敦煌遺書總目索引新編》釋作『彦』。

參考文獻

Descriptive Catalogue of the Chinese Manuscripts from Tunhuang in the British Museum, The Trustees of the British Museum, Lon-

don 1957, p. 149（録）；《敦煌寶藏》二三册，臺北：新文豐出版公司，一九八二年，六六八頁（圖）；《敦煌遺書總目索引新編》，北京：中華書局，二〇〇〇年，八七頁（録）。

斯二八三八　維摩詰經卷下題記

經生令狐善歡寫〔一〕

曹法師法慧校〔二〕

法華齋主大僧平事沙門法焕定

釋文

延壽十四年歲次丁酉五月三日，清信女　稽首歸命常住三寶。蓋聞剥皮析骨〔三〕，記大士之半言；喪體捐軀，求般若之妙旨。是知金文玉牒，聖教真風〔四〕，難見難聞，既尊且貴。弟子託生宗胤〔五〕，長自深宫，賴王父之仁慈，蒙妃母之訓誨〔六〕，重霑法潤〔七〕，爲寫斯經。冀以日近歸依，朝夕誦念〔八〕。以斯微福，持奉父王，願聖體休和〔九〕，所求如意。先亡久遠，同氣連枝〔一〇〕，見佛聞法，往生淨土。增太妃之餘算，益王妃之光華。世子諸公，惟延惟壽。寇賊退散，疫厲消亡〔一一〕。百姓被煦育之慈，蒼生蒙榮潤之樂。含靈抱識，有氣之倫，等出苦源，同昇妙果。

説明

此件《英藏敦煌文獻》未收，現予增收。《敦煌遺書總目索引》推定其中『延壽』爲麴氏高昌年號（《敦煌遺書總目索引》，一六七頁），延壽十四年正值唐太宗貞觀十一年，即公元六三七年。朱雷推斷此件中的『父王』即高昌王麴文泰，『太妃』即麴文泰之母張太妃，『世子』爲麴文泰之子麴智盛，『諸公』指高昌王國内交河、田地二公，並包括降唐後曾任西州刺史的麴智湛。此經抄寫三年後，麴氏高昌爲唐所滅，此卷輾轉落入敦煌寺院（《敦煌藏經洞所出兩種麴氏高昌人寫經題記跋》，《魏晉南北朝隋唐史資料》九、十期，二一頁）。現知日本天理圖書館亦藏有與此卷内容相同之寫經與題記。

校記

〔一〕『歡』，《敦煌遺書總目索引》釋作『顧』，《敦煌遺書總目索引新編》釋作『願』，均誤。

〔二〕『慧』，《敦煌遺書總目索引》《敦煌遺書總目索引新編》釋作『惠』，誤。

〔三〕『析』，《敦煌遺書總目索引》《敦煌遺書總目索引新編》釋作『折』。

〔四〕『真』，《敦煌遺書總目索引》《敦煌遺書總目索引新編》釋作『貞』，誤。

〔五〕『託』，《敦煌遺書總目索引新編》釋作『托』。

〔六〕『妃』，《敦煌遺書總目索引》釋作『妣』。

〔七〕『霑』，《敦煌遺書總目索引新編》釋作『沾』。

〔八〕『誦念』，《敦煌遺書總目索引》釋作『念誦』。

〔九〕『烋』，《中國古代寫本識語集録》《敦煌遺書總目索引》《敦煌遺書總目索引新編》《關於S. 2838 號文書的抄寫地點》釋作『休』。

〔一〇〕『枝』，《敦煌遺書總目索引》釋作『被』。

〔一一〕『厲』，《敦煌遺書總目索引》釋作『癘』，《敦煌遺書總目索引新編》釋作『癧』，按『厲』通『癘』。

参考文獻

《鳴沙餘韻》，東京：岩波書店，一九三三年，九二頁（圖）；*Descriptive Catalogue of the Chinese Manuscripts from Tun-huang in the British Museum*, The Trustees of the British Museum, London 1957, p. 94（録）；《鳴沙餘韻·解説》，京都：臨川書店，一九八〇年，二七三至二七四頁（録）；《敦煌寶藏》二四册，臺北：新文豐出版公司，一九八二年，一五頁（圖）；《敦煌學要籥》，臺北：新文豐出版公司，一九八二年，一二二至一二三頁（録）；《敦煌遺書總目索引》，北京：中華書局，一九八三年，一六七頁（録）；《敦煌藏經洞所出兩種麴氏高昌人寫經題記跋》，《魏晋南北朝隋唐史資料》九、十期，一九八八年，二〇至二一頁；《中國古代寫本識語集録》，東京大學東洋文化研究所，一九九〇年，一八三頁（録）；《敦煌願文集》，長沙：岳麓書社，一九九五年，八八四至八八五頁（録）；《敦煌遺書總目索引新編》，北京：中華書局，二〇〇〇年，八七頁（録）；《漢唐歷史與出土文獻》，北京：故宫出版社，二〇一一年，二三九至二四一頁（録）。

斯二八五一　大曆十五年（公元七八〇年）菩薩十無盡戒題記

釋文

右以前十戒，仰人各寫一本，令誦持。如因齋日試不通，罰一七人例[一]。

大曆十五年正月卅日，女弟子妙德於沙州靈圖寺受戒。

傳戒法師智廣。

説明

此件《英藏敦煌文獻》未收，現予增收。陳祚龍指出大曆十五年實爲建中元年，即公元七八〇年，是年正月無卅日，應爲二月一日之誤（《敦煌簡策訂存》，三一頁）。

校記

〔一〕『例』，據殘筆劃及文義補。

參考文獻

《敦煌寶藏》二四册，臺北：新文豐出版公司，一九八二年，八〇頁（圖）；《敦煌學要籥》，臺北：新文豐出版公司，一九八二年，一二三頁（録）；《敦煌遺書總目索引》，北京：中華書局，一九八三年，一六七頁（録）；《敦煌簡策訂存》，臺北：商務印書館，一九八三年，三〇至三一頁；《敦煌碑銘讚輯釋》，蘭州：甘肅教育出版社，一九九七年，三五五頁（録）；《敦煌遺書總目索引新編》，北京：中華書局，二〇〇〇年，八七頁（録）。

斯二八五三　勸善經

釋文

（前缺）

□病死，第三□赤眼死〔一〕，第五女人産死，第六水痢死，第七風病□〔二〕衆生寫此經一本，免一門難；寫兩本，免六親□滅門。門上牓之，得過此難，無福者不可得□從南來，正月八日雷電霹靂，空中有□一老人，在路中見一蛇，人頭鳥足，遂呼老□□女人萬萬衆〔三〕，須牛萬萬頭，著病者不免□得免此難。若不信者，但看四月一日，三家使一□僧尼巡門，勸寫此經流傳。若被卒風吹卻，不免□聖人流傳真言，報諸衆生。莫信邪師，見聞□免念阿彌陀佛一千口〔四〕，不久即見太平□〔五〕

貞元十九年四□

説明

此件首尾均缺，共存一二行，每行下部邊沿殘損一至八字不等，尾有題記。此件《英藏敦煌文獻》未收，因其内容是以預言災害將至的形式，勸世俗百姓抄寫此經弭災，故收入本書。據統計，敦煌文獻中保存的《勸善經》約六十件，《勸善經》與《新菩薩經》《救諸衆生苦難經》同爲中國人所造之僞經，盛行於吐蕃時期，反映了當時人們寄託佛教祈免災難痛苦的宗教願望和强烈的漢民族主義思想（參看《〈新菩薩經〉、〈勸善經〉、〈救諸衆生苦難經〉校録及其流傳背景之探討》，《敦煌研究》一九九二年一期，五二、五九頁）。本書第四卷已收録的斯九一二『勸善經一卷』，曾以包括此件在内的二十多件寫本參校。因各本之異同已見於斯九一二『勸善經一卷』的校記，爲避免重複，此件僅用斯九一二校補缺文，各本其他異文不再一一出校。

校記

〔一〕『第』，底本似『弟』，按寫本中『第』『弟』形近易混，故據文義逕釋。以下同，不另出校。

〔二〕『病』，據殘筆劃及斯九一二『勸善經一卷』補。

〔三〕『老』，據殘筆劃及斯九一二『勸善經一卷』補。

〔四〕『聞』，據殘筆劃及斯九一二『勸善經一卷』補。

〔五〕『平』，據殘筆劃及斯九一二『勸善經一卷』補。

參考文獻

《敦煌寶藏》七册，臺北：新文豐出版公司，一九八一年，四四二頁（圖）；《敦煌寶藏》二四册，臺北：新文豐出版公司，一九八二年，九〇頁（圖）；《敦煌研究》一九九二年一期，五一至六二頁；《英藏敦煌社會歷史文獻釋録》四卷，北京：社會科學文獻出版社，二〇〇六年，三八一至三九〇頁（録）。

斯二八五四　亡考初七追福文

釋文

（前缺）

□輪環流轉，如泡如□；□死迴天□頃危者矣！然金（今）齋主□

奉爲亡考初七追福之嘉會也[一]。惟亡考英譽早聞，芳名素遠[二]，人倫領袖，鄉里具瞻[三]。理應永固遐長，高堂納慶，何圖不終考受（壽）[四]，奄就黃泉。至孝等瀝瀝悲泣，哀哀而素（訴）[五]，無處可憑，惟祈勝福。故於是日，就次（此）家庭[六]，設齋追福，已（以）次（此）轉經[七]、行香、設齋，種種功德，無限勝因。總用莊嚴亡考所生魂路，惟願碧池受氣（記）[八]，紅蓮化生，法水潤身。香風動識於一念，頃悟百法明門，遊曆（歷）十方[九]，奉事諸佛。次用莊嚴齋主合門親眷、遠近親因（姻）[一〇]，惟願從福至福，永超生死之源；從明至明，常契菩提之路。然後上窮空界，傍祐十方，有識含靈，俱登覺道。摩訶般若，有願必從。大衆乾（虔）誠[一一]，一切普誦。

說明

此件首缺尾全，首三行上半部殘損。其内容爲亡考初七設齋追福文。

校記

〔一〕「金」，當作「今」，據文義改，「金」爲「今」之借字；「嘉」，據殘筆劃及斯三四三《亡文》補。

〔二〕「素」，底本似「索」，按寫本中「素」「索」形近易混，故據文義逕釋。以下同，不另出校。

〔三〕「具」，《唐代俗語詞輯釋（二）》校改作「俱」，按「具」通「俱」，不煩校改。

〔四〕「受」，當作「壽」，據文義改，「受」爲「壽」之借字。

〔五〕「素」，當作「訴」，《唐代俗語詞輯釋（二）》據文義校改，「素」為「訴」之借字。

〔六〕「次」，當作「此」，據文義改，「次」爲「此」之借字。

〔七〕「已」，當作「以」，據文義改，「已」爲「以」之借字；「次」，當作「此」，據文義改，「次」爲「此」之借字。

〔八〕「氣」，當作「記」，據斯五六四〇《亡莊嚴》改。

〔九〕「曆」，當作「歷」，據文義改，「曆」爲「歷」之借字。

〔一〇〕「因」，當作「姻」，據文義改，「因」爲「姻」之借字。

〔一一〕「乾」，當作「虔」，據伯二八五四《雜迴向文》改，「乾」爲「虔」之借字。

參考文獻

《敦煌寶藏》二四册，臺北：新文豐出版公司，一九八二年，九〇頁（圖）；《英藏敦煌文獻》一卷，成都：四川人民出版社，一九九〇年，一四一至一四二頁（圖）；《英藏敦煌文獻》四卷，成都：四川人民出版社，一九九一年，二五一頁（圖）；《英藏敦煌文獻》八卷，成都：四川人民出版社，一九九二年，一九九、二三九頁（圖）；《唐研究》四卷，北京大學出版社，一九九八年，一四〇至一四一頁；《法藏敦煌西域文獻》一九册，上海古籍出版社，二〇〇一年，一二二頁（圖）。

斯二八五八　佛説無量壽宗要經題記

釋文

索慎言。

説明

此件《英藏敦煌文獻》未收，現予增收。

參考文獻

Descriptive Catalogue of the Chinese Manuscripts from Tunhuang in the British Museum, The Trustees of the British Museum, London 1957, p. 149（録）；《敦煌寶藏》二四册，臺北：新文豐出版公司，一九八二年，一三二頁（圖）；《中國古代寫本識語集録》，東京大學東洋文化研究所，一九九〇年，三九〇頁（録）；《敦煌遺書總目索引新編》，北京：中華書局，二〇〇〇年，八七頁（録）。

斯二八五九　佛説無量壽宗要經題記

釋文

曹興朝。

説明

此件《英藏敦煌文獻》未收，現予增收。

參考文獻

Descriptive Catalogue of the Chinese Manuscripts from Tunhuang in the British Museum, The Trustees of the British Museum, London 1957, p. 149（録）；《敦煌寶藏》二四册，臺北：新文豐出版公司，一九八二年，一三四頁（圖）；《中國古代寫本識語集録》，東京大學東洋文化研究所，一九九〇年，三九三頁（録）。

斯二八六三　觀音經題記

釋文

文明元年六月五日，弟子索仁節寫記〔一〕。願七世父母，所産父母〔二〕，託生西方阿彌陀佛國〔三〕，并及兄弟妹等，桓（恆）發善願〔四〕。

説明

此件《英藏敦煌文獻》未收，現予增收。文明元年即公元六八四年。

校記

〔一〕『弟』，底本似『第』，按寫本中『弟』『第』形近易混，故據文義逕釋，以下同，不另出校；『節』，《敦煌學要籥》《敦煌遺書總目索引》《敦煌遺書總目索引新編》均釋作『傑』，誤。

〔二〕『産』，《敦煌遺書總目索引新編》未能釋讀。

〔三〕『託』，《敦煌遺書總目索引新編》釋作『托』，誤。

〔四〕『桓』，當作『恆』，《中國古代寫本識語集録》據文義校改，《敦煌學要籥》《敦煌遺書總目索引》《敦煌遺書總目索引新編》均逕釋作『恆』；『善』，《敦煌學要籥》釋作『喜』，誤。

參考文獻

Descriptive Catalogue of the Chinese Manuscripts from Tunhuang in the British Museum, The Trustees of the British Museum, London 1957, p. 85（録）；《敦煌寶藏》二四册，臺北：新文豐出版公司，一九八二年，一四六頁（圖）；《敦煌學要籥》，臺北：新文豐出版公司，一九八二年，一二三頁（録）；《敦煌遺書總目索引》，北京：中華書局，一九八三年，一六八頁（録）；《中國古代寫本識語集録》，東京大學東洋文化研究所，一九九〇年，二三四頁（録）；《敦煌遺書總目索引新編》，北京：中華書局，二〇〇〇年，八八頁（録）。

斯二八六六背　雜寫

釋文

風　氍毹毾㲪于闐須彌

説明

以上文字爲時人隨手寫於《大智度經》卷第二二之紙背，《英藏敦煌文獻》未收，現予增收。

參考文獻

《敦煌寶藏》二四册，臺北：新文豐出版公司，一九八二年，一八五頁（圖）。

斯二八七〇背　雜寫

釋文

無末

説明

以上文字爲時人隨手寫於《大般若波羅蜜多經》卷第一八八之紙背，《英藏敦煌文獻》未收，現予增收。

參考文獻

《敦煌寶藏》二四册，臺北：新文豐出版公司，一九八二年，二〇三頁（圖）。

斯二八七一 維摩詰經卷中題記

釋文

金光明寺僧祝闍梨集經供養記[一]。

說明

此件《英藏敦煌文獻》未收，現予增收。

校記

〔一〕『梨』，《敦煌學要籥》《敦煌遺書總目索引》《敦煌遺書總目索引新編》均釋作『黎』，誤。

參考文獻

Descriptive Catalogue of the Chinese Manuscripts from Tunhuang in the British Museum, The Trustees of the British Museum, London 1957, p. 93（録）；《敦煌寶藏》二四册，臺北：新文豐出版公司，一九八二年，二〇九頁（圖）；《敦煌學要籥》，

臺北：新文豐出版公司，一九八二年，一二三頁（録）；《敦煌遺書總目索引》，北京：中華書局，一九八三年，一六八頁（録）；《中國古代寫本識語集録》，東京大學東洋文化研究所，一九九〇年，三七八頁（録）；《敦煌遺書總目索引新編》，北京：中華書局，二〇〇〇年，八八頁（録）。

斯二八七二　衆經别録

釋文

（前缺）

《微密持經》，一卷。　□

《佛説慧印三昧經》，一卷。　明慧用爲宗。　文。

《佛説差摩竭經》，一卷。　明忍辱爲宗。　文。

《佛説龍施女經》，一卷。　明發菩提心爲宗〔一〕。　文。

《佛説月明菩薩經》，一卷。　明願爲宗。　文。

《佛説阿難四事經》，一卷。　明四等爲宗。　文。

《佛説老女經》，一卷。　明二諦爲宗。　文。

　支謙以吴孫亮建興中出。

《察微王經》，一卷。　明受生事。　文。

《佛説一切施王所行檀波羅蜜經》，一卷。　明檀爲宗。　質。

《佛説薩羅國經》，一卷。　明權化爲宗。　文。

《佛説長壽王經》，一卷。　明忍辱爲宗。　文。

《□經》[二]，一卷。　明功德第一爲宗。　文。

《□》，一卷。　明捨王位出家事。　文。

□爲宗[三]。　文。

（後缺）

説明

此件首尾均缺，存十五行，首行下半部與尾部三行上半部均殘損，共録經十四部。此經録除著録經名和卷數外，還扼要揭示該經之宗旨，並評價其翻譯質量。如第二行之『明慧用爲宗』，即是對《佛説慧印三昧經》宗旨的提示。而『明慧用爲宗』之下的『文』字，則是對該翻譯質量的評價。評價分爲『文』『質』和『文質均』三種。白化文據其内容考定其爲『衆經别録』，兹從之。該書散佚已久，伯三七四七亦爲此書殘本，該件首尾均缺，存九十九行，録經八十一部（參看《敦煌寫本〈衆經别録〉殘卷校釋》，《敦煌學輯刊》一九八七年一期，一四至二五頁）。方廣錩推測此件爲五世紀時的寫本（參看《敦煌佛教經録輯校》，一一頁）。

校記

〔一〕『菩』，《敦煌佛教經録輯校》釋作『菩薩』，並認爲『薩』係衍文，按底本『薩』字右側有删除符號，應不録。

〔二〕『經』，《敦煌佛教經録輯校》據殘筆劃校補，《敦煌寫本〈衆經别録〉殘卷校釋》逕釋作『經』。

〔三〕『爲』，據殘筆劃及文義補，《敦煌寫本〈衆經别録〉殘卷校釋》《敦煌佛教經録輯校》逕釋作『爲』。

參考文獻

《敦煌寶藏》二四册，臺北：新文豐出版公司，一九八二年，二一〇頁（圖）；《敦煌學輯刊》一九八七年一期，二一至二三頁（録）；《英藏敦煌文獻》四卷，成都：四川人民出版社，一九九一年，二五二頁（圖）；《敦煌佛教經録輯校》（上），南京：江蘇古籍出版社，一九九七年，一至一四頁（録）。

斯二八七六　大般涅槃經卷第三題記

釋文

瓜州沙門維那僧救[一]，減割衣鉢之餘[二]，敬寫《涅槃經》一部。因此之善，願七世師尊父母，及一切含生有識，發菩提心，早成正覺。

說明

此件《英藏敦煌文獻》未收，現予增收。

校記

〔一〕『救』，《敦煌學要籥》《敦煌遺書總目索引》均未能釋讀。

〔二〕『減割』，《敦煌遺書總目索引新編》釋作『割減』，誤。

參考文獻

Descriptive Catalogue of the Chinese Manuscripts from Tunhuang in the British Museum, The Trustees of the British Museum, Lon-

don 1957, p. 43（録）；《敦煌寶藏》二四册，臺北：新文豐出版公司，一九八二年，二二一頁（圖）；《敦煌學要籥》，臺北：新文豐出版公司，一九八二年，一二四頁（録）；《敦煌遺書總目索引》，北京：中華書局，一九八三年，一六八頁（録）；《中國古代寫本識語集録》，東京大學東洋文化研究所，一九九〇年，一二三頁（録）；《敦煌遺書總目索引新編》，北京：中華書局，二〇〇〇年，八八頁（録）。

斯二八八二　勸善經一卷

釋文

勸善經一卷

　勑丞相賈耽頒下諸州，勸諸衆生每日念[阿]彌陀佛一千口〔一〕，斷惡行善。今年大熟，無人收刈，有數種病死。第一虐病死〔二〕，第二天行病死，第三赤白痢死，第四患赤眼死，第五女人産生死，第六水痢死，第七風病死。今勸衆生寫此經一本，免得一門難；若寫兩本，免六親。見此經不寫者，滅門。門上牓之，得過此難，無福者不可得見此經。其經從南來，正月八日雷電霹靂，空中有一童子，年四歲。又見一老人。路中有一蛇，身[長]萬萬尺〔三〕，人頭鳥足，遂〔呼〕老人曰〔四〕：爲太山□□女人萬萬衆，須牛萬萬頭，著病者難差，寫此經得免此難。若不信此經者，但看四月一日，三家使一牛，五男同一婦。僧尼巡門，勸寫此經流傳。若被卒風吹卻，不免此難。聖人流傳真言，報諸衆生見聞者，遞相勸念阿彌陀佛，不久見太平時。

說明

此件首尾完整，首題『勸善經一卷』，《英藏敦煌文獻》未收，因其内容是以預言災害將至的形式，勸世俗百姓抄寫此經弭災，故收入本書。現知敦煌文獻中保存的《勸善經》約六十件，其與《新菩薩經》《救諸衆生苦難經》同爲中國人所造的僞經，盛行於吐蕃時期，反映了當時人們寄託佛教祈免災難痛苦的願望（參看圓空《〈新菩薩經〉、〈勸善經〉、〈救諸衆生苦難經〉校録及其流傳背景之探討》，《敦煌研究》一九九二年一期，五二、五九頁）。本書第四卷已收録的斯九一二『勸善經一卷』，曾以包括此件在内的二十多件寫本參校。因各本之異同已見於斯九一二『勸善經一卷』的校記，爲避免重複，此件僅用斯九一二校補缺文，各本其他異文不再一一出校。

校記

〔一〕『阿』，據文義及斯九一二『勸善經一卷』補。

〔二〕『第』，底本作『弟』，按寫本中『第』『弟』形近易混，故據文義逕釋。以下同，不另出校。

〔三〕『長』，據殘筆劃及斯九一二『勸善經一卷』補。

〔四〕『呼』，據文義及斯九一二『勸善經一卷』補。

參考文獻

《敦煌寶藏》七册，臺北：新文豐出版公司，一九八一年，四四二頁（圖）；《敦煌寶藏》二四册，臺北：新文豐出版公司，一九八二年，二五五頁（圖）；《敦煌研究》一九九二年一期，五一至六二頁；《英藏敦煌社會歷史文獻釋録》四卷，北京：社會科學文獻出版社，二〇〇六年，三八一至三九〇頁（録）。

斯二八八八　大乘無量壽經題記

釋文

張涓。

説明

此件《英藏敦煌文獻》未收，現予增收。

參考文獻

Descriptive Catalogue of the Chinese Manuscripts from Tunhuang in the British Museum, The Trustees of the British Museum, London 1957, p. 146（録）；《敦煌寶藏》二四册，臺北：新文豐出版公司，一九八二年，二九五頁（圖）。

斯二八九四背　一　千字文抄

釋文

千字〔文〕〔一〕，勑員外散騎侍郎周興嗣次韻。

天地玄荒（黄）〔二〕，宇宙洪黄（荒）〔三〕。日月盈昃，辰宿列張。寒來暑往，秋收冬藏。閏餘成歲，律吕條陽。雲騰致雨，露結爲霜。金生麗水，玉出崑崗。劍號巨闕，珠稱夜光。果珍李柰。

説明

此卷首尾完整，爲《四分戒本含注》之卷背内容，包括多件文書，有正書，有倒書，既非連續抄寫（有的文本後留有多行空白），亦非一時完成，應是不同人在不同時間利用卷背空白抄寫的結果。經查原卷，《敦煌寶藏》與《英藏敦煌文獻》均未按照從右至左的順序影印圖版。依照本書體例，統一按從右至左的正確順序釋録，與《敦煌寶藏》《英藏敦煌文獻》圖版的排列順序不盡相同。此件内容爲『千字文抄』，從筆跡來看，或出自學士郎之手。

校記

〔一〕『文』，據文義及斯三八三五、伯三四一六『千字文一卷』補。

〔二〕『荒』，底本作『㠛』，應爲『巟』之增旁俗字，『巟』與『㠛』同，『㠛』爲『荒』之古文，當作『黄』，據文義及斯三八三五、伯三六一四『千字文一卷』改，『荒』爲『黄』之借字。

〔三〕『黄』，當作『荒』，據文義及斯三八三五、伯三六一四『千字文一卷』改，『黄』爲『荒』之借字。

參考文獻

《敦煌寶藏》二四册，臺北：新文豐出版公司，一九八二年，三一八頁（圖）；《英藏敦煌文獻》四卷，成都：四川人民出版社，一九九一年，二五二頁（圖）；《英藏敦煌文獻》五卷，成都：四川人民出版社，一九九二年，一六五頁（圖）；《法藏敦煌西域文獻》二六册，上海古籍出版社，二〇〇二年，八三頁（圖）。

斯二八九四背　二　雜寫（孝經一卷等）

釋文

孝經一卷并序

孝經者，魯國先師姓孔名丘字仲尼，其父宿（叔）梁紇後[一]。

是

說其言者無備，所言者無誓，竟（？）語者心意，看（？）相者難亭。

說明

此件首尾完整，倒書，其中包括《孝經一卷并序》的篇題及部分内容。其後四句相對仗，但出處不明。從筆跡來看，字體稚拙，應爲學士郎所書。

校記

〔一〕『宿』，當作『叔』，據文義改，『宿』爲『叔』之借字。

參考文獻

《敦煌寶藏》二四册，臺北：新文豐出版公司，一九八二年，三一八頁（圖）；《英藏敦煌文獻》四卷，成都：四川人民出版社，一九九一年，二五四頁（圖）。

斯二八九四背　三　壬申年（公元九七三年）十二月氾再昌妻亡轉帖抄

釋文

親情社　　轉帖

右緣氾再昌妻亡，合有贈送。人各麵壹斤〔一〕，油一合，粟壹斗，柴一束，鮮淨綾絹色物參丈。幸請諸公等，帖至，限今月廿九日卯時於官樓門前取齊。捉二人後到，罰酒一角〔二〕；全不來者者〔三〕，罰酒半瓮。其帖速遞相分付，不得停滯；如滯帖者，准條科罰。帖周卻赴（付）本司〔四〕，用憑告罰〔五〕。

壬申年十二月録事帖〔六〕。

説明

此件首尾完整，倒書，因親情社人氾再昌妻亡，社司通知社人前往助葬。此件與同號之『壬申年十二月廿一日張留奴妻亡轉帖抄』『壬申年十二月廿一日常年建福轉帖抄』『壬申年十二月廿二日常年建福轉帖抄』『壬申年十二月廿八日常年建福轉帖抄』『壬申年十二月卅日常年建福轉帖抄』的筆跡相似，疑爲同一人所抄。此件中『氾再昌』又見於『壬申年十二月廿二日常年建福轉帖抄』，推測這兩個抄件所據之原件應相同。上述六件社司轉帖抄中『壬申年』爲北宋開寶五年，該年十二月已進入公元九七三年（參見郝春文《敦煌社邑文書年代匯考》，《首都師範大學學報》一九九三年四期，三八頁）。

校記

〔一〕『斤』，《敦煌社會經濟文獻真蹟釋録》釋作『斗』，誤。

〔二〕『二』，《敦煌社邑文書輯校》釋作『壹』，雖義可通而字誤。

〔三〕第二個『者』，據文義係衍文，當删。

〔四〕『赴』，當作『付』，據文義改，《敦煌社會經濟文獻真蹟釋録》《敦煌社邑文書輯校》逕釋作『付』，『赴』爲『付』之借字。

〔五〕『用憑告罰』，《敦煌社會經濟文獻真蹟釋録》漏録。

〔六〕『月』，《敦煌社會經濟文獻真蹟釋録》釋作『月□日』，按底本實無『□日』等字。

參考文獻

《敦煌寶藏》二四册，臺北：新文豐出版公司，一九八二年，三一八頁（圖）；《敦煌社會經濟文獻真蹟釋録》一輯，北京：書目文獻出版社，一九八六年，三三四頁（録）；《英藏敦煌文獻》四卷，成都：四川人民出版社，一九九一年，二五四頁（圖）；《首都師範大學學報》一九九三年四期，三七至三八頁；《首都師範大學學報》一九九三年五期，八〇頁；《社科縱横》一九九三年五期，九頁；《敦煌社邑文書輯校》，南京：江蘇古籍出版社，一九九七年，一一三至一一四頁（録）；《英國收藏敦煌漢藏文獻研究：紀念敦煌文獻發現一百周年》，北京：中國社會科學出版社，二〇〇〇年，三七一頁。

斯二八九四背　四　雜寫

釋文

壬申年正月一日，淨土寺南院學士郎安教信[一]、曹願長、安長子到官樓蘭喏道長坐[二]，轉經僧曹願長齋來（？）者[三]。

説明

以上文字爲倒書，字體稚拙，應爲學士郎所寫。

校記

〔一〕「士」，《敦煌遺書總目索引新編》釋作「仕」，誤。
〔二〕「喏」，《敦煌遺書總目索引新編》釋作「若」。
〔三〕「來」，《敦煌遺書總目索引新編》釋作「米」。

參考文獻

《敦煌寶藏》二四册，臺北：新文豐出版公司，一九八二年，三一八頁（圖）；《英藏敦煌文獻》四卷，成都：四川人民出版社，一九九一年，二五四頁（圖）；《敦煌遺書總目索引新編》，北京：中華書局，二〇〇〇年，八九頁（録）。

斯二八九四背　五　壬申年（公元九七三年）十二月廿一日裴留奴妻亡轉帖抄

釋文

親情社　轉帖〔一〕

右緣裴留奴妻亡〔二〕，合右（有）贈送〔三〕。人各麵壹斤〔四〕，油壹合，粟壹斗，柴壹束〔五〕，鮮淨綾絹色物參丈〔六〕。幸請諸公等，帖至，限今月廿二日卯時於官樓門前取齊〔七〕。捉二人後到，罰酒壹角；全不來，罰酒半瓮。其帖速弟（遞）相分付〔八〕，不得停滯〔九〕；如滯帖者，准條科罰。帖周卻付本司，用憑告罰。

壬申年十二月廿一日録事帖〔一〇〕。

説明

此件首尾完整，倒書，因親情社人張留奴妻亡，社司通知社人前往助葬。

校記

〔一〕『親情社』，底本此句右側書有『社司』，『司』字未寫完，當是發現誤抄而終止。

〔二〕『妻』，《敦煌社會經濟文獻真蹟釋録》釋作『壹女』，誤。

〔三〕『右』，當作『有』，《敦煌社會經濟文獻真蹟釋録》據文義校改，『右』爲『有』之借字。

〔四〕『斤』，《敦煌社會經濟文獻真蹟釋録》釋作『斗』，《敦煌遺書總目索引新編》釋作『升』，均誤。

〔五〕『壹』，《敦煌社邑文書輯校》釋作『一』，雖義可通而字誤。

〔六〕『鮮』，《敦煌遺書總目索引新編》釋作『辨』，誤；『參』，《敦煌遺書總目索引新編》釋作『三』，雖義可通而字誤。

〔七〕『於』，《敦煌社會經濟文獻真蹟釋録》《敦煌遺書總目索引新編》均釋作『在』，誤；『樓』，《敦煌遺書總目索引新編》釋作『堂』，誤。

〔八〕『弟』，當作『遞』，《敦煌社會經濟文獻真蹟釋録》據文義校改，『弟』爲『遞』之借字，《敦煌遺書總目索引新編》釋作『第』。

〔九〕『不』，《敦煌遺書總目索引新編》釋作『并不』，按底本『不』字前一字已被塗抹，應不録。

〔一〇〕『廿二』，《敦煌遺書總目索引新編》釋作『九』，誤；『事帖』，《敦煌遺書總目索引新編》釋作『事□帖』，按底本『事』後即『帖』字，並無他字。

參考文獻

《敦煌寶藏》二四册，臺北：新文豐出版公司，一九八二年，三一七頁（圖）；《敦煌遺書總目索引》，北京：中華書局，一九八三年，一六八頁（録）；《敦煌社會經濟文獻真蹟釋録》一輯，北京：書目文獻出版社，一九八六年，三三四頁（録）；《英藏敦煌文獻》四卷，成都：四川人民出版社，一九九一年，二五四頁（圖）；《敦煌社邑文書輯校》，南京：江蘇古籍出版社，一九九七年，一一二至一一三頁（録）；《敦煌遺書總目索引新編》，北京：中華書局，二〇〇〇年，八八頁（録）。

斯二八九四背　六　壬申年（公元九七三年）十二月廿八日常年建福轉帖抄

釋文

社司　轉帖

右緣常年建福一日，人〔各〕鑪〔餅〕壹雙[一]，粟壹斗。幸請諸公等，帖至，限今月廿九日卯時於曹家酒店取齊[二]。捉二人後到，罰酒壹角；全不來者，罰酒半瓮。其帖速遞相分付，不得停滯；如滯帖者，准條科罰。帖周卻赴（付）本司[三]，用〔憑〕告罰[四]。

壬申年十二月廿八日録事帖。

説明

此件首尾完整，倒書，是通知社人參加建福活動的轉帖。

校記

〔一〕『各』，《敦煌社會經濟文獻真蹟釋録》據文義校補；『餅』，《敦煌社會經濟文獻真蹟釋録》據文義校補。

〔二〕「廿九日」，原書於「於曹」右側的行間空白處，據文義應添至「今月」後。

〔三〕「赴」，當作「付」，《敦煌社邑文書輯校》據文義校改，「赴」爲「付」之借字。

〔四〕「憑」，《敦煌社會經濟文獻真蹟釋録》據文義校補。

參考文獻

《敦煌寶藏》二四册，臺北：新文豐出版公司，一九八二年，三一七頁（圖）；《敦煌社會經濟文獻真蹟釋録》一輯，北京：書目文獻出版社，一九八六年，三三四頁（録）；《英藏敦煌文獻》四卷，成都：四川人民出版社，一九九一年，二五四頁（圖）；《敦煌社邑文書輯校》，南京：江蘇古籍出版社，一九九七年，二六七至二六九頁（録）。

斯二八九四背　七　名簿

釋文

張富德　王清兒　李萬定　趙没利　陰彦弘　薛什子　唐慶住
鄧福勝　安員吉　康幸深　石海全　吉崑崗　羅廋兒
曹達怛〔一〕　白擖揺　米不勿　史幸豐　唐文通　宋苟奴
邦醜撻〔二〕　泊知客　辛懷恩　孫昌晟　令狐萬端　鄭孽禍（？）〔三〕
程滿福　劉建昌　郭幸司〔四〕　高憨灰　陽繼受
氾再昌　樊賢者　范丑奴　菜䰩苹　董胡八　賀吉昌
索善通　翟大眼　尹酉子〔五〕　孔阿朵　閻員保　闞硉魁
左山榮　馮阿察　馬良興　桑阿率　陳喜昌
温員遂〔六〕　雒咄拙　就彦深　雙佛德　傅奴子
星坋堆　沈尚憨　竇討斃　善美住　達麴麪
史大頭　盧漸勝　彭悉㔙（？）〔七〕　譚什德　韓通達

郝延　郝安定　蘇丑兒　解儒晟　吴頽奴　吕端絶

武服藤〔八〕　柳散（？）頭〔九〕　姚延郎　嬌病温　美午子

美黑頭　雷灰子〔一〇〕　黑住奴　仍野盈〔一一〕　燒不勿　周押衙

城將頭　麴像子

説明

此件首尾完整，倒書，共計八十一個人名，《英藏敦煌文獻》擬名爲『社邑名單』，可能是依據其中之『張富德』『安員吉』『鄧福勝』『米不勿』等二十多個人名另外見於同號之『壬申年十二月卌日常年建福轉帖抄』和『壬申年十二月廿二日常年建福轉帖抄』。但敦煌的社邑都是各自獨立的，不同社邑的人名抄在一起應另有用途，故暫定名爲『名簿』。

校記

〔一〕『曹』，《敦煌社會經濟文獻真蹟釋録》釋作『曾』，誤；『怛』，《敦煌社會經濟文獻真蹟釋録》釋作『坦』，誤。

〔二〕『撻』，《敦煌社會經濟文獻真蹟釋録》釋作『達』，誤。

〔三〕『孽』，《敦煌社會經濟文獻真蹟釋録》釋作『薩女』，誤；『禍』，《敦煌社會經濟文獻真蹟釋録》釋作『雞』。

〔四〕『郭』，《敦煌社會經濟文獻真蹟釋録》釋作『郎』。

〔五〕『尹』，《敦煌社會經濟文獻真蹟釋録》疑作『邦』。

〔六〕『遂』，《敦煌社會經濟文獻真蹟釋録》疑此字後有『上』字，按底本『上』字已被塗抹，應不録。

〔七〕『劬』，《敦煌社會經濟文獻真蹟釋録》釋作『殉』。

〔八〕『服』，《敦煌社會經濟文獻真蹟釋録》釋作『明』；『藤』，《敦煌社會經濟文獻真蹟釋録》釋作『蔴』。

〔九〕『散』，《敦煌社會經濟文獻真蹟釋録》釋作『䯁』。

〔一〇〕『雷』，《敦煌社會經濟文獻真蹟釋録》釋作『曹』，誤。

〔一一〕『野』，《敦煌社會經濟文獻真蹟釋録》釋作『䟝』。

參考文獻

《敦煌寶藏》二四册，臺北：新文豐出版公司，一九八二年，三一七頁（圖）；《敦煌社會經濟文獻真蹟釋録》一輯，北京：書目文獻出版社，一九八六年，三三三頁（録）；《英藏敦煌文獻》四卷，成都：四川人民出版社，一九九一年，二五三頁（圖）；《歷史研究》一九九六年六期，二六頁。

斯二八九四背　八　開寶五年壬申（公元九七二年）正月廿日淨土寺學士郎辛延晟曹願長二人結會記

釋文

開寶悟（五）年癸酉正月廿日[一]，淨土寺學士郎辛延晟[二]、曹願長二人等同心一會，更不番（翻）悔[三]。記。願長記[四]。

説明

此件首尾完整，倒書，自左向右逆寫。此件之『結會』即結社，但結會記中並無結會緣由及活動内容的具體規定，似係學郎模仿成人結社習俗之作。另，開寶五年的干支爲壬申，但此件的干支紀年卻是癸酉。結合同卷多件社司轉帖的紀年均在壬申，且有『淨土寺南院學士郎曹願長』等書兩行的紀年亦爲壬申，推測此件亦應在壬申年，而癸酉乃是抄者之誤書（參看寧可、郝春文《敦煌社邑文書輯校》，三二一至三三三頁）。

校記

〔一〕『悟』，當作『五』，《敦煌學郎題記輯注》據文義校改，『悟』爲『五』之借字。

〔二〕『士』，《敦煌遺書總目索引新編》釋作『仕』，雖義可通而字誤；『晟』，《敦煌遺書總目索引新編》釋作『鼎』，誤。

〔三〕『番』，當作『翻』，《敦煌學郎題記輯注》據文義校改，『番』爲『翻』之借字。

〔四〕『願』，《敦煌遺書總目索引新編》釋作『曹願』，誤。

參考文獻

《敦煌寶藏》二四册，臺北：新文豐出版公司，一九八二年，三一七頁（圖）；《敦煌遺書總目索引》，北京：中華書局，一九八三年，一六八頁（録）；《敦煌學輯刊》一九八七年一期，三三頁（録）；《英藏敦煌文獻》四卷，成都：四川人民出版社，一九九一年，二五三頁（圖）；《敦煌社邑文書輯校》，南京：江蘇古籍出版社，一九九七年，三三一至三三三頁（録）；《敦煌遺書總目索引新編》，北京：中華書局，二〇〇〇年，八八頁（録）。

斯二八九四背　九　壬申年（公元九七三年）十二月卅日常年建福轉帖抄

釋文

社司　轉帖

　右緣常年建福一日，人各鑪併（餅）壹雙[一]，淨粟壹斗。幸請諸公等，帖至，限今月卅一日卯時於罰家酒店取齊[二]。捉二人後到，罰酒壹角；全不來者，罰酒半瓮。其帖速遞相分付，不得停滯；如滯帖者，准條科罰。帖周卻赴（付）本司[三]，用憑告罰。

　　　　　　　　　　　　壬申年十二月卅日録事帖[四]。

安員吉[五]　康幸深　石海全　吉崑崙　羅庚兒　曹幸怛　白擖撻　米不勿　史幸豐[六]　唐文通　宋苟奴　邦醜撻　泊知客　辛懷恩　何不勿

説明

　此件首尾完整，倒書，內容爲通知社人參加建福活動。文中『卅一日』與古代曆法不符。經查，該年（壬申年，公元九七二至九七三年）十二月只有二十九日，疑抄者使用的是當地曆日，且只是簡單地遵循『轉帖落款時間次日取齊』的慣例，並未考慮該時間是否存在。

校記

〔一〕『併』，當作『餅』，《敦煌社邑文書輯校》據文義校改，『併』爲『餅』之借字。

〔二〕『罰』，《敦煌社會經濟文獻真蹟釋録》認爲此字訛誤。

〔三〕『赴』，當作『付』，《敦煌社邑文書輯校》據文義校改，『赴』爲『付』之借字。

〔四〕底本此句同行尚有『香念同鈴』『死子落舉』等文字，蓋後人所添，與此件無關，未録。

〔五〕『安員吉』，《敦煌社會經濟文獻真蹟釋録》釋作『史啓□』。

〔六〕『豊』，《敦煌社邑文書輯校》釋作『曹』，誤。

參考文獻

《敦煌寶藏》二四册，臺北：新文豐出版公司，一九八二年，三一七頁（圖）；《敦煌社會經濟文獻真蹟釋録》一輯，北京：書目文獻出版社，一九八六年，三三二頁（録）；《英藏敦煌文獻》四卷，成都：四川人民出版社，一九九一年，二五三頁（圖）；《西北史地》一九九四年一期，三一頁；《歷史研究》一九九六年六期，二九至三〇頁（録）；《敦煌社邑文書輯校》，南京：江蘇古籍出版社，一九九七年，二六九至二七一頁（録）；《敦煌歸義軍史專題研究》，蘭州大學出版社，一九九七年，三六四至三六五頁（録）。

斯二八九四背　一〇　壬申年（公元九七三年）十二月廿一日常年建福轉帖抄

釋文

社司　轉帖

右緣常年建福一日，人各鑪併（餅）壹雙[一]，淨粟壹斗。幸請諸公等，帖至，限今月廿二日卯時於安家酒店取齊。捉二人後到，罰酒壹角；全不來，罰酒半瓮。其帖速遞相分付，不得停滯；如滯帖者，准條科罰。帖周卻赴（付）本司[二]，用憑告罰。

壬申年十二月録事宋帖[三]。

張富德[四]　李萬定　王清兒　趙没利　陰彦弘[五]　薛什子　唐慶住　鄧福勝

説明

此件首尾完整，倒書，内容爲通知社員參加建福活動。

校記

〔一〕『併』，當作『餅』，《敦煌社會經濟文獻真蹟釋録》據文義校改，『併』爲『餅』之借字。

〔二〕『赴』，當作『付』，《敦煌社邑文書輯校》據文義校改，『赴』爲『付』之借字。

〔三〕『月』，《敦煌社會經濟文獻真蹟釋録》校補作『月廿日』。

〔四〕『富』，《敦煌社會經濟文獻真蹟釋録》釋作『昌』，誤。

〔五〕『陰彦弘』，《敦煌社會經濟文獻真蹟釋録》漏録。

參考文獻

《敦煌寶藏》二四册，臺北：新文豐出版公司，一九八二年，三一六頁（圖）；《敦煌社會經濟文獻真蹟釋録》一輯，北京：書目文獻出版社，一九八六年，三三二頁（録）；《英藏敦煌文獻》四卷，成都：四川人民出版社，一九九一年，二五三頁（圖）；《歷史研究》一九九六年六期，二六頁；《敦煌社邑文書輯校》，南京：江蘇古籍出版社，一九九七年，二六〇至二六一頁（録）。

斯二八九四背　一一　壬申年（公元九七三年）十二月廿二日常年建福轉帖抄

釋文

社司　轉帖

右緣常年建福一日，人各鑪併（餅）壹雙[一]，粟壹斗。幸請諸公等，帖至，限今月廿三日卯時於曹家酒店取齊。捉二人後到，罰酒壹角；全不來，罰酒半瓮。其帖速遞相分付，不得停滯[二]；如滯帖者，准條科罰。帖周卻赴（付）本司[三]，用憑告罰。

壬申年十二月廿二日録事張帖。

社官曹　社長安　氾再昌　宋友長　梁延會[四]　安丑子　曹興定[五]　張全子　陽長殘　曹願盈　令狐願松[六]　張幸全　安延子　董丑成　梁永千　令狐願興　張富千[七]

説明

此件首尾完整，内容爲通知社員參加建福活動。

校記

〔一〕『併』，當作『餅』，《敦煌社會經濟文獻真蹟釋録》據文義校改，『併』爲『餅』之借字。

〔二〕『停滯』，《敦煌社會經濟文獻真蹟釋録》釋作『滯帖』。

〔三〕『赴』，當作『付』，《敦煌社邑文書輯校》據文義校改，『赴』爲『付』之借字。

〔四〕『梁』，《敦煌社會經濟文獻真蹟釋録》釋作『宋』，誤。

〔五〕『興』，《敦煌社會經濟文獻真蹟釋録》釋作『願』，誤。

〔六〕『松』，《敦煌社會經濟文獻真蹟釋録》釋作『奴』，誤。

〔七〕『富』，《敦煌社會經濟文獻真蹟釋録》釋作『圓』；『千』，《敦煌社會經濟文獻真蹟釋録》未能釋讀，並據文義校補作『德』。

參考文獻

《敦煌寶藏》二四册，臺北：新文豐出版公司，一九八二年，三一六頁（圖）；《敦煌社會經濟文獻真蹟釋録》一輯，北京：書目文獻出版社，一九八六年，三三二頁（録）；《英藏敦煌文獻》四卷，成都：四川人民出版社，一九九一年，二五三頁（圖）；《敦煌學輯刊》一九九六年一期，一〇頁（録）；《敦煌社邑文書輯校》，南京：江蘇古籍出版社，一九九七年，二六二至二六四頁（録）；《敦煌歸義軍史專題研究》，蘭州大學出版社，一九九七年，三九三至三九四頁（録）；《法國漢學》一〇輯，北京：中華書局，二〇〇五年，一八六頁。

斯二八九九背　未年三月廿五日上座志心手下麥粟入破抄

釋文

（前缺）

未年三月廿五日〔一〕，上座志心依北倉内領得麥

粟貳拾陸碩伍斗。又還獨厥錮鑑價粟肆碩伍斗

（後缺）

説明

此件僅存兩行，《英藏敦煌文獻》擬題爲『未年三月廿五日上座志心手下麥粟入破抄』，兹從之。

校記

〔一〕『年』，據殘筆劃及文義補，《敦煌社會經濟文獻真蹟釋録》逕釋作『年』。

參考文獻

《敦煌寶藏》二四册，臺北：新文豐出版公司，一九八二年，三三三頁（圖）；《敦煌社會經濟文獻真蹟釋録》三

輯，北京：全國圖書館文獻縮微複製中心，一九九〇年，一一三頁（録）；《英藏敦煌文獻》四卷，成都：四川人民出版社，一九九一年，二五四頁（圖）。

斯二九〇九　大乘無量壽經題記

釋文

索滔。

説明

此件《英藏敦煌文獻》未收，現予增收。

參考文獻

Descriptive Catalogue of the Chinese Manuscripts from Tunhuang in the British Museum, The Trustees of the British Museum, London 1957, p. 146（録）；《敦煌寶藏》二四册，臺北：新文豐出版公司，一九八二年，三八六頁（圖）；《中國古代寫本識語集録》，東京大學東洋文化研究所，一九九〇年，三九〇頁（録）。

斯二九一三　大乘無量壽經題記

釋文

裴文達。
裴文達。
裴文達。

説明

此卷共抄録三通《大乘無量壽經》，以上題名分别題於每通之後，《英藏敦煌文獻》未收，現予增收。

參考文獻

Descriptive Catalogue of the Chinese Manuscripts from Tunhuang in the British Museum, The Trustees of the British Museum, London 1957, p. 146（録）；《敦煌寶藏》二四册，臺北：新文豐出版公司，一九八二年，四一〇、四一三、四一六頁（圖）；《中國古代寫本識語集録》，東京大學東洋文化研究所，一九九〇年，三九一頁（録）；《敦煌遺書總目索引新編》，北京：中華書局，二〇〇〇年，八九頁（録）。

斯二九一五　太上洞玄靈寶空洞靈章

釋文

（前缺）

□□□□，生死普隆〔一〕。□□□□，□□□□。

冠帶南治〔二〕，沐浴朽容。枯骸起步〔三〕，飛登太空〔四〕。

逍遥玄虚，衣食福堂，元始周緣〔五〕，世世仙王〔六〕。

秀樂禁〔上〕天帝君道經空洞靈章第廿八〔七〕

秀樂劫運，禁上迴神。周歷諸天，三十二關。

輪轉空洞〔八〕，倏欻上軒。諸聖朝慶，齊禮玉門。

飛行步虚，蕭條靈篇。慶霄流明，反香拂塵。

月水瑩華，日精練仙。飛景四滂，金玉纏旋。

大運冥會〔九〕，萬劫蒙遷。生死同樂，熙怡欣欣。

飛天攜提，遊晏紫晨。握運留年，永亨自然〔一〇〕。

無上常融天帝君道經空洞靈章第廿九

常融灌靈炁，諸天承其真。集採日月華，奔景步結鄰。

上吸無上道，長更續暮年。不樂騰天飛，取度經北玄。

蕩蕩龍漢始，有無惡對民〔一一〕。但患仙者苦，樂爲遊方員。

飄飄乘運歸，亦不爲苦辛。經吉（古）履來會〔一二〕，今得同天賓。

齊景西那都，肆歡善因緣。常融無地官，皆是聖皇臣。

生死三色上，斯樂豈可陳。

玉隆騰勝天帝君道經空洞靈章第卅

玉隆何確嵬，騰勝萬道基。三炁生沓煙，紫微焕鬱儀。

無色飛空上，眇眇難可思。中有不死神，姓姚（桃）字迴孩〔一三〕。

自非玄都民，色内莫能知。爲人正命籍，勒算延康期。

運爲長樂世，相與同一時。自以開皇去，萬劫何（各）各（何）之〔一四〕。

雖是不終界，下世將難治。諸天欲拔苦，勤禮七寶臺。

龍變梵度天帝君道經空洞靈章第卅一

龍變重霄上，梵度行劫端〔一五〕。三羅飛天界，總開十仙門。

眇眇入定炁，唯有帝一君。運度諸天杻（鈕）〔一六〕，長迴億劫關。

大會元始交，玉臺簡靈魂。上聖旋七寶，飛行誦靈文。

一唱衆仙和，十轉生死分。拔出無窮幽，開度七祖奔。

萬始集福堂，冠帶飛天裙。振翮洪波上〔一七〕，麾我度命幡。

俄頃二儀判，倏欻謁帝尊。

太極賈弈天帝君道經空洞靈章第卅二

眇眇大羅上，太極玉清畿〔一八〕。賈弈沌元炁〔一九〕，八通坦幽微。

梵行無景色，高固無傾危。數盡大劫交，獨爲澄清暉。

天地並化消，衆聖皆競歸。旋繞七寶臺，躡空振羽衣。

遨遊玉園圃〔二〇〕，瓊林何萋萋〔二一〕。熙怡不覺朝，倏欻大度迴。

此時樂何樂，靈寶煥真儀。五文殖玄根，豁落諸天開。

生遇大羅界，大小悉仙飛。今日衆真會，元始難常希。

拊掌和空洞，弦歌一何悲〔二二〕。高唱稱萬劫，太上命長麾。

是日大慶，卅二天帝君侍衛天尊，並乘八景玉輿、三素飛雲、瓊輪羽蓋，迴光齊降。太上道君於西那玉國鬱察之山浮羅之嶽，是時國土，靈瑞自然，地藏發泄，金玉露形，散滿道路，黄金薦地〔二三〕，珠玉緣階，七寶纓絡，非可稱量。龍驎虎豹，師子靈獸，群旅悲鳴〔二四〕，躑躅道側〔二五〕。鳳皇孔雀，飛翔頡頏。三景齊照，紫雲四纏〔二六〕，香華流灑，諸天光明，上聖歡樂，各誦靈章。披空洞之微辭，以和五合之宫（商）〔二七〕。上讚元始之玄澳（奥）〔二八〕，下欣五帝之寶明。大法既暢，澤被十方，九幽開夜，拔諸苦根。天滅簡逮，地絶對魂，三徒並解，五道清閑。一國男女，皆得長年，歸宗大化〔二九〕，普入法門，預以有心，皆得神仙。西那國土〔三〇〕，名曰長樂福舍〔三一〕，傳流億劫，福慶難稱。天尊告曰〔三二〕：有此一慶〔三三〕，卅二天大運周度，五帝易位〔三四〕，福德之運，當還鬱單世界。北方有道慶，亦難勝今〔三五〕。然此之悠悠，未可爲期。有心男女，自可於今〔三六〕，勤作功德，使名參玄都，作來運之緣〔三七〕。至時，當與靈寶真經，同生福堂，故重相告，密識之焉〔三八〕。道君稽首，伏受要言。

（後缺）

說明

此件首尾均缺，失題，起『生死普隆』，訖『伏受要言』。《英藏敦煌文獻》擬題爲『君道經空洞靈章』。伯二三九九保存了此經的另一抄本，該件首缺尾全，起『遍。上帝設禮』，訖尾題『太上洞玄靈寶空洞靈章』。

除此件和伯二三九九外，現知敦煌文獻中保存的此經的抄本尚有Дх一八七○+Дх一六二二+Дх二四○，起『樂天帝君』，訖『金母命清歌』；斯八五六四，殘片，殘存尾題『空洞靈章』四字。但這幾件对此件均無校勘價值。

『太上洞玄靈寶空洞靈章』，屬於古靈寶經系統。該經約成書於東晉南朝，《正統道藏》未收。其主體部分爲三十二天的讚頌辭，强調通過轉經、誦詠靈章達到救度的目的（參見謝世維《音誦與救度：〈太上洞玄靈寶空洞靈章經〉之研究》，《清華學報》新三十九卷一期，三一至六一頁）。《中華道藏》以伯二三九九爲底本，參校斯二九一五、Дх二四○+Дх一六二二+Дх一八七○號及《無上秘要》卷二九，對此經進行了校録（參見張繼禹主編《中華道藏》三册，六六至六九頁）。謝世維又以《中華道藏》爲底本對該經進行校箋（參見《〈太上洞玄靈寶空洞靈章經〉校箋》，一二三至一四○頁）。

以上釋文以斯二九一五爲底本，用伯二三九九（稱其爲甲本）參校。

校記

〔一〕『生死普』，據殘筆劃及甲本補；『隆』，據甲本補。

〔二〕『治』，甲本作『冶』。

〔三〕『步』，甲本作『灰』。

〔四〕『空』，據甲本補。

〔五〕『周』，甲本作『同』。

〔六〕『王』，據甲本補。

〔七〕『上』，據甲本補。

〔八〕『轉』，甲本作『舞』。

〔九〕『冥』，甲本作『寘』，誤。

〔一〇〕『亨』，甲本作『享』，『亨』爲『享』之本字。

〔一一〕『有無』，甲本作『無有』。

〔一二〕『吉』，當作『古』，据甲本改。

〔一三〕『姚』，當作『桃』，據甲本改。

〔一四〕『何』，當作『各』，據甲本改；『各』，當作『何』，據甲本改。

〔一五〕『度行』，甲本作『行度』。

〔一六〕『杻』，當作『鈕』，據甲本改。

〔一七〕『翢』，甲本作『融』。

〔一八〕『太』，甲本作『大』，『大』通『太』。

〔一九〕『沌』，甲本作『純』。

〔二〇〕『玉』，甲本作『王』，誤。

〔二一〕『萋萋』，底本作『葋葋』，應爲涉上文『林』字而成之類化俗字。

〔二二〕『弦』，甲本作『絃』，『弦』通『絃』。

〔二三〕「薦」，底本作「鳫」，爲「薦」之省旁俗字。

〔二四〕「旅」，甲本作「侶」，均可通。

〔二五〕「躑躅」，甲本作「蹲踞」。

〔二六〕「雲」，甲本作「霻」。

〔二七〕「商」，據甲本補。

〔二八〕「澳」，當作「奥」，據甲本改，「澳」爲「奥」之借字。

〔二九〕「歸」，據殘筆劃及甲本補。

〔三〇〕「那」，據殘筆劃及甲本補。

〔三一〕「樂」，據殘筆劃及甲本補。

〔三二〕「天」，據殘筆劃及甲本補。

〔三三〕「有」，甲本作「自」。

〔三四〕「易」，據甲本補。

〔三五〕「亦」，據甲本補；「勝」，甲本作「稱」。

〔三六〕「自」，據甲本補。

〔三七〕「緣」，據甲本補。

〔三八〕「密」，據甲本補。

參考文獻

《敦煌道經・目録編》，東京：福武書店，一九七八年，一七至一八頁；《敦煌寶藏》二四册，臺北：新文豐出版公司，一九八二年，四一八至四一九頁（圖）；《敦煌寶藏》一二〇册，臺北：新文豐出版公司，一九八五年，二一八至二二三頁（圖）；《英藏敦煌文獻》四卷，成都：四川人民出版社，一九九一年，二五五至二五六頁（圖）；《敦煌道藏》五册，北京：全國圖書館文獻縮微複製中心，一九九九年，二三八九至二三九一頁（圖）；《法藏敦煌西域文獻》一三册，上海古籍出版社，二〇〇〇年，二〇九至二一五頁（圖）；《敦煌道教文獻研究——綜述·目録·索引》，北京：中國社會科學出版社，二〇〇四年，九二至九三頁；《中華道藏》三册，北京：中國社會科學出版社，二〇〇四年，六六至六九頁；《清華學報》新三十九卷一期，二〇〇九年，三一至六一頁；《〈太上洞玄靈寶空洞靈章經〉校箋》，臺北：政大出版社，二〇一三年，一二二至一四〇頁。

釋文

韓朋賦一首〔一〕

貞妻〔二〕

昔有賢士〔三〕，姓韓名朋〔四〕，少小孤單〔五〕，遂失其父〔六〕，獨養老母，故取賢妻〔七〕。成公素女〔八〕，年始十七〔九〕，與（已）賢至聖〔一〇〕，名曰貞夫〔一一〕。入門三日〔一二〕，意欲同居〔一三〕，共君作誓，各守其軀。君亦不須再娶婦〔一四〕，如魚如水〔一五〕；妻亦更不再改嫁〔一六〕，死事一夫〔一七〕。

韓朋出遊，往於宋國〔一八〕。其（期）去三年〔一九〕，六秋不歸。朋母憶子〔二〇〕，口亦不言〔二一〕。其妻念之〔二二〕，内白（自）發心〔二三〕。忽自執筆〔二四〕，其自（字）斑斑〔二五〕，文辭碎金〔二六〕，如珠如玉〔二七〕。意欲寄書與人〔二八〕，恐人多言；意欲寄書與鳥〔二九〕，鳥恒高飛；意欲寄書與風，風在虚空〔三〇〕。書若有感〔三一〕，直到朋前〔三二〕；書若無感〔三三〕，令（零）落草間〔三四〕。

其妻（書）有感〔三五〕，直到朋前。韓朋得書〔三六〕，解讀其言。詩（書）曰〔三七〕：『浩浩自（白）水〔三八〕，迴波而流〔三九〕。叫（皎）叫（皎）明曰（月）〔四〇〕，解（浮）雲影之〔四一〕。清清之水〔四二〕，冬夏有時〔四三〕。〔失〕〔時〕不種〔四四〕，禾豆不滋〔四五〕。萬物土（吐）花〔四六〕，不用（違）天時〔四七〕。久不相見〔四八〕，心中有詞〔四九〕。百年相見（守）〔五〇〕，意好一時〔五一〕。君不憶親，老母心悲。妻獨孤單〔五二〕，夜常孤栖〔五三〕，懷抱徹天〔五四〕。蓋聞百鳥失伴，其聲哀哀；人（日）暮獨宿〔五五〕，夜夜栖栖〔五六〕。太山初生，高下迴遭〔五七〕。上有雙鳥，下有神龜。〔晝〕〔夜〕遊戲〔五八〕，恆則同歸。妻今何罪〔五九〕，獨無光暉〔六〇〕！海水蕩蕩，無風白（自）波〔六一〕。成人者小（少）〔六二〕，破人者多。南山有鳥，北山有羅〔六三〕。鳥自高飛〔六四〕，羅當柰何〔六五〕？君但平安〔六六〕，妾亦不作（他）〔六七〕。』

韓朋得書，意敢（感）心悲〔六八〕。不食三日，亦不覺飢。韓朋意欲還家，事無因緣。懷書不謹，遺失殿前〔六九〕。宋王得知（之）〔七〇〕，〔甚〕〔愛〕〔其〕〔言〕〔七一〕。即挹（揖）群臣〔七二〕，并及太史〔七三〕。誰能取得韓朋妻者，賜金千斤，封衣（邑）萬斛（户）〔七四〕。梁伯對曰〔七五〕：『臣能取之。』清是庶人之妻〔七六〕。宋王大喜〔七七〕，即出八輪之車〔七八〕，爪（騧）騮之馬〔七九〕，前後仕（侍）從〔八〇〕，入其宮但〔八一〕。三日三夜，聖（往）到朋家〔八二〕。

使者下車〔八三〕，利（打）打門如（而）喚〔八四〕。朋母出來〔八五〕，心忠（中）驚怕〔八六〕，即問喚者曰〔八七〕：『是誰〔八八〕？』使者答曰：『我是宋王使來〔八九〕，共朋同者（友）〔九〇〕。朋爲公（功）曹〔九一〕，我爲主簿。朋友（有）松（私）書〔九二〕，寄迴新婦〔九三〕。』阿婆迴語新婦：『兒（如）客此言〔九四〕，臣（朋）今事官〔九五〕，且得勝常〔九六〕。』貞夫曰：『新婦昨夜夢惡〔九七〕，文文莫莫。見一黄蛇，挍妾牀肱（腳）〔九八〕。三鳥並飛〔九九〕，兩鳥相博（搏）〔一〇〇〕。一鳥頭破相落〔一〇一〕，毛雨芬芬〔一〇二〕，血流落落〔一〇三〕。馬蹄（蹄）踏踏〔一〇四〕，諸臣赫赫。上不（下）見（不）下（見）鄰里之人〔一〇五〕，〔何〕〔況〕千里之客〔一〇六〕。客從遠來，終不司（可）信〔一〇七〕。巧言利語〔一〇八〕，詐作朋書〔一〇九〕。朋言在外〔一一〇〕，新婦出覓〔一一一〕。阿婆答客〔一一二〕，恆（但）道新婦〔一一三〕，病卧在牀，不勝醫藥。並言謝客〔一一四〕，故勞遠來〔一一五〕。』使者謂曰〔一一六〕：『婦間（聞）夫言〔一一七〕，何故不語〔一一八〕？必有他情（情）〔一一九〕，在於鄰里。』朋母年老，不能察意〔一二〇〕。

將其貞夫還國〔一二一〕，宋王問（聞）來到此〔一二二〕，三日三夜，樂不可盡。即拜貞夫，以爲皇後（后）〔一二三〕。前後事（侍）從〔一二四〕，入其宮裏。貞夫入宮〔一二五〕，燋醉（悴）不樂〔一二六〕，病卧不起〔一二七〕。宋王曰：『卿是庶人之妻，今爲一國之母。有何不樂〔一二八〕！衣即綾羅，食即咨（恣）口〔一二九〕。黄門是（侍）郎〔一三〇〕，恆在左〔右〕〔一三一〕。有何不樂，亦不歡喜〔一三二〕？』貞夫答曰〔一三三〕：『辭家別親，出事韓朋。生死有處，貴賤有殊〔一三四〕，蘆葦有地，荆棘有叢〔一三五〕，豺稂（狼）有伴〔一三六〕，鷄兔有雙〔一三七〕。魚鱉在水〔一三八〕，不樂高堂。燕雀群飛〔一三九〕，不樂鳳凰。妾是庶人之妻〔一四〇〕，不樂宋王之婦〔一四一〕。』王曰〔一四二〕：『夫人愁思〔一四三〕，誰能諫之〔一四四〕？』梁伯對曰〔一四五〕：『臣能諫之。朋年卅未滿〔一四六〕，廿有餘。咨（姿）容窈窕〔一四七〕，黑髮素絲〔一四八〕，齒如軻（珂）珮〔一四九〕，耳如懸珠。是以念之，情意不樂。唯雖（須）疾病〔一五〇〕，容（害）貌朋身〔一五一〕，以爲因（囚）從（徒）〔一五二〕。』宋王遂取其言〔一五三〕，即打韓朋〔一五四〕，雙板齒落〔一五五〕。並著故破之衣裳〔一五六〕，使築青陵之臺〔一五七〕。貞夫聞之〔一五八〕，害（痛）切肝腸〔一五九〕，清（情）中煩怨〔一六〇〕，無時不思。貞夫語宋王曰〔一六一〕：『既造青陵之臺〔一六二〕，訖（乞）願暫往藋（觀）看〔一六三〕。』宋王戲（許）之〔一六四〕。乃賜八輪之車〔一六五〕，〔騧〕騮之馬〔一六六〕，前後仕（侍）從〔一六七〕，三千餘人，往到臺下。乃見韓朋，坐（剉）草飼馬〔一六八〕，〔見〕妾著（羞）恥〔一六九〕，抱草庶（遮）面〔一七〇〕。正見貞夫見之〔一七一〕，淚下如雨。貞夫曰：『宋王有〔衣〕〔一七二〕，妾亦不著；王〔若〕有食〔一七三〕，妾亦不常（嘗）〔一七四〕。刑（形）容燋悴〔一七五〕，速報宋王〔一七六〕。何以著（羞）恥〔一七七〕，取草遮面〔一七八〕，避妾隱藏？』韓朋答曰〔一七九〕：『南山有水（樹）〔一八〇〕，名曰荆棘，一枝兩刑（形）〔一八一〕，葉小心平〔一八二〕。刑（形）容燋悴〔一八三〕，無有心情。著（蓋）聞東流之水〔一八四〕，西海之魚，賤就妾情〔一八五〕，於意如何？』貞夫聞此語〔一八六〕，低頭卻行，淚下如雨。即裂群（裙）裾三寸〔一八七〕，卓齒取血，且作私書〔一八八〕，繫著箭上〔一八九〕，謝（射）以（與）韓朋〔一九〇〕。朋得此書，便即白（自）死〔一九一〕。宋王聞之，心忠（中）驚愕〔一九二〕，即問之（諸）臣〔一九三〕：『〔若〕〔爲〕〔自〕〔死〕〔一九四〕？爲人所煞〔一九五〕？』梁伯對曰：『韓朋死時，無有傷損之處〔一九六〕。唯有三寸素書，繫在朋頭下〔一九七〕。』宋王即〔取〕讀之〔一九八〕。貞夫曰〔一九九〕：『天雨霖霖〔二〇〇〕，魚游池中。大鼓無聲，小鼓無音（？）。』宋王曰〔二〇一〕：『誰能辯之〔二〇二〕？』梁伯對曰〔二〇三〕：『臣能辯之〔二〇四〕。「天雨霖霖」是事（其）淚〔二〇五〕，「魚游池中」是其意，「大鼓無聲」是其氣〔二〇六〕，「小鼓無音」是其恩（思）〔二〇七〕。天下事此是卿言〔二〇八〕，其義大矣哉〔二〇九〕！貞夫見韓朋守（自）死〔二一〇〕，何更再言〔二一一〕！唯願大王〔有〕恩〔二一二〕，以禮葬之，可不得利後人〔二一三〕？』宋王即遣〔人〕城東〔二一四〕，掘百仗（丈）臨曠（壙）〔二一五〕，三公葬之，禮也〔二一六〕。貞夫乞住（往）觀看〔二一七〕：『不敢分（久）停〔二一八〕。』宋王許之。令乘素車〔二一九〕，前後三千餘人〔二二〇〕，往到墓所。貞夫下車，遶墓三匝，嗥啼大哭〔二二一〕，悲〔聲〕入〔雲〕〔二二二〕，臨曠（壙）喚君〔二二三〕，君亦不聞。迴頭辭百官：『天能報此恩〔二二四〕。一馬不披兩重鞍〔二二五〕，一女不事二夫〔二二六〕。』言語未訖〔二二七〕，遂即容苦〔二二八〕，須捉衣蔥〔二二九〕，隨手如（而）無〔二三〇〕。百官忙怕，皆悉搥胸。即遣使者，走報宋王〔二三一〕。

王聞此義（語）〔二三二〕，是（甚）大嗔怒〔二三三〕，牀頭取劍，煞臣四五人也〔二三四〕。飛輪來報〔二三五〕，百官集聚。天下大雨，水流曠（壙）中，難可德（得）取〔二三六〕。梁伯諫曰〔二三七〕：『只有萬死〔二三八〕，無有一生。』宋王遣人掘之〔二三九〕，不見貞夫，遂得兩石〔二四〇〕，一青一白〔二四一〕。宋王睹之〔二四二〕，青石埋於道東〔二四三〕，白石埋於道西〔二四四〕。道東生於桂樹〔二四五〕，道西生於梧桐〔二四六〕。枝枝相當〔二四七〕，葉葉相對〔二四八〕。根下相連〔二四九〕，下有流泉，絶道不通。宋王出見〔二五〇〕，『此是何樹？』梁伯對曰〔二五一〕：『此是韓朋之樹。』『誰能解之？』梁伯對曰〔二五二〕：『臣能解之。枝枝相當是其意〔二五三〕，葉葉相寵（籠）是其氣〔二五四〕。根下相連是其恩（思）〔二五五〕，下有流泉是其淚。』宋王遣人誅伐之〔二五六〕。王曰〔二五七〕，三日三夜，血流汪汪〔二五八〕。二礼（札）落水〔二五九〕，變成雙鴛鴦。舉翅高飛〔二六〇〕，還〔我〕本〔鄉〕〔二六一〕。唯有一毛羽〔二六二〕，甚好端正〔二六三〕。宋王愛之〔二六四〕，遂則磨拂身體〔二六五〕，大好光色〔二六六〕。唯有項上未好，即將磨拂項上〔二六七〕，其頭即落。生奪庶人之妻〔二六八〕，枉煞賢良〔二六九〕。未至三年〔二七〇〕，宋王（國）滅亡〔二七一〕。梁伯父子，配在邊疆。行善獲禍（福）〔二七二〕，行惡得羊（殃）〔二七三〕。

韓朋賦一卷〔二七四〕

癸巳年三月八日張慶通書了〔二七五〕。

説明

此件首尾完整，首部略有殘損，存首尾題和抄寫者之題記。題記『癸巳年三月八日張慶通書了』，有朱筆塗抹痕跡，文本中亦有朱筆句讀和校改。此件字跡潦草拙稚，且有脱、誤。卷背有朱筆題記：『癸巳年三月十九日蓮臺寺學郎（？）慶通』。頗疑此件原爲抄寫者蓮臺寺學郎張慶通所有，後來轉到他人之手，新主人在閲讀時作了朱筆句讀和校改，並用朱筆塗掉了張慶通的抄寫題記，以示這個文本换了新的主人。此件題記中之『癸巳年』的歸屬，學者意見不一，或爲唐憲宗元和八年（公元八一三年），或爲後唐明宗長興四年（公元九三三年）（參看張錫厚《關於〈敦煌賦集〉整理的幾個問題》，《敦煌學輯刊》一九八七年一期，四一至四九頁）。

『韓朋賦』是唐代流行於民間的賦體文學，其故事情節最早見於漢簡（參看裘錫圭《漢簡中所見韓朋故事的新資料》，《復旦學報》一九九九年三期，一〇九至一一三頁），後晉干寶《搜神記》及《嶺表録異》《法苑珠林》《太平廣記》都有記録（參見王重民等編《敦煌變文集》，一四二頁）。除此件外，現知敦煌文獻中尚有五個《韓朋賦》寫本：伯二六五三首尾完整，存首尾題，但正文原未抄完，抄至『磨拂其身』；斯三二二七首全尾缺，存首題，訖『母聞客言，面自』；伯三八七三首缺尾全，且起首數十行下部亦殘，起『路，疾如風』，訖『韓朋賦一首』；斯四九〇一+斯一〇二九一+斯三九〇四，三件可以綴合，綴合後仍是首尾均缺，起『小少孤單』，訖『豺狼有伴』；Дх一〇二七七背首全尾缺，存兩行半文字，自左向右抄寫，起『韓朋賦一卷』，訖『氣欲同』。

以上釋文以斯二九二二爲底本，用伯二六五三（稱其爲甲本）、斯三二二七（稱其爲乙本）、伯三八七三（稱其爲丙本）、斯四九〇一+斯一〇二九一+斯三九〇四（稱其爲丁本）、Дх 一〇二七七背（稱其爲戊本）參校。

校記

〔一〕『韓』，據甲、乙、戊本補；『朋』，據殘筆劃及甲、乙、戊本補；『首』，甲、乙本同，戊本作『卷』。

〔二〕『貞』，戊本作『卓』，誤，甲、乙本無；『妻』，戊本同，甲、乙本無。

〔三〕『昔』，據殘筆劃及甲、乙、戊本補；『有』，據殘筆劃及甲、乙本補，戊本作『右』，『右』爲『有』之借字。

〔四〕『姓韓』，據甲、乙、戊本補；『名』，甲、乙本同，戊本作『朋』，誤。

〔五〕『小』，甲、乙、丁本同，戊本作『少』，誤。丁本始於此句。

〔六〕『遂』，乙、丁、戊本同，甲本作『遭喪遂』；『其』，乙、丁、戊本同，甲本無。

〔七〕『故』，乙、戊本同，甲本無；『取』，戊本同，甲本無，乙本作『娶』，均可通；『妻』，甲、乙本同，戊本作『姓』。甲本『賢妻』前有『謹身行孝。朋身爲主意遠仕，憶母獨注（住）』。

〔八〕『公』，乙、戊本同，甲本作『功』，『功』爲『公』之借字；『素』，據甲、乙、戊本補。

〔九〕『年始』，乙、丁、戊本同，甲本作『始年』。

〔一〇〕『與』，乙、丁、戊本同，當作『已』，據甲本改，『與』爲『已』之借字；『至』，甲、乙、戊本同，丁本作『智』，『智』爲『至』之借字。甲本此句置於『名曰貞夫』之後。

〔一一〕『名』，甲、乙、丁本同，戊本作『朋』，誤；『曰』，甲、丁、戊本同，乙本作『顯』，誤；『貞』，甲、乙、丁本同，戊本作『卓』，誤。

〔一二〕『入』，甲本『入』字前有『明顯絶華，刑（形）容窈窕，天下更無。雖是女人身，明解經書，凡所造作，皆合天符』。

〔一三〕『意』，甲、乙本同，戊本作『氣』，誤；『欲』，戊本同，甲、乙本作『合』。戊本止於此句。

〔一四〕『亦』，乙、丁本同，甲本無；『娶』，甲、丁本作『取』，均可通，乙本作『趣』，『趣』爲『娶』之借字。

〔一五〕『魚』，甲本同，乙本作『水』；『水』，甲本同，乙本作『魚』。

〔一六〕『妻』，甲、乙本作『妾』；『更』，甲、乙本無；『不』，甲本同，乙本作『不須』；『改』，丁本同，甲、乙本無。

〔一七〕『事』，甲、丁本同，乙本作『仕』，『仕』爲『事』之借字。

〔一八〕『往』，丁本同，甲本作『仕』，乙本作『事』，均可通。

〔一九〕『其』，當作『期』，據甲、乙本改，『其』爲『期』之借字。

〔二〇〕『子』，乙、丁本同，甲本作『之』。

〔二一〕『口亦不言』，乙、丁本同，甲本作『心煩總』。

〔二二〕自『念之』至『如珠如玉』，甲本無。

〔二三〕『白』，當作『自』，據乙本改。

〔二四〕『自』，乙本作『然』。

〔二五〕『自』，丁本同，當作『字』，據文義改，『自』爲『字』之借字，乙本作『文』，亦可通。乙本此句前有『遂字（自）造書』。

〔二六〕『辭』，據丁本補；『金』，丁本作『錦』，『錦』爲『金』之借字。此句乙本無。

〔二七〕『如珠如玉』，丁本同，乙本作『而珠而玉』，『而』爲『如』之借字。

〔二八〕『意欲』，乙、丁本同，甲本無。

〔二九〕『鳥』，據甲、乙、丁本補。

〔三〇〕『虚空』，乙、丁本同，甲本作『空虚』，誤。

〔三一〕『若』，乙、丁本同，甲本作『君』，誤。

〔三二〕『到』，據甲、乙、丁本補；『朋』，據殘筆劃及甲、乙、丁本補。

〔三三〕自『書若無感』至『直到朋前』，甲本無。

〔三四〕『令』，當作『零』，據乙、丁本改，『令』爲『零』之借字。

〔三五〕『妻』，丁本同，當作『書』，據乙本及文義改。

〔三六〕『得』，據甲、乙、丁本補。

〔三七〕『詩』，當作『書』，據甲、乙本改，『詩』爲『書』之借字。

〔三八〕『自』，當作『白』，據甲、乙、丁本改。

〔三九〕『而』，乙本同，甲、丁本作『如』，『如』爲『而』之借字。

〔四〇〕『叫』，當作『皎』，據甲、乙、丁本改，『叫』爲『皎』之借字；『曰』，當作『月』，據甲、乙、丁本改，『曰』爲『月』之借字。

〔四一〕『解』，當作『浮』，據甲、乙本改，丁本作『伴』；『影』，丁本同，甲本作『映』，均可通，乙本作『願』，誤。

〔四二〕『清清之水』，丁本同，甲本作『青青之水』，『青』爲『清』之借字，乙本作『青青之樹』，亦可通。

〔四三〕『冬夏有』，乙、丁本同，甲本作『各憂其』。

〔四四〕『失時』，據甲、乙本補，丁本亦脱。

〔四五〕『禾』，丁本同，甲、乙本作『和』，『和』爲『禾』之借字；『滋』，乙、丁本同，甲本作『兹』，均可通。

〔四六〕「土」，當作「吐」，據甲、乙、丁本改，「土」爲「吐」之借字；「花」，乙、丁本同，甲本作「化」，「化」爲「花」之借字。

〔四七〕「用」，當作「違」，據乙、丁本改，甲本作「爲」，「爲」爲「違」之借字。

〔四八〕「不」，甲、乙本同，丁本作「時」，誤。

〔四九〕「有」，丁本同，甲、乙本作「在」，誤；「詞」，甲、乙本作「思」，丁本作「辭」。

〔五〇〕「見」，當作「守」，據甲、乙、丁本改。

〔五一〕「意好一」，甲本作「竟一好」，乙、丁本作「竟相一」，均誤。

〔五二〕「孤單」，甲、丁本作「單弱」，乙本作「弱」。

〔五三〕「常」，甲、丁本同，乙本作「長」；「栖」，甲、乙本同，丁本作「星」，誤。

〔五四〕「懷抱徹天」，甲、乙、丁本作「常懷大憂」，《敦煌變文校注》認爲此句爲衍文，當刪。

〔五五〕「人」，當作「日」，據甲、乙、丁本改。

〔五六〕第二個「夜」，丁本同，甲、乙本作「長」；「栖栖」，甲、乙本同，丁本作「星星」，誤。

〔五七〕「迴」，甲本作「崔」，乙本作「魋」，丁本作「嶉」，「崔」「魋」「嶉」均爲「迴」之借字；「遭」，甲、乙、丁本均作「嵬」。

〔五八〕「晝夜」，據甲、乙、丁本補。

〔五九〕「妻」，丁本同，甲、乙本作「妾」。

〔六〇〕「暉」，乙、丁本同，甲本作「明」。

〔六一〕「白」，當作「自」，據甲、乙、丁本改。

〔六二〕「小」，當作「少」，據甲、乙、丁本改。

〔六三〕『有』，甲、乙本作『張』，丁本作『將』。
〔六四〕『自』，甲、丁本同，乙本作『恒』。
〔六五〕『柰』，甲、乙本同，丁本作『乃』，『乃』爲『柰』之借字。
〔六六〕『平』，甲、丁本同，乙本作『高平』，『高』字衍，當删。
〔六七〕『不』，甲、乙、丁本作『無』；『作』，甲本作『化』，當作『他』，據乙、丁本改。
〔六八〕『敢』，當作『感』，據甲、乙、丁本改，『敢』爲『感』之借字。
〔六九〕『遺』，甲、乙本同，丁本作『違』，誤。
〔七〇〕『知』，當作『之』，據甲、乙、丁本改，『知』爲『之』之借字。
〔七一〕『甚愛其言』，據甲、乙、丁本補。
〔七二〕『挹』，甲本作『召』，乙本作『趙』，丁本作『招』，當作『揖』，據文義改，『挹』爲『揖』之借字。
〔七三〕『史』，乙本同，甲本作『吏』，丁本作『使』，『使』爲『史』之借字。
〔七四〕『衣』，丁本作『於』，當作『邑』，據甲、乙本改，『衣』『於』均爲『邑』之借字；『斛』，當作『户』，據甲、乙、丁本改，『斛』爲『户』之借字。
〔七五〕『對』，甲本作『啓言王』，乙、丁本作『啓王』。
〔七六〕『清是庶人之妻』，甲、乙、丁本無，《敦煌變文校注》認爲此句爲衍文，當删。
〔七七〕『喜』，乙、丁本同，甲本作『憶』，誤。
〔七八〕丙本始於此句。
〔七九〕『瓜』，甲、乙本同，當作『騧』，據丁本改，『瓜』爲『騧』之借字。
〔八〇〕『仕』，當作『侍』，據文義改，『仕』爲『侍』之借字。此句甲本作『便三千餘人』，乙本作『使廿餘人』，丁本作『前後貳拾餘人』。

〔八一〕『入其宮但』，甲、乙本作『從發道路，疾如風雨』，丙本作『道路，疾如風』，丁本有『從發道路，疾而風雨』。

〔八二〕『聖』，當作『往』，據甲、乙、丁本改。

〔八三〕『使』，甲、丁本同，乙本作『所』，『使』爲『所』之借字。

〔八四〕『利』，丁本同，當作『打』，據甲、乙本改；『如』，丁本同，當作『而』，據甲、乙本改，『如』爲『而』之借字。

〔八五〕『來』，甲、乙、丙、丁本作『看』。

〔八六〕『忠』，當作『中』，據甲、乙、丙、丁本改，『忠』爲『中』之借字。

〔八七〕『即』，乙、丁本同，甲本作『供』，誤；『曰』，甲、乙、丁本無。

〔八八〕『是誰』，乙、丁本同，甲本作『是誰使者』。

〔八九〕『是』，乙、丙、丁本同，甲本無；『宋』，乙、丙、丁本同，甲本作『從』；『王』，甲、乙、丙、丁本作『國』；『使』，丁本同，甲、乙、丙本作『之使』；『來』，甲、丁本同，乙、丙本無。

〔九〇〕『者』，當作『友』，據甲、丙、丁本改，乙本作『有』，『有』爲『友』之借字。

〔九一〕『公』，甲、乙、丁本同，當作『功』，據文義改，『公』爲『功』之借字；『曹』，甲、丁本同，乙本作『遭』，誤。

〔九二〕『友』，當作『有』，據甲、乙、丁本改，『有』爲『友』之借字；『松』，當作『私』，據乙、丁本改，甲本作『秋』。

〔九三〕『寄迴』，甲、乙、丙、丁本作『來寄』。

〔九四〕『兒』，丁本同，當作『如』，據甲、乙本改，『兒』爲『如』之借字。

〔九五〕『臣』，丁本同，當作『朋』，據甲、乙本改；『事』，甲、乙本同，丁本作『仕』，『仕』爲『事』之借字。

〔九六〕『得』，甲、乙、丙本同，丁本作『德』，『德』爲『得』之借字；『常』，丁本同，甲、乙、丙本作『途』，誤。

〔九七〕『昨』，甲本同，乙本作『作』，『作』爲『昨』之借字。

〔九八〕『挍』，丁本同，甲本作『皎』，乙本作『交』，丙本作『絞』，『皎』『交』『絞』均爲『挍』之借字；『妾』，甲、乙本同，丙本作『妻』，丁本作『接』，誤；『肱』，當作『腳』，據甲、乙、丙、丁本改。

〔九九〕『鳥』，甲、丙、丁本同，乙本作『鳴』，誤；『並』，甲、乙、丙本同，丁本作『病』，『病』爲『並』之借字。

〔一〇〇〕『鳥』，甲、丁本同，乙本作『鳴』，誤；『博』，甲、乙、丁本同，當作『搏』，《敦煌變文集》據文義校改，『博』爲『搏』之借字。

〔一〇一〕『鳥』，甲、丁本同，乙本作『鳴』，誤；『相』，甲、乙、丁本作『齒』。

〔一〇二〕『雨』，甲本作『下』，乙、丙、丁本作『羽』；『芬』，甲本作『紛』，乙、丙、丁本作『分』，『分』爲『紛』之借字。

〔一〇三〕『落落』，乙、丙、丁本同，甲本作『洛洛』。

〔一〇四〕『踣』，當作『蹄』，據甲、乙、丙、丁本改。

〔一〇五〕『不見』，乙、丁本同，當作『下不』，據甲本改。『下』，丁本同，乙本脱，當作『見』，據甲本改。

〔一〇六〕『何』，據甲、乙、丙、丁本補；『況』，據甲本補，乙本作『鄉』，丙本作『向有』，丁本作『向』。

〔一〇七〕『司』，當作『可』，據甲、乙、丁本改。

〔一〇八〕『利』，甲、丁本同，乙本作『理』，『理』爲『利』之借字。

〔一〇九〕『詐』，乙、丙本同，甲本作『祚』，誤，丁本作『乍』，『乍』爲『詐』之借字。

〔一一〇〕『朋』，乙、丙、丁本同，甲本無；『言』，甲、乙、丁本同，丙本無。

〔一一一〕『覓』，甲、乙、丁本作『看』，誤。

〔一一二〕『答』，甲、乙、丁本作『報』。

〔一一三〕『恆』，丁本同，當作『但』，據甲、乙本改。

〔一一四〕『並』，甲本作『承』，丁本作『病』，『病』爲『並』之借字。

〔一一五〕『故勞』，丁本同，甲本作『勞苦』。

〔一一六〕『者』，甲、乙、丁本同，丙本作『人』；『謂』，甲、乙、丙、丁本作『對』。

〔一一七〕『婦』，甲、丙、丁本同，乙本作『新婦』；『問』，當作『聞』，據甲、乙、丙本改，丁本作『問』，『問』爲『聞』之借字；『言』，丁本同，甲、乙、丙本作『書』。

〔一一八〕『故』，乙、丁本同，甲本作『古』，『古』爲『故』之借字；『語』，丁本同，甲本作『憘』，乙本作『喜』。

〔一一九〕『掅』，當作『情』，據甲、丁本改，『掅』爲『情』之借字。

〔一二〇〕『不』，乙、丙、丁本同，甲本脱。甲、丁本此句後有較長貞夫離家至宋國、宋王卜問吉凶的描寫；乙本此句後有『母聞客言，面自』幾字，乙本止於此。

〔一二一〕『將其貞夫還國』，甲、丙、丁本無。

〔一二二〕『問』，當作『聞』，據文義改。此句甲、丙、丁本無。

〔一二三〕『後』，當作『后』，據丙、丁本改，『後』爲『后』之借字，甲本作『吉』，誤。

〔一二四〕『事』，甲、丙本同，丁本作『仕』，當作『侍』，據文義改，『事』爲『侍』之借字。

〔一二五〕自『貞夫入宮』至『宋王曰』，丙本無。

〔一二六〕『醉』，當作『悴』，甲、丁本作『焠』，據文義改，『焠』爲『悴』之借字，《敦煌變文校注》認爲可逕釋

「悴」。

〔一二七〕自「病卧不起」至「有何不樂」，丁本無。

〔一二八〕此句丙本無。

〔一二九〕「咨」，甲、丙本同，丁本作「姿」，當作「恣」，《敦煌變文選注》據文義改，「咨」「姿」均爲「恣」之借字。

〔一三〇〕「是」，當作「侍」，據甲、丙、丁本改，「是」爲「侍」之借字。

〔一三一〕「右」，據甲、丙、丁本補。

〔一三二〕「喜」，丙、丁本同，甲本作「憘」。

〔一三三〕「答」，甲、丁本同，丙本無。

〔一三四〕「殊」，甲、丁本同，丙本作「殘」，誤，《敦煌變文集校記補正》校作「常」。

〔一三五〕「叢」，甲、丁本同，丙本作「聚」，誤。

〔一三六〕「豺」，甲、丙、丁本作「犲」，「豺」通「犲」；「桹」，當作「狼」，據甲、丙、丁本改，「桹」爲「狼」之借字。丁本止於此句。

〔一三七〕「鷄」，甲、丙本作「雉」；「兔」，丙本同，甲本作「筆」，誤。

〔一三八〕「在」，甲本作「百」，丙本作「有」，誤。

〔一三九〕「雀」，丙本同，甲本作「若」，誤。

〔一四〇〕「是」，丙本同，甲本脱。

〔一四一〕「樂」，丙本同，甲本作「歸」，誤；「之婦」，甲、丙本同，《敦煌變文校注》認爲「之婦」爲衍文，當删，《敦煌變文集校議》認爲此句乃本於「妾是庶人，不樂宋王」，以「王」爲韻脚，隨文義敷衍成六字句，因此「之婦」不當删，今從之。丙本此句後有「夫人愁憂不樂」。

〔一四二〕『王曰』，甲本脱。

〔一四三〕『夫』，甲本脱。此句丙本無。

〔一四四〕『之』，丙本同，甲本脱。

〔一四五〕『對』，甲本同，丙本作『到』，誤。

〔一四六〕『卅』，甲本同，丙本作『三十』。

〔一四七〕『咨』，當作『姿』，據甲、丙本改，『咨』爲『姿』之借字。『容』，底本右側有朱筆所書『朋』字。

〔一四八〕『黑髮』，丙本同，甲本作『里發』，誤；『素』，底本似『索』，丙本同，甲本作『素』，『素』與『索』形近易混，此逕釋作『素』；『絲』，丙本同，甲本作『失』，『失』爲『絲』之借字。

〔一四九〕『如』，甲本同，丙本脱；『軻』，甲本同，當作『珂』，據丙本改，『軻』爲『珂』之借字。

〔一五〇〕『雖』，當作『須』，據甲、丙本改，『雖』爲『須』之借字；『病』，甲、丙本無。

〔一五一〕『容』，丙本同，當作『害』，據甲本改；『貌』，甲、丙本無；『朋身』，丙本同，甲本作『身朋』，誤。

〔一五二〕『因』，丙本同，甲本作『困』，當作『囚』，據文義改；『從』，當作『徒』，據甲、丙本改。

〔一五三〕『王』，甲本同，丙本作『王乃見』。

〔一五四〕『即』，丙本同，甲本作『遂』。

〔一五五〕『雙』，丙本同，甲本作『二』；『落』，甲、丙本脱。

〔一五六〕『衣』，甲本同，丙本無；『裳』，丙本同，甲本作『常』，誤。

〔一五七〕『青』，丙本同，甲本作『清』；『陵』，甲本作『淩』，丙本作『綾』，『淩』『綾』均爲『陵』之借字。

〔一五八〕自『貞夫』至『之臺』，丙本無。

〔一五九〕『害』，當作『痛』，據甲本改；『肝』，甲本作『忓』，『忓』爲『肝』之借字。

〔一六〇〕『清』，當作『情』，據甲本改，『清』爲『情』之借字。

〔一六一〕『語』，甲本作『諮』；『曰』，甲本無。

〔一六二〕『造』，甲本作『築』；『之』，甲本無。

〔一六三〕『訖』，丙本同，當作『乞』，據甲本改，『訖』爲『乞』之借字；『藿』，甲本無，當作『覩』，據丙本改；『看』，丙本同，甲本作『看下』。

〔一六四〕『戲』，當作『許』，據甲本改，丙本作『乃』；『之』，甲本同，丙本作『許』。

〔一六五〕『乃』，甲、丙本無；『賜』，丙本同，甲本作『腸』，誤。

〔一六六〕『騧』，據文義補，甲、丙本作『瓜』，『瓜』爲『騧』之借字。

〔一六七〕『仕』，甲本作『事』，丙本作『使』，當作『侍』，據文義改，『事』『仕』『使』均爲『侍』之借字。

〔一六八〕『坐』，當作『剉』，據甲、丙本改，『坐』爲『剉』之借字；『飼』，甲本同，丙本作『餵』。

〔一六九〕『見』，據甲、丙本補；『著』，當作『羞』，據丙本改，甲本脱。

〔一七〇〕『抱』，甲本同，丙本作『把』；『庶』，當作『遮』，據甲、丙本改。

〔一七一〕『正見』，甲、丙本無，疑爲衍文，當删。

〔一七二〕『衣』，據甲、丙本補。

〔一七三〕『若』，據甲、丙本補；『有』，丙本同，甲本作『喫』。

〔一七四〕『常』，當作『嘗』，據甲、丙本改，『常』爲『嘗』之借字。甲本此句後有『妾念思君，如渴思漿。見君苦痛，割妾心腸』。

〔一七五〕『刑』，甲、丙本同，當作『形』，據文義改，『刑』爲『形』之借字；『燋』，甲本同，丙本作『顦』；『悴』，底本及甲本均作『焠』，應爲涉上文『燋』而成之類化俗字，丙本作『顇』。

〔一七六〕「速」，甲本作「決」，丙本作「快」。

〔一七七〕「以」，丙本同，甲本作「足」；「著」，甲本同，當作「羞」，據丙本改。

〔一七八〕「取草遮面」，丙本同，甲本無。

〔一七九〕「曰」，甲本同，丙本無。

〔一八〇〕「水」，當作「樹」，據甲、丙本改。

〔一八一〕「刑」，甲本同，當作「形」，據丙本改，「刑」爲「形」之借字。

〔一八二〕「葉」，丙本同，甲本作「葦」。

〔一八三〕「刑」，當作「形」，據甲、丙本改，「刑」爲「形」之借字；「燋」，甲本同，丙本作「顦」；「悴」，底本及甲本均作「焠」，應爲涉上文「燋」而成之類化俗字，丙本作「顇」。

〔一八四〕「著」，當作「蓋」，據甲、丙本改。

〔一八五〕「賤就妾情」，甲、丙本作「去賤就貴」。

〔一八六〕「貞夫」，甲本同，丙本作「夫貞」，誤；「此」，丙本同，甲本無。

〔一八七〕「群」，甲本同，當作「裙」，據丙本改，「群」爲「裙」之借字；「裾」，丙本同，甲本作「前」；「寸」，丙本同，甲本作「寸之帛」。

〔一八八〕「私」，甲本同，丙本作「移」。

〔一八九〕「箭」，甲本同，丙本作「箭頭」。

〔一九〇〕「謝」，當作「射」，據甲、丙本改；「以」，當作「與」，據甲、丙本改，「以」爲「與」之借字。

〔一九一〕「白」，當作「自」，據甲、丙本改。

〔一九二〕「忠」，當作「中」，據甲、丙本改，「忠」爲「中」之借字。

〔一九三〕「問」，甲本作「子」，丙本作「聞」，均誤；「之」，當作「諸」，據甲、丙本改，「之」爲「諸」之借字。

〔一九四〕「若爲自死」，據甲本補。

〔一九五〕「所」，甲本同，丙本作「取」。

〔一九六〕「無」，丙本同，甲本脱。

〔一九七〕「繫」，甲、丙本無。

〔一九八〕「取」，據丙本補。

〔一九九〕「夫」，丙本同，甲本作「書」。

〔二〇〇〕第二個「霖」，丙本同，甲本脱。

〔二〇一〕「宋」，丙本同，甲本無。

〔二〇二〕「辯」，丙本同，甲本作「辦」，誤。

〔二〇三〕「伯」，丙本同，甲本作「百」，「百」爲「伯」之借字。

〔二〇四〕「辯」，丙本同，甲本作「辦」，誤。

〔二〇五〕「雨」，甲本同，丙本脱；「事」，當作「其」，據甲、丙本改。

〔二〇六〕「大」，丙本同，甲本作「天」，誤。

〔二〇七〕「恩」，當作「思」，據甲本改，丙本作「死」，「死」爲「思」之借字。

〔二〇八〕「事」，甲本同，丙本無；「此」，甲本同，丙本無；「卿」，甲本同，丙本作「其」；「言」，丙本同，甲本作「其言」。

〔二〇九〕「其」，丙本同，甲本無；「義」，甲本同，丙本作「語」，「語」爲「義」之借字。

〔二一〇〕「見」，丙本同，甲本作「曰」；「守」，甲本作「以」，當作「自」，據丙本改。

〔二一一〕「何更」，甲本同，丙本脱。

〔二一二〕「有」，據甲、丙本補。

〔二一三〕「人」，甲、丙本脱。自「可不得利後」至「禮也」，丙本無。

〔二一四〕「人」，據甲本補。

〔二一五〕「掘」，甲本作「輇」，誤；「仗」，甲本作「文」，當作「丈」，據文義改，「仗」爲「丈」之借字；「臨」，甲本作「之」；「曠」，甲本同，當作「壙」，據文義改，「曠」爲「壙」之借字。

〔二一六〕「禮也」，甲本無。

〔二一七〕「貞」，甲本同，丙本脱；「乞」，甲本同，丙本作「即」；「住」，當作「往」，據甲、丙本改。

〔二一八〕「敢」，丙本同，甲本作「取」，誤；「分」，當作「久」，據甲、丙本改；「停」，甲本作「高」，誤，丙本作「亭」，均可通。

〔二一九〕「乘」，甲本同，丙本作「臣」，「臣」爲「乘」之借字。

〔二二〇〕「後」，甲本作「後事（待）從」，丙本作「後使」。

〔二二一〕「嗥啼」，甲本同，丙本作「號咷」，《敦煌變文校注》校改爲「號咷」，按「嗥啼」，其義亦通，不煩校改；「大」，丙本同，甲本作「悲」。

〔二二二〕「聲」，據丙本補；「雲」，據丙本補。甲本此句作「聲入雲中」。

〔二二三〕「臨」，丙本同，甲本脱；「曠」，甲本脱，當作「壙」，據丙本改，「曠」爲「壙」之借字。以下「曠」字同此，不另出校。

〔二二四〕「此」，甲、丙本脱。

〔二二五〕「一」，丙本同，甲本作「蓋聞一」；「披」，甲、丙本作「被」，均可通；「兩」，丙本同，甲本作「二」；

『重』，丙本同，甲本無；『鞍』，甲、丙本作『安』，『安』爲『鞍』之借字。

〔二二六〕『夫』，甲本同，丙本作『夫壻』。

〔二二七〕『訖』，丙本同，甲本作『此』，誤。

〔二二八〕『容苦』，甲本作『至室』，丙本作『苦空』。此句之後疑有脱文。

〔二二九〕『須捉衣蔥』，甲本作『苦酒侵衣，遂脆如蔥，左攬右攬』，丙本作『須侵衣，衣脆如蔥蕊』。

〔二三〇〕『如』，當作『而』，據甲、丙本改，『如』爲『而』之借字。

〔二三一〕『走』，丙本同，甲本無。

〔二三二〕『義』，當作『語』，據甲、丙本改，『義』爲『語』之借字。

〔二三三〕『是』，當作『甚』，據甲、丙本改。

〔二三四〕『人也』，甲、丙本無。

〔二三五〕『報』，甲、丙本作『走』。

〔二三六〕『德』，當作『得』，據甲、丙本改，『德』爲『得』之借字。

〔二三七〕『伯』，丙本同，甲本作『百』，『百』爲『伯』之借字；『諫』，甲、丙本作『諫王』。

〔二三八〕『萬』，甲本同，丙本作『乃』，誤。

〔二三九〕『遣』，丙本同，甲本作『即遣』；『人』，丙本同，甲本脱。

〔二四〇〕『遂』，甲、丙本作『唯』；『石』，甲本同，丙本脱。

〔二四一〕『白』，甲、丙本作『百』，『百』爲『白』之借字。

〔二四二〕『睹』，甲本同，丙本作『觀』。

〔二四三〕『石』，丙本同，甲本脱；『埋』，丙本同，甲本作『掘』，誤；『於』，丙本同，甲本作『遊』，誤。

〔二四四〕「埋」，丙本脱，甲本作「掘」，誤。
〔二四五〕「道東」，甲本脱，丙本作「東道」。
〔二四六〕「西」，丙本同，甲本作「東」，誤。
〔二四七〕「當」，甲本同，丙本作「對」。
〔二四八〕「對」，甲、丙本作「籠」。
〔二四九〕「連」，甲本同，丙本作「蓮」，「蓮」爲「連」之借字。
〔二五〇〕「見」，甲本作「遊，見之」，丙本作「遊，問曰」。
〔二五一〕「梁伯」，丙本同，甲本無。
〔二五二〕「伯」，丙本同，甲本作「百」，「百」爲「伯」之借字。
〔二五三〕「當」，甲本同，丙本作「對」。
〔二五四〕「寵」，當作「籠」，據甲、丙本改；「氣」，丙本同，甲本作「思」。
〔二五五〕「恩」，甲本作「氣」，丙本作「義」，當作「思」，據文義改。
〔二五六〕「遣人」，甲本作「即遣」，丙本作「即見人遣」；「誅」，甲本同，丙本作「追」；「追」爲「誅」之借字；「伐」，丙本同，甲本作「罰」，「罰」爲「伐」之借字。
〔二五七〕「王曰」，丙本同，甲本無，疑係衍文。
〔二五八〕「汪汪」，甲本同，丙本作「尪尪」，「尪」爲「汪」之借字。
〔二五九〕「礼」，當作「札」，據甲、丙本改。
〔二六〇〕「翅」，甲本同，丙本作「翔」。
〔二六一〕「我」，據甲、丙本補；「鄉」，據甲、丙本補。

〔二六二〕『羽』，甲本作『相』，誤，丙本無。
〔二六三〕『正』，丙本同，甲本作『政』，『政』爲『正』之借字。
〔二六四〕『愛』，丙本同，甲本作『得』。
〔二六五〕『遂』，丙本同，甲本無；『則』，甲、丙本作『即』；『磨』，甲本同，丙本作『摩』，『磨』通『摩』；『拂』，甲本作『芬』，誤，丙本作『弗』，『弗』爲『拂』之借字；『身體』，丙本無，甲本作『其身』。
〔二六六〕『色』，丙本作『彩』，底本作『艳』，《敦煌變文集校議》疑爲『色』之增旁字，此逕釋作『色』。此句至『行惡得羊』甲本無。
〔二六七〕『磨』，甲本同，丙本作『摩』，『摩』通『磨』；『拂』，丙本作『弗』，『弗』爲『拂』之借字；『項上』，丙本無。
〔二六八〕『生』，據殘筆劃及丙本補。
〔二六九〕『枉』，丙本作『往』，『往』爲『枉』之借字。
〔二七〇〕『三』，丙本作『參』。
〔二七一〕『王』，當作『國』，據丙本改。
〔二七二〕『禍』，當作『福』，據丙本改。
〔二七三〕『羊』，當作『殃』，據丙本改，『羊』爲『殃』之借字。
〔二七四〕『卷』，甲本同，丙本作『首』。
〔二七五〕此句甲、丙本無，甲本换行另寫有『韓朋賦一首』。

參考文獻

《文學遺産增刊》一輯，北京：作家出版社，一九五五年，四三四至四四〇頁；*Descriptive Catalogue of the Chinese Manuscripts from Tunhuang in the British Museum*, The Trustees of the British Museum, London 1957, p. 167；《敦煌變文集》，北京：人民文學出版社，一九五七年，一三七至一五三頁（録）；Mair, *Chinoperl Papers, No. 10*（*1981*）, p. 54；《敦煌古籍叙録》，北京：中華書局，一九七九年，三三二頁；《敦煌寶藏》二四册，臺北：新文豐出版公司，一九八二年，四五四至四五五頁（圖）；《敦煌變文論文録》，上海古籍出版社，一九八二年，六四九至六八一頁；《敦煌古籍叙録新編》，臺北：新文豐出版公司，一九八六年，三三五至三三七、三六〇至三六六、三八二至三九八頁；《敦煌講唱文學作品選注》，蘭州：甘肅人民出版社，一九八七年，六三至七一頁（録）；《敦煌學輯刊》一九八七年一期，四一至四九頁；《敦煌研究》一九八九年一期，七四至八〇頁；《敦煌變文選注》，成都：巴蜀書社，一九九〇年，二六六至二七八頁（録）；《英藏敦煌文獻》四册，成都：四川人民出版社，一九九一年，二五六至二五七頁（圖）；《英藏敦煌文獻》五册，一九九二年，二五、一九七頁（圖）；《英藏敦煌文獻》六册，一九九二年，二七〇頁（圖）；《敦煌文學概論》，蘭州：甘肅人民出版社，一九九三年，二九六至二九七、二九九至三〇〇頁；《社科縱横》一九九三年一期，三五至三八頁；《敦煌賦校注》，蘭州：甘肅人民出版社，一九九四年，三六四至四〇一頁（録）；《敦煌賦彙》，南京：江蘇古籍出版社，一九九六年，三五六至三六九頁（録）；《敦煌變文校注》，北京：中華書局，一九九七年，二一二至二三一頁（録）；《復旦學報》一九九九年三期，一〇九至一一三頁；《俄藏敦煌文獻》一四册，上海古籍出版社，二〇〇〇年，二五八頁（圖）；《法藏敦煌西域文獻》一七册，上海古籍出版社，二〇〇一年，一〇九至一一〇頁（圖）；《郭在貽文集》二卷，北京：中華書局，二〇〇二年，一三〇至一三九頁（録）；《法藏敦煌西域文獻》二九册，二〇〇三年，四二至四四頁（圖）。

斯二九二二背　　韓朋賦卷背題記

釋文

癸巳年三月十九日蓮臺寺學郎（？）慶通書（？）。

説明

以上文字用朱筆大字書寫於『韓朋賦』卷背，是正面『韓朋賦』的抄寫者張慶通所書。《英藏敦煌文獻》與《敦煌寶藏》均漏收，現予補録。

斯二九二四　妙法蓮花經卷第三題記

釋文

弟子鄧衡爲亡息弘愻敬寫〔一〕。

説明

此件《英藏敦煌文獻》未收，現予增收。池田温推測其大約抄寫於八世紀（參見《中國古代寫本識語集録》，三三三頁）。《中國文化遺産研究院藏西域文獻遺珍》之一一六號《妙法蓮華經》卷七（原李盛鐸藏品）尾題有：『維大唐顯慶二年，正月十五日，菩薩戒弟子錢唐縣開國男南陽鄧衡爲亡息弘愻敬寫法華經一部，願亡者神生淨土。』據以上題記，鄧衡曾爲亡息弘愻敬寫《法華經》一部，上引題記是卷七的題記，則此件似是『法華經一部』卷三的題記，其抄寫年代亦應在顯慶二年（公元六五七年）正月十五日。

校記

〔一〕『弟』，底本原作『第』，按寫本中『弟』『第』形近易混，故據文義逕釋；『愻』，《敦煌遺書總目索引新編》未能釋讀。

參考文獻

Descriptive Catalogue of the Chinese Manuscripts from Tunhuang in the British Museum, The Trustees of the British Museum, London 1957, p. 72（録）；《敦煌寶藏》二四册，臺北：新文豐出版公司，一九八二年，四七五頁（圖）；《敦煌學要籥》，臺北：新文豐出版公司，一九八二年，一二四頁（録）；《敦煌遺書總目索引》，北京：中華書局，一九八三年，一六九頁（録）；《中國古代寫本識語集録》，東京大學東洋文化研究所，一九九〇年，三三三頁（録）；《敦煌遺書總目索引新編》，北京：中華書局，二〇〇〇年，八九頁（録）；《中國文化遺産研究院藏西域文獻遺珍》，北京：中華書局，二〇一一年，一七九頁。

斯二九二五　摩訶般若波羅蜜品第四題記

釋文

趙清信經。

説明

此件《英藏敦煌文獻》未收，現予增收。池田温推測其抄寫於五世紀前期（參見《中國古代寫本識語集録》，八六頁）。

參考文獻

BSOS, 7.4（1935），p. 811（録）；*Descriptive Catalogue of the Chinese Manuscripts from Tunhuang in the British Museum*, The Trustees of the British Museum, London 1957, p. 19（録）；《敦煌寶藏》二四册，臺北：新文豐出版公司，一九八二年，四七九頁（圖）；《敦煌學要籥》，臺北：新文豐出版公司，一九八二年，一二四頁（録）；《敦煌遺書總目索引》，北京：中華書局，一九八三年，一六九頁（録）；《中國古代寫本識語集録》，東京大學東洋文化研究所，一九九〇年，八六頁（録）；《敦煌遺書總目索引新編》，北京：中華書局，二〇〇〇年，八九頁（録）；《姜亮夫全集》（十一），昆明：雲南人民出版社，二〇〇二年，八六頁（録）。

斯二九二五背　佛説辯意長者子所問經題記

釋文

太安元年年在庚寅正月十九日寫訖伊吾南祠〔一〕。比丘申宗，手拙人已〔二〕，難得紙墨。

說明

此件《英藏敦煌文獻》未收，現予增收。文中『庚』字缺末筆。『太安元年』即公元四五五年，該年干支並非庚寅，庚寅應爲太平真君十一年，即公元四五〇年。池田温認爲『太安』係西陲之失傳年號，非北魏年號（參見《中國古代寫本識語集録》，八六頁）。

校記

〔一〕『太』，《敦煌學要籥》《敦煌遺書總目索引》《敦煌遺書總目索引新編》均釋作『大』，雖義可通而字誤；第二個『年』字原爲重文符號，《敦煌學要籥》《姜亮夫全集》釋作『歲』，《敦煌遺書總目索引》未能釋讀，《敦煌遺書總目索引新編》漏録；『訖』，《敦煌遺書總目索引新編》釋作『記』。此句上頂格原寫有『太歲』二字，疑爲『太安』之誤書，未録。

〔二〕『人』，《敦煌遺書總目索引新編》釋作『入』，誤；『已』，《敦煌學要籥》釋作『巳』，校改作『也』。

參考文獻

Descriptive Catalogue of the Chinese Manuscripts from Tunhuang in the British Museum, The Trustees of the British Museum, London 1957, p. 19（録）；《敦煌寶藏》二四册，臺北：新文豐出版公司，一九八二年，四八四頁（圖）；《敦煌學要籥》，臺北：新文豐出版公司，一九八二年，一二四頁（録）；《敦煌遺書總目索引》，北京：中華書局，一九八三年，一六九頁（録）；《中國古代寫本識語集録》，東京大學東洋文化研究所，一九九〇年，八六頁（録）；《敦煌遺書總目索引新編》，北京：中華書局，二〇〇〇年，八九頁（録）；《姜亮夫全集》（十一），昆明：雲南人民出版社，二〇〇二年，八六頁（録）；《漢唐歷史與出土文獻》，北京：故宫出版社，二〇一一年，二三二至二三八頁；《絲綢之路與東西文化交流》，北京大學出版社，二〇一五年，三〇六頁（録）。

斯二九二六背　一　佛説無常三啓經一卷題記

釋文

初、後讚勸，乃是尊者馬鳴取經意而集造〔一〕。中是正經，金口所説。事有三開，故云三啓也〔二〕。

説明

此經背面接續正面抄寫，以上題記抄於背面經題下，《英藏敦煌文獻》未收，現予增收。此件後接抄《佛説校量數珠功德經》。

校記

〔一〕『取』，《敦煌學要籥》《敦煌遺書總目索引》均釋作『集』，誤。

〔二〕『也』，《敦煌學要籥》《敦煌遺書總目索引》均漏録。

參考文獻

《敦煌寶藏》二四册，臺北：新文豐出版公司，一九八二年，四八六頁（圖）；《敦煌學要籥》，臺北：新文豐出版公司，一九八二年，一二四頁（録）；《敦煌遺書總目索引》，北京：中華書局，一九八三年，一六九頁（録）。

斯二九二六背　一　佛説校量數珠功德經題記

釋文

神龍元年正月廿三日，北天竺國三藏梵云阿你真那，唐云寶思惟。宣譯梵本〔一〕。

翻經大德僧尸利抹多證梵本義〔二〕。

婆羅門大首領臣李無諂譯語〔三〕。

翻經大德大興善寺僧師利證義〔四〕。

至景雲二年歲次辛亥三月十三日奏行。

太極元年四月　日，正議大夫、太子洗馬、照（昭）文館學士張齊賢等進〔五〕。

奉勑太中大夫〔六〕、照（昭）文館學士鄭喜王詳定〔七〕。

奉勑秘書少監〔八〕、學士韋利器祥（詳）定〔九〕。

奉勑正議大夫、行太府卿〔一〇〕、昭文館學士沈佺期祥（詳）定。

奉勑銀青光禄大夫、太子右諭德、昭文館學士丘悦詳定〔一一〕。

奉勑銀青光禄大夫〔一二〕、黄門侍郎、昭文館學士、上柱國李乂詳定〔一三〕。

奉勑工部侍郎、昭文館學士、上護軍盧藏用詳定。

奉勑左散騎常侍、昭文館學士、權兼檢校右羽林將軍〔一四〕、上柱國、壽昌縣開國伯賈膺福詳定〔一五〕。

奉勑右散騎常侍、照（昭）文館學士、權兼檢校左羽林將軍〔一六〕、上柱國、高平縣開國侯〔徐〕彦伯詳定〔一七〕。

奉勑銀青光禄大夫、行中書〔侍〕郎〔一八〕、昭文館學士、兼太子左庶子崔湜詳定。

奉勑金紫光禄大夫、禮部尚書、昭文館學士、上柱國、晉國公薛稷詳定。

延和元年六月廿日，大興善寺翻經沙門師利檢校寫。

奉勑令昭文館學士等詳定〔一九〕，編入自（目）録訖流行〔二〇〕。

說明

此件錯、漏頗多，《英藏敦煌文獻》未收，現予增收。『神龍元年』即公元七〇五年，『景雲二年』即公元七一一年，『太極元年』即公元七一二年，『延和元年』即公元七一二年。

校記

〔一〕『宣』，《敦煌學要籥》釋作『□宣』，誤。

〔二〕「抹」，*Descriptive Catalogue of the Chinese Manuscripts from Tunhuang in the British Museum* 釋作「秣」。

〔三〕「諂」，《敦煌學要籥》釋作「譎」，誤。

〔四〕第二個「大」，《敦煌遺書總目索引新編》漏録；「師」，《敦煌學要籥》《敦煌遺書總目索引》《敦煌遺書總目索引新編》均釋作「尸」，誤。

〔五〕「照」，當作「昭」，《中國古代寫本識語集録》據文義校改，《敦煌學要籥》《敦煌遺書總目索引》《敦煌遺書總目索引新編》均逕釋作「昭」，「照」爲「昭」之借字。以下同，不另出校。

〔六〕「太」，《敦煌學要籥》《敦煌遺書總目索引》《敦煌遺書總目索引新編》均釋作「大」。

〔七〕「王」，*Descriptive Catalogue of the Chinese Manuscripts from Tunhuang in the British Museum* 釋作「玉」，誤。

〔八〕「書」，《敦煌遺書總目索引新編》釋作「書省」，誤。

〔九〕「學」，《敦煌學要籥》校補作「昭文館學」；「祥」，當作「詳」，據文義改，《敦煌學要籥》《敦煌遺書總目索引》《中國古代寫本識語集録》《敦煌遺書總目索引新編》均逕釋作「詳」，「祥」爲「詳」之借字，以下同，不另出校。

〔一〇〕「行」，《敦煌學要籥》漏録；「卿」，《中國古代寫本識語集録》釋作「鄉」，誤。

〔一一〕「丘」，《敦煌學要籥》釋作「延」，誤。

〔一二〕「禄」，《敦煌學要籥》釋作「碌」，誤。

〔一三〕「乂」，《敦煌學要籥》釋作「義」，又校改作「乂」。

〔一四〕「右」，《敦煌學要籥》釋作「左」，誤。

〔一五〕「壽昌」，《敦煌學要籥》釋作「高平」，又將「高平」校改作「壽昌」。

〔一六〕「權」，《敦煌遺書總目索引新編》漏録；「左」，《敦煌學要籥》釋作「右」，誤。

〔一七〕「侯」，《中國古代寫本識語集録》校改作「徐」；「徐」，據斯二四二三「佛説示所犯者瑜伽法鏡經題記」補，

《敦煌學要籥》《敦煌遺書總目索引》《敦煌遺書總目索引新編》均逕釋。

〔一八〕「侍」，《敦煌學要籥》據文義校補。

〔一九〕「令」，《敦煌學要籥》漏録。

〔二〇〕「自」，當作「目」，《中國古代寫本識語集録》據文義校改，《敦煌學要籥》《敦煌遺書總目索引》《敦煌遺書總目索引新編》均逕釋作「目」；「録」，《敦煌遺書總目索引新編》釋作「當」，誤。

參考文獻

Descriptive Catalogue of the Chinese Manuscripts from Tunhuang in the British Museum, The Trustees of the British Museum, London 1957, pp. 114-115；《敦煌寶藏》一九册，臺北：新文豐出版公司，一九八一年，三一〇頁（圖）；《敦煌寶藏》二四册，臺北：新文豐出版公司，一九八二年，四八七至四八八頁（圖）；《敦煌學要籥》，臺北：新文豐出版公司，一九八二年，一二四至一二六頁（録）；《敦煌遺書總目索引》，北京：中華書局，一九八三年，一六九頁（録）；《中國古代寫本識語集録》，東京大學東洋文化研究所，一九九〇年，二八三頁（録）；《敦煌遺書總目索引新編》，北京：中華書局，二〇〇〇年，八九至九〇頁（録）。

斯二九三五　大比丘尼羯磨經一卷題記

釋文

天和四年歲次己丑六月八日寫竟，永暉寺尼智璝〔一〕，受持供養。

比丘慶仙抄訖。

說明

此件《英藏敦煌文獻》未收，現予增收。「天和四年」即公元五六九年。

校記

〔一〕「暉」，底本作「暈」，《敦煌遺書總目索引》《敦煌遺書總目索引新編》《姜亮夫全集》均釋作「暈」，校改作「暉」，《敦煌學要籥》逕釋作「暉」，按寫本中不乏將左右結構的文字寫成上下結構者，故此字可逕釋作「暉」；「璝」，*Descriptive Catalogue of the Chinese Manuscripts from Tunhuang in the British Museum* 釋作「寶」，《敦煌學要籥》釋作「瓊」，均誤，《敦煌遺書總目索引新編》未能釋讀。

參考文獻

Descriptive Catalogue of the Chinese Manuscripts from Tunhuang in the British Museum, The Trustees of the British Museum, London 1957, p. 165（録）；《中國史研究》一九八〇年三期，二九頁；《敦煌寶藏》二四册，臺北：新文豐出版公司，一九八二年，五五九頁（圖）；《敦煌學要籥》，臺北：新文豐出版公司，一九八二年，一二六頁（録）；《敦煌遺書總目索引》，北京：中華書局，一九八三年，一六九頁（録）；《中國古代寫本識語集録》，東京大學東洋文化研究所，一九九〇年，一三六頁（録）；《敦煌遺書總目索引新編》，北京：中華書局，二〇〇〇年，九〇頁（録）；《姜亮夫全集》（十一），昆明：雲南人民出版社，二〇〇二年，一五四頁（録）。

斯二九三九　觀世音經題記

釋文

張瀛〔一〕。

説明

此件《英藏敦煌文獻》未收，現予增收。池田温推測其大約抄寫於九世紀前期（參見《中國古代寫本識語集録》，三七七頁）。

校記

〔一〕「瀛」，《中國古代寫本識語集録》釋作「瀛」。

參考文獻

Descriptive Catalogue of the Chinese Manuscripts from Tunhuang in the British Museum, The Trustees of the British Museum, Lon-

don 1957, p. 86（録）；《敦煌寶藏》二四册，臺北：新文豐出版公司，一九八二年，五七八頁（圖）；《中國古代寫本識語集録》，東京大學東洋文化研究所，一九九〇年，三七七頁（録）；《敦煌遺書總目索引新編》，北京：中華書局，二〇〇〇年，九〇頁（録）。

斯二九四一　孔子項託相問書一卷

釋文

孔子項託相問書一卷〔一〕

昔者夫子東遊，行至荊山之下，路逢三個小兒〔二〕。二小兒作戲，一小兒不作戲。夫子怪而問曰：何不戲乎？小兒答曰：大戲相煞，小戲相傷，戲而無功，衣被裏空〔三〕。相隨〔藉〕石（食）〔四〕，不而（如）歸春（舂）〔五〕。上至父母〔六〕，恐受無禮〔七〕。善思此事〔八〕，□

項託又當遂（道）推土作城〔九〕，在内而坐〔一〇〕。小兒答曰〔一一〕：昔聞聖人有言，上知天文〔一二〕，只聞車避成（城）〔一三〕，豈聞成（城）避車？夫子無言而對〔一四〕，下道往問〔一五〕：此是誰家小兒？何姓何名〔一六〕？項託〔一七〕。

夫〔子〕答曰〔一八〕：汝年雖小，知事甚大〔一九〕。小兒答曰：昔聞魚生三日，游於江海；兔生三日，盤地三畝[二〇]；馬生三日，迭及其母；人生三日，知識父母；天生自然[二一]，何言大小[二二]！

夫子有（又）問小兒曰[二三]：汝知何山無石，何水無魚[二四]，何門無關[二五]，何車無輪，何牛無犢，何馬無駒[二六]，何刀無環[二七]，何火無煙，何人無父（婦）[二八]，何女父（無）夫[二九]，何日不足[三〇]，何日有餘[三一]，何雄無觜（雌）[三二]，何樹無枝，何城無使，何人無字？小兒答曰：土山無石，井水無魚，空門無關[三三]，轝車無輪[三四]，遲牛無犢，木馬無駒，斫刀無環[三五]，螢火無煙[三六]，仙人無父（婦）[三七]，玉女無夫，冬日不足，夏日有餘[三八]，孤雄無觜（雌）[三九]，枯樹無枝，空城無使，小兒無字[四〇]。夫子曰[四一]：善哉[四二]！善哉[四三]！吾與汝共遊天下[四四]，可得以否[四五]？

（後缺）

説明

此件首全尾缺，中間上部亦有殘缺，首題『孔子項託相問書一卷』，訖『可得以否』。『孔子項託相問書』是演繹二人鬥智的俗文，其内容以二人問答爲主。

敦煌文獻中保存的『孔子項託相問書』較多，本書第二卷、第六卷在釋録斯三九五、斯一三九二時，使用了包括此件在内的多數相關寫本參校，未及參校的只有BD一五四五〇。BD一五四五〇首全尾缺，首題『孔子項託相問書卷』，訖『只聞車避城』。此外，伯三八二六背存『昔者夫子』『孔子共項託相問書一卷』『孔子項託』三行文字；伯三三〇六背存『孔子共項託相書一卷』首題；敦煌古藏文中也有類似内容（參見馮蒸《敦煌藏文本〈孔丘項託相問書〉考》，《青海民族學院學報》一九八一年二期，六至二二頁）。

因BD一五四五〇以外各寫本的情況和文字異同均可參見本書第六卷斯一三九二的『説明』和校記，故以上釋文以斯二九四一爲底本，僅用斯一三九二（稱其爲甲本）、BD一五四五〇（稱其爲乙本）參校，且僅用甲本校補缺文、校改錯誤，不出該件之異文。

校記

〔一〕『二』，乙本無。

〔二〕『個』，乙本無。

〔三〕『被』，據殘筆劃及伯三八三三《孔子項託相問書》補。

〔四〕『藉』，底本此處原留有一字的空白，據甲本補，乙本作『擲』；『石』，乙本同，當作『食』，據伯三八三三《孔子項託相問書》改，『石』爲『食』之借字。

〔五〕「而」，乙本同，當作「如」，據斯五六七四《孔子共項託相問書》改，「而」爲「如」之借字；「春」，乙本同，當作「春」，據斯五六七四《孔子共項託相問書》改。

〔六〕「母」，據甲、乙本補。

〔七〕「恐」，據甲、乙本補；「受」，據殘筆劃及甲、乙本補。

〔八〕「事」，據甲、乙本補。

〔九〕「項託」，據甲、乙本補；「又」，據文義補，乙本作「有」，「有」爲「又」之借字；「當」，據斯五五三〇《孔子項託相問書》補，乙本作「常」，誤；「遂」，乙本同，當作「道」，據甲本改。

〔一〇〕「而」，據殘筆劃及乙本補；「坐」，據甲、乙本補。

〔一一〕「小兒」，據甲、乙本補；「答」，據乙本補。

〔一二〕「天」，據殘筆劃及甲、乙本補；「文」，據甲、乙本補。

〔一三〕「只聞車」，據甲本補；「成」，當作「城」，據甲本改，「成」爲「城」之借字，以下同，不另出校。乙本止於此句。

〔一四〕「無言而對」，據伯三八八三《孔子項託相問書》補。

〔一五〕「下」，據甲本補。

〔一六〕「姓何名」，據甲本補。

〔一七〕「項」，據殘筆劃及甲本補。

〔一八〕「子」，據甲本補。

〔一九〕「大」，據伯三八八三《孔子項託相問書》補。

〔二〇〕「地三畝」，據伯三八八三《孔子項託相問書》補。

〔二二〕『生自然』，據伯三八八三《孔子項託相問書》補。
〔二三〕『何』，據殘筆劃及伯三八八三《孔子項託相問書》補。
〔二三〕『有』，當作『又』，據文義改，『有』爲『又』之借字。
〔二四〕『何水無魚』，據甲本補。
〔二五〕『何門』，據甲本補。
〔二六〕『無駒』，據甲本補。
〔二七〕『何刀無』，據甲本補；『環』，據殘筆劃及伯三八八三《孔子項託相問書》補。
〔二八〕『父』，當作『婦』，據甲本改，『父』爲『婦』之借字。
〔二九〕『父』，當作『無』，據甲本改。
〔三〇〕『足』，據殘筆劃及伯三八八三《孔子項託相問書》補。
〔三一〕『何日有』，據甲本補。
〔三二〕『觜』，當作『雌』，據甲本改。以下同，不另出校。
〔三三〕『無關』，據殘筆劃及甲本補。
〔三四〕『轝車』，據殘筆劃及伯三八八三《孔子項託相問書》補。
〔三五〕『無環』，據甲本補。
〔三六〕『螢火無煙』，據伯三八八二《孔子項託相問書》補。
〔三七〕『父』，當作『婦』，據甲本改，『父』爲『婦』之借字。
〔三八〕『日有餘』，據甲本補。
〔三九〕『孤雄無』，據甲本補。

〔四〇〕「字」，據伯三八八三《孔子項託相問書》補。

〔四一〕「夫子曰」，據伯三八八三《孔子項託相問書》補。

〔四二〕「善」，據伯三八八三《孔子項託相問書》補。

〔四三〕「哉」，據殘筆劃及伯三八八三《孔子項託相問書》補。

〔四四〕「吾與汝共遊」，據伯三八八三《孔子項託相問書》補。

〔四五〕「否」，據伯三八八三《孔子共項託相問書》補。

參考文獻

《敦煌變文集》（上），北京：人民文學出版社，一九五七年，二三一至二三七頁（録）；*Chinoperl Papers* No. 10 (1981), p. 54；《青海民族學院學報》一九八一年二期，六至二二頁；《敦煌寶藏》一〇册，臺北：新文豐出版公司，一九八一年，三九三頁（圖）；《敦煌寶藏》二四册，臺北：新文豐出版公司，一九八二年，五八〇頁（圖）；《吐魯番出土文書》五册，北京：文物出版社，一九八三年，九七至九九頁；《敦煌學輯刊》一九八四年一期，五五至六三頁；《敦煌研究》一九八五年二期，九九至一一〇頁；《敦煌兒童文學》，臺北：學生書局，一九八五年，二〇二頁（録）；《敦煌學輯刊》一九八六年一期，二八至四〇頁；《敦煌講唱文學作品選注》，蘭州：甘肅人民出版社，一九八七年，八四至八八頁（録）；《敦煌語言文學論文集》，杭州：浙江古籍出版社，一九八八年，二四七頁（録）；《敦煌變文選注》，成都：巴蜀書社，一九八九年，三六三至三六六頁（録）；《英藏敦煌文獻》三卷，成都：四川人民出版社，一九九〇年，五至七頁（圖）；《英藏敦煌文獻》四卷，成都：四川人民出版社，一九九一年，二五八頁（圖）；《英藏敦煌文獻》七卷，成都：四川人民出版社，一九九二年，二二四頁（圖）；《敦煌話本詞文俗賦導論》，臺北：新文豐出版公司，一九九三年，一九六至二〇三頁；《敦煌文獻與文學》，臺北：新文豐出版公司，一九九三年，三九五至四三六頁；《英藏敦煌文獻》九卷，成都：四川人民出版社，一九九四年，六〇至六六頁（圖）；《敦煌變文集新書》，臺北：文津出版社，一九九四年，一一一九至一一二六頁（録）；《敦煌變文校注》，北京：中華書局，一九九七年，三五七至三六二頁（録）；《英藏敦煌社會歷史文獻釋録》二卷，北京：社會科學文獻出版社，二〇〇三年，二六二、二六七至二六八頁（録）；《法藏敦煌西域文獻》二九册，上海古籍出版社，二〇〇五年，八二、八四至八五頁（圖）；《英藏敦煌社會歷史文獻釋録》六卷，北京：社會科學文獻出版社，二〇〇九年，二二至二三、二八至三八頁（録）；《國家圖書館藏敦煌遺書》一四三册，北京圖書館出版社，二〇一二年，三七八頁（圖）。

斯二九四二　大智度論卷第五十九題記

釋文

法師帛慧融經，比丘安弘嵩寫。

説明

此件《英藏敦煌文獻》未收，現予增收。池田温推測其大約抄寫於五世紀（參見《中國古代寫本識語集録》，九五頁）。

參考文獻

Descriptive Catalogue of the Chinese Manuscripts from Tunhuang in the British Museum, The Trustees of the British Museum, London 1957, p. 17（録）；《敦煌寶藏》二四册，臺北：新文豐出版公司，一九八二年，五八五頁（圖）；《敦煌學要籥》，臺北：新文豐出版公司，一九八二年，一二六頁（録）；《敦煌遺書總目索引》，北京：中華書局，一九八三年，一六九頁（録）；《中國古代寫本識語集録》，東京大學東洋文化研究所，一九九〇年，九五頁（録）；《敦煌遺書總目索引新編》，北京：中華書局，二〇〇〇年，九〇頁（録）。

斯二九四三背　雜寫

釋文

梵網經記卷上　　梵

南千百花身

必惡手若多有缺錯錯南無圓滿寶身

人來讀著罵詈空飩　南無清淨法身北

梵梵梵梵

梵經（網）網（經）記[一]　子子子子子子子子子子子

梵網經袟子子　子

梵　梵　梵

梵經

説明

以上文字爲時人隨手所寫於《正法念處經》卷背，《英藏敦煌文獻》未收，現予增收。其後抄有《梵網經記卷上并序》，因屬佛教典籍，未録。《中國古代寫本識語集録》推斷此件抄寫於至道元年，即公元九九五年（參見池田温《中國古代寫本識語集録》，五四二頁）。

校記

〔一〕『經』，當作『網』，據文義改；『網』，當作『經』，據文義改。

參考文獻

《敦煌寶藏》二四册，臺北：新文豐出版公司，一九八二年，五九三頁（圖）。

斯二九四四　大寶積經放光般若經勘經題記

釋文

兑。

兑。

兑。

兑。

兑。

兑。

説明

以上文字大字書寫於《大寶積經》《放光般若經》經文上，表示此紙佛經抄寫有誤，已經作廢。地腳有一『進』字，疑爲人名。《英藏敦煌文獻》未收，現予增收。

參考文獻

《敦煌寶藏》二四册，臺北：新文豐出版公司，一九八二年，五九四至五九六頁（圖）。

斯二九四四背　融禪師定後吟

釋文

融禪師定後吟〔一〕

入定觀空有，出定空有吟。還將出入意，反觀空有心〔二〕。離有還歸縛，行空復被侵。祇交（教）一念裏〔三〕，迥跨兩邊心。兩邊心既離，一念無由寄〔四〕。縱横法性闊，森蘿萬像被〔五〕。萬像本無端，法性若爲安。欲了心源淨，但自熟思看〔六〕。〔思〕覺不相違〔七〕，病盡藥還非。捨滅去何去，無生歸不歸。既窮色性了，方知入芥微。莫捨滅，不無生。超聖意〔八〕，越凡情。放曠隨低舉，蕭散任縱横。縱横無處起，虚空法界裏。法界無爲界，虚空不住空。真如寂不異，妙理混然同。同異本無蹤〔九〕，真妙今何似。水月聊爲喻，夢幻猶非擬。怳如失〔一〇〕，杳如歸〔一一〕。見逾近，取逾非。何以故〔一二〕？世人示（不）達迷心路〔一三〕，此中無物空欲求，求之不息終難悟〔一四〕。鏡裏像，夢中心，無定質，絶言音。徒勞遠借問，不用苦推尋〔一五〕。推尋終不見，借問何由遍。愚夫不肯行，智者方應練。且停筆，停筆棄古今。呼嗟人代士〔一六〕，誰復肯知音。

説明

此件首尾完整，抄於《大寶積經》、《放光般若經》卷背，其前爲《大乘中宗見解義別行本》，首題『融禪師定後吟』。項楚據文中避『世』字諱，以『代』代『世』，推斷其抄寫於唐代（參見《敦煌詩歌導論》，一四二頁），但文中『世人示（不）達迷心路』的『世』字並未避諱。

此件後有二十多行佛教文字，未録。

此件又見於伯二二七九，該件首尾完整，首題『定後吟　命禪師作』，『命禪師』與此件中之『融禪師』的關係，尚待考證。

以上釋文以斯二九四四背爲底本，用伯二二七九（稱其爲甲本）參校。

校記

〔一〕『融禪師定後吟』，甲本作『定後吟　命禪師作』。

〔二〕『反』，甲本作『返』。

〔三〕『交』，當作『教』，據甲本改，『交』爲『教』之借字。

〔四〕『念』，甲本作『心』。

〔五〕『蘿』，甲本作『羅』，均可通。

〔六〕『思』，甲本脱。

〔七〕『思』，據甲本補。《敦煌詩集殘卷輯考》認爲此句『覺』字後有脱文。

〔八〕『超』，甲本作『越』。
〔九〕『蹤』，甲本作『縱』，均可通。
〔一〇〕『悦』，甲本作『恍』，均可通。
〔一一〕『杳』，甲本作『窈』，均可通。
〔一二〕『故』，甲本同，《敦煌詩集殘卷輯考》釋作『救』，誤。
〔一三〕『示』，當作『不』，據甲本改。
〔一四〕『求』，甲本脱；『難』，甲本同，《敦煌詩集殘卷輯考》釋作『離』，誤。
〔一五〕『用』，甲本作『同』，誤；『推』，甲本作『推追』，衍一『追』字。
〔一六〕『呼』，甲本作『嗚』；『代』，甲本同，《敦煌詩歌導論》認爲此字係避『世』字諱改。

參考文獻

《敦煌韻文集》，高雄：佛教文化服務處，一九六五年，一七一至一七二頁（録）；《敦煌寶藏》二四册，臺北：新文豐出版公司，一九八一年，五九八頁（圖）；《敦煌簡策訂存》，臺北：商務印書館，一九八三年，一七五至一七六頁（録）；《英藏敦煌文獻》四卷，成都：四川人民出版社，一九九一年，二五八頁（圖）；《敦煌詩歌導論》，臺北：新文豐出版公司，一九九三年，一四一至一四二頁（録）；《法藏敦煌西域文獻》一〇册，上海古籍出版社，一九九九年，三五三頁（圖）；《敦煌詩集殘卷輯考》，北京：中華書局，二〇〇〇年，八七二至八七三頁（録）。

斯二九四五　一　般舟讚

釋文

（前缺）

隨緣六道受輪迴〔一〕。

誰能相勸得迴歸〔二〕。

憶受天堂暫時樂，□

憶受人中胎藏苦〔三〕，四蛇六賊競相催。

憶受脩羅餓鬼道〔四〕，飢虚鬪諍苦難哉〔五〕。

憶受畜生相食噉，刀光捨命復牽犂〔六〕。

憶受地獄長時苦〔七〕，業風吹去不知迴。

或上刀山攀劍樹，皮膚骨肉變成灰。

或入鑊湯爐炭火，騰波猛焰劚天雷〔八〕。
借問何緣受此苦，貪魚愛肉業相隨。
鎔銅灌口犁耕舌〔九〕，飲酒妄語受其災。
或卧鐵牀抱銅柱，總爲邪婬顛倒來〔一〇〕。
或墮阿鼻大地獄〔一一〕，經劫長年眼不開。
上火下火通交過〔一二〕，刀輪鐵杵自飛來〔一三〕。
銅狗啖心飲熱血〔一四〕，鐵烏啄眼復穿顋〔一五〕。
今日道場諸衆等，恒沙曠劫總經來。
度此人身難值遇〔一六〕，喻若優曇花始開。
正值希聞淨土教〔一七〕，正值念佛法門開。
正值彌陀弘誓喚，正值大衆信心迴。
正值今日依法讚〔一八〕，正值結契上花臺〔一九〕。
正值道場無魔事，正值無病總能來〔二〇〕。
正值日七功成就〔二一〕，四十八願惡（要）相攜〔二二〕。
普勸道場同行者，努力迴心歸去來〔二三〕。

借問家鄉何處是[二四]，極樂池中七寶臺。
彼佛因中立弘誓，聞名念我總迎來。
不簡貧窮將富貴，不簡下智與高才[二五]。
不簡無非淨土業，不簡外道闡提人。
不簡長時修苦行[二六]，不簡今日始生心。
不簡多聞持淨戒，不簡破戒罪根深。
但使迴心多念佛，能令瓦礫變成金。
寄語見前諸大衆[二七]，同緣去者早相尋。
借問相尋何處去，報道彌陀淨土中[二八]。
借問何緣得生彼，報道念佛自成功。
借問今生多罪障，如何淨土肯相融[二九]。
報道稱名罪消滅，喻若明燈入闇中。
借問凡夫得生不[三〇]，如何一念闇中明。
報道除疑專念佛[三一]，臨終寶座空來迎[三二]。

說明

此件首缺尾全，中間亦有殘損，失題，起「隨緣六道受輪迴」，訖「臨終寶座空來迎」。據伯二〇六六《淨土五會念佛誦經觀行儀》和《大正新脩大藏經》四七册中《淨土五會念佛略法事儀讚》一卷之相關内容，可將其比定爲「般舟讚」。「般舟」指「般舟三昧經」。此件後接抄「淨土樂讚」。伯二〇六六中之「般舟讚」，首尾完整，首題「般舟讚」，訖「臨終寶座定來迎」，每句後有「願往生」「無量樂」的合聲誦詞；《大正新脩大藏經》四七册中之「般舟三昧讚」，首題「般舟三昧讚」，訖「般舟三昧樂，專心念佛見彌陀」，每句後亦有「願往生」「無量樂」的合聲誦詞，每兩句後則有「般舟三昧樂，專心念佛見彌陀」的合聲誦詞。

以上釋文以斯二九四五爲底本，用伯二〇六六中之「般舟讚」（稱其爲甲本）、《大正新脩大藏經》四七册中之「般舟三昧讚」（稱其爲乙本）參校，底本所省略的合聲誦詞，不再一一出校。

校記

〔一〕「隨緣六道受」，據甲、乙本補。

〔二〕「誰能相勸得迴」，據甲、乙本補；「歸」，據殘筆劃及甲、乙本補。

〔三〕「憶受人中胎藏」，據甲、乙本補。

〔四〕「脩」，甲、乙本作「修」；「羅」，據殘筆劃及甲、乙本補；「餓鬼道」，據甲、乙本補。

〔五〕「飢虚鬬諍」，據甲、乙本補；「苦」，據殘筆劃及甲、乙本補；「哉」，甲本作「裁」，誤，乙本作「載」，「載」爲

「哉」之借字。

〔六〕「犁」，據乙本補，甲本作「黎」，「黎」爲「犁」之借字。

〔七〕「憶受地獄」，據甲、乙本補。

〔八〕乙本此句及前句，在「或上刀山攀劍樹」前。

〔九〕「犁」，乙本同，甲本作「黎」，「黎」爲「犁」之借字；「耕舌」，甲本同，乙本作「拂口」。

〔一〇〕「姪顛倒」，據殘筆劃及甲、乙本補。

〔一一〕「或墮阿鼻大」，據甲、乙本補。

〔一二〕「通交」，甲本同，乙本作「交通」。

〔一三〕「刀輪鐵杵」，據甲、乙本補；「自」，據殘筆劃及甲、乙本補。

〔一四〕「啖」，甲、乙本作「噉」，均可通；「飲熱」，甲、乙本作「并啖」。

〔一五〕「啄」，甲本同，乙本作「喙」；「顋」，甲本同，乙本作「鰓」。

〔一六〕「度」，甲本同，乙本作「慶」。

〔一七〕「希」，乙本同，甲本作「稀」。

〔一八〕「法」，甲、乙本作「經」。

〔一九〕「結」，據殘筆劃及甲、乙本補；「契」，據殘筆劃及甲本補，乙本作「絜」，均可通；「上」，據甲、乙本補。

〔二〇〕「總」，甲本同，乙本作「惱」，誤。

〔二一〕「日七」，甲本作「一日七日」，乙本作「七日」。

〔二二〕「惡」，當作「要」，據甲、乙本改。

〔二三〕「怒」，甲、乙本作「努」，均可通。

〔二四〕『是』，甲本同，乙本作『在』。

〔二五〕『下智』，據甲、乙本補；『與』，據殘筆劃及甲、乙本補。

〔二六〕『修』，乙本同，甲本作『脩』。

〔二七〕『見』，甲、乙本作『現』，按底本原寫作『現』，後將左邊偏旁塗抹，改作『見』。

〔二八〕『道彌陀』，據殘筆劃及甲、乙本補。

〔二九〕『融』，甲、乙本作『容』，均可通。

〔三〇〕『不』，甲本同，乙本作『否』。

〔三一〕『專』，甲本同，乙本作『多』。

〔三二〕『臨終寶座』，甲本同，乙本作『彌陀決定』；『空』，甲本作『定』，乙本作『自』；『來迎』，甲本同，乙本作『親近』。

參考文獻

《大正新脩大藏經》四七册，東京：大正一切經刊行會，一九二八年，四八一至四八二頁；《大正新脩大藏經》八五册，東京：大正一切經刊行會，一九三二年，一二四六頁；《中國淨土教史》，東京：大東出版社，一九七七年，四三七至四四〇頁；《敦煌寶藏》二四册，臺北：新文豐出版公司，一九八二年，五九九頁（圖）；《敦煌文學》，蘭州：甘肅人民出版社，一九八九年，九八頁；《英藏敦煌文獻》四卷，成都：四川人民出版社，一九九一年，二五九頁（圖）；《法藏敦煌西域文獻》四册，上海古籍出版社，一九九五年，一二一至一二二頁（圖）；《敦煌研究》一九九六年四期，六三至七三頁；《敦煌文獻字義通釋》，厦門大學出版社，二〇〇一年，一七至一八頁；《全敦煌詩》一三册，北京：作家出版社，二〇〇六年，五九七一至五九七八頁（録）。

斯二九四五　二　淨土樂讚

釋文

淨土樂讚□處經誦〔一〕

擬證西方淨土境淨土樂〔二〕，淨土三昧不思議淨土樂〔三〕。

彌陀住在寶城樓，傾心念念向西方〔四〕。

到彼三明八解脱，長辭五濁更何憂〔五〕。

寶樓寶閣寶金擎，池水金沙映底清。

法曲時時常供養，蓮花會裏説無生〔六〕。

寶臺寶閣寶珍珠〔七〕，寶體端嚴金色軀。

菩薩化生奏王（玉）調〔八〕，微風五會演真如。

渌水波瀾遶樓臺〔九〕，寶殿光輝玉户開〔一〇〕。

慈主遶（遠）聞三界子〔一一〕，總須發願往生來。

彌陀身量廣無涯〔一二〕，面似檀金優鉢花〔一三〕。
目若青連（蓮）四大海〔一四〕，圓光化佛喻恆沙〔一五〕。
彌陀本願本（大）慈悲〔一六〕，此地愚人不覺知〔一七〕。
九品蓮開相引接〔一八〕，慮恐衆生出世遲。
彌陀春樹覺花開〔一九〕，功德池中坐寶臺〔二〇〕。
三昧亭前求解脱〔二一〕，摩尼殿上禮如來。
西方異鳥數無窮，白鶴孔雀及迦陵。
鸚鵡頻伽説妙法，聲中演出大乘宗〔二二〕。
如來尊號甚分明，十方世界普流行。
但有稱名皆得往，觀音勢至自來迎。
彌陀徒衆普慈心，憐愍衆生至意深。
水鳥樹林説妙法〔二三〕，何況如來微妙音。
如來本願特超殊〔二四〕，慈悲方便引凡愚〔二五〕。
不問衆生皆度脱〔二六〕，稱名即得罪消除。
彌陀端坐寶金樓，恆沙菩薩四邊遊〔二七〕。
九類蒙光説妙法，聞者悟解永無憂。

西方淨土離囂塵〔二八〕，衆生到即斷貪瞋〔二九〕。
總是善人菩薩衆，亦無惡趣及怨親。
花幢八面樹金鈴〔三〇〕，上下和音出妙聲〔三一〕。
聞者皆言稱快樂，長幼不聞諸苦名〔三二〕。
凡夫若得到西方，曠劫恒沙罪滅亡〔三三〕。
具六神通得自在，求（永）除老病離無常〔三四〕。
西方淨土離胞胎，衆生到即出蓮臺。
上品尋光昇寶坐〔三五〕，下生障盡始花開。
西方淨土七重欄，七寶莊嚴數百般。
琉璃作地黄金色〔三六〕，諸臺樓閣與天連〔三七〕。
西方淨土十方希〔三八〕，努力專求莫致疑〔三九〕。
上品即證無生忍，下生障盡出泥黎〔四〇〕。
〔西〕〔方〕〔淨〕〔土〕〔更〕〔無〕〔過〕〔四一〕，閻浮極苦罪人多。
欲得今生出三界〔四二〕，惟願至意念彌陀〔四三〕。
淨土樂〔四四〕，淨土樂，西方淨土甚快樂淨土樂。

説明

此件首尾完整，首題「淨土樂讚」，訖「西方淨土甚快樂淨土樂」，起首兩句和最後一句後有「淨土樂」三字合聲誦詞。

此件内容又見於伯二〇六六《淨土五會念佛誦經觀行儀》、《大正新脩大藏經》四七册《淨土五會念佛略法事儀讚》一卷、BD 五四四一（果〇四一）「西方淨土讚文」。其中，伯二〇六六之「淨土樂讚」首尾完整，首題「淨土樂讚」，訖「西方淨土甚快樂，淨土樂」，文中有「淨土樂」等合聲誦詞及「此後漸急誦」的誦讀説明；《大正新脩大藏經》四七册中之「淨土樂讚」首尾完整，首題「淨土樂讚」，訖「西方淨土甚快樂」，文中亦有「淨土樂」等合聲誦詞；BD 五四四一之「淨土樂讚」首尾完整，首題「淨土樂讚」，訖「唯願至意念彌陀」，前四句有「淨土樂」等合聲誦詞，文中有「已後准前偈合」及「已後准前讚偈合」的誦讀説明。

以上釋文以斯二九四五爲底本，用伯二〇六六中之「淨土樂讚」（稱其爲甲本）、《大正新脩大藏經》四七册中之「淨土樂讚」（稱其爲乙本）、BD 五四四一中之「淨土樂讚」（稱其爲丙本）參校，不再出校各本合聲誦詞及誦讀説明之異文。

校記

〔一〕「□處經誦」，甲本作「依《稱讚淨土經》亦通一切處誦」，乙本作「依《稱讚淨土經》　釋法照」，丙本作「作法事了，應誦此讚，讚了即散」。

〔二〕「擬證西方淨土境」，甲、乙、丙本作「淨土樂」。
〔三〕「三昧」，甲、乙、丙本無。
〔四〕「方」，甲、丙本同，乙本作「求」。
〔五〕「辭」，甲、乙本同，丙本作「樂」。
〔六〕「花」，甲、丙本同，乙本作「華」，「華」通「花」；「生」，甲、乙本同，丙本作「爲」。
〔七〕「閣」，據殘筆劃及甲、丙本補，乙本作「閤」，均可通；「珍」，甲、乙、丙本作「真」，均可通。
〔八〕「王」，丙本同，當作「玉」，據甲、乙本改。
〔九〕「渌」，甲、丙本同，乙本作「流」；「瀾」，甲、乙本同，丙本作「浪」；「樓」，甲、乙、丙本作「寶」。
〔一〇〕「輝」，甲本同，乙本作「耀」，丙本作「暉」，均可通。
〔一一〕「遶」，當作「遠」，據甲、丙本改，乙本作「遥」，亦可通。
〔一二〕「涯」，甲、丙本同，乙本作「崖」。
〔一三〕「優」，甲、乙本同，丙本作「憂」；「花」，甲、丙本同，乙本作「華」，「華」通「花」。
〔一四〕「連」，當作「蓮」，據甲、乙、丙本改，「連」爲「蓮」之借字。
〔一五〕「喻」，甲、丙本同，乙本作「過」。
〔一六〕第二個「本」，當作「大」，據甲、乙、丙本改。
〔一七〕「愚人」，甲、丙本同，乙本作「凡夫」。
〔一八〕「九品蓮開」，甲、丙本同，乙本作「淨土樂」；「相引接」，甲本同，乙本作「淨土樂」，丙本作「化生子」。
〔一九〕「花」，甲、丙本同，乙本作「華」，「華」通「花」。
〔二〇〕「坐」，甲、乙本同，丙本作「座」，「座」爲「坐」之借字。

〔二一〕『亭』，甲、丙本同，乙本作『庭』；『解』，甲、乙本同，丙本作『下』，誤。
〔二二〕『宗』，甲、丙本同，乙本作『字』，誤。
〔二三〕『説妙』，甲、丙本同，乙本作『皆説』。
〔二四〕『如來』，甲、丙本同，乙本作『彌陀』。
〔二五〕『愚』，甲、丙本同，乙本作『夫』。
〔二六〕『不』，甲、丙本同，乙本作『一』；『間』，甲、丙本作『問』，乙本作『切』，誤。
〔二七〕『薩』，乙、丙本同，甲本脱。
〔二八〕『離』，甲、丙本同，乙本作『無』。
〔二九〕『瞋』，乙本同，甲、丙本作『嗔』，均可通。
〔三〇〕『樹』，甲、乙、丙本作『掛』。
〔三一〕『音』，甲、丙本同，乙本作『鳴』。
〔三二〕『幼』，甲、乙、丙本作『劫』。
〔三三〕『恆』，甲、丙本同，乙本作『塵』。
〔三四〕『求』，當作『永』，據甲、乙、丙本改。
〔三五〕『坐』，甲、乙、丙本作『座』，『坐』通『座』。
〔三六〕『色』，甲、丙本同，乙本作『界』。
〔三七〕『臺』，甲、乙本同，丙本作『天』，誤；『樓』，甲、丙本同，乙本脱；『與』，甲、丙本同，乙本作『與開』，衍一『開』字。
〔三八〕『希』，甲、丙本同，乙本作『稀』。

〔三九〕『努力』，底本爲合文；『求』，甲、丙本同，乙本作『心』；『致』，甲、丙本同，乙本作『置』，均可通。

〔四〇〕『出泥』，甲、丙本同，乙本作『入無』；『黎』，甲本同，乙本作『爲』，丙本作『犁』，均可通。

〔四一〕『西方淨土更無過』，據甲、乙、丙本補。

〔四二〕『今』，甲、丙本同，乙本作『令』，誤。

〔四三〕『惟』，甲、乙本同，丙本作『唯』；『願』，丙本同，甲、乙本作『須』。

〔四四〕此句以下，丙本無。

參考文獻

《大正新脩大藏經》四七册，東京：大正一切經刊行會，一九二八年，四七七至四七八頁；《大正新脩大藏經》八五册，東京：大正一切經刊行會，一九三二年，一二四六頁；《中國淨土教史》，東京：大東出版社，一九七七年，四三七至四四〇頁；《敦煌寶藏》二四册，臺北：新文豐出版公司，一九八二年，六〇〇頁（圖）；《英藏敦煌文獻》四卷，成都：四川人民出版社，一九九一年，二五九頁（圖）；《法藏敦煌西域文獻》四册，上海古籍出版社，一九九五年，一二三頁（圖）；《敦煌研究》一九九六年四期，六三至七三頁；《敦煌文獻字義通釋》，廈門大學出版社，二〇〇一年，一七至一八頁；《國家圖書館藏敦煌遺書》七三册，北京圖書館出版社，二〇〇七年，二一七至二一九頁（圖）。

斯二九四七　百歲篇

釋文

緇門百歲偏（篇）〔一〕

壹拾辭親願出家，手攜經榼學煎茶。驅烏未解從師教，往往抛經摘草花。

貳拾空門藝卓奇，霑恩剃髮整威儀〔二〕。應法以（已）堪師結（羯）磨〔三〕，五年勤學盡毗尼。

叁拾精通法論全，四時無夏（暇）復無眠〔四〕。有心直擬翻龍藏〔五〕，豈肯恩（因）深（循）過百年〔六〕。

肆拾幽玄總攬知〔七〕，遊巡天下入王畿〔八〕。經論一言分擗盡〔九〕，五乘八藏更無疑。

五十恩延入帝宫〔一〇〕，紫衣新賜意初濃〔一一〕。談經禦（御）殿傾雷雨〔一二〕，震豈（起）潛波卧窟龍〔一三〕。

六十人間置法船〔一四〕，廣開慈諭示因緣〔一五〕。三車已立門前路〔一六〕，念念無常勸福田。

七十連霄（宵）坐結跏〔一七〕，觀空何處有榮華〔一八〕。匡心直樂求清淨，永離粧粉染著花〔一九〕。

八十誰（雖）存力已殘〔二〇〕，夢中持（時）復到天蘭〔二一〕。還遇道人邀説法，請師端坐上金檀（壇）〔二二〕。

九十之身朽不堅〔二三〕，猶加聖力助輕偏（便）〔二四〕。殘燈未滅光暉薄〔二五〕，時見迎雲在日（目）前〔二六〕。

百歲歸原逐塊風〔二七〕，松秋（楸）葉落畿（幾）春逢〔二八〕。平生意氣今朝盡，聚玉如山總是空〔二九〕。

丈夫百歲偏（篇）〔三〇〕

一十香風綻藕花〔三一〕，弟兄如玉父孃誇〔三二〕。平明趁伴諍（爭）毬子〔三三〕，直到黃昏不憶家〔三四〕。

二十容顏似玉珪〔三五〕，出門騎馬亂東西。終知（日）未解憂衣食〔三六〕，錦帛看如腳下泥〔三七〕。

三十堂堂六藝全〔三八〕，縱非親有（友）亦相憐〔三九〕。紫藤花下傾杯處〔四〇〕，醉引笙歌美少年〔四一〕。

四十看看欲下波（坡）〔四二〕，近來朋友半霄（消）磨〔四三〕。無人解到思量處，祇道春光未由多〔四四〕。

五十强謀畿（幾）事成〔四五〕，一身何足料前呈（程）〔四六〕。紅顔以（已）向愁中改〔四七〕，白髮那堪境（鏡）裏生〔四八〕。

六十驅驅未肯休〔四九〕，幾時應得漸憂（優）柔〔五〇〕。兒孫稍似堪分付，不用閑憂且自愁。

七十三更眼不交〔五一〕，只憂閑事未能抛〔五二〕。無端老去令人笑，衰病相牽似拔茅。

八十誰能料此身〔五三〕，忘前失後小（少）精神〔五四〕。門前借問非時鬼〔五五〕，夢裏相逢是故人〔五六〕。

九十殘年實可悲〔五七〕，欲將言語淚先垂〔五八〕。三魂六魄今何在，霹靂頭邊耳不知〔五九〕。

百歲歸原起（去）不來〔六〇〕，暮風搔屑石松哀〔六一〕。人生不作非虚幻〔六二〕，萬古空留一土堆〔六三〕。

女人百歲偏（篇）〔六四〕

一十花枝兩斯兼〔六五〕，優柔婀那復曆孅〔六六〕。父孃憐似桂臺月〔六七〕，尋常不許出朱簾〔六八〕。

二十笄年花蘂春〔六九〕，孃（父）孃聘許助（事）功勳〔七〇〕。香車暮逐風隨燭〔七一〕，如同簫氏（史）曉從雲〔七二〕。

三十朱顏美小（少）年〔七三〕，紗窗攬鏡整花殘（錢）〔七四〕。牡丹時節要歌舞〔七五〕，撥棹乘船菜（採）碧連（蓮）〔七六〕。

四十當家主許（計）深〔七七〕，三男五女惱人心。秦箏不理貪機織〔七八〕，祇恐楊（陽）烏昏復沈〔七九〕。

五十連夫怕被嫌〔八〇〕，强相迎接事曆孅〔八一〕。尋思二八多輕薄，不愁姑嫂阿家嚴。

六十面皺髮如絲〔八二〕，行步躘踵少語詞〔八三〕。愁兒未得婚新婦〔八四〕，憂女隨夫別異居〔八五〕。

七十衰羸爭娜（那）何〔八六〕，縱然聞法豈能多〔八七〕。明晨若有徵（微）風至〔八八〕，筋骨相牽似打羅〔八九〕。

八十眼暗耳偏聾〔九〇〕，出門喚北卻呼東〔九一〕。夢中長見親情鬼，勸忘（妄）歸來逐逝風〔九二〕。

九十餘光似電流〔九三〕，人間萬事一時休。寂然卧枕高牀上，殘葉彫零大暮秋〔九四〕。

百歲山崖風似頹〔九五〕，如今已化作塵埃〔九六〕。四時祭拜兒孫在〔九七〕，明月長年照土堆。

説明

此件首尾完整，中間有兩處殘破，連續抄寫『緇門百歲篇』、『丈夫百歲篇』和『女人百歲篇』，墨跡濃淡不匀，文字有多處塗改。其前有『寶積經第一袟第一卷，三律儀會』一行文字，二者字跡相同。

此件内容又見於斯五五四九、伯三八二一。其中，斯五五四九首缺尾全，起『肆拾幽玄總攬知』，尾題『百歲篇一卷完，曹義成、陳闍梨、周藥奴、井井、蝎蝎、阿柳、阿録信手寫百歲篇一卷』；伯三八二一首尾完整，無篇名，其後接續『百歲詩拾首』。此從斯五五四九尾題，將以上文書定名爲『百歲篇』。

另外，以上三種『百歲篇』又曾以單篇或兩篇組合的形式出現在其他敦煌寫本中，如伯四五二五、斯三八七七（雜寫）、伯三〇五四背有『緇門百歲篇』；斯四六五四背（雜寫）、Дх二一四七有『丈夫百歲篇』；伯三一六八、斯五五五八有『女人百歲篇』；Дх一五六三＋Дх二〇六七背連續抄寫了『丈夫百歲篇』和『女人百歲篇』。可見，『百歲篇』曾以三篇、兩篇或單篇等多種形式在敦煌流行。

以上釋文以斯二九四七爲底本，用斯五五四九（稱其爲甲本）、伯三八二一（稱其爲乙本）參校。

校記

〔一〕『偏』，當作『篇』，據伯四五二五《緇門百歲篇》改，『偏』爲『篇』之借字。

〔二〕『剃』，乙本作『涕』，『涕』爲『剃』之借字。

〔三〕『以』，乙本同，當作『已』，《敦煌歌辭總編匡補》據文義校改，『以』爲『已』之借字；『結』，乙本同，當作『羯』，據伯四五二五《緇門百歲篇》改，『結』爲『羯』之借字。

〔四〕『夏』，當作『暇』，據乙本改，『夏』爲『暇』之借字。

〔五〕『擬』，據殘筆劃及乙本補。

〔六〕『恩』，乙本同，當作『因』，《敦煌歌辭總編》據文義校改；『深』，乙本作『尋』，當作『循』，《敦煌歌辭總編》據文義校改，『尋』爲『循』之借字。

〔七〕甲本始於此句。

〔八〕『天』，據殘筆劃及乙本補。

〔九〕『一』，甲、乙本作『壹』；『擗』，乙本作『擘』，均可通。

〔一〇〕『五十』，甲本同，乙本作『伍拾』。

〔一一〕『衣』，甲本同，乙本作『於』，『於』爲『衣』之借字。

〔一二〕『禦』，甲本同，乙本作『語』，當作『御』，《敦煌歌辭總編》據文義校改，『禦』『語』均爲『御』之借字；

〔一三〕「雨」，甲本同，乙本作「羽」，「羽」爲「雨」之借字。

〔一四〕「豈」，乙本作「去」，當作「起」，據甲本改，「豈」「去」均爲「起」之借字。

〔一五〕「六十」，甲本同，乙本作「陸拾」。

〔一六〕「論」，甲本作「論」，均可通，乙本作「輪」，誤。

〔一七〕「路」，乙本同，甲本作「待」。

〔一八〕「七十」，甲本同，乙本作「柒拾」；「霄」，甲、乙本同，當作「宵」，《敦煌歌辭總編》據文義校改，「霄」爲「宵」之借字；「坐結」，據殘筆劃及甲、乙本補；「跏」，據殘筆劃及伯四五二五《緇門百歲篇》補，甲、乙本作「家」，「家」爲「跏」之借字。

〔一九〕「觀」，甲本同，乙本作「官」，「官」爲「觀」之借字；「榮」，乙本同，甲本作「營」，「營」爲「榮」之借字。

〔二〇〕「粧」，甲、乙本作「粘」，《敦煌歌辭總編》校改作「沾」，誤；「粉」，甲、乙本作「衣」，誤。

〔二一〕「八十」，甲本同，乙本作「捌拾」；「誰」，甲、乙本同，當作「雖」，據伯四五二五《緇門百歲篇》改，「誰」爲「雖」之借字。

〔二二〕「持」，當作「時」，據甲、乙本改，「持」爲「時」之借字；「蘭」，甲、乙本同，《敦煌歌辭總編》校改作「闌」，誤。

〔二三〕「檀」，當作「壇」，據甲、乙本改，「檀」爲「壇」之借字。

〔二四〕「九十」，甲本同，乙本作「玖拾」。

〔二五〕「加」，甲、乙本作「蒙」；「助」，甲本同，乙本作「是」，誤；「偏」，甲本同，乙本作「騙」，當作「便」，《敦煌歌辭總編》據文義校改，「偏」「騙」均爲「便」之借字。

〔二六〕「暉」，甲、乙本同，《敦煌歌辭總編》校改作「輝」，不必。

〔二六〕「雲」，乙本同，甲本作「年」，誤；「日」，當作「目」，據甲、乙本改；「前」，據甲、乙本補。

〔二七〕「塊」，乙本同，甲本作「愧」，「愧」爲「塊」之借字，《敦煌歌辭總編》校改作「晚」，《敦煌歌辭總編匡補》校改作「鬼」。

〔二八〕「秋」，甲、乙本同，當作「楸」，《敦煌歌辭總編》據文義校改，「秋」爲「楸」之借字；「落」，乙本同，甲本作「樂」，「樂」爲「落」之借字；「畿」，當作「幾」，據甲、乙本改，「畿」爲「幾」之借字；「逢」，甲、乙本作「冬」，均可通。

〔二九〕「玉」，甲、乙本同，《敦煌歌辭總編》校改作「土」，誤。

〔三〇〕「偏」，當作「篇」，據甲、乙本改，「偏」爲「篇」之借字。

〔三一〕「一十」，甲本同，乙本作「壹拾」；「風綻藕花」，據甲、乙本補。

〔三二〕「弟兄」，乙本同，甲本作「兄弟」。

〔三三〕「平明」，乙本同，甲本作「誰知」；「諍」，乙本同，當作「爭」，據甲本改，「諍」爲「爭」之借字。

〔三四〕「到」，甲本同，乙本作「至」；「昏不憶家」，據甲、乙本補。

〔三五〕「二十」，甲本同，乙本作「貳拾」；「容顔」，甲本同，乙本作「顔容」。

〔三六〕「終」，甲本同，乙本作「縱」，「縱」爲「終」之借字；「知」，乙本同，甲本作「之」，當作「日」，《敦煌歌辭總編》據文義校改；「未」，甲、乙本作「不」；「憂衣食」，據甲、乙本補。

〔三七〕「錦帛」，據甲、乙本補。

〔三八〕「三十」，甲本同，乙本作「叁拾」。

〔三九〕「有」，甲、乙本同，當作「友」，《敦煌歌辭總編》據文義校改，「有」爲「友」之借字；「相」，據殘筆劃及甲、乙本補；「憐」，據殘筆劃及甲本補，乙本作「連」，「連」爲「憐」之借字。

〔四〇〕「紫藤」，據殘筆劃及甲、乙本補；「花下」，據甲、乙本補。

〔四一〕「少」，甲本同，乙本作「小」，誤。

〔四二〕「四十」，甲本同，乙本作「肆拾」；「波」，當作「坡」，據甲、乙本改，「波」爲「坡」之借字。

〔四三〕「霄」，甲、乙本同，當作「消」，據Дx二一四七《丈夫百歲篇》改，「霄」爲「消」之借字。

〔四四〕「春」，據殘筆劃及甲、乙本補；「光」，據甲、乙本補；「未由」，甲、乙本同，《敦煌歌辭總編》校改作「没有」。

〔四五〕「五十」，甲本同，乙本作「伍拾」；「畿」，當作「幾」，據甲、乙本改，「畿」爲「幾」之借字；「事」，甲本同，乙本作「是」，「是」爲「事」之借字。

〔四六〕「呈」，乙本作「逞」，當作「程」，據甲本改，「呈」「逞」均爲「程」之借字。

〔四七〕「以」，據殘筆劃及甲、乙本補，當作「已」，《敦煌歌辭總編》據文義校改，「以」爲「已」之借字；「愁」，據殘筆劃及甲、乙本補；「改」，據殘筆劃及甲、乙本補。

〔四八〕「境」，當作「鏡」，據甲、乙本改，「境」爲「鏡」之借字。

〔四九〕「六十」，甲本同，乙本作「陸拾」。

〔五〇〕「得」，乙本同，甲本作「德」，「德」爲「得」之借字；「漸」，甲、乙本同，《敦煌歌辭總編》校改作「暫」；「憂」，甲、乙本同，當作「優」，《敦煌歌辭總編》據文義校改，「憂」爲「優」之借字；「柔」，甲、乙本同，《敦煌歌辭總編》校改作「遊」。

〔五一〕「七十」，甲本同，乙本作「柒拾」。

〔五二〕「抛」，乙本同，甲本作「勉」，誤。

〔五三〕「八十」，甲本同，乙本作「捌拾」。

〔五四〕「小」，乙本同，當作「少」，據甲本改。

〔五五〕「前借」，據殘筆劃及甲、乙本補；「時鬼」，甲、乙本作「之己」，《敦煌歌辭總編匡補》校改作「知己」。

〔五六〕「裹」，乙本同，甲本作「襄」，誤。

〔五七〕「九十」，甲本同，乙本作「玖拾」；「實可悲」，據殘筆劃及甲、乙本補。

〔五八〕「欲將言語」，據甲、乙本補；「淚」，據殘筆劃及甲、乙本補。

〔五九〕「頭」，據殘筆劃及甲、乙本補；「邊耳不知」，據甲、乙本補。

〔六〇〕「百歲歸」，據甲、乙本補；「原」，據殘筆劃及甲、乙本補；「起」，當作「去」，據甲、乙本改，「起」爲「去」之借字。

〔六一〕「暮」，甲本同，乙本作「慕」，「慕」爲「暮」之借字；「屑」，乙本同，甲本作「雪」，「雪」爲「屑」之借字。

〔六二〕「生」，據殘筆劃及甲、乙本補；「不作非虛」，據甲、乙本補；「幻」，據乙本補，甲本作「豈」，誤。

〔六三〕「萬古空留一」，據甲、乙本補。

〔六四〕「偏」，當作「篇」，據甲、乙本改，「偏」爲「篇」之借字。

〔六五〕「一十」，甲本同，乙本作「壹拾」；「斯」，據殘筆劃及甲、乙本補；「兼」，據甲、乙本補。

〔六六〕「優」，據伯三一六八《女人百歲篇》補，甲、乙本作「憂」，「憂」爲「優」之借字；「婀」，甲、乙本作「課」，誤；「那復壓」，據甲、乙本補；「孅」，乙本同，甲本作「壓」。

〔六七〕「憐」，甲本同，乙本作「年」，「年」爲「憐」之借字；「桂」，甲、乙本作「攜」，《敦煌歌辭總編》校改作「瑶」。

〔六八〕「不許出」，據殘筆劃及甲、乙本補；「朱」，乙本同，甲本作「珠」，均可通。

〔六九〕「二」，甲本同，乙本作「貳」；「十」，據甲本補，乙本作「拾」；「筓年」，據甲、乙本補；「蘂」，甲本作

「橾」，誤，乙本作「粲」，「粲」通「藻」。

〔七〇〕第一個「孃」，當作「父」，據甲、乙本改；「聘」，甲、乙本同，《敦煌歌辭總編》校改作「娉」，按不改亦可通；「助」，乙本作「是」，當作「事」，據甲本改，「是」爲「事」之借字。

〔七一〕「風」，甲、乙本作「隨」；「隨」，甲本作「天」，乙本作「夫」；「燭」，甲、乙本同，《敦煌歌辭總編》校改作「壻」。

〔七二〕「氏」，當作「史」，據甲、乙本改，「氏」爲「史」之借字。

〔七三〕「三十」，甲本同，乙本作「叁拾」；「朱」，甲本同，乙本作「珠」，「珠」爲「朱」之借字；「小」，甲、乙本同，當作「少」，據Дх一五六三+Дх二〇六七背《女人百歲篇》改。

〔七四〕「攬」，乙本同，甲本作「覽」，均可通；「殘」，當作「錢」，據甲、乙本改，《敦煌歌辭總編》校改作「鈿」。

〔七五〕「要」，甲、乙本作「邀」，均可通；「舞」，甲、乙本同，《敦煌歌辭總編》校改作「伴」，不必。

〔七六〕「撥」，乙本同，甲本作「⿰忄發」，誤；「菜」，當作「採」，據甲、乙本改，「菜」爲「採」之借字；「連」，甲、乙本同，當作「蓮」，《敦煌歌辭總編》據文義校改，「連」爲「蓮」之借字。

〔七七〕「四十」，甲本同，乙本作「肆拾」；「許」，當作「計」，據甲、乙本改；「深」，甲本同，乙本作「心」，「心」爲「深」之借字。

〔七八〕「箏」，乙本同，甲本作「爭」，「爭」爲「箏」之借字；「理」，甲本同，乙本作「離」，「離」爲「理」之借字。

〔七九〕「楊」，當作「陽」，據甲、乙本改，「楊」爲「陽」之借字。

〔八〇〕「五十」，甲本同，乙本作「伍拾」。

〔八一〕「事」，甲本同，乙本作「是」，「是」爲「事」之借字。

〔八二〕「六十」，甲本同，乙本作「陸拾」。

〔八三〕「躘踵」，甲、乙本同，《敦煌歌辭總編》校改作「龍鐘」，按不改亦可通；「少」，甲本同，乙本作「小」，誤。

〔八四〕「婚」，甲本同，乙本作「昏」，均可通。

〔八五〕「異」，甲、乙本作「與」，「與」爲「異」之借字。

〔八六〕「七十」，甲本同，乙本作「柒拾」；「娜」，當作「那」，據甲、乙本改，「娜」爲「那」之借字，《敦煌歌辭總編》校改作「奈」。

〔八七〕「然」，甲本作「饒」，乙本作「繞」，「饒」「繞」均爲「然」之借字。

〔八八〕「徵」，當作「微」，據甲、乙本改。

〔八九〕「相」，乙本同，甲本脱。

〔九〇〕「八十」，甲本同，乙本作「捌拾」。

〔九一〕「呼」，乙本同，甲本作「乎」，「乎」爲「呼」之借字。

〔九二〕「忘」，當作「妄」，據甲、乙本改；「逝」，乙本同，甲本作「遊」。

〔九三〕「九十」，甲本同，乙本作「玖拾」；「餘」，甲本同，乙本作「繞」，誤；「電」，乙本同，甲本作「雷」，誤。

〔九四〕「大」，甲、乙本同，《敦煌歌辭總編》校改作「待」；「暮」，甲、乙本作「慕」，「慕」爲「暮」之借字。

〔九五〕「似」，乙本同，甲本作「以」，誤。

〔九六〕「已」，甲、乙本作「身」。

〔九七〕「在」，甲、乙本作「絶」。

參考文獻

《敦煌曲校録》，上海文藝出版社，一九五五年，一六四至一七二頁（録）；《敦煌韻文集》，高雄：佛教文化服務處，一九六五年，一八至二一頁（録）；《敦煌寶藏》二四册，臺北：新文豐出版公司，一九八二年，六〇二至六〇三頁（圖）；《敦煌遺書總目索引》，北京：中華書局，一九八三年，一七〇頁（録）；《敦煌歌辭總編》，上海古籍出版社，一九八七年，一三〇六至一三二四、一三六五至一三七五頁（録）；《英藏敦煌文獻》四卷，成都：四川人民出版社，一九九一年，二六〇頁（圖）；《英藏敦煌文獻》七卷，成都：四川人民出版社，一九九二年，二五二至二五四頁（圖）；《敦煌佛學·佛事篇》，蘭州：甘肅民族出版社，一九九五年，二一八頁（録）；《敦煌歌辭總編匡補》，成都：巴蜀書社，二〇〇〇年，一八四至一八六、一九五至一九六頁（録）；《敦煌遺書總目索引新編》，北京：中華書局，二〇〇〇年，九〇頁（録）；《法藏敦煌西域文獻》二八册，上海古籍出版社，二〇〇四年，一八五至一八八頁（圖）；《全敦煌詩》一二册，北京：作家出版社，二〇〇六年，五四三六至五四六七頁（録）。

斯二九四八　大般若波羅蜜多經卷三七四勘經題記

釋文

兑。

説明

以上文字大字書寫於《大般若波羅蜜多經》卷三七四天頭，表示此紙佛經抄寫有誤，已作廢。《英藏敦煌文獻》未收，現予增收。

參考文獻

《敦煌寶藏》二四册，臺北：新文豐出版公司，一九八二年，六〇三至六〇四頁（圖）。

斯二一九四九　大乘無量壽經題記

釋文

裴文達。

裴文達。

説明

此件共有三通《大乘無量壽經》，以上第一個題名題於第一通後，第二個題名題於第三通後。《英藏敦煌文獻》未收，現予增收。

參考文獻

Descriptive Catalogue of the Chinese Manuscripts from Tunhuang in the British Museum, The Trustees of the British Museum, London 1957, p. 146（録）；《敦煌寶藏》二四册，臺北：新文豐出版公司，一九八二年，六〇七、六一三頁（圖）；《敦煌學要籥》，臺北：新文豐出版公司，一九八二年，一二六頁（録）；《敦煌遺書總目索引》，北京：中華書局，一九八三年，一七〇頁（録）；《中國古代寫本識語集録》，東京大學東洋文化研究所，一九九〇年，三九一頁（録）；《敦煌遺書總目索引新編》，北京：中華書局，二〇〇〇年，九〇頁（録）。

斯二九五六　妙法蓮華經卷第七題記

釋文

上元三年十二月廿一日弘文館楷書王智苑寫〔一〕。

用　紙　一　十　七　張。

裝　潢　手　解　善　集〔二〕。

初　校　清　禪　寺　僧　疑　成〔三〕。

再　校　弘　福　寺　僧　惠　倫。

三　校　弘　福　寺　僧　惠　倫〔四〕。

詳　閱　太　原　寺　大　德　神　符。

詳　閱　太　原　寺　大　德　嘉　尚。

詳　閱　太　原　寺　主　慧　立。

詳　閱　太　原　寺　上　座　道　成。

判　官　司農寺　上林署令　李　德。

使朝散大夫、守尚舍奉御閻玄道　監〔五〕。

說明

此件《英藏敦煌文獻》未收，現予增收。「上元三年」即公元六七六年。

校記

〔一〕「三」，《敦煌學要籥》《姜亮夫全集》均釋作「五」，誤；「廿」，《敦煌學要籥》《敦煌遺書總目索引》《敦煌遺書總目索引新編》《姜亮夫全集》均釋作「二十」。

〔二〕「解善集」，《敦煌學要籥》校改作「解集」，按「解善集」爲「解集」之全名。

〔三〕「疑」，《敦煌學要籥》《敦煌遺書總目索引》《敦煌遺書總目索引新編》《姜亮夫全集》均釋作「凝」。

〔四〕「寺」，《敦煌遺書總目索引新編》漏録。

〔五〕「尚」，《敦煌遺書總目索引新編》漏録。

參考文獻

Descriptive Catalogue of the Chinese Manuscripts from Tunhuang in the British Museum, The Trustees of the British Museum, London 1957, p. 88；《敦煌寶藏》二四册，臺北：新文豐出版公司，一九八二年，六六七頁（圖）；《敦煌學要籥》，臺北：新文豐出版公司，一九八二年，一二六至一二七頁（録）；《敦煌遺書總目索引》，北京：中華書局，一九八三年，一七

〇頁（録）；《中國古代寫本識語集録》，東京大學東洋文化研究所，一九九〇年，二三〇頁（録）；《敦煌遺書總目索引新編》，北京：中華書局，二〇〇〇年，九一頁（録）；《姜亮夫全集》（十一），昆明：雲南人民出版社，二〇〇二年，二四七頁（録）。

斯二九六一　一　齋文抄

釋文

□教聿興，赫乎千祀；佛經流布，焕矣百王。恒星不現於周宵，雄尊示□金人夢呈於漢帝，開士化浹於秦中。燭幽兮日月高明，濟物兮□哉！我釋文字何知焉？伏惟當今　聖神贊普，德敷千界，澤□洽無垠，恩霑有截。授如來付囑，弘護法城，運等覺之慈□

説明

此件上沿每行殘缺四五字，下沿亦有殘損，起『教聿興』，訖『運等覺之慈』，原件上有塗抹修改痕跡。《敦煌寶藏》定名爲『願文』，《英藏敦煌文獻》擬名爲『發願文』。從其内容來看，應爲某人設齋文抄。其中提到『當今聖神贊普』，則其時代當在吐蕃管轄敦煌時期。

此件後抄有『維摩詰經論義文』。

參考文獻

《敦煌寶藏》二五册，臺北：新文豐出版公司，一九八二年，一頁（圖）；《敦煌遺書總目索引》，北京：中華書局，一九八三年，一七〇頁；《英藏敦煌文獻》四卷，成都：四川人民出版社，一九九一年，二六一頁（圖）；《敦煌遺書總目索引新編》，北京：中華書局，二〇〇〇年，九一頁；《唐代長安與西域文明》，石家莊：河北教育出版社，二〇〇一年，二一七頁。

斯二九六一　二　維摩詰經論義文

釋文

□非寡聞而可惻（測）〔一〕；真宗難俞（諭）〔二〕，豈淺識而能知？若不慕道，偷（？）□考九經之奧旨，窮八藏以研精者，曷能處衆當□某乙法門末品，像季膚流，識量不聰，性多曚晦，偏□意在切磨〔三〕。然詞則愧於無文，義乃懈於迷本，觸事不可進，□惟法師詞鋒秀穎，機辨無涯（？），含光不暉，熟（孰）能知寶〔四〕？囑以白藏□□，霜天氣高。鴻雁來賓，律居無射。緇流雨集，士庶星繁。寸陰不留，半偈難遇。幸請招引，無至再辭。請立義門〔五〕，願垂□澤。

謹於《維摩經》中，立三轉法輪義，又於《入道次第》中，立三退屈義，又於□文，立四智義，並依所習義立三端。幸請法師，少垂□

問：上來所立義門，莫非至教？玄宗法門，幽趣至於淺□否？盛敢決昏，擬願垂收。

所言三轉法輪者，未審三轉名目何如？三退屈者是何□？復言四智，一一名義相狀何如？望請法師悕垂解釋。

答：法師向者所難，可不如是。如是言三轉者，一示相轉，二勸修轉，□轉。言三退屈者，三者是數，言退屈者，於所進修心有怯懼，有轉變，故名爲退屈。言四智者，四者是數，一大圓鏡智，二平等性智，三妙觀察智，四成所作智。略答如是，有疑任徵。

難：向蒙所答，極甚分明，但爲識性愚曚，由（猶）疑未遣〔六〕。三轉名義，□□□□，□相何如？再請申釋。言退屈者，未審於何〔七〕

（後缺）

說明

此件首殘尾缺，上下沿均有殘損，起『非寡聞而可惻（測）』，訖『言退屈者，未審於何』，原件上有塗抹、修改痕跡。從筆跡看，似非一人所書。其內容是以問難和解答的形式講解《維摩經》。

校記

〔一〕『惻』，當作『測』，據文義改，『惻』爲『測』之借字。

〔二〕「俞」，當作「諭」，據文義改，「俞」爲「諭」之借字。

〔三〕「切」，底本原作「砌」，應爲涉下文「磨」而成之類化俗字。

〔四〕「熟」，當作「孰」，據文義改，「熟」爲「孰」之借字。

〔五〕此句及下句爲另筆書寫，墨色和筆跡均與此件不同。

〔六〕「由」，當作「猶」，據文義改，「由」爲「猶」之借字。

〔七〕「於何」，據殘筆劃及文義補。

參考文獻

《唐代長安與西域文明》，北京：三聯書店，一九五七年，二一七頁；《敦煌寶藏》二五册，臺北：新文豐出版公司，一九八二年，一頁（圖）；《敦煌遺書總目索引》，北京：中華書局，一九八三年，一七〇頁；《英藏敦煌文獻》四卷，成都：四川人民出版社，一九九一年，二六一頁（圖）。

斯二九六二背　大般若波羅蜜多經卷四五〇勘經題記

釋文

神弁勘。

説明

以上文字大字倒書於《大般若波羅蜜多經》卷四五〇卷背。《英藏敦煌文獻》未收，現予增收。

參考文獻

《敦煌寶藏》二五册，臺北：新文豐出版公司，一九八二年，三頁（圖）。

斯二九七二　長阿含經卷十九勘經題記

釋文

兑。

説明

以上文字大字書寫於《長阿含經》卷十九經文上，表示此紙佛經抄寫有誤，已作廢。《英藏敦煌文獻》未收，現予增收。

參考文獻

《敦煌寶藏》二五册，臺北：新文豐出版公司，一九八二年，四一頁（圖）。

斯二九七二背　雜寫（經目等）

釋文

《大寶積經》卷第四《金光明最勝王經》　爾時世尊

《妙法蓮花經》觀世音菩薩普門品第廿五

《妙法蓮經》一部爲七卷　大《大悲心陀尼經》

《大般涅槃經》　《正法念處》

《大方便佛報恩經》卷第七

《隨求真言》　《正法念處經》

南無清淨法身毗盧遮那佛　之之之

南無大聖文殊菩薩　卷卷　之之　之之

之　之此

《大方等大集經》卷第一　爾時世尊在大衆中　此

如是我聞一時佛住舍衛國祇樹給孤園獨　此

《妙法蓮花經》序第一

受諸苦惱　之　之　之之之　　　　　此者

南無圓滿寶身盧舍那佛　此是

冬　南　南　南　無　之　正正正

南　無　寶　勝

《佛説修迦長者業報差别經》　受者想衆生想

如　來　佛　我今盧舍那

受者一切

《佛本行集經》卷第三　擣練子

寶　花　天　女　如是我聞

《大方廣佛花嚴經》卷第二　《大方等大集經》卷第二

説明

以上文字係時人隨手所寫於《長阿含經》卷一九第四分《世記經》地獄品第四卷背，包括經名、經文摘抄和習字等，其中，『南無寶勝』『如來佛』『寶花天女』爲大字書寫。

參考文獻

《敦煌寶藏》二五册，臺北：新文豐出版公司，一九八二年，四二頁（圖）；《英藏敦煌文獻》四卷，成都：四川人民出版社，一九九一年，二六二頁（圖）。

斯二九七三　開寶三年（公元九七〇年）八月節度押衙知上（？）司書手馬文斌呈詩牒

釋文

節度押衙知上（？）司書手馬文斌〔一〕

右文斌陪從

台駕〔二〕，以住此莊〔三〕，乃睹壁間綵圖象寶〔四〕。雖無才調〔五〕，輒述短辭，聊製七言，

乃成四韻。謹隨狀逞（呈）

上〔六〕，特乞

鈞慈，希垂

睬覽〔七〕。謹録狀上〔八〕。

牒件狀如前，謹牒。

開寶三年八月　日節度押衙知上（？）司書手馬文斌　牒〔九〕。

希奇寶象獸中王，猛毅雄心世不當。四足端然如玉柱，雙牙利劍若金鋋。立觀峭峻成山嶽，動必摇形見者慌。但以聲名告醜類，從今何敢作災殃！

説明

此件首尾完整，馬文斌所呈應爲吟詠莫高窟以外的敦煌壁畫的詩歌（參見項楚《敦煌詩歌導論》，二八〇頁）。

校記

〔一〕『上（？）』，《敦煌社會經濟文獻真蹟釋録》漏録。
〔二〕『陪』，《敦煌遺書總目索引新編》漏録。
〔三〕『住』，《敦煌遺書總目索引新編》釋作『往』，誤。
〔四〕『綵』，《敦煌遺書總目索引新編》釋作『彩』，雖義可通而字誤。
〔五〕『調』，《敦煌社會經濟文獻真蹟釋録》釋作『華』，誤。
〔六〕『逞』，當作『呈』，《敦煌遺書總目索引》據文義校改，《敦煌遺書總目索引新編》逕釋作『呈』，『逞』爲『呈』之借字。

〔七〕『睬』，底本原作『睬』，因左偏旁『目』『耳』在手書中易混，故此逕釋作『睬』。

〔八〕『録』，《敦煌遺書總目索引新編》釋作『靈』，誤。

〔九〕『寶』，《敦煌社會經濟文獻真蹟釋録》釋作『元』，誤；『上（？）』，《敦煌遺書總目索引》《敦煌遺書總目索引新編》《敦煌社會經濟文獻真蹟釋録》均漏録。

參考文獻

《敦煌寶藏》二五册，臺北：新文豐出版公司，一九八二年，四三頁（圖）；《敦煌遺書總目索引》，北京：中華書局，一九八三年，一七〇頁（録）；《敦煌文學》，蘭州：甘肅人民出版社，一九八九年，三六至三七頁；《敦煌社會經濟文獻真蹟釋録》五輯，北京：全國圖書館文獻縮微複製中心，一九九〇年，二四頁（録）；《英藏敦煌文獻》四卷，成都：四川人民出版社，一九九一年，二六二頁（圖）；《敦煌詩歌導論》，臺北：新文豐出版公司，一九九三年，二八〇至二八一頁（録）；《敦煌詩集殘卷輯考》，北京：中華書局，二〇〇〇年，八七四頁（録）；《敦煌遺書總目索引新編》，北京：中華書局，二〇〇〇年，九一頁（録）；《敦煌學新論》，蘭州：甘肅教育出版社，二〇〇二年，一九四頁。

斯二九七三背　修行最上乘法法門

釋文

夫欲修行最上乘法者，先須安心淨住良久，彈指出定，念淨三業直（真）言三遍〔一〕。真言曰：　唵娑縛婆縛輸他。娑嚩達理摩。娑嚩婆嚩戌度三遍。然後淨心想念，遍觀十方盡虛空界，悉皆諸佛菩薩。心想念，散花供養，遍禮十方諸佛。普禮真言曰：　唵娑理嚩。毋唵達理摩。僧伽喃。南無蘇嚫座（？）三遍。然後心想燒大寶香，誦香供養真言曰：　唵娑嚩達。他孽多怒婆布喏弭俄三曼呾囉薩普囉拏。三昧耶吽三遍。想出無量繒蓋〔二〕、幢幡、香花、飲食等種種供養，誦普供養真言曰：　唵俄俄〔三〕曩三婆嚩。嚱〔日〕囉斛三遍〔四〕。然後淨心遍觀十方諸佛，自身放大光明，遍照三千大千世界。想自身作觀世音菩薩，項上五佛，一身四臂，兩手合掌，左手把數珠，右手把蓮花，端身正座（坐）〔五〕，放大光明。想我身即是觀音菩薩，更不得異緣，所放光明，遍照法界，三塗息苦，地獄停酸，無一有情受苦云者。如此後，口念真言曰：　唵摩尼鉢特磨吽。隨心多少，一百八遍，一千八十，一萬八百，心力加者。了後數珠收在手中，合掌當心，迴施法界衆生，悉皆成佛，然後念觸身真言曰：唵唱嚧他耶吽喏，隨心取數。

説明

此件首尾完整，《英藏敦煌文獻》未收，因屬修行法門，故予增收。

校記

〔一〕『直』，當作『真』，據文義改。
〔二〕『蓋』，底本原作『𧅫』，係涉下文『幢』而成之類化俗字。
〔三〕兩個『俄』，底本原均作『哦』，係涉上文『唵』、下文『曩』而成之類化俗字。
〔四〕『日』，據《大正新脩大藏經》一九册《成就妙法蓮華經王瑜伽觀智儀軌》卷一『普供養真言』補。
〔五〕『座』，當作『坐』，據文義改，『座』爲『坐』之借字。

參考文獻

《大正新脩大藏經》一九册，東京：大正一切經刊行會，一九二五年，五九八頁；《敦煌寶藏》二五册，臺北：新文豐出版公司，一九八二年，四三頁（圖）。

斯二九七四　建隆二年（公元九六一年）二月歸義軍節度使曹元忠爲亡父忌辰設供請賓頭盧降駕疏

釋文

謹請西南方鷄足山賓頭盧頗羅墮上座　和尚：

右今月十日，南瞻部洲娑河（訶）世界大

周國沙州就　衙奉爲故

尊父大王忌晨（辰）追念設供[一]，伏願

大聖誓授　佛勑，不捨蒼生，興運　慈

悲，依時降駕。　謹疏。

建隆二年二月　日弟子歸義軍節度使特進檢校太傅同中書門下平　章事曹　疏[二]。

説明

此件首尾完整，尾部鈐有『歸義軍節度使新鑄印』。其中『歸義軍節度使特進檢校太傅同中書門下平章事曹』即曹元忠（參見榮新江《歸義軍史研究——唐宋時代敦煌歷史考索》，一二〇頁）。『建隆』爲宋太祖年號，但文中卻稱『大周國沙洲』，《敦煌社會經濟文獻真蹟釋録》認爲『大周國』係『大宋國』之誤（參見唐耕耦、陸宏基《敦煌社會經濟文獻真蹟釋録》，一七五頁），不排除是時人有意爲之。

此件背面抄有『受戒文』。

校記

〔一〕『部』，底本作『⿰氵部』，係涉下文『洲』字類化而成的俗字；『河』，當作『訶』，據文義改，『河』爲『訶』之借字；『晨』，當作『辰』，據文義改，『晨』爲『辰』之借字。

〔二〕『傅』，《敦煌社會經濟文獻真蹟釋録》釋作『傳』，誤；『同』，《敦煌社會經濟文獻真蹟釋録》釋作『兼』，誤；『門下平章事』，《敦煌社會經濟文獻真蹟釋録》釋作『令食邑壹千户』，誤。

參考文獻

BSOS, 11. 1（1943），P. 157（録）；《敦煌寶藏》二五册，臺北：新文豐出版公司，一九八二年，四四頁（圖）；《敦煌社會經濟文獻真蹟釋録》四輯，北京：全國圖書館文獻縮微複製中心，一九九〇年，一七五頁（録）；《英藏敦煌文獻》四卷，成都：四川人民出版社，一九九一年，二六三頁（圖）；《歸義軍史研究——唐宋時代敦煌歷史考索》，上海古籍出版社，一九九六年，一〇六、一二〇頁；《姜亮夫全集》（十一），昆明：雲南人民出版社，二〇〇二年，五四二頁；《敦煌學輯刊》二〇〇六年二期，二一至二八頁。

斯二九七四背　受戒文抄

釋文

大德僧聽！此某甲從和尚尼某甲求受大戒，此某甲今從僧乞受大戒。和上尼某甲：某甲自説清淨，無諸難事，年歲已滿，三衣具足，已學戒清淨。若僧時到僧忍聽，僧今爲某甲受大戒。和上尼某甲，白如是。

大德僧聽！此某甲從和上尼某甲求受大戒，此某甲今從從僧乞受大戒[一]。和上尼：某甲所説清淨，無諸難事，年歲已滿，衣鉢具足，已學戒清淨，僧今爲某甲受大戒。和上尼某甲、誰諸長老忍，僧已（與）某甲受大戒[二]。和上尼某甲者默然，誰不忍者説，是初飛羯磨[三]。僧已忍，與某甲受大戒竟，和上尼某甲、僧忍默然故，是事如是持。

大德僧聽！彼某甲從和上某甲求受具足戒，若僧時到僧忍聽，某甲爲校（教）授師[四]，白如是。

大德僧聽！彼某甲從和上某甲求受具足戒，若僧時到僧忍聽，我某甲問竟，聽將來，白如是。

説明

此件首尾完整，其内容抄自佛教律部文獻，具有摘抄性質。《英藏敦煌文獻》未收，因其與佛教行事有關，故予增收。此件之抄寫時間當在正面文書建隆二年（公元九六一年）以後。

校記

〔一〕第二個『從』，據文義係衍文，當删。
〔二〕『已』，當作『與』，據文義改，『已』爲『與』之借字。
〔三〕『飛』，據文義係衍文，当删。
〔四〕『校』，當作『教』，據文義改，『校』爲『教』之借字。

參考文獻

《大正新脩大藏經》二二册，東京：大正一切經刊行會，一九二五年，一〇四二頁；《敦煌寶藏》二五册，臺北：新文豐出版公司，一九八二年，四四頁（圖）。

斯二九七五　蓮花部普讚歎三寶

釋文

蓮花部普讚歎三寶

　囊莫〔一〕　没馱　野　遇囉　吠　囊莫　達　麽野〔二〕　馱以　銘麽　囊莫　僧伽野　麽

賀諦　諦𠻳〔三〕　毗藥二合　毗舍　佉　迦磨囉　目佉　迦磨囉㗚　左囊　迦磨囉〔四〕　娑囊

迦磨囉　賀　娑哆　迦磨囉　婆母你　迦磨囉〔五〕　迦磨囉　三婆嚩娑　迦囉磨囉　乞灑二合

攞　囊　娜囊莫〔六〕　窣堵　諦

説明

此件首尾完整，首題『蓮花部普讚歎三寶』，參照斯二四六四《唐梵翻對字音般若波羅蜜多心經》序後的同名文書，似是梵文佛經的漢字注音。

以上釋文以斯二九七五爲底本，用斯二四六四之『蓮花部普讚歎三寶』（稱其爲甲本）參校。甲本在每組字後均有發音標記，與底本體例不同，未一一出校。

校記

〔一〕『莫』，甲本作『謨』。以下同，不另出校。
〔二〕『麼』，甲本作『磨』。以下同，不另出校。
〔三〕『隸』，甲本作『隸』。
〔四〕『囉』，甲本作『囉攞』。
〔五〕『囉』，甲本作『攞』。
〔六〕『曩』，甲本無。

參考文獻

《敦煌寶藏》一九册，臺北：新文豐出版公司，一九八一年，六八九頁（圖）；《敦煌寶藏》二五册，臺北：新文豐出版公司，一九八二年，四五頁（圖）；《英藏敦煌文獻》四卷，成都：四川人民出版社，一九九一年，二六三頁（圖）。

斯二九七六背　人名

釋文

汜華。

說明

以上文字倒書於《大乘無量壽經》卷背，疑爲寫經人題名。《英藏敦煌文獻》未收，現予增收。

參考文獻

Descriptive Catalogue of the Chinese Manuscripts from Tunhuang in the British Museum, The Trustees of the British Museum, London 1957, p. 146（録）；《敦煌寶藏》二二五册，臺北：新文豐出版公司，一九八二年，四八頁（圖）。

斯二九八一　金光明最勝王經卷第四題記

釋文

右已上寫經功德[一]，並同莊嚴平等大王、五道大神[二]、太山府君、伺命伺録[三]、天曹地府、土府水官、行莊（病）鬼王并役（疫）使[四]，府君諸（以下原缺文）

發心功德李順子。

張瀛寫。

説明

此件題於《金光明經》卷第四之後，莊嚴部分原未抄完，《英藏敦煌文獻》未收，現予增收。池田温推測其抄寫於九世紀前期（參見《中國古代寫本識語集録》，三八〇頁）。

校記

〔一〕『已』，《敦煌學要籥》《敦煌遺書總目索引》釋作『巳』，《敦煌遺書總目索引新編》釋作『以』，均誤。

〔二〕「大」，《敦煌學要籥》釋作「天」，誤。

〔三〕兩個「伺」，《敦煌學要籥》均校改作「司」；「録」，《敦煌學要籥》釋作「籙」，誤。

〔四〕「莊」，當作「病」，據BD一四五〇一「金光明最勝王經卷八題記」改；「役」，當作「疫」，據BD一四五〇一「金光明最勝王經卷八題記」改，「役」爲「疫」之借字。

參考文獻

Descriptive Catalogue of the Chinese Manuscripts from Tunhuang in the British Museum, The Trustees of the British Museum, London 1957, p. 60（録）；《敦煌寶藏》二五册，臺北：新文豐出版公司，一九八二年，一〇〇頁（圖）；《敦煌學要籥》，臺北：新文豐出版公司，一九八二年，一二七頁（録）；《敦煌遺書總目索引》，北京：中華書局，一九八三年，一七〇頁（録）；《中國古代寫本識語集録》，東京大學東洋文化研究所，一九九〇年，三八〇、五〇一頁（録）；《敦煌願文集》，長沙：岳麓書社，一九九五年，九三五頁；《敦煌遺書總目索引新編》，北京：中華書局，二〇〇〇年，九一頁（録）；《國家圖書館藏敦煌遺書》一二八册，北京圖書館出版社，二〇一〇年，二八〇頁（圖）。

斯二九八二　大乘無量壽經題記

釋文

索慎言〔一〕。

説明

此件《英藏敦煌文獻》未收，現予增收。

校記

〔一〕「慎言」，《敦煌遺書總目索引新編》未能釋讀。

參考文獻

Descriptive Catalogue of the Chinese Manuscripts from Tunhuang in the British Museum, The Trustees of the British Museum, London 1957, p. 146（録）；《敦煌寶藏》二五册，臺北：新文豐出版公司，一九八二年，一〇三頁（圖）；《中國古代寫本識語集録》，東京大學東洋文化研究所，一九九〇年，三九〇頁（録）；《敦煌遺書總目索引新編》，北京：中華書局，二〇〇〇年，九二頁（録）。

斯一九八四　春秋左氏經傳集解（昭公十六年）

釋文

（前缺）

『「我無强賈〔一〕，無强市其物也〔二〕。毋或丐奪〔三〕。爾有利市寶賄，我勿與知。」恃此質誓，故能相保，以至於今。今吾子以好來辱，而謂敞（敝）邑强奪商人〔四〕，是教敞（敝）邑背盟誓也，毋乃不可乎！吾子得玉而失諸侯，必不爲也。若大國命〔五〕，而共無藝，藝，法〔六〕。鄭，鄙邑也，亦不爲也〔七〕。不欲爲鄙邑之事也〔八〕。僑若獻玉，不知所成，敢私布之。布，陳〔九〕。』韓子辭玉，曰：『起不敏，敢求玉以徼二罪〔一〇〕，敢辭之。』傳言子産知禮，宣子能改過也〔一一〕。

夏，四月，鄭六卿餞宣子於郊。餞，送行飲酒也〔一二〕。宣子曰：『二三子君子請賦〔一三〕，起亦以知鄭志。』詩言志者〔一四〕。子齹賦《野有蔓草》，子齹，子皮之子嬰齊也。《野有蔓草》，《詩·鄭風》也〔一五〕，取其『邂逅相遇，釋（適）我願兮』〔一六〕。宣子曰：『孺子善哉，吾有望矣。』君子相願，己所望也。子産賦《鄭》之《羔裘》，言《鄭》，别於《唐·羔裘》也，取〔其〕『彼己之子〔一七〕，舍命不渝』，『邦之彦兮』，以美韓子。宣子曰：『起不堪也。』不堪國之司直。子太叔賦《褰裳》〔一八〕，《褰裳》詩曰：『子惠恩（思）我〔一九〕，褰裳涉溱。子不我思，豈無他人。』言宣子思己，將有『褰裳』之志；如不我思，亦豈無他人之也〔二〇〕。宣子曰：『起在此，敢勤子至於他人乎？』言己今策（崇）好在此〔二一〕，不復勤子適他人〔二二〕。子太叔拜。謝宣子之有鄭也〔二三〕。宣子曰：『善哉，子之言是。是，《褰裳》也〔二四〕。不有是事，其能終乎？』韓起不欲令鄭求他人，子太叔拜以答之，所以晉、鄭終善之〔二五〕。子游賦《風雨》，子游〔二六〕，駟帶之子駟偃也。《風雨》詩取其『既見君子，云胡不夷』也〔二七〕。子旗賦《有女同車》，子旗，公孫段之子豐施也。《有女同車》取其『詢美且都』〔二八〕，愛樂宣子之志也〔二九〕。子抑（柳）賦《蘀（擇）兮》〔三〇〕。子抑（柳），印段之子印癸也。《蘀（擇）兮》詩取其『唱兮（予）和女』〔三一〕，言韓子唱〔三二〕，己將和從之。宣子喜曰〔三三〕：『鄭其庶乎！庶幾於興盛也〔三四〕。二三君子以君命貺起，賦不出鄭志，六賦詩皆《鄭風》〔三五〕，故曰不出鄭志。皆昵燕好也〔三六〕。

（後缺）

説明

此件首尾均缺，所存内容爲杜預《春秋左氏經傳集解》（昭公十六年）的一部分，正文爲大字，注釋爲雙行夾注，字跡清晰，抄寫規整。起『我無强賈』，訖『皆昵燕好也』。背有『法華經七卷一部』七字。

現知敦煌文獻中保存的杜預《春秋左氏經傳集解》共四一件，可綴合成二一件（參見許建平《敦煌經籍叙録》，二三二頁）。其中，伯三八〇六、斯五八五七、Дх一四五六、伯二四八九、伯二七六四、斯一九四三、斯二九八四共八個殘件可合而擬名爲《春秋左氏經傳集解》（昭公十三、十五、十六年）。翟理斯指出斯一九四三與此件字跡相同（*Descriptive Catalogue of the Chinese Manuscripts from Tunhuang in the British Museum*,p. 231），陳鐵凡進而推斷兩件爲同一寫卷的不同部分，兩件中間缺失約四十行（參見《敦煌本禮記、左、穀考略》，《孔孟學報》二一期，一三四頁）。

以上釋文以斯二九八四爲底本，用《十三經注疏》（中華書局，一九八〇年版）中之《春秋左傳正義》（稱其爲甲本）參校。

校記

〔一〕『我無』，據甲本補。

〔二〕『也』，甲本無。

〔三〕『丐』，甲本作『匄』。

〔四〕『敞』，當作『敝』，據甲本改。以下同，不另出校。

〔五〕『命』，甲本作『令』。

〔六〕『法』，甲本作『法也』。

〔七〕『不』，甲本作『弗』。

〔八〕『也』，甲本無。

〔九〕『陳』，甲本作『陳也』。

〔一〇〕『徹』，底本原作『儆』，《敦煌經部文獻合集》認爲『儆』係『徹』之後起別體字，按『亻』『彳』在寫本中形近易混，故此據文義逕釋。

〔一一〕『也』，甲本無。

〔一二〕『也』，甲本無。

〔一三〕第一個『子』，據甲本及文義係衍文，當删；『請』，甲本作『請皆』。

〔一四〕『者』，甲本作『也』。

〔一五〕『也』，甲本無。

〔一六〕『釋』，當作『適』，據甲本改，『釋』爲『適』之借字。

〔一七〕『其』，據甲本及文義補。

〔一八〕『太』，甲本作『大』，『大』通『太』，以下同，不另出校；『騫』，甲本作『褰』，以下同，不另出校。

〔一九〕『恩』，當作『思』，據甲本及文義改。

〔二〇〕『之也』，甲本無。

〔二一〕『策』，當作『崇』，據甲本及文義改。

〔二二〕『勤』，甲本作『令』。

〔二三〕『也』，甲本無。

〔二四〕『也』，甲本無。

〔二五〕『之』，甲本無。

〔二六〕『游』，底本原作『斿』，『斿』爲『游』之省。

〔二七〕『也』，甲本無。

〔二八〕『詢』，甲本作『洵』，均可通。

〔二九〕『也』，甲本無。

〔三〇〕「抑」，當作「柳」，據甲本改，以下同，不另出校；「⿱艹澤」，當作「蘀」，據甲本改，以下同，不另出校。

〔三一〕「唱」，甲本作「倡」，以下同，不另出校；「兮」，當作「予」，據甲本改。

〔三二〕「韓」，甲本作「宣」。

〔三三〕「憙」，甲本作「喜」。

〔三四〕「也」，甲本無。

〔三五〕「賦」，甲本無。

〔三六〕「昵燕好也」，據甲本補。

參考文獻

Descriptive Catalogue of the Chinese Manuscripts from Tunhuang in the British Museum, The Trustees of the British Museum, London 1957, p. 231；《孔孟學報》二一期，一九七一年，一三四頁；《敦煌古籍叙録》，北京：中華書局，一九七九年，五〇至五一頁；《十三經注疏》，北京：中華書局，一九八〇年，二〇八〇頁；《敦煌寶藏》二五册，臺北：新文豐出版公司，一九八二年，一一四頁（圖）；《敦煌古籍叙録新編》三册，臺北：新文豐出版公司，一九八六年，八五頁；《英藏敦煌文獻》四卷，成都：四川人民出版社，一九九一年，二六四頁（圖）；《敦煌寫卷〈春秋經傳集解〉校證》，北京：中國社會科學出版社，二〇〇五年，三四六至三五〇頁（録）；《敦煌經籍叙録》，北京：中華書局，二〇〇六年，二二一至二二二、二四九至二五〇頁；《敦煌經部文獻合集》三册，北京：中華書局，二〇〇八年，一二〇三至一二一六頁（録）。

斯二九八五　道安法師念佛讚文

釋文

道安法師念佛讚文

三十三天佛最尊，萬物中貴不過人。一世眼看何足度〔一〕，努力相勸入善門。

只恐衆生造諸惡〔二〕，經律法教遺修身。食肉衆生短命保（報）〔三〕，緣佛慈悲勸諫君〔四〕。

莫道煞生無人見，善惡童子每知聞。好事惡事皆抄録〔五〕，未肯臨時放一分。

造罪人多修福少，所以衆生長受貧。天堂快樂無人去，地獄苦處競來歸〔六〕。

不是閻羅王喚君入，亦不是諸佛没慈悲〔七〕。總緣慳貪難勸諫，百劫千生自遭身〔八〕。

第一當官莫誑法〔九〕，恃恃（其）刑（形）勢乃欺貧〔一〇〕。蠢動衆生皆惜命，負骨埋身不放君。

善惡加遭誑横事〔一一〕，法外陵遲不敢嗔〔一二〕。枉取一錢徵萬倍〔一三〕，命終地獄受艱新（辛）〔一四〕。

富貴前生希（布）施得〔一五〕，貧是慳貪宿業因〔一六〕。世人無慈好酒肉，百味調和勸六親〔一七〕。

但看豬羊被宰煞，苦痛之聲上帝聞。眼光早已隨身（刀）落〔一八〕，四腳高玄（懸）就血盆〔一九〕。

將知食肉屠他命，地獄怨讎不可論。累月不曾得一頓，終日虛需喫肉人。

死王猶來美生處〔二〇〕，若個不覓命長存。輪迴六道受諸類（苦）〔二一〕，改頭換面不相知。

但取衆生血肉喫，誰知父母及妻兒。一切豬羊皆惜命，惜命叫喚口中悲。

緣業力劣負他命，百劫千生不放（改）衣（移）〔二二〕。善惡皆將業鏡照，寸步馳逐入阿鼻〔二三〕。

普勸衆生修萬行，今逢法教莫生疑。決定至心聞妙法，當來極樂佛爲期〔二四〕。

説明

此件首尾完整，首題『道安法師念佛讚文』，起『三十三天佛最尊』，訖『當來極樂佛爲期』。唐五代以前，見於記載的道安法師不止一位，此件中之『道安法師』具體所指，尚待考證。

此件内容又見於伯三一九〇、臺灣『國立中央』圖書館藏敦煌卷子一三九（散六〇）。其中，伯三一九〇首殘尾全，首題『道安法師念佛讃文』，起『三十三天佛最尊』，訖『當來極樂佛邊期』；散六〇首尾完整，首題『道安法師念佛讃文』，尾題『貞明四年己卯歲二月十日書記』，其後接抄『入山讃』。此外，還有藏文譯本 P. T. 一二五三『音譯道安法師念佛讃』，可供參考。

另，斯四七三、伯二八〇九、斯五〇一九、伯二九六三背、BD 七六七六（皇〇七六）等題『勸善文』，内容與此件相似。

以上釋文以斯二九八五爲底本，用伯三一九〇（稱其爲甲本）、臺灣『國立中央』圖書館藏敦煌卷子一三九（散六〇）（稱其爲乙本）參校。

校記

〔一〕『足』，乙本作『促』，誤。

〔二〕『衆』，甲本同，乙本作『中』，『中』爲『衆』之借字；『諸惡』，乙本同，甲本作『惡業』。

〔三〕『衆生』，乙本作『之人』；『保』，甲本同，當作『報』，據乙本改，『保』爲『報』之借字。

〔四〕『緣佛』，甲本同，乙本作『佛大』。

〔五〕『抄』，乙本作『總』。

〔六〕『歸』，甲本作『莽』，誤，乙本作『奔』，均可通，

〔七〕『没』，甲、乙本作『不』。

〔八〕『遭』，乙本作『陷』，均可通。

〔九〕『誑』，甲本同，乙本作『往』，誤。

〔一〇〕第一個『恃』，甲本同，乙本作『侍』，『侍』爲『恃』之借字；第二個『恃』，甲本同，當作『其』，據乙本改；『刑』，當作『形』，據甲、乙本改，『刑』爲『形』之借字。

〔一一〕『善惡加遭誑横事』，甲本同，乙本作『力弱不加遭殃横』。

〔一二〕『陵』，乙本同，甲本作『綾』，『綾』爲『陵』之借字。

〔一三〕『枉』，甲、乙本作『狂』，誤；『徵』，甲、乙本作『微』，誤；『倍』，甲本同，乙本作『陪』，『陪』爲『倍』之借字。

〔一四〕『終』，甲本同，乙本作『中』，『中』爲『終』之借字；『新』，當作『辛』，據甲、乙本改，『新』爲『辛』之借字。

〔一五〕『希』，甲、乙本同，當作『布』，據斯四七三『勸善文』改。

〔一六〕『是』，甲本同，乙本作『窮』。

〔一七〕『調』，甲本同，乙本作『條』，『條』爲『調』之借字。

〔一八〕『已』，甲本同，乙本作『以』，『以』爲『已』之借字；『身』，當作『刀』，據甲、乙本改。

〔一九〕『玄』，甲本同，當作『懸』，據乙本改，『玄』爲『懸』之借字。

〔二〇〕『猶』，甲本同，乙本作『由』，『由』爲『猶』之借字；『來美生處』，甲本同，乙本作『羨活庶』，誤。

〔二一〕『類』，甲本同，當作『苦』，據斯五〇一九『勸善文』改。乙本此句至『百劫千生不放（改）衣（移）』無。

〔二二〕『放』，甲本同，當作『改』，據BD七六七六『勸善文讚』改；『衣』，甲本同，當作『移』，據BD七六七六『勸善文讚』改，『衣』爲『移』之借字。

〔二三〕『馳』，甲本作『驅』，均可通。乙本自此句至文末爲『分寸不得枉持人，普勸惡力生淨土，來世得免苦沈論

（淪）』。

〔二四〕『爲』，甲本作『邊』。

參考文獻

《大正新脩大藏經》八五册，東京：大正一切經刊行會，一九三四年，一二六八頁（録）；《敦煌韻文集》，高雄：佛教文化服務處，一九六五年，一六二至一六三頁（録）；《『國立中央』圖書館藏敦煌卷子》，臺北：石門圖書公司，一九七六年，一二五五頁（圖）；《敦煌寶藏》二五册，臺北：新文豐出版公司，一九八二年，一一五頁（圖）；《敦煌寶藏》一三六册，臺北：新文豐出版公司，一九八六年，二七六頁（圖）；《英藏敦煌文獻》一卷，成都：四川人民出版社，一九九〇年，二〇二頁（圖）；《英藏敦煌文獻》四卷，成都：四川人民出版社，一九九一年，二六四頁（圖）；《英藏敦煌文獻》七卷，成都：四川人民出版社，一九九二年，一四頁（圖）；《法藏敦煌西域文獻》二二册，上海古籍出版社，二〇〇二年，一一一頁（圖）；《英藏敦煌社會歷史文獻釋録》二卷，北京：社會科學文獻出版社，二〇〇三年，三六三至三六五頁；《國家圖書館藏敦煌遺書》九八册，北京圖書館出版社，二〇〇八年，一一五至一一六頁（圖）。

斯二九八五背　五臺山曲子抄

釋文

上北臺，登險道，石涇（逕）崚層[一]，緩步行多少。遍地莓苔唯軟草，定水潛流，一里三迴倒。駱駝㠒，風梟梟，來往巡猶（遊）[二]，須是身心好。羅漢巖頭觀奈好（河）[三]，不敢久停，爲有龍神操。

第五首

上東臺，過北斗，望見浮桑[四]，海畔龍神鬬。雨雹相和驚林藪，霧捲雲收，化現千般有。吉祥鳴，師子吼，聞者狐疑，怕往羅筵走。纔念文殊三五口，大聖慈悲，方便潛身救。

大聖堂，非凡地，左右龍皤（盤）[五]，爲有臺相倚。險突嵯峨朝戊（霧）已（起）[六]，花木芬芳，菩薩多靈異。面慈悲，心歡喜，印玉真僧，往往來巡禮。瑞彩時時簾下起，福祚唐川，萬古千秋歲。

説明

此件首尾完整，抄寫於『道安法師念佛讚文』卷背，起『上北臺』，訖『萬古千秋歲』，僅抄寫了『五臺山曲子』中『北臺』、『東臺』及『大聖堂』三首，『東臺』曲子前寫有『第五首』三字。

此件内容又見於斯四六七、斯二〇八〇+斯四〇一二、伯三三六〇，但各件中五臺排列順序略有不同，斯四六七以『大聖堂』起首，依次接續『中臺』『東臺』『北臺』『西臺』『南臺』；斯二〇八〇+斯四〇一二、伯三三六〇以『大聖堂』起首，依次接續『東臺』『北臺』『中臺』『西臺』『南臺』。

因本書第二卷已對斯四六七做過校録，曾以包括此件在内的上述各件參校，各件之異文均見於該件校記，故以上釋文以斯二九八五背爲底本，僅用斯四六七（稱其爲甲本）參校，且只校改錯誤，不出異文。

校記

〔一〕『涇』，當作『逕』，據甲本改，『涇』爲『逕』之借字；『層』，《敦煌歌辭總編》校改作『嶒』，不必。

〔二〕『猶』，當作『遊』，據甲本改，『猶』爲『遊』之借字。

〔三〕『好』，當作『河』，據伯三三六〇『大唐五臺曲子五首』改。

〔四〕『浮』，《敦煌曲子詞集》校改作『扶』，不必。

〔五〕『磻』，當作『盤』，據甲本改，『磻』爲『盤』之借字。

〔六〕『戊』，當作『霧』，據伯三三六〇『大唐五臺曲子五首』改，『戊』爲『霧』之借字；『已』，當作『起』，據伯三三六〇『大唐五臺曲子五首』改，『已』爲『起』之借字。

參考文獻

《大正新脩大藏經》八五册，東京：大正一切經刊行會，一九三二年，一二六九頁（録）；《敦煌曲子詞集》上卷，上海：商務印書館，一九五〇年，二一至二三頁（録）；《敦煌曲校録》，上海文藝聯合出版社，一九五五年，一八一至一八二頁（録）；*Airs de Touen-Houang*, Centre National de la Recherche Scientifique, Paris 1971, p. 272（録）；《敦煌寶藏》二五册，臺北：新文豐出版公司，一九八二年，一一六頁（圖）；《敦煌歌辭總編》，上海古籍出版社，一九八七年，一七一一至一七二六頁（録）；《英藏敦煌文獻》四卷，成都：四川人民出版社，一九九〇年，二〇〇頁（圖）；《英藏敦煌文獻》四卷，成都：四川人民出版社，一九九一年，二六五頁（圖）；《全唐五代詞》，北京：中華書局，一九九九年，八二五、八二七至八二九頁（録）；《敦煌歌辭總編匡補》，成都：巴蜀書社，二〇〇〇年，二三六至二三八頁；《法藏敦煌西域文獻》二三册，上海古籍出版社，二〇〇二年，三四五頁（圖）；《英藏敦煌社會歷史文獻釋録》二卷，北京：社會科學文獻出版社，二〇〇三年，三五四至三五九頁；《英藏敦煌社會歷史文獻釋録》十卷，北京：社會科學文獻出版社，二〇一三年，三九二至三九五頁。

斯二九九一　維摩詰經卷第一題記

釋文

奉爲僧者道蕚寫〔一〕。　　經生王瀚〔二〕。

説明

此件《英藏敦煌文獻》未收，現予增收。池田温推測其抄寫於九世紀前期（參見《中國古代寫本識語集録》，三七八頁）。

校記

〔一〕『者』，《敦煌遺書總目索引新編》未能釋讀；『蕚』，《敦煌遺書總目索引新編》釋作『書』，誤。

〔二〕『瀚』，《敦煌遺書總目索引新編》未能釋讀。

參考文獻

Descriptive Catalogue of the Chinese Manuscripts from Tunhuang in the British Museum, The Trustees of the British Museum, Lon-

don 1957, p. 90（録）；《敦煌寶藏》二五册，臺北：新文豐出版公司，一九八二年，一五四頁（圖）；《中國古代寫本識語集録》，東京大學東洋文化研究所，一九九〇年，三七八頁（録）；《敦煌遺書總目索引新編》，北京：中華書局，二〇〇〇年，九二頁（録）。

斯二九九二　觀世音經題記

釋文

清信弟子女人賀三娘〔一〕，爲落異鄉〔二〕，願平安。中年五月廿三日寫□

說明

此件《英藏敦煌文獻》未收，現予增收。池田温推測其抄寫於九世紀前期（參見《中國古代寫本識語集録》，三七七頁）。

校記

〔一〕『清信弟子』，《敦煌遺書總目索引新編》漏録。

〔二〕『爲』，《敦煌遺書總目索引新編》未能釋讀。

參考文獻

Descriptive Catalogue of the Chinese Manuscripts from Tunhuang in the British Museum, The Trustees of the British Museum, Lon-

don 1957, p. 87（録）；《敦煌寶藏》二五册，臺北：新文豐出版公司，一九八二年，一五六頁（圖）；《中國古代寫本識語集録》，東京大學東洋文化研究所，一九九〇年，三七七頁（録）；《敦煌遺書總目索引新編》，北京：中華書局，二〇〇〇年，九二頁（録）。

斯二九九六　大般若波羅蜜多經卷第五五〇勘經題記

釋文

兑。

説明

以上文字大字書寫於《大般若波羅蜜多經》卷第五五〇天頭，表示此紙佛經抄寫有誤，已作廢。《英藏敦煌文獻》未收，現予增收。

參考文獻

《敦煌寶藏》二五册，臺北：新文豐出版公司，一九八二年，一六二頁（圖）。

斯二九九九　太上道本通微妙經卷第十

釋文

（前缺）

□、玉山童子[一]、玉林童子、玉京童子、玉鞏童子、玉樹童了、玉光童子、玉葉童子、玉淨童子、玉潤童子、玉清童子、法雲童子、法海童子、法明童子、法曉童子、法稜童子、法寶童子、法響童子、法宣童子、法衡童子、法喜童子、妙首童子、妙端童子、妙感童子、妙行童子、妙相童子、妙姿童子[二]、妙辯童子、妙音童子[三]、妙香童子、妙容童子、本初童子、本始童子、本玄童子、本元童子、本淨童子、本極童子、本明童子、本首童子、本際童子、本相童子，如斯等輩一百二十童[四]。一百二十童子俱來到淨明國土善積山中，脩謁天尊，頭面作禮，歡喜踊躍，依位而坐，違（圍）繞天尊[五]，三匝畢竟。侍座良久，虔恭粗悉，仰承威光，得見諸天福堂男女善人，威儀庠序，華容挺特。譬如碧水開蓮[六]，輕雲蔽月，或出或處，不可思誼（議）[七]；如顯如晦，非世能述。光明普照，乃至下方無極世界。九幽地獄之中，有長徒餓鬼，謫作苦魂，頭面燋燎，身形毁悴，飢則食炭，渴飲火精，往反三塗，流連五道，冥冥長夜，無由解脱。

是時[八]，衆中有一童子，名曰寶光，前進作禮，長跪叉手，上白天尊：不審天堂地獄苦樂報對，頓爾差殊，衆中疑惑，未了斯事。懼將來世清[信]士女[九]，心源未辯，多諸壅滯，猶如信綬在空山中，猶如明珠在巨海内，欲往尋求，暗不能得。

爾時天尊默然良久，精思入定，降伏外道。諸魔怖畏，五五三三，自相顧視，進退屏營，俯仰失節[一〇]，逡巡戰慄，不得自持。寶光童子是諸眷屬，安心不動，如玉京山，翹翹注念，猶川歸海。天尊於是發大法音，能使十方無鞅世界：羌胡氏老（獠）[一一]、夷蠻楚越[一二]、禽魚鳥狩（獸）[一三]、鱗甲羽毛，一切衆生，隨類得解。所説正法唯一不二，不二不一，湛然常存[一四]。預是前來一百二十童子[一五]，咸皆欣悦，進仙一階。爾時天尊仍説偈曰：

一切諸法本，清淨常湛然。報對從心起，苦樂非外緣。
地獄與天堂，分明在眼前。未來甚冥昧，審諦熟精研[一六]。
念爾一生中，顛倒相引牽。心不能明了，結縛自縈纏。
冥冥何見曉，悠悠如逝川。儵欻紅顔盛，揮擢入黄泉[一七]。
善惡無二法，是非同一源。見者生分別，良由心識昏。

稱意天仙户，違心地獄門。深思自了悟，仍成無上尊。
哀哉迷惑子〔一八〕，正道不知存。朽索馭六馬，常懼有驚奔。
攀緣念念起，爲過在心猿。遺形忘善惡〔一九〕，塞兑閉諸根。
生死是對報，諒自因爾身。若能辯存没，寂滅即歸真。
出生乃差别，入死甚平均。地水火風散，隨處自相親。
天地爲大冶，無意在人人。計校受生理，非果亦非因。
攝心脩内行，悟道不盈旬。馳情向外境，幽昧無涯津。
於是寶光童子共諸眷屬一百二十人〔二〇〕，及同來大衆無鞅數等，聞天尊説是偈已，皆各懺悔：我等猶（由）來昏迷積久〔二一〕，不達真源，不識至理，今日得聞天尊所説微妙偈訟〔二二〕，不可思議。我等藉此機緣〔二三〕，心識明朗，智慧啓發〔二四〕，功德成就，恩深施重，不能自勝。於是一心歸命，頂戴受持〔二五〕，各還本國，宣揚妙旨，依法奉行，不敢輕慢〔二六〕。

顯明功德品第二〔二七〕

是時，南方丹霍天君，法名無礙，在炎光世界朱明國土瓊鳳城西重陽宫内，火練池中紅蓮花上〔二八〕，與諸眷屬丹元童子、守靈真人一千二百等衆，俱聞天尊在淨明國土善積山中，敷揚正法，微妙經典，放光動地，徹照火練池中〔二九〕。是時，無礙率領門徒弟子與諸真人等同來詣座，散花燒香，擎珠獻寶〔三〇〕，來到道前。羅烈（列）供養夜寶（光）光（寶）珠〔三一〕、晝寶（光）光（寶）珠〔三二〕、素秋明月瑯玕寶珠、玄冬慧日連錢寶珠〔三三〕、青陽繡蘂清淨寶〔珠〕〔三四〕、朱明錦葉豐容寶珠〔三五〕、青鸞赤鳳琬琰寶珠〔三六〕、神虎驪龍無價寶珠。如是寶珠數千萬億，光明照曜〔三七〕，鄣翳日月，以此供養。違（圍）繞天尊〔三八〕，張諸幢蓋，幡花亂眼，精光煒燁，非可目詺〔三九〕。次有明珠寶幢〔四〇〕、曜日寶幢、連璧寶幢〔四一〕、淨月寶幢、瓊瑶寶幢、定水寶幢、迎風寶幢、散花寶幢〔四二〕、浮香寶幢，分布既竟。次至七曜靈幡、十絶靈幡、孔雀靈幡、師子靈幡、金華靈幡、玉葉靈幡、飛龍靈幡、舞鵠靈幡〔四三〕，如是諸幡，施安復畢。乃至飛香寶蓋、垂蓮寶蓋、霜羅寶蓋、雲錦寶蓋、珠瓔寶蓋、繡蘂寶蓋，如是幢蓋，一時施張，千重百重〔四四〕，以用供養。乃至珍玩服飾〔四五〕、上藥仙果、金銀琉璃、車璖馬腦〔四六〕、珊瑚虎魄〔四七〕、名珠貴寶，悉皆供養。時雨大花遍滿地上〔四八〕，皆深數尺；及風名香逕上衝天〔四九〕，薰三萬里〔五〇〕。彌日永夜，快樂難言。天鈞妓樂，萬種互作；鸞歌鳳舞，虎嘯龍吟〔五一〕；瓊鍾玉磬，同時扣擊。一國男女，預聞法音，見斯供養，心生歡喜，延壽千年，無復横夭，功德利益，不可思誼（議）〔五二〕。

是時，衆中有一真人，厥名太虚，字海空行〔五三〕，前進作禮，整頓威儀，手執香鑪，正心存念，思惟良久，上白天尊：不審無礙以此幢幡、寶蓋、珍玩、花果，如是供養，得何功德？無礙前生脩何行願，頓此豐有，果報自在，天上人間〔五四〕，罕有其例。衆中疑惑，心不明了，唯願天尊分別開示。

天尊於是〔答〕〔曰〕〔五五〕：善哉！汝有諮問，正是其時，非但汝身今得明了，亦爲未來諸善男女作法橋梁，作法舟楫，作法基階，作法梯橙，樹法寶幢，秉法燈炬，於未來生爲深利益。汝名太虛，字海空行，名爲賓賓，諒有由矣。汝前生在世之時，經行無量功德，捨身受身（命）〔五六〕，輪轉不絕。汝是往昔過去安忍國王長男，身爲太子，儲宫珍玩，心無愛染，妓樂綵女，未嘗親近，志願出家，乾乾不息。父爲國王，恒憂儲宫有所傾殆，每懷斷遏，違逆汝心。〔汝〕於時未得從志〔五七〕，涕淚交流，以日係夜〔五八〕，蔬餐布褐，小屋卑牀，讀誦經文，通夜徹旦，擎拳叉手，禮拜歸依，彈指讚頌〔五九〕，未嘗休息〔六〇〕，念念相應，無時暫捨。父王見其執心秉正，非可斷割，因拜第二王子紹隆洪業。於是發遣太子，始得出家。太子於是心生歡喜，頂戴無方〔六一〕，往到國西人鳥山内，尋訪師（明）明（師）〔六二〕，諮稟妙訣。於空山中〔六三〕，一無聞見，唯有毒蟲虎狼蹲踞左右，熊羆猛獸違（圍）繞數匝〔六四〕，張口開牙，唯欲吞噬。四顧迥然，無可恃怙。爾時太虛昔名棄俗，於是合掌，仰面視天，稱名棄俗：我是安忍國王太子，心願出家，擺撥囂塵，研脩道法。若有仙分，汝等惡蟲，自當退散。如無骨相〔六五〕，不合道真，恣汝吞啖，心無怖畏。言聲未絕，虎狼迸走，四面廓開，蓮花寶蓋〔六六〕，應念具足。一心諦視，翹仰天尊。俄頃之間，忽見玄和先生在於山上，光明晃曜，遍照一山，香花飛散〔六七〕，芬芳流溢〔六八〕。爾時棄俗馳往歸依〔六九〕，頭腦頂禮，卻退一面，安心定志，渴仰微言。於是玄和先生仍授此經〔七〇〕：汝即受持，脩行讀誦。汝於前生與此經典深有因緣，聞我説法，復能諮請〔七一〕，爲將來世作大利益。爾時天尊仍説偈曰〔七二〕：

獻奉叵思誼（議）〔七三〕，功德理無量。此名假施設，非爲真實相。
方便中利益，人天所歌唱〔七四〕。無爲常自然，法施心無望。
無礙受生得，非關脩供養。取捨本同途，賢愚何所尚。
審諦精受持，心中自了亮。若能明正法，不名爲弱喪。
功德從心生，心與功德通。無施自無受，諸法盡皆空。
不生亦不滅，究竟無始終。自然合真理，無爲與道同。
慧日既明朗，冰結自銷融。子若能知一，萬物所歸崇。
馳心慕外境，役役不成功。凡夫迷日久，神識理昏曚。
方便説因緣，虛假中生心。喻如滿月光，一虧復一盈。
因果在眼前，慎勿遠經營。喜捨須清淨，功德貴精誠。
勤心念布施，福報甚分明。若能脩供養，玄都記爾名。
寶幢映金闕，珠幡曜玉京。翱翔大羅上，逍遥入泰清。

於是同來大衆、太虛真人等，聞天尊説是偈已〔七五〕，心開意解，歡喜踊躍，頂戴受持，不捨晝夜，請還本國，傳說奉行。爾時天尊皆悉印可，同時俱起，作禮而退。

稱揚持誡品第三〔七六〕

爾時西方素德天君在瑯玕世界瓊瑶國土七寶城中琉璃宮内〔七七〕，紫字林間空青樹下，與諸眷屬皓華童子、玄虚真人於寶城之内，奉脩智慧觀身三百大戒。爾來積劫護持所受，乃經劫燒，乾坤洞然，波迸艱辛，嶮難重疊。邪魔外道數來誡難〔七八〕，誓心堅固〔七九〕，得無缺犯，神通自在，變現無方。香花燈燈（燭）〔八〇〕，七寶珍奇，神仙妙果，威儀法式，諸如是等，一無之（乏）少〔八一〕，皆持是戒功德之所感通〔八二〕，然於正道，猶未圓備。志求脩學，心無退轉，丹誠希慕〔八三〕，不掇歲時〔八四〕，慊慊翹翹，以日係夕。伏聞天尊在淨明國土宣揚正法《太上道本通微妙經》，心生欣忭〔八五〕，即勑弟子駕諸象馬，幢幡輿輦、香花寶蓋，丹藥芝英，行裝具度〔八六〕，一皆整測（飾）〔八七〕。於是，師資眷屬登輿而去，經山越海，飛空走谷，欻怳之間，逕至道前〔八八〕。散花遍地，熕香滿室〔八九〕，右繞天尊，七匝畢竟，一心長跪，合掌歸依，安神靜志，仍說誦曰〔九〇〕：

昔聞持戒者，忍辱生端正。今得見天尊，非言所歌詠。
八十種好明〔九一〕，三十二相淨〔九二〕。玉潤金剛身，永劫無衰盛。
丹脣如欲開，皓齒因斯映。音聲自柔軟，慈悲出本性。
慧源猶囊（橐）籥〔九三〕，定心如水鏡。此由持戒來，證果爲大聖。

爾時素德天君説此誦已〔九四〕，依位而坐〔九五〕，侍座良久。天尊於是告素德天君曰：汝於往昔過去劫中，曾在無患國内爲大富長者家作女。年至十七，心願出家，往到長存山上〔九六〕，詣師元福先生愛（受）持正戒〔九七〕。從初至末，次第脩行三戒、五戒、九戒、十戒、廿九戒〔九八〕、卌五戒、百八十戒、三百大戒智慧品文，保守護持，未嘗缺犯。功圓德備，方獲轉身，進品仙階，得爲男子，厥姓竇氏，名曰子明。少捨塵俗，出家學道，從師太極真人徐來勒，字洪元甫，得爲侍座第一弟子。謙卑下下，推義遜讓，供侍香瓶〔九九〕，不辭勞役。是時，元甫見其精進勇猛，仍授子明三百大戒、千二百威儀。於是脩行，具諸科律，功業漸著，方更受生，還爲男子，精勤苦行，十倍於前。學業既成，始得受書爲瑯玕七寶素德天君，治在西方少陰之境。爲其前生經爲女子，先緣之故，所以封之。汝今憶於往昔因緣不乎？爾時素德天君一心歸命，於歸命中心識了悟，進仙一階。於是天尊仍説偈曰：

功能脩戒者〔一〇〇〕，無犯亦無持。戒法本清淨，即爲無上師。
方便設權教，學者莫生疑。但以戒爲本，玄都立可期。
輕舉風塵外，無爲任所之。道眼若具足，自明因地時。
開濟在舟楫，救苦以慈悲。吾今出此偈〔一〇一〕，智者審精思。

是時，竇子明等聞天尊説是稱揚持戒偈誦〔一〇二〕，言義深遠，不可思誼（議）〔一〇三〕，能令愚曚衆生一時了悟〔一〇四〕，欣忭踊躍〔一〇五〕，負荷不勝，與諸時衆頂拜而去〔一〇六〕。

讚歎天尊品第四〔一〇七〕

是時，北方玄德天君在淵泉世界清冷國土玉壟山中神丘之上定水池邊葳蕤樹下〔一〇八〕，與諸眷屬育嬰童子、玄冥真人如斯等輩，無鞅數衆〔一〇九〕，一日三時朝禮，燒香散花，燃〔燈〕秉燭〔一一〇〕，脩齋持戒，自然供養，隨念所須，應心具足。如是精勤，千有七載，功業未圓，誓願不斷。常欲脩謁天尊，更有諮訣，冀我功德，成就裝嚴。忽聞天尊宣揚道法，開度天人，聞是語已，仍即與諸眷屬一時同往發心，俄頃飛至道前，稽首作禮，退坐一面，歡喜踊躍，不能自勝。更從座起，旋行三匝，違（圍）繞天尊〔一一一〕，仍讚歎曰：

身相甚光明，儀容極姝麗。獨絶在諸天，超逾於世諦。
丹脣皓齒鮮，紺髮生雲髻。煒燁若瓊瑶，芬芳如蘭桂〔一一二〕。
憐愍於凡夫，慈悲執左契。威德叵思誼（議）〔一一三〕，無崖生智慧。
無厭度衆生，寧疲於救濟。教導忘優劣，度人無巨細〔一一四〕。
蒼生皆恃怙，群品悉歸依。降魔伏外道，聖德高巍巍〔一一五〕。
不憎亦不愛，無是故無非。假名無實相，邪正不相違。
法雲起慈蔭，慧日朗重暉。晃光金剛質，彌劫不彫衰。
寶幢上璀璨，華蓋下葳蕤。度人往碧落，恬神入紫微。
道尊萬物始，最在百靈初。功德甚微妙〔一一六〕，福慶恆有餘。

慈恩被五道，拯接於三途。將殞咸蒙活，臨命亦皆蘇。

靈津治骨髓，神液潤肌膚。駐采無衰變，延齡永不徂〔一一七〕。

救度無邊際，隨機適所如。一心歸正法，萬劫住玄都。

爾時玄德天君讚歎既畢，還坐本處，默思良久，即於座前斂衿長跪，上謝天尊：臣自卑陋，稟生愚騃，雖當重位，識悟未圓，出言鄙劣，譬喻卑下，向所讚歎，懼觸威顔〔一一八〕，不合至理。今乞首悔，赦貰前愆，特願慈悲，不賜罪咎。爾時天尊欣然悦慮，答玄德天君曰：自我受生，功德無量，相好光明，自然而有，喻如四大海水安可格量？十方虚空安可步度？汝今讚歎，是汝裝嚴，是汝功德，於我智慧故無增長，於我功德亦無毁壞。譬如大士初果之流，小聖下仙之例，不以譽毁經心，不以勸但爲念。況我紹法王位，證無上果，豈在嚐歎歌詠之間？假使砰於十方世界，皆成沙塵，以〔此〕爲數〔一一九〕，立功如此，吾亦不喜，無成就心。復使毛滯海水，取其枯竭，以此爲數，數作罪因，吾亦不責，無破壞想。是故積善善縁至，積惡惡縁至。善惡之業，諒出爾心，非爲外物之所成長。汝昔過去繼生鬱丹世界玄丘國土寶城中〔一二〇〕，生大臣宰輔家作子，爲人高才特達，聰明智慧，善屬篇章，爲儒林之士，故汝今生還有文藻，善能嚐歎。汝憶往昔因縁不乎？爾時玄德天君歸命頂禮，頭面著地，於禮拜中心神開朗，憶昔因縁，皎然未久〔一二一〕，歡喜頂戴，不能自勝。爾時天尊仍説偈曰：

凡諸功德藏，以嚬歎爲首。方便巧津接，慈悲能善誘。
積善爲福田，積惡成殃咎。假名本自無，權變何嘗有〔一二二〕。
顛倒不覺悟，昏迷來日久。怖畏於地獄，煎懸生苦受。
吾開定水源〔一二三〕，洗除習塵垢。身心既清淨，永劫無灰朽。

爾時天尊説此偈已，告諸來衆，玄冥真人、寶光童子是諸眷屬：此經此偈，是功德本，甚深甚澳〔一二四〕，不可思誼（議）〔一二五〕。過去、未來、現在三世十方天尊莫不受持，脩行供養，今得成道，皆由此經。汝等各於無量劫中脩諸善行，今得遇我，聞此顯説，汝當一心諦聽諦受，寶秘脩持，不得漏慢，考及爾身。吾今丁寧深屬累汝〔一二六〕：於將來世有心男女志慕大乘，願樂正法者，汝可清齋三日，絶諸外想，依法傳授，不得抑絶聖文〔一二七〕，令不流通未來之世〔一二八〕，法橋道斷。爾時寶光童子、玄冥真人一時作禮，各還本國。

太上道本通微妙經卷第十〔一二九〕

開元二年十一月廿五日〔一三〇〕，道士索洞玄敬寫〔一三一〕。

説明

此件首缺尾全，起『玉山童子』，訖尾題『太上道本通微妙經卷第十。開元二年十一月廿五日，道士索洞玄敬寫』。現知日本天理大學圖書館藏本（散一〇四）與此件内容相同，且是全本。該件首題『太玄真一本際妙經道本通微品第十』，尾題『太上妙本通微妙經卷第十』。參照該件，可知此件首部殘缺第一品首部二十多行。

除以上兩件外，尚有北大敦一七七、伯二六六五、伯二四五九、斯一九三二、BD九七七一（坐九二）、斯五九八四、北大敦一七九、伯二六六六、伯二四六五、上圖一六六、BD七三八四（鳥八四）和Дx七五〇亦屬《本際經》卷十的内容。北大敦一七七首尾均缺，起第一品之『寶香童子』，訖第一品之『俯仰失節』；伯二六六五首尾均缺，起第一品之『是時，衆中有一童子』至第二品之『孔雀靈幡』，中缺若干行，再起第二品之『翘仰天尊』至『稱揚持戒品第三』（目前所見圖版均未按内容先後次序排列）；伯二四五九係『道經類書』，存第一品之『藉此機緣』至『不敢輕慢』三行文字；斯一九三二首尾均缺，起第一品之『頂戴受持』，訖第二品之『逕上衝天』；BD九七七一首尾均缺，起第二品之『徹照火練池中』，訖第二品之『乃至珍玩服飾』；斯五九八四首尾均缺，起第二品之『字海空行』，訖第二品之『於空山中』；北大敦一七九首尾均缺，起第二品之『棄俗馳往歸依』，訖第二品之『聞天尊説是偈已』；伯二六六六首尾均缺，起第二品之『次有明珠寶幢』，訖第三品之『與諸時衆頂拜而去』，在各紙黏接處有多行文字被覆蓋；伯二四六五首缺尾全，先抄寫第二品之『以日係夜』至『爾時天尊仍説偈曰』，繼而抄寫第四品之『凡諸功德藏』至『各還本國』，二者中間略去百餘行經文，尾題『太上本際道本通微妙經第十』，其後倒書『太上本際道本通』；上圖一六六首缺尾全，存後兩品，即起『稱揚持誡品第三』，訖尾題『本際經卷第十』；BD 七三八四首尾均缺，起第三品之『誓心堅固』，訖第四品之『芬芳如蘭桂』；Дх 七五〇首殘尾缺，首題僅存『本通微』三字，訖第一品之『開通童子』（參看王卡《敦煌道教文獻研究——綜述·目録·索引》，二〇九至二一〇頁）。《本際經》卷十《正統道藏》未收。《中華道藏》以日本天理大學圖書館藏本爲底本，用 Дх 七五〇和此件參校，合成一卷，擬題爲『太玄真一本際經道本通微品卷第十』。

以上釋文以斯二九九九爲底本，用對此件有校勘價值的日本天理大學圖書館藏本（稱其爲甲本）、北大敦一七七（稱其爲乙本）、伯二六六五（稱其爲丙本）、伯二四五九（稱其爲丁本）、斯一九三二（稱其爲戊本）、BD 九七七一（稱其爲己本）、斯五九八四（稱其爲庚本）、北大敦一七九（稱其爲辛本）、伯二六六六（稱其爲壬本）、伯二四六五（稱其爲癸本）、上圖一六六（稱其爲甲二本）、BD 七三八四（稱其爲乙二本）參校。

校記

（一）『玉山』，據殘筆劃及甲、乙本補。

（二）『姿』，據殘筆劃及甲、乙本補。

（三）『音』，乙本同，甲本作『童』，誤。

（四）『一百二十童』，乙本同，甲本無。

（五）『違』，甲、乙本同，當作『圍』，據文義改，『違』爲『圍』之借字。

〔六〕『蓮』，乙本同，甲本作『華』。

〔七〕『誼』，甲、乙本同，當作『議』，據文義改，『誼』爲『議』之借字。

〔八〕丙本始於此句。

〔九〕『來』，甲、乙本同，丙本脱；『信』，據殘筆劃及甲、乙、丙本補。

〔一〇〕乙本止於此句。

〔一一〕『氏』，丙本同，甲本作『五』，誤；『老』，甲本同，當作『獠』，據丙本改。

〔一二〕『夷蠻』，甲本同，丙本作『蠻夷』。

〔一三〕『狩』，甲、丙本同，當作『獸』，據文義改，『狩』爲『獸』之借字。

〔一四〕『然』，丙本同，甲本脱。

〔一五〕『二十』，甲本同，丙本作『廿』；『童子』，甲本同，丙本作『侍童』。

〔一六〕『熟』，甲本作『孰』，丙本作『甚』。

〔一七〕『擢』，甲本同，丙本作『霍』。

〔一八〕『惑』，丙本同，甲本作『或』，『或』有『惑』義。

〔一九〕『遺』，丙本同，甲本作『貴』，誤。

〔二〇〕『二十』，甲本同，丙本作『廿』。

〔二一〕『猶』，甲、丙本同，當作『由』，據文義改，『猶』爲『由』之借字。

〔二二〕『訟』，甲本同，丙本作『頌』，『訟』通『頌』。

〔二三〕丁本始於此句。

〔二四〕『慧』，甲本同，丙、丁本作『惠』，均可通。

〔二五〕戊本始於此句。

〔二六〕丁本止於此句。

〔二七〕『顯明功德品第二』，甲、戊本同，丙本無。戊本標題下有濃墨所書『道經』二字。

〔二八〕『花』，丙、戊本同，甲本作『華』，『華』通『花』。

〔二九〕己本始於此句。

〔三〇〕『擎』，甲、丙、己本同，戊本作『驚』，誤。

〔三一〕『烈』，戊本同，當作『列』，據甲、丙、己本改，『烈』爲『列』之借字；『寳光』，甲、丙、戊、己本同，當作『光寳』，據文義改。

〔三二〕『晝』，甲、丙、戊本同，己本作『書』，誤；『寳光』，甲、丙、戊、己本同，當作『光寳』，據文義改。

〔三三〕『慧』，甲、戊、己本同，丙本作『惠』，均可通。

〔三四〕『珠』，據甲、丙、戊、己本補，按底本此處原寫有『寳』字，似已塗掉。

〔三五〕『朱明錦葉豐容寳珠』，丙、戊本同，甲、己本無。

〔三六〕『青鸞赤鳳琬琰寳珠』，丙、戊本同，甲、己本無。

〔三七〕『明照曜』至『張諸』，甲、丙、己本同，戊本脱。

〔三八〕『違』，甲、己本同，當作『圍』，據丙本改，『違』爲『圍』之借字。

〔三九〕『詺』，甲、戊、己本同，丙本作『照』。

〔四〇〕壬本始於此句。

〔四一〕『璧』，丙本同，甲、己、壬本作『辟』，戊本作『壁』，『辟』『壁』均爲『璧』之借字。

〔四二〕『花』，甲、戊、己、壬本同，丙本作『華』，均可通。

〔四三〕『靈』，甲、戊、壬本同，己本脱。
〔四四〕第二個『重』，戊、壬本同，甲本作『里』。
〔四五〕己本止於此句。
〔四六〕『車』，戊、壬本同，甲本作『琿』。
〔四七〕『虎』，甲、戊、壬本作『琥』。
〔四八〕戊本『雨』上有大字所書『法華』二字。
〔四九〕戊本止於此句。
〔五〇〕『薰』，甲本同，壬本作『董』，誤。
〔五一〕『龍』，底、甲、壬本原作『嚨』，係涉上文『嘯』、下文『吟』字而成之類化俗字。
〔五二〕『誼』，甲、壬本同，當作『議』，據文義改，『誼』爲『議』之借字。
〔五三〕庚本始於此句。
〔五四〕『天』，庚本同，甲本作『自天』。
〔五五〕『答曰』，甲、庚本亦脱，據文義補。
〔五六〕第二個『身』，當作『命』，據甲、庚本改。
〔五七〕『汝』，據甲、庚本補。
〔五八〕癸本始於此句。
〔五九〕『頌』，甲、庚本同，癸本作『梵』。
〔六〇〕『嘗』，甲、庚本同，癸本作『曾』。
〔六一〕『方』，甲、庚本同，癸本作『力』，誤。

〔六二〕『師明』，甲、癸本同，當作『明師』，據文義改。

〔六三〕庚本止於此句。

〔六四〕『羆』，甲、癸本同，壬本作『罷』，誤；『獸』，甲、壬、癸本作『狩』，『狩』爲『獸』之借字；『違』，甲、壬本同，當作『圍』，據癸本改，『違』爲『圍』之借字。

〔六五〕『無』，甲、壬本同，癸本作『有』，誤。

〔六六〕『花』，甲、壬本同，癸本作『華』，均可通。

〔六七〕『花』，甲、壬、癸本同，丙本作『華』，均可通。

〔六八〕『流』，甲、壬、癸本同，丙本脱。

〔六九〕辛本始於此句。

〔七〇〕『生』，丙、壬、癸本同，甲本脱。

〔七一〕『能』，丙、辛、壬、癸本同，甲本脱。

〔七二〕此句至『不能自勝』，癸本無。

〔七三〕『誼』，甲、辛、壬本同，當作『議』，據文義改，『誼』爲『議』之借字。

〔七四〕『人天』，辛、壬本同，甲本作『天人』。

〔七五〕辛本止於此句。

〔七六〕『誡』，甲、壬、甲二本同，丙本作『戒』。甲二本始於此句。丙本止於此句。

〔七七〕『土』，壬、甲二本同，甲本作『王』，誤。

〔七八〕『誡』，甲、壬、甲二本作『試』。

〔七九〕乙二本始於此句。

〔八〇〕第二個『燈』，當作『燭』，據甲、壬、甲二、乙二本改。

〔八一〕『之』，甲、乙二本同，當作『乏』，據壬、甲二本改。

〔八二〕『持是』，甲、壬、甲二本同，乙二本作『是持』；『戒』，甲、壬、乙二本同，甲二本作『式』，誤。

〔八三〕『希』，壬、甲二、乙二本同，甲本脱。

〔八四〕『掇』，甲、壬、甲二本同，乙二本作『輟』。

〔八五〕『忭』，甲、甲二本同，壬、乙二本作『抃』，均可通。

〔八六〕『行裝具度』，甲、壬、甲二本同，乙二本作『裝嚴之具』。

〔八七〕『測』，甲、壬、甲二本同，當作『飾』，據乙二本改。

〔八八〕『逕』，甲、壬、甲二本同，乙二本作『徑』，均可通。

〔八九〕『室』，甲、壬、甲二本同，乙二本作『空』。

〔九〇〕『仍』，甲、壬、甲二本同，乙二本作『乃』；『誦』，甲、壬、甲二本同，乙二本作『頌』。

〔九一〕『種』，甲、壬、甲二本同，乙二本作『一』。

〔九二〕『三』，甲、壬、甲二本同，乙二本作『七』。

〔九三〕『囊』，甲、壬、乙二本同，當作『橐』，據文義改，甲二本作『砉』，係『橐』之省旁字。

〔九四〕『誦』，甲、壬、甲二本同，乙二本作『頌』。

〔九五〕『位』，壬、甲二、乙二本同，甲本脱。

〔九六〕『存』，壬、甲二、乙二本同，甲本作『在』，誤。

〔九七〕『愛』，當作『受』，據甲、壬、甲二、乙二本改；『正』，甲二、乙二本同，甲、壬本作『止』，誤。

〔九八〕『九』，甲、壬、甲二本同，乙二本作『七』。

〔九九〕『瓶』，甲、壬、甲二本同，乙二本作『燈』。

〔一〇〇〕『功』，甲、壬、甲二本同，乙二本作『巧』，誤；『脩』，甲、壬、甲二本同，乙二本作『持』。

〔一〇一〕『出』，甲、甲二本同，乙二本作『説』。

〔一〇二〕『賓』，甲、甲二本同，乙二本作『素』；『子』，甲、甲二本同，乙二本作『德』；『明』，甲二本同，甲本作『時』，乙二本作『天』；『等』，甲、甲二本同，乙二本作『君』；『誦』，甲、甲二本同，乙二本作『頌』。

〔一〇三〕『誼』，甲、壬、甲二本同，當作『議』，據乙二本改，『誼』爲『議』之借字。

〔一〇四〕『曚』，甲、壬、甲二本同，乙二本作『蒙』，均可通。

〔一〇五〕『忭』，甲、甲二本同，壬、乙二本作『抃』，均可通。

〔一〇六〕『拜』，甲、壬、甲二本同，乙二本作『禮』。壬本止於此句。

〔一〇七〕『第四』，甲、甲二本同，乙二本無。

〔一〇八〕『君』，甲二、乙二本同，甲本作『尊』；『冷』，甲二、乙二本同，甲本脱。

〔一〇九〕『鞅』，甲、甲二本同，乙二本作『央』。

〔一一〇〕『燈』，據甲、甲二、乙二本補。

〔一一一〕『違』，甲本同，當作『圍』，據甲二、乙二本改，『違』爲『圍』之借字。

〔一一二〕乙二本止於此句。

〔一一三〕『誼』，甲、甲二本同，當作『議』，據文義改，『誼』爲『議』之借字。

〔一一四〕『無』，甲二本同，甲本作『光』，誤。

〔一一五〕『巍』，甲二本同，甲本作『魏』，均可通。

〔一一六〕『甚』，甲二本同，甲本作『其』。

〔一一七〕『徂』，甲二本同，甲本作『但』，誤。

〔一一八〕『觸』，底、甲、甲二本作『解』，按寫本中『觸』『解』形近易混，故據文義逕釋。

〔一一九〕『此』，甲、甲二本無，據文義補。

〔一二〇〕『丹』，甲本同，甲二本作『單』。

〔一二一〕『晈』，甲二本同，甲本作『皎』，均可通。

〔一二二〕『甞』，甲、甲二本同，癸本作『曾』。

〔一二三〕『開』，甲、癸本同，甲二本作『聞』，誤。

〔一二四〕第二個『甚』，癸本同，底、甲、甲二本原作『湛』，係涉上文『深』、下文『澳』字而成之類化俗字；『澳』，甲、甲二本同，癸本作『奥』，均可通。

〔一二五〕『誼』，甲、甲二本同，當作『議』，據癸本改，『誼』爲『議』之借字。

〔一二六〕『今』，甲、甲二本同，癸本無；『屬』，甲二本同，甲、癸本作『囑』，均可通。

〔一二七〕『絶』，甲、甲二本同，癸本脱。

〔一二八〕『令』，甲、癸本同，甲二本作『命』。

〔一二九〕『太上』，甲、癸本同，甲二本無；『道本』，甲本作『妙本』，癸本作『本際道本』，甲二本作『本際』；『通微妙』，甲、癸本同，甲二本無；『卷』，甲、甲二本同，癸本無。癸本此句後有倒書『太上本際道本通』，字跡不同，應爲習字。

〔一三〇〕『開元二年十一月廿五日』，甲、癸、甲二本無。

〔一三一〕『道士索洞玄敬寫』，甲、癸、甲二本無。

參考文獻

《敦煌寶藏》一二五册，臺北：新文豐出版公司，一九八二年，一七二至一七八頁（圖）；《道藏内佛教思想資料集成》，東京大學東洋文化研究所報告，一九八六年（録）；《英藏敦煌文獻》三卷，成都：四川人民出版社，一九九〇年，一八八頁（圖）；《第二屆敦煌學國際研討會論文集》，臺北：漢學研究中心，一九九一年，九五頁；《英藏敦煌文獻》四卷，成都：四川人民出版社，一九九一年，二六五至二七〇頁（圖）；《英藏敦煌文獻》一〇卷，成都：四川人民出版社，一九九四年，一三頁（圖）；《華學》一期，廣州：中山大學出版社，一九九五年，一七三至一八〇頁（録）；《北京大學圖書館藏敦煌文獻》二册，上海古籍出版社，一九九五年，一九二至一九四頁（圖）；《海外敦煌吐魯番文獻知見録》，南昌：江西人民出版社，一九九六年，二〇七頁；《道家文化研究》一三輯，北京：生活·讀書·新知三聯書店，一九九八年，四六八至四八〇頁（録）；《上海圖書館藏敦煌吐魯番文獻》四册，上海古籍出版社，一九九九年，二九至三二頁（圖）；《法藏敦煌西域文獻》一四册，上海古籍出版社，二〇〇一年，一二九、一六七頁（圖）；《法藏敦煌西域文獻》一七册，上海古籍出版社，二〇〇一年，一四〇至一四一、一四三至一四五頁（圖）；《中華道藏》五册，北京：華夏出版社，二〇〇四年，二六一至二六六頁（録）；《敦煌道教文獻研究——綜述·目録·索引》，北京：中國社會科學出版社，二〇〇四年，一九三、二〇九至二一〇頁；《國家圖書館藏敦煌遺書》九六册，北京圖書館出版社，二〇〇八年，三〇八至三一〇頁（圖）；《國家圖書館藏敦煌遺書》一〇六册，北京圖書館出版社，二〇〇八年，二六五頁（圖）；《敦煌本〈太玄真一本際經〉輯校》，成都：巴蜀書社，二〇一〇年，一三六至二六一頁（録）；《英藏敦煌社會歷史文獻釋録》八卷，北京：社會科學文獻出版社，二〇一二年，三〇九至三一二頁（録）。

圖書在版編目(CIP)數據

英藏敦煌社會歷史文獻釋録. 第十四卷 / 郝春文等編著. --北京: 社會科學文獻出版社, 2016.10
(敦煌社會歷史文獻釋録. 第一編)
ISBN 978-7-5097-9337-4

Ⅰ.①英… Ⅱ.①郝… Ⅲ.①敦煌學-文獻-注釋 Ⅳ.①K870.6

中國版本圖書館 CIP 數據核字 (2016) 第 135103 號

敦煌社會歷史文獻釋録 第一編
英藏敦煌社會歷史文獻釋録 第十四卷

編　著 / 郝春文　游自勇　宋雪春　李芳瑶　侯愛梅
王秀林　杜立暉　董大學　張　鵬

出 版 人 / 謝壽光
項目統籌 / 宋月華　李建廷
責任編輯 / 李建廷

出　版 / 社會科學文獻出版社 · 人文分社 (010) 59367215
地址: 北京市北三環中路甲 29 號院華龍大厦　郵編: 100029
網址: www.ssap.com.cn
發　行 / 市場營銷中心 (010) 59367081　59367018
印　裝 / 三河市東方印刷有限公司

規　格 / 開 本: 889mm × 1194mm　1/32
印 張: 17.125　字 數: 371 千字
版　次 / 2016 年 10 月第 1 版　2016 年 10 月第 1 次印刷
書　號 / ISBN 978-7-5097-9337-4
定　價 / 69.00 圓

本書如有印裝質量問題, 請與讀者服務中心 (010-59367028) 聯繫